ls

BECKER • DIRSCH • WINCKLER (HG.)

DIE 68er u. IHRE GEGNER

Becker • Dirsch • Winckler (Hg.)

DIE 68er UND IHRE GEGNER

Der Widerstand gegen die Kulturrevolution

Leopold Stocker Verlag

Graz – Stuttgart

Umschlaggestaltung: Fa. Digitalstudio Rypka, Graz; Thomas Hofer

Bibliografische Information Der Deutschen Bibliothek
Die Deutsche Bibliothek verzeichnet diese Publikation in der Deutschen Nationalbibliografie; detaillierte bibliografische Daten sind im Internet über http://dnb.ddb.de abrufbar.

Hinweis:
Dieses Buch wurde auf chlorfreiem Papier gedruckt.
Die zum Schutz vor Verschmutzung verwendete Einschweißfolie ist aus Polyethylen chlor- und schwefelfrei hergestellt. Diese umweltfreundliche Folie verhält sich grundwasserneutral, ist voll recyclingfähig und verbrennt in Müllverbrennungsanlagen völlig ungiftig.

ISBN 3-7020-1005-X
Printed in Austria
Layout: werbegraphik-design Gernot Ziegler, 8054 Graz
Gesamtherstellung: Druckerei Theiss GmbH, A-9431 St. Stefan

Inhalt

5

Einleitung

Von Hartmuth Becker / Stefan Winckler

1.

Dieser Sammelband stellt das erste umfangreiche Werk dar, in dem der *Widerstand gegen Achtundsechzig* Gegenstand einer synoptischen Betrachtung wird. Da die Thematik bisher weitgehend unerschlossen ist, waren die Autoren u.a. auf den Zugang zu privaten Archiven bzw. Gespräche mit Zeitzeugen angewiesen, woraus eine empirisch fundierte zeitgeschichtliche Studie entstand. Zeitgeschichtlich übrigens deshalb, weil der Untersuchungsgegenstand einer abgeschlossenen Zeitperiode angehört. Der Ausgang des kleinen Kulturkampfes ist bekannt. Vae victis! Kein Wunder also, daß ein solches Thema seit über dreißig Jahren einer Bearbeitung harrt. Wissenschaftlich notwendig ist seine Behandlung aber bestimmt, weil das Bild der Gegner in der Öffentlichkeit zu verblassen droht. Wenn hier der Widerstand gegen Achtundsechzig seine Würdigung in einer facettenreichen Anthologie findet, entspringt dies der Besorgnis, die Gegenideen könnten als das, was sie sind – immaterielle Kulturgüter – dem Vergessen anheimfallen. Dargestellt wird eine repräsentative Auswahl an entsprechenden Institutionen und Personen. Natürlich konnte es nicht unser Anliegen sein, den Widerstandsbegriff zu inflationieren. Es hat daher nicht jeder, der die sprichwörtliche Faust in der Tasche ballte, nachträglich eine Stilisierung zum Widerstandskämpfer erfahren können.

2.

Als These soll der Betrachtung vorangestellt werden: *Der Widerstand war dort anfänglich am stärksten, wo auch der Marsch durch die Institutionen am erfolgreichsten war, also in der evangelischen Kirche, der SPD und den (Hoch-)Schulen, doch wurde er überspielt und meistens gebrochen.* Aktion und Reaktion stehen in einem wechselseitigen Verhältnis.

Der Widerstand entstand in den drei Institutionen, auf die sich die Achtundsechziger bei ihrem „Marsch durch die Institutionen" zunächst konzentrierten. Warum es sich hierbei gerade um die evangelische Kirche, die SPD und die (Hoch-)Schulen handelte, kann nicht weiter verwundern, da sie für eine Linksstrategie geradezu disponiert erschienen. Nach dem Niedergang des nationalen Luthertums suchte die evangelische Kirche auf der politischen Linken einen Verbündeten, um sich im katholischen Adenauer-Deutschland erneut einflußreich positionieren zu können. Dazu kamen die Hochschulen, die als Spielwiese der

„Demokratisierung und Emanzipation" dienen konnten und zudem die entsprechende Kaderrekrutierung sicherstellten. Gleichsam liegt es auf der Hand, daß es sich bei den in diesen drei Institutionen befindlichen widerständigen Personen, die in Kämpfe um ihre berufliche, politische und persönliche Zukunft verstrickt wurden, nicht per se nur um Konservative handeln mußte. Häufig waren es traditionelle Sozialdemokraten oder auch Liberale, die von der Kulturrevolution betroffen zu „Neokonservativen" wurden. Jedoch haben die Konservativen diese „Zugereisten" ins konservative Lager nicht immer herzlich willkommen geheißen, sondern diese manchmal – wie im Falle von Topitsch und Steinbuch – als unsichere Kantonisten bezeichnet, denen etwa Mohler unterstellte: „sobald der Druck der Kulturrevolution nachläßt, werden sie wieder den alten Unsinn erzählen, und zwar solange, bis wir Kulturrevolution II auf dem Halse haben."[1]

Umgekehrt waren viele traditionelle Sozialdemokraten, obzwar mit den Achtundsechzigern in existentielle Kämpfe verwickelt, entschiedene Gegner konservativer Gedankenwelten. Kronawitter wirft ja gerade den Achtundsechzigern vor, daß sie durch ihre weltfremde Vorgehensweise der CSU eines F. J. Strauß Wähler zutrieben. An der eigentlichen Feindorientierung ist bei Kronawitter aber nicht zu zweifeln. „Die SPD muß die Hintergründe des Konservativismus aufhellen, die Konsequenzen konservativer Politik für die heutige Gesellschaft offenlegen und deren Mittel und Methoden bloßstellen. ... Der Konservativismus ist die Gegenbewegung zum historischen Prozeß der demokratischen Durchdringung von Staat, Wirtschaft und Gesellschaft, wie ihn Sozialdemokraten proklamieren."[2]

Es gab also zwei Hauptlinien des Widerstands. Einen fortschrittsfreundlichen, moderaten, schon davor etablierten Widerstand (Neokonservative, traditionelle Sozialdemokraten), also Reformkräfte, die links überspielt wurden, zu denen etwa Fritz Schenk und Hermann Lübbe gehörten, aber auch der Hessische Elternverein, der die Bedrohung für die junge Demokratie sah. Ähnliches läßt sich für die Springer-Presse sagen, die zudem dezidiert antikommunistisch eingestellt war. Und es gibt eine zweite Hauptlinie, einen originär konservativen Widerstand, der sich zwar auch im Kampf gegen Achtundsechzig befand, aber ausgehend von der eigenen Geisteshaltung an der Moderne vieles auszusetzen hatte (Rohrmoser, Criticón, Evangelikale). So standen die christlich-konservativen Gruppen schon im Widerspruch zu den Vorläufern der Achtundsechziger, wie Felix Dirsch und Gerald Mann in ihren Beiträgen ausführen. Es handelt sich somit um zwei heterogene Gruppen mit völlig unterschiedlichen Zielstellungen, deren einzige Gemeinsamkeit lediglich im Mitteleinsatz, der Taktik, zu suchen wäre, aber selbst da nicht zu finden ist. Es wird dem Leser auffallen, daß sich diese Spannung auch durch den vorliegenden Sammelband zieht.

3.

Die Beiträge im einzelnen: Ulrich Zellenberg beschreibt, wie notwendig gerade heute der neokonservative Beitrag zur Verteidigung der freiheitlichen Demokratie ist: „Was [die Neokonservativen] in Wendung gegen die Neue Linke insbesondere in den Debatten um Demokratisierung, Emanzipation und Herrschaftsfreiheit verteidigen, das sind der freiheitliche Traditionsstrang der Aufklärung im allgemeinen und die parlamentarische Demokratie in Gestalt der bestehenden staatlichen Ordnung mitsamt ihren Voraussetzungen im besonderen." Dies erklärt auch, warum bedeutende Vertreter dieser Denkschule aus dem sozialdemokratischen oder liberalen Lager kamen. Felix Dirsch weist nach, daß der Umbruch von 1968 nicht „über Nacht" kam, sondern eine längere Vorgeschichte hatte. Als „Schwellenjahr" setzt er 1960 an. Im Hauptteil seines Aufsatzes untersucht er die wichtigsten konservativen Zeitschriften der siebziger Jahre. Andreas Späth zeigt auf, wie der Philosoph Günter Rohrmoser als Einzelpersönlichkeit gegen die Vertreter der Neuen Linken argumentierte – und sie zu entlarven suchte. Till Kinzel stellt zwei bedeutende Vereinigungen vor, die Reformen und rechtsstaatliche Verfahren an die Stelle von Revolution und Ideologie setzten: der „Bund Freiheit der Wissenschaft" und die „Notgemeinschaft für eine freie Universität". Er zeigt auf, mit welchen Methoden sich diese beiden Organisationen gegen massive Drohungen, Unterwanderung und die Lahmlegung des Lehrbetriebs zur Wehr setzten. Gerald Mann würdigt den „Widerstand gegen die kulturrevolutionären Einflüsse in der evangelischen Kirche", während Stefan Winckler anhand vieler Zitate die Bemühungen der Tageszeitung „Die Welt" belegt, die verantwortlichen Politiker und Rektoren an ihre Pflichten zur Eindämmung der Gewalt zu erinnern. Dabei wird geklärt, ob die „Welt" als Qualitätszeitung die öffentliche Meinung maßgeblich beeinflußte oder „nur" widerspiegelte. Unvergessen sind vielen Zeitgenossen die Auseinandersetzungen um die sozialdemokratische Schulpolitik in Hessen. Dabei gelang es dem Hessischen Elternverein, radikalen Erziehungsmethoden einen Riegel vorzuschieben. Wie dies geschah, und wie Sozialisten diese Absichten zu durchkreuzen versuchten, zeigt Hartmuth Becker.

Noch bietet sich die Gelegenheit, die Erfahrungen jener Zeitzeugen zu nutzen, die den Neomarxisten in den Medien, der Politik, den Wissenschaften und der Evangelischen Kirche eine staatsloyale Haltung und realisierbare Reformkonzepte entgegensetzten. Gezielt wurden mit Hermann Lübbe, Fritz Schenk und Klaus Motschmann einige von ihnen

herangezogen, um ihre Erfahrungen aus Deutschlands „rotem Jahrzehnt"
(Gerd Koenen) ausführlich zu beschreiben und zu erklären. Diese
Gespräche, die eine Atmosphäre entstehen lassen, ergänzen und
vertiefen nicht nur die einzelnen Aufsätze, sondern bieten zahlreiche
exklusive Einblicke in die Arbeit der „Anti-Achtundsechziger" jener
Zeit, als der harte Kern der Neomarxisten vom Tomatenwurf bis zum
Terroranschlag alle bisherigen Regeln der politischen Kommunikation
außer Kraft setzte. Es verwundert daher nicht, daß ältere Theologen wie
Helmut Thielicke, Walter Künneth und Alexander Evertz sich angesichts
der sie niederbrüllenden Neuen Linken an das Jahr 1933 erinnert fühlten,
was insofern bemerkenswert ist, da sich die Achtundsechziger in einem
selbstverordneten Kampf gegen einen vermeintlichen bundesrepubli-
kanischen Faschismus befanden. Jüdische Wissenschaftler wie Helmut
Kuhn und Ernst Fraenkel zogen eine erneute Emigration in Erwägung.
Selbst Theodor Adorno, dessen frühe Schriften oft als Klassiker der
Studentenrevolte gelten, rief 1969 die Polizei, als Neomarxisten sein
Institut besetzten. Innerhalb der evangelischen Kirche bildeten sich
„bekennende Gemeinschaften", die an die Tradition der Bekennenden
Kirche anknüpften, weil sie neue extremistische und totalitäre
Strömungen nach der Macht greifen sahen, wie Gerald Mann ausführlich
erläutert.

4.

Es kam den Herausgebern darauf an, keine Zeitzeugen als Autoren zu
gewinnen, um das Begleichen alter Rechnungen zu vermeiden. Vielmehr
meldet sich hier eine jüngere Autorengeneration zu Wort, die jene Verfechter der „Ideen von 1968" unter den mittlerweile etablierten Lehrern
und meinungsbildenden Journalisten kennengelernt hat. Jene Neuen
Linken schienen uns keine Lösungen für die Fragen der Zukunft zu
bieten, eher erschöpften sie sich in einer oberflächlichen Deutung der
Vergangenheit und selbstgefälliger, anmaßender Zeitkritik. Bei einem
reinen „Weiter so!" (Heiner Geißler 1986) durfte es nicht bleiben.
Fahrlässig erschien uns die Vernachlässigung konservativer und
klassischliberaler Autoren und Persönlichkeiten, zu denen auch das eine
oder andere „Feindbild" der publizistischen Linken zählt. Groß war
unsere Genugtuung, als sich mit der Wiedervereinigung die Präambel
des Grundgesetzes schließlich doch noch erfüllte. Die Folgen in
Westdeutschland hielten sich jedoch in Grenzen: Ausführliche, oft wohl-
wollende Darstellungen der Außerparlamentarischen Opposition liegen
in großer Zahl vor, während ihre Gegner bisher kaum Beachtung fanden.
Herausgeber und Autoren sind davon überzeugt, daß das Wirken der
hier beschriebenen Vereinigungen, Medien und Einzelpersonen ver-

dienstvoll war, und angesichts eines leicht belegbaren Extremismus-potentials auch zukünftig durchaus vorbildhaften Charakter trägt. Des weiteren gibt der Aufstieg einstiger Neomarxisten in hohe Regierungs-ämter zu denken. Zwar haben sie ihre politischen Einstellungen geändert, oder besser gesagt: angepaßt. Doch ist ihre Machtstellung der Erörterung ihrer einstigen radikalen, teilweise gewaltbereiten Haltung alles andere als förderlich – wie es zuletzt Bettina Röhl mit ihren Forschungen über Joseph Fischer erleben mußte. Um so wichtiger ist es daher, sich anhand aussagekräftiger Quellen und Erläuterungen ein Bild der politischen Auseinandersetzungen in den späten sechziger und frühen siebziger Jahren zu machen. Dazu will die vorliegende Arbeit einen Beitrag leisten.

---

[1]Armin Mohler: Die Kerenskis der Kulturrevolution, in: Criticón, 4. Jg. 1974, Nr. 21, S. 23-25, hier S. 25.
[2]Georg Kronawitter: Mit allen Kniffen und Listen. Strategie und Taktik der dogmatischen Linken in der SPD, Wien [u.a.] 1979, S. 211.

11

Verfassungsstaat und Wahrheit
Zur Aktualität neokonservativer Argumente zur Verteidigung der liberalen Demokratie

Von Ulrich E. Zellenberg

1. Tendenzwende

Der intellektuelle Widerstand gegen die „zweite deutsche Jugendbewegung"[1] war ebenso wie dieses, seiner Stoßrichtung und seiner Folgen wegen wiederholt als „Kulturrevolution"[2] qualifizierte, Phänomen[3] vielschichtig. Er verfügte nicht nur über mannigfaltige publizistische und organisatorische Facetten, sondern verdichtete sich auch in Tagungen, die aufgrund des durch sie zum Teil hervorgerufenen beachtlichen Medienechos zu deutlich sichtbaren Zeichen der Reaktion auf das Wirken der 68er wurden. Ihnen allen war gemeinsam, daß prominente Geisteswissenschaftler verschiedenster Disziplinen und unterschiedlichster weltanschaulicher Herkunftsprägungen zu Themen sprachen, die mit Bedacht gewählt und mit oftmals provokant formulierten Titeln versehen worden waren. Und gemeinsam war ihnen auch, daß die Referenten nicht davor zurückscheuten, sich in Widerspruch zum Zeitgeist zu setzen.

Der Ende 1974 in der Akademie der Schönen Künste in München abgehaltene, vom damaligen baden-württembergischen Kultusminister Wilhelm Hahn organisierte Kongreß[4] war in einer bestimmten Hinsicht der wirkungsvollste: Sein – wenngleich mit einem Fragezeichen versehener – Titel „Tendenzwende" wurde zur Signatur zunächst der intellektuellen Gegenbewegung zur Kulturrevolution in Deutschland,[5] dann aber auch zum Epochenbegriff, der die Periode der Erlahmung des Reformeifers der sozialliberalen Koalition in den siebziger Jahren des 20. Jahrhunderts bezeichnet.[6] Gegenstand des Tendenzwende-Kongresses war die geistige Situation in der Bundesrepublik.[7] Diese angesichts sich abzeichnender Fehlentwicklungen zu erfassen, bemühten sich Hermann Lübbe, Gerd Albers, Golo Mann, Hans Maier, Robert Spaemann und Ralf Dahrendorf. Die Themen ihrer Referate waren der Fortschritt als Orientierungsproblem, die Frage, ob es sich beim Umweltbewußtsein um eine Mode oder eine Umkehr handle, sowie die alte und die neue Historie. Behandelt wurden außerdem die aktuelle Kunstszene, das Schlagwort der Emanzipation und die Zukunft der

Freiheit. Ungeachtet des weitgehend unpolemischen Charakters der Vorträge war die Zielsetzung der Veranstaltung nicht die einer Bestandsaufnahme. Nach dem Willen des Organisators ging es darum, gegenüber zur Dominanz gelangten gesellschaftlichen Vorstellungen die Notwendigkeit einer Umkehr deutlich zu machen.[8] Und auch Hermann Lübbe ließ keinen Zweifel an der politischen Stoßrichtung der ganzen Veranstaltung aufkommen. Er stellte sich im Eröffnungsvortrag ausdrücklich und unmißverständlich in Opposition zu der durch das Wirken der Neuen Linken verstärkten „Tendenz der fortschreitenden Unfähigkeit, die grundlegenden Verbindlichkeiten unserer politischen Ordnung zur Geltung zu bringen und mit jener entschiedenen Freiheit und unaufgeregten Sicherheit öffentlich zu vertreten, ohne die sie an Glaubwürdigkeit zwangsläufig einbüßen müssen".[9] Daß es um die Verteidigung, wenn nicht gar um die Restauration, schon verschütteter Wissensbestände ging, strich auch Robert Spaemann am Ende seiner scharfen Kritik der Erhebung der Emanzipationsidee zu einem Bildungsziel hervor. Er verwies auf schon vergessene Einsichten und führte aus, daß der Fortschritt wesentlich davon abhänge, „daß wir nicht einfach vergessen, was man schon einmal wußte".[10]

Weitere Tagungen folgten. Vier Jahre später war der „Mut zur Erziehung",[11] zwei Jahre darauf die „Aufklärung heute" das Thema.[12] Auf der am 9. und 10. Januar 1978 in Bad Godesberg abgehaltenen, wieder von Wilhelm Hahn organisierten Veranstaltung zu Erziehungsfragen sprachen Nikolaus Lobkowicz, Robert Spaemann, Kurt Aurin, Friedrich H. Tenbruck, Hermann Lübbe und Alexander Schwan. Diskussionsbeiträge lieferten u.a. Christa Meves, Hans Maier, Golo Mann, Thomas Nipperdey und Kurt Sontheimer. Die Veranstaltung rief heftige Reaktionen hervor. Jürgen Habermas etwa sprach – ohne allerdings in die inhaltliche Auseinandersetzung einzutreten – von einem „zweifelhafte[n] Gewerbe", das „dieses Kartell rechtsdenkender Professoren" seit Jahren betreibe,[13] und Ernst Tugendhat erhob gar den Vorwurf des Totalitarismus.[14]

Die Aufregung war verständlich, erwies sich der Kongreß doch als Frontalangriff auf die Bildungspolitik der seiner Abhaltung vorangegangenen letzten rund zehn Jahre. Insbesondere die von Hermann Lübbe ausgearbeiteten und neben ihm von Robert Spaemann, Wilhelm Hahn, Nikolaus Lobkowicz und Hans Bausch unterzeichneten neun Thesen des vorbereitenden Kreises sorgten für Aufregung. Das lag an deren Form und Inhalt zugleich: Ohne Rücksicht auf Empfindlichkeiten wurden darin in zugespitzten Formulierungen jene Auffassungen zu

Erziehung und Schule als Irrtümer identifiziert, die den seit dem Ende der sechziger Jahre des 20. Jahrhunderts betriebenen Bildungsreformen zugrunde lagen. Als deren ersten sahen die Unterzeichner der neun Thesen die Meinung an, die Mündigkeit, zu der die Schule erziehen solle, läge im Ideal einer Zukunftsgesellschaft vollkommener Befreiung aus allen herkunftsbedingten Lebensverhältnissen. Einen weiteren machten sie in der Auffassung aus, die Tugenden des Fleißes, der Disziplin und der Ordnung seien aufgrund ihres politischen Mißbrauchs pädagogisch obsolet geworden. Daneben wandten sie sich u.a. gegen die Verwissenschaftlichung des Unterrichts, gegen den Glauben, die maximal professionalisierte und institutionalisierte Erziehung sei die optimale, sowie gegen den Irrtum, „die Schule hätte die Kinder anzuleiten, ‚ihre Interessen wahrzunehmen‘“.[15]

Am 15. und 16. Januar 1980 ging es unter dem Titel „Aufklärung heute" um das Aufklärungserbe. Ziel der Veranstaltung war einerseits die Herausarbeitung des Umstandes, daß die Traditionen europäischer Aufklärung, auf denen freiheitliche Kultur und liberale politische Demokratie gründen, von Anfang an „auch von einer im Effekt totalitären Unterströmung begleitet [waren], welche die Ideen der Aufklärung in ihr Gegenteil pervertierte", und andererseits die „Klärung der Fronten in den publizistisch-politischen Konkurrenzen um das Aufklärungserbe".[16] Hermann Lübbe kontrastierte Aufklärung und Gegenaufklärung, Friedrich H. Tenbruck befaßte sich mit den unbewältigten Sozialwissenschaften,[17] Thomas Nipperdey mit der Aufklärungsfunktion der Geschichte und Karl Forster mit der Religion nach dem Ende der Vernunftreligion. Erich E. Geißler sprach zum Thema „Emanzipation oder Aufklärung", Gerard Radnitzky über den politischen Wert der nichtpolitisierten Wissenschaft, Robert Spaemann über nichtrationale Voraussetzungen des Vernunftgebrauchs, und Martin Kriele untersuchte die Befreiung im Lichte der politischen Aufklärung.[18] Gemeinsam war den Vorträgen eine aufklärungsapologetische Grundstimmung, beschränkt freilich auf die positiven Errungenschaften der Aufklärung. Zusammengenommen machen sie deutlich, welche Voraussetzungen aufklärerische Prozesse haben und welche Grenzen ihnen im Lichte ihrer eigenen Zielsetzung gezogen sind.

2. Neokonservative Positionen

Die geistige Reaktion auf die Kulturrevolution ist nicht nur als Tendenzwende bezeichnet worden. Vielfach wurde ihr auch das

Epitheton „neokonservativ" verliehen.[19] Das geschah – nicht ohne Berechtigung – in Anlehnung an ein amerikanisches Phänomen. Anders als dieses blieb die solcherart benannte intellektuelle Strömung in Deutschland aber nur eine ephemere Erscheinung. Ausschlaggebend dafür ist weniger der Umstand, daß der Begriff „neokonservativ" in der Literatur zum Teil zu undifferenziert verwendet wurde,[20] um zur Abgrenzung des dem Denken der Tendenzwende Eigentümlichen von anderen Formen konservativer Intellektualität zu taugen, als vielmehr die weltanschauliche Heterogenität der als neokonservativ qualifizierten Personen.[21] Wohl deshalb hat sich – anders als in den USA – weder eine enge Bindung der neokonservativen Intellektuellen an bestimmte Publikationsorgane ergeben, noch eine bis heute bestehende, auch organisatorisch vernetzte neokonservative Bewegung gebildet, deren maßgebliche Protagonisten sich auch selbst als Bestandteil derselben auffassen.[22]

Aus der Perspektive des weltanschaulichen Gegners ist das für den (deutschen) Neokonservativismus Kennzeichnende im Anknüpfen an das jungkonservative Denken der Weimarer Republik und in einer „halbherzigen Aussöhnung mit der Moderne" gesehen worden.[23] Diese Deutung verfehlt jedoch das für das neokonservative Denken Charakteristische. Dieses ist, wenn man mit dem Import des Begriffes aus den USA auch dessen Bedeutung übernimmt, vor allem in einer Rückbesinnung des politischen Liberalismus auf sich selbst mit der Konsequenz der engagierten Verteidigung der liberalen Demokratie zu sehen.[24] Die Pointe des Begriffs „neokonservativ" liegt gerade darin, ein Phänomen zu bezeichnen, das in keiner unmittelbaren Kontinuität zu als konservativ angesehenen Bewegungen der Geschichte steht.[25] Den Neokonservativen geht es, in den USA wie in Deutschland, nicht um die Verteidigung der mittelalterlichen societas civilis gegen die neuzeitliche Souveränitätsidee.[26] Sie streiten weder für Vorrechte von Krone und Adel, noch eignet ihnen die antidemokratische und antiparlamentarische Stoßrichtung der Konservativen Revolutionäre der Weimarer Republik.[27] Was sie in Wendung gegen die Neue Linke insbesondere in den Debatten um Demokratisierung, Emanzipation und Herrschaftsfreiheit verteidigen, das sind der freiheitliche Traditions-strang der Aufklärung im allgemeinen und die parlamentarische Demokratie in Gestalt der bestehenden staatlichen Ordnung mitsamt ihren Voraussetzungen im besonderen.[28] „Im Neokonservatismus ist", so konnte daher nicht ohne Berechtigung festgestellt werden, „die bürgerliche Moderne selbst konservativ geworden".[29]

In den USA waren es insbesondere wohlfahrtsstaatliche Projekte, die in der Ära Präsident Johnsons scheiterten, die Studentenrevolte der sechziger Jahre des 20. Jahrhunderts und die Ablehnung Amerikas und seiner Werte durch die Neue Linke, die prominente links-liberale Intellektuelle und Sozialwissenschaftler mit zum Teil radikalem Hintergrund zu einem Kurswechsel bewogen. Auch in Deutschland bildete sich das neokonservative Phänomen als ein reaktives heraus, und auch hier wurden prominente Intellektuelle, die in weltanschaulicher Hinsicht zu einem guten Teil von der liberalen und sozialdemokratischen Seite des politischen Spektrums herkamen, zu Wortführern der neuen Strömung. Diese entstand in Auseinandersetzung mit der Studenten-revolte, den durch den Geist emanzipativer Pädagogik inspirierten Reformen im Bildungsbereich und der Delegitimierung des politischen Systems der Bundesrepublik durch die Neue Linke. Sie zielte im wesentlichen auf die Verteidigung des freiheitlichen Verfassungsstaates und der parlamentarischen Demokratie. Dieses Anliegen wurde insbesondere durch die Kritik am Neomarxismus, die Zurückweisung überzogener, weil der Tendenz nach freiheitsgefährdender Demokrati-sierungsideale und das Eintreten für einen schonenden Umgang mit knappen kulturellen Ressourcen verfolgt. Die für eine „Tendenzwende" eintretenden Neokonservativen verlangten, den Common sense zu rehabilitieren. Sie forderten pragmatisches Verhalten im Umgang mit politischen Fragen und verwiesen darauf, daß freiheitliche politische Ordnungen von Voraussetzungen wie Bürgertugend und öffentlicher Moral leben.[30]

Ob es tatsächlich berechtigt ist, alle Personen, die üblicherweise den Neokonservativen zugezählt werden, auch tatsächlich als solche anzusehen, kann hier dahin gestellt bleiben. Im folgenden soll es nämlich nicht um das neokonservative Phänomen in seiner Gesamtheit gehen, sondern um Positionen, die in der Auseinandersetzung mit Jürgen Habermas[31] und frühen Formulierungen seines diskurstheoretischen Ansatzes von den Philosophen Hermann Lübbe[32] und Robert Spaemann[33] vertreten worden sind. Beide entstammen dem Kreis der Schüler von Joachim Ritter,[34] beide sind als Redner auf den drei eingangs erwähnten Tagungen aufgetreten, beide werden üblicherweise den Neokonser-vativen zugerechnet,[35] und beide haben in der Kontroverse mit Habermas zur Frage nach dem Umgang mit Wahrheit im Verfassungsstaat Argumente vorgetragen, die, wie Entwicklungen der letzten Zeit zeigen, von ungebrochener Aktualität sind.

3. Dezisionismus, Diskurs und Herrschaftsfreiheit

In seinem 1962 erstmals publizierten Aufsatz „Zur politischen Theorie der Technokratie" hat sich Hermann Lübbe gegen die der Technokratie innewohnende Tendenz gewandt, Sachentscheidungen nicht durch demokratische Abstimmungen, sondern durch den Verweis auf von Experten vorgetragene Gründe herbeizuführen, also der Logik der Sachen den Vorzug gegenüber kritischem Räsonnement und Mehrheitsbeschlüssen einzuräumen. Aus der Perspektive eben dieser Logik der Sachen erscheine, so Lübbe, die Politik als unsachliche Praxis, und zwar insofern, als der Fachmann zu lesen verstehe, „was die Logik der Verhältnisse vorschreibt, während der Politiker Positionen in Streitfällen vertritt, für die es Instanzen irdischer Vernunft nicht gibt".[36]

Obwohl Lübbe mit dieser Formulierung nur die technokratische Sichtweise umschreibt und diese in weiterer Folge ihrer antidemokratischen Implikationen wegen kritisiert,[37] hat Jürgen Habermas die zitierte Passage als Umschreibung des von Lübbe selbst eingenommenen Standpunktes gedeutet. Lübbe habe, so Habermas, die neue Stufe der Reflexion in das dezisionistische Modell aufgenommen, halte aber grundsätzlich an dem von Max Weber und Carl Schmitt definierten Gegensatz des technischen Wissens zur Ausübung politischer Herrschaft fest. Er rüge am technokratischen Selbstverständnis der neuen Experten, daß sie als Logik der Tatsachen tarnen, was doch in Wahrheit Politik sei. Der Spielraum der puren Dezision sei wohl in dem Maße eingeschränkt worden, in dem der Politiker über ein vervielfältigtes und verfeinertes Arsenal technologischer Mittel verfüge. Doch sei innerhalb des verringerten Spielraumes die Problematik politischer Entscheidung bis auf den schlechterdings nicht weiter rationalisierbaren Kern abgebaut worden. „Die ins Extrem getriebene Kalkulation der Entscheidungshilfen führt die Entscheidung selber auf reine Dezision zurück, reinigt sie also von allen Elementen, die noch irgend der verbindlichen Reflexion für zugänglich gehalten werden."[38] Im Dezisionismus, wie er von Max Weber im Gefolge von Thomas Hobbes vertreten werde, komme es zu Entscheidungen, „die zwingender Argumente entraten und einer verbindlichen Diskussion unzugänglich bleiben".[39] Habermas lehnt eben deshalb das dezisionistische Modell ab und stellt ihm ein um die stetige Kommunikation zwischen Wissenschaft und Politik kreisendes „pragmatistisches Verfahren" entgegen, das er als auf die öffentliche Meinung bezogene Dauerkommunikation in der Gestalt rational verbindlicher Diskussion konzipiert.[40]

Habermas hat diese Auffassung in den auf ihre Publikation folgenden Jahren in einer Reihe von Texten weiter entfaltet. Er redet in diesen der fortschreitenden Auflösung von Dissens in herrschaftsfreier Diskussion das Wort und spricht vom Ziel, rational und zwanglos einen Konsensus zu erreichen.[41] Ihm geht es im Blick auf industriell fortgeschrittene Gesellschaften wie die BRD um einen radikalen Reformismus zur „bewußten strukturellen Veränderung eines autoritär wohlfahrtsstaatlich organisierten Gesellschaftssystems".[42] Er mißt die reale Demokratie in Gestalt der staatsrechtlichen Ordnung der Bundesrepublik am Maßstab der klassischen Demokratietheorie und erachtet sie diesem gegenüber als defizient. Habermas fordert Demokratisierungsmaßnahmen, durch die das bestehende Institutionensystem überwunden werden soll, das er u.a. dadurch delegitimiert, daß er von ihm sagt, es sei durch eine ihm innewohnende „strukturelle Gewalt" gekennzeichnet.[43] Habermas konzipiert die zu schaffende Demokratie als eine sich an die Stelle aller gewalthabenden Einrichtungen setzende, allein auf herrschaftsfreie Diskussion gegründete gesellschaftliche Ordnung.[44] „Die Einrichtungen einer verwirklichten Demokratie wären", so formuliert er in einer Wendung, die Jahre später von Hermann Lübbe als „diskurstheoretisch basierter 68er Demokratiekitsch" bezeichnet worden ist,[45] „wie verschwebende Netze, aus zerbrechlichster Intersubjektivität gewoben".[46]

Bei der demokratischen Form der politischen Willensbildung sollen nach Habermas Entscheidungen davon abhängen, daß in herrschaftsfreier Diskussion ein Konsens erzielt wird. Wenn er auch praktische Grenzen der Durchführung solcher Debatten einräumt, so hält Habermas doch am Ziel der Übereinstimmung aller fest. Mehrheitsentscheidungen gelten der von ihm verfochtenen demokratischen Idee zufolge „nur als Ersatz für den zwanglosen Konsensus, der sich am Ende herausstellen würde, wenn man nicht stets die Diskussion unter Entscheidungszwang abbrechen müßte".[47] Läßt sich der Konsens nicht real herstellen, so ist er zu antizipieren. Denn das die demokratische Form der Willensbildung bestimmende Prinzip liegt nach Habermas im Grundsatz, „Entscheidungen in der Weise zu rationalisieren, daß sie, der Idee nach, von einem in herrschaftsfreier Diskussion erzielten Konsensus abhängig gemacht werden können".[48] Geltungsgrund von Entscheidungen, die politische Fragen zum Gegenstand haben, und in weiterer Folge auch von rechtlichen Vorschriften ist damit nach Habermas etwas Absolutes in Gestalt des schlechthin Richtigen, weil Vernünftigen: Es ist die Wahrheit, die sich nach seiner Konsensustheorie der Wahrheit bei der ohne Zwang erzielten Übereinkunft aller ergibt.

18

Es war vor allem Spaemann, der Habermas den utopischen Charakter des Konzeptes der Herrschaftsfreiheit entgegengehalten hat: Universeller Konsens wäre zwar immer vernünftig, doch könne er in der geschichtlichen Wirklichkeit nicht erreicht werden. Es gebe legitime Interessen wie die von Kindern oder Geisteskranken, denen es nicht möglich sei, sich in einem universellen Diskurs zu artikulieren, und die daher auf Repräsentation durch andere angewiesen seien. Auch bedeute die essentielle Knappheit von Ressourcen, daß bestimmte Interessen immer nur auf Kosten anderer befriedigt werden können. Zudem sei die Verständigung über Prioritäten in einem unlimitierten Diskurs nur erfüllbar, wenn ausreichend Zeit dafür zur Verfügung stünde, alle Entscheidungsgründe auszudiskutieren. Das sei aber regelmäßig nicht der Fall. Werde ein Mehrheitskonsens gebildet, so handle es sich dabei um Herrschaftsausübung.[49]

Auch Lübbe operiert im Rahmen seiner Bemühungen, die Kategorie der Entscheidung zu rehabilitieren, mit dem Hinweis auf knappe Ressourcen. Da Zeit und Vernunft in der Wirklichkeit der sozialen und politischen Welt immer nur in begrenztem Umfang zur Verfügung stehen, könne es Situationen geben, in denen im Angesicht alternativer Möglichkeiten gehandelt werden muß, deren Für und Wider man nicht auf eine die Entscheidung erübrigende Weise durchschaue.[50] Am Beispiel des Verirrten, der nicht weiß, welcher Weg der richtige ist, sich aber doch für einen entscheiden muß, macht Lübbe deutlich, daß die Entscheidung in der Tat in vielen Fällen einen Mangel an rationalen Bestimmungsgründen des Handelns überspringt. Das ist dann unvermeidlich, wenn gehandelt werden muß, ohne daß es aufgrund knapper Zeit möglich ist, den Sachen auf den Grund zu gehen, alle Zweifel zu beseitigen und die je und je zur Verfügung stehenden Handlungsoptionen rational zu durchleuchten. Das gilt, wie Lübbe in bezug auf die Parlamente hervorhebt, auch für diese. Sie seien keine Orte eines „ewigen Gesprächs". Vielmehr komme es zur Abstimmung. Diese sei „der ‚dezisionistische' Akt, mit dem in der Demokratie die Debatte beendet wird".[51]

Lübbes Argument ist ein anthropozentrisches. Im Ausgang von der Temporalverfassung des menschlichen Daseins vertritt er mit ihm im Kern einen „endlichkeitsbedingten Komplexitätsreduktionsdezisionismus".[52] Mit diesem und mit der Auffassung, der Entscheidung sei eigentümlich, daß sie einen Abgrund von Ungewißheit überspringt, verneint Lübbe allerdings mitnichten die Möglichkeit rationaler Entscheidungen. Entscheidungen, die gefällt werden, weil es aus Zeitmangel nicht möglich ist, sich Klarheit über alle Handlungsalternativen und deren Folgen zu verschaffen, sind nach Lübbe nicht irrational. Ihre Vernunft liegt ihm zufolge darin, „sich zum Handeln zu bestimmen, obwohl ausreichende Gründe, so und nicht anders zu handeln, fehlen".[53] Und dort, wo, wie im Parlament, entschieden wird, ist den Beteiligten meist klar, wie sie vorgehen würden, wenn nur sie allein das Sagen hätten. In diesen Fällen wird nach Lübbe kein Abgrund an Ungewißheit übersprungen, sondern insofern, als man der Stimme des politischen Gegners bedarf, im Kompromißwege ein Schritt auf dessen Position hin getan.[54]

Es ist von Habermas richtig gesehen worden, daß sich einzelne Spielarten des Dezisionismus durch eine in jeglicher Hinsicht ungebundene Entscheidung von gleichsam existentieller Qualität auszeichnen.[55] Ein solches, den Akt der Entscheidung verabsolutierendes Dezisionismusverständnis propagiert Lübbe jedoch nicht. Er bestreitet weder, daß wissenschaftliche Ergebnisse die Grundlage politischer Entscheidungen bilden können, noch daß es möglich ist, Normen zu begründen, argumentativ zu rechtfertigen und gegebenenfalls auch auf der Grundlage zwingender Argumente zu setzen. Lübbe geht es nicht darum, eine belastete und kompromittierte Erscheinungsform des Dezisionismus zu rehabilitieren. Sein in Wendung gegen technokratische Auffassungen, die der Wissenschaft die Führungsrolle in der Politik zuschreiben und die Politik zum Vollstrecker der Meinung von Experten degradieren, auf der einen und die diskurstheoretische Vorstellung, Politik auf Wahrheit gründen zu können, auf der anderen Seite vorgetragenes Anliegen ist ein anderes: Er will den Begriff der Entscheidung als einen für eine Theorie politischer Praxis und – wie im folgenden zu zeigen ist – für die menschliche Freiheit unentbehrlichen aufweisen.[56]

4. Verfassungsstaat und Wahrheit

4.1 Wahrheit als Geltungsgrund des Rechts?
Der von Habermas vertretenen Konsensustheorie der Wahrheit zufolge „besteht der Sinn der Geltung einer Norm in dem Anspruch, daß alle Betroffenen einer entsprechenden Empfehlung zustimmen müßten, wenn sie an einem praktischen Diskurs teilnehmen würden".[57] Indem Habermas politische Entscheidungen auf „zwingende Argumente" gründen und Mehrheitsentscheidungen als der Idee nach auf einem Konsens fußend ansehen möchte, macht er Wahrheit zum Geltungsgrund des Rechts. Das aber hat von ihm sicher nicht gewollte,[58] aus seinem

Ansatz aber gleichwohl folgende, freiheitsbedrohende Konsequenzen. Habermas sieht wohl richtig, daß eine Sicht der Politik, die diese auf formale Vorgänge reduziert und die Inhaltsfrage ausblendet, Wesentliches unberücksichtigt läßt. In der Tat erscheint es als Manko der Entscheidungstheorie Lübbes, daß in dieser ethischen Aspekten und den Fragen nach den Zielen und der Orientierung von Politik kein ihnen adäquater Platz eingeräumt ist.[59] Indem Habermas aber ein inhaltliches Moment in Gestalt konsensual ermittelter Wahrheit einführt, rettet er nicht das Humanum. Er bringt es vielmehr in Gefahr, weil er die Realitäten der sozio-politischen Welt nicht ausreichend berücksichtigt und unbeachtet läßt, auf welche Weise der Verfassungsstaat diesen gerade unter Anerkennung fundamentaler Wahrheiten betreffend Würde und Personhaftigkeit des Menschen im Interesse der Freiheit der einzelnen Rechnung trägt.

An der Figur des vorweggenommenen Konsenses wird die Problematik des Habermas'schen Ansatzes unmittelbar deutlich: Soll der politisch Handelnde universellen Konsens antizipieren, dann kann er seine Handlungen und Entscheidungen als von allen so gewollte ausgeben und rechtfertigen. Und ist er bei der Konsensantizipation weder an einen faktischen Mehrheitskonsens gebunden noch der Kontrolle durch „die vielen" unterworfen, dann wird das Ziel, Herrschaft durch herrschaftsfreien Konsens zu ersetzen, „zur Legitimationstheorie einer unbeschränkten und unkontrollierten Herrschaft".[60] Das historische Beispiel für einen solchen Vorgang ist das Verhalten des Wohlfahrtsausschusses in der Französischen Revolution. Dieser hatte für sich in Anspruch genommen, den wahren im Gegensatz zum empirisch ermittelbaren Volkswillen zu kennen und auf dieser Grundlage seine, sich über alle institutionellen und verfassungsrechtlichen Schranken hinwegsetzende, Schreckensherrschaft errichtet.[61]

Die Identifizierung der Verbindlichkeit politischer Entscheidungen mit der Verbindlichkeit diskursiv ermittelter Wahrheit hat, wie Lübbe deutlich macht, entweder anarchistische oder totalitäre Konsequenzen: Gelten politische Entscheidungen aufgrund der Wahrheit „zwingender Argumente", dann schließt das die Zustimmung aller zu diesen Entscheidungen mit ein. Kommt kein Konsens zustande, dann gibt es auch keine Rechtsetzung. Allenfalls doch autoritativ getroffene Entscheidungen wären unrechtmäßig.[62] Wird aber die soziale Verbindlichkeit von Normen auf (konsensual ermittelte) Wahrheit gegründet, dann entfalten diese Vorschriften nicht allein einen Zumutungsdruck, sie auch als inhaltlich richtig anzuerkennen; sie lassen darüber hinaus deshalb, weil sie ja mit dem Anspruch auftreten, Ausfluß eines Absoluten zu sein und damit das schlechthin Richtige, Vernünftige und Wahre, auf universale Geltung Abzielende zu verkörpern, jegliche Kritik an ihnen von vornherein als illegitim erscheinen. Wer sie in Frage stellt, setzt sich eben dadurch selbst ins Unrecht. Wenn eine Rechtsvorschrift als Ausfluß von Wahrheit zu verstehen ist, dann muß jeder Alternativvorschlag unwahr sein. Es hat daher eine unmittelbar freiheitsfördernde Wirkung, wenn die Geltung von Rechtsvorschriften nicht von deren Übereinstimmung mit einer wie auch immer gefaßten Wahrheit abhängig gemacht wird. Diesfalls bleibt nämlich die Diskussion offen.[63]

Insofern, als Wahrheitsansprüche darauf abzielen, Lebensentwürfe oder letzte Überzeugungen für alle verbindlich zu machen, wohnt ihnen in der politischen Auseinandersetzung die Tendenz inne, Dissens zu ersticken. Deshalb muß, wer die spezifisch bürgerlichen Freiheitsrechte sichern will, „durch institutionelle Vorkehrungen den Kurzschluß zwischen Wahrheitsanspruch und sozialer Geltung politischer Ziele zu verhindern suchen".[64] Lübbe macht diese Einsicht bei der Ausgestaltung seiner Version eines liberalen Dezisionismus im Ausgang von einer These Max Webers[65] plausibel. Dieser hatte die Auffassung vertreten, daß schon so einfache Fragen wie die, ob ein Zweck die eingesetzten Mittel heilige, inwieweit nicht Nebenfolgen in Kauf genommen werden sollen und „wie Konflikte zwischen mehreren in concreto kollidierenden, gewollten und gesollten Zwecken zu schlichten seien", Sache der Wahl oder des Kompromisses seien. Es gebe „keinerlei (rationales oder empirisches) wissenschaftliches Verfahren irgendwelcher Art, welches hier eine Entscheidung geben könnte".[66] Gestützt auf diese Auffassung unterscheidet Lübbe zwischen Normenbegründungs- und Normendurchsetzungs- oder Normenfestsetzungsverfahren: In den ersteren geht es darum, die sachliche oder – im Hinblick auf den Ableitungszusammenhang – logische Geltung von Normen zu sichern; sie sind die Orte, an denen Gründe für vorgeschlagene Normen vorgebracht und erörtert werden. In den letzteren aber erhalten Normen aufgrund der Entscheidung eines dafür vorgesehenen Organs ihre soziale und insbesondere gesetzliche Geltung.[67]

Diese Unterscheidung liegt der politischen Praxis repräsentativer Demokratien zugrunde. In parlamentarischen und synodalen Debatten kommt letztlich der Punkt, „an welchem Argumente nicht mehr gewogen, sondern Stimmen gezählt werden".[68] Wenn das Für und Wider vorgetragen und erörtert, wenn ein Prozeß der Deliberation in Gang gesetzt worden ist und stattgefunden hat, dann kommt es zur

Entscheidung. Rechtliche Verbindlichkeit erlangt ein Gesetzesentwurf nicht aufgrund der Bedeutung und Überzeugungskraft der zu seinen Gunsten ins Treffen geführten Argumente, sondern allein deshalb, weil er in einem bestimmten Verfahren in geltendes Recht transformiert wird.[69] Geltungsgrund eines Gesetzes ist nicht die Summe der Argumente, die für es ins Treffen geführt werden können. Bei ihm handelt es sich vielmehr um einen dezisionistischen Akt in Gestalt einer Abstimmung, die zugunsten eines Normenvorschlags ausgeht und das demokratische Entscheidungsverfahren beendet.[70]

Lübbe rekonstruiert solcherart die Grundstruktur freiheitlicher Ordnungen, wie sie sich in der europäischen Neuzeit im Gefolge der Erfahrung der religiösen Bürgerkriege und der schrittweise durchgesetzten Trennung von Politik und Religion nach und nach herausgebildet hat.[71] In solchen Ordnungen ist der Staat bloß sektoraler Staat. Er ist in seiner Regelungsbefugnis begrenzt und integriert daher die Menschen weder in der Gesamtheit ihrer Daseinsbeziehungen noch strebt er nach der Verwirklichung eines sittlichen Ideals.[72] In Umsetzung des Prinzips der Nichtidentifikation[73] oder Neutralität[74] unterläßt es der Staat, sich auf materielle Gehalte festzulegen. Er verpflichtet die Bürger nicht auf Wahrheiten und ermöglicht ihnen eben dadurch die Entfaltung ihrer je eigenen Persönlichkeit in Freiheit.

Aus diesem Grund gilt das Recht im freiheitlichen Verfassungsstaat nicht deshalb, weil es mit einer wie auch immer ermittelten Wahrheit übereinstimmt, sondern deshalb, weil es von einer dafür vorgesehenen Autorität gesetzt wird. Thomas Hobbes hat diesen Sachverhalt im 26. Kapitel der lateinischen Ausgabe seines Leviathan in die einprägsame Wendung „sed authoritas, non veritas, facit legem"[75] gekleidet. Diese Formel schließt nicht aus, daß moralische Wahrheiten Niederschlag in Rechtsregeln finden können, und sie bedeutet auch keine Absage an die Auffassung, daß Vorschriften einem moralischen Minimum genügen müssen, um überhaupt als Rechtsvorschriften anerkannt werden zu können.[76] Sie bringt nur die Abkoppelung der Rechtsgeltung von der Wahrheitsfrage zum Ausdruck.

Gilt nun Recht allein deshalb, weil es richtig erzeugt wurde und nicht kraft der für seine Setzung und Ausgestaltung sprechenden Gründe, so entfällt für den je einzelnen der Zumutungsdruck, Rechtsvorschriften auch dann als richtig oder wahr anerkennen zu müssen, wenn sie im Widerspruch zu seinen Vorstellungen einer vernünftigen Regelung oder seinen Wertüberzeugungen stehen. Diese Konstruktion macht liberale

Demokratie möglich: Jede Vorschrift kann Gegenstand von Diskussionen werden, da die Anerkennung ihrer Geltung nicht von der inneren Zustimmung zu ihrem Inhalt abhängt.[77] Jede unter demokratischen Bedingungen erzeugte Rechtsvorschrift gilt damit bloß vorläufig. Sie steht unter dem Vorbehalt ihrer Änderung durch eine andere Mehrheit.

4.2 Wahrheit als legitimierender Grund von Rechtsdurchbrechungen?

Wahrheitsansprüche gefährden die freiheitliche Substanz des Verfassungsstaats aber nicht nur dann, wenn sie als Geltungsgrund seiner Rechtsvorschriften herangezogen werden. Sie entfalten diese Wirkung auch in den Fällen, in denen sie als rechtfertigender Grund dafür dienen, sich über geltendes, aber ihnen nicht entsprechendes Recht hinwegzusetzen. Im Terror wie bei bestimmten Formen des Widerstandsrechts ist es das jeweils „bessere" Recht desjenigen, der über unmittelbare Einsicht in Wahrheit zu verfügen vermeint, das ins Treffen geführt wird, um Rechtsbrüche zu legitimieren.

Es sind historizistische Ideologien, die ihren Anhängern privilegierte Einsichten in den Geschichtsverlauf gewähren und gerade dadurch Politik terrorfähig machen.[78] Der Terrorist ist, wie Lübbe im Anschluß an Hegel[79] gezeigt hat, vom Bestreben beseelt, hier und jetzt gegen die bestehenden Institutionen seine Vorstellung einer universell vollkommenen Ordnung verwirklichter Freiheit und Gerechtigkeit zu realisieren und das gleichsam in Führung des Krieges zur Abschaffung aller Kriege.[80] Geltungsgrund seiner Entscheidungen ist kein Verfahren und kein Spruch einer dafür vorgesehenen Instanz, sondern jene Wahrheit und Gerechtigkeit, der er sich allein verpflichtet weiß.

Das Argument zugunsten des Widerstands im Rechtsstaat verfügt im Kern über dieselbe Struktur: Anders als beim klassischen Widerstandsrecht, das dazu dient, sich gegen unrechtmäßige, die etablierte Rechts- und Verfassungsordnung verletzende Handlungen der Obrigkeit mit dem Ziel zur Wehr zu setzen, den Status quo ante wiederherzustellen,[81] soll bei der sich als ziviler Ungehorsam manifestierenden zeitgenössischen Form des Widerstandsrechts die Berufung auf bestimmte Werte Widerstand rechtfertigen. Nach Habermas etwa sind es „allein die für alle einsichtigen moralischen Prinzipien, auf die der moderne Verfassungsstaat die Erwartung gründet, von seinen Bürgern aus freien Stücken anerkannt zu werden",[82] die dann zur Legitimierung von Widerstandshandlungen und Gesetzesbrüchen herangezogen werden können, wenn der Ausnahmefall des Versagens der Repräsentativ-verfassung eintritt. Bei der Feststellung, ob dieser Fall vorliegt, soll Habermas zufolge eine Privatmoral, ein Sonderrecht oder ein privilegierter Zugang zur Wahrheit zwar nicht ins Spiel kommen, doch läuft seine Argumentation im Effekt gerade darauf hinaus: Die subjektive Auffassung des je einzelnen darüber, wie im Lichte der Fundamental-prinzipien des freiheitlichen Verfassungsstaates in einem konkreten Fall richtig hätte entschieden werden sollen, wird zum rechtfertigenden Grund für Rechtsbrüche.[83]

Nun kann es natürlich auch im Rechtsstaat zu untragbaren, weil fundamentale Freiheitsrechte verletzenden Mehrheitsentscheidungen kommen, gegen welche, wenn im Wege der zur Verfügung stehenden Verfahren nicht Abhilfe geschaffen werden kann, den davon Betroffenen tatsächlich nur der Widerstand übrigbleibt.[84] Die Stunde des Wider-standsrechts schlägt jedoch nicht schon dann, wenn ein einzelner rechtswidriger Akt gesetzt wird. Das Widerstandsrecht lebt erst dann auf, wenn der Rechtsstaat auf breiter Front versagt und sich ein Un-rechtsregime ausbildet, das die Würde des Menschen negiert, individuelle Freiheitsrechte mitsamt deren institutionellen Sicherungen beseitigt und die Bevölkerung unterdrückt. Solange Rechtsschutz-einrichtungen und politische Institutionen funktionieren und die Möglichkeit der Korrektur rechtswidriger oder politisch unliebsamer Entscheidungen eröffnen, existiert kein Raum für ein Widerstandsrecht. Ein solches dient nämlich nicht dazu, demokratisch legitimierten und verfassungskonform zustande gekommenen Entscheidungen den Gehorsam zu versagen, weil man mit seiner Auffassung in der Minderheit geblieben ist.[85] Wer gleichwohl unter Berufung auf höhere Werte oder irgendwelche Fundamentalprinzipien Widerstandshand-lungen gegen die Legalität des sich im Normalzustand befindenden Verfassungsstaates setzt, stellt diesen als freiheitssichernde Friedens-einheit in Frage.[86]

4.3 Wahrheit als das dem Verfassungsstaat Vorausliegende?

Die Berufung auf Wahrheit im freiheitlichen Verfassungsstaat ist also auf zweifache Weise prekär: Legitimiert sich die Rechtsordnung aus Wahrheit, dann wird das Staatswesen der Tendenz nach totalitär. Dient Wahrheit hingegen als rechtfertigender Grund für die Mißachtung der Rechtsordnung, dann wird der Verfassungsstaat mitsamt den durch ihn gewährleisteten Freiheitsrechten in Frage gestellt.

Mit dem Aufweis der Problematik, Wahrheitsansprüche mit politischer Verbindlichkeit ausstatten zu wollen, ist das Verhältnis von Wahrheit und freiheitlichem Verfassungsstaat jedoch noch nicht erschöpfend umschrieben. So ganz ohne etwas Unbedingtes kommt dieser nämlich nicht aus. Selbst Kelsen, der den erkenntnistheoretischen Relativismus zu der vom demokratischen Gedanken vorausgesetzten Weltanschauung erklärt, redet völliger Beliebigkeit nicht das Wort. Wenngleich er in der Konsequenz eines von ihm vorgetragenen Beispieles sogar Justizmord durch mehrheitlichen Volksentscheid als demokratischen Akt zu akzeptieren scheint,[87] geht er doch davon aus, daß die für die Demokratie charakteristische Mehrheitsherrschaft eine Opposition oder Minorität „ihrem innersten Wesen nach nicht nur begrifflich voraussetzt, sondern auch politisch anerkennt und in den Grund- und Freiheitsrechten, im Prinzipe der Proportionalität schützt".[88]

Auch wenn der demokratische Verfassungsstaat nicht für sich in Anspruch nimmt, moralische Wahrheiten erkennen zu können, so kann er doch das Mehrheitsprinzip nicht unbeschränkt gelten lassen. Er bedarf – und schon deshalb ist die Rede vom Relativismus als Voraussetzung der demokratischen Weltanschauung schief – eines außer Streit stehenden Fundaments, um nicht selbst der Relativierung zu verfallen. Ohne ein Mindestmaß an Wertüberzeugungen ist es, was auch die Rede von der „streitbaren" oder „wehrhaften" Demokratie zum Ausdruck bringt, dem freiheitlichen Staat nicht möglich, zu existieren.[89] „Die offene Gesellschaft kann", wie Robert Spaemann formuliert hat, „nur Bestand haben, wenn ihre Offenheit auf Überzeugungen gründet, die ihrerseits nicht zur Disposition stehen."[90] Und in der Tat bringen die Systementscheidungen zugunsten der Gewährleistung fundamentaler Freiheiten, demokratischer Verfahren sowie gewaltenteilender und rechtsstaatlicher Institutionen allesamt fundamentale Überzeugungen hinsichtlich der Personhaftigkeit und Würde des Menschen zum Ausdruck.[91] Diese, dem Verfassungsstaat gleichsam von außen zukommenden, Überzeugungen[92] bilden in gewisser Weise sein Fundament, doch legitimiert er sich nicht unmittelbar aus ihnen. Der Verfassungsstaat bezieht seine Rechtfertigung nicht aus dem Anspruch, bestimmte Wahrheiten verwirklichen zu wollen, sondern aus der von ihm ermöglichten und gewährleisteten Freiheit,[93] die jenen Rahmen absteckt, innerhalb dessen weltanschaulich-politische Fragen diskutiert und entschieden, neuerlich aufgerollt und ganz anders als zuvor erledigt werden können.

Da Wahrheitsansprüche dann, wenn sie direkt zu politisch-sozialer Geltung gebracht werden, ebenso wie der Volkssouverän, der nicht durch die von ihm eingesetzten Gewalten, sondern unmittelbar selbst wirken will, den Verfassungsstaat sprengen,[94] bedürfen sie der politisch-institutionellen Vermittlung.[95] Diese leisten die Einrichtungen des Verfassungsstaates. Den einzelnen steht es frei, im Rahmen ihrer Grundrechtsausübung Wahrheit zurückzuweisen, unbeachtet zu lassen oder aber sie anzunehmen und zur Richtschnur individueller Lebensführung zu machen. Eben deshalb können Wahrheit und Wahrheitsansprüche auch legitimerweise dazu herangezogen werden, politisches Handeln zu motivieren. Grenzen ziehen dem allerdings die Rechte anderer und die diese gewährleistenden Institutionen des Verfassungsstaates, die Unbedingtheitsansprüche brechen, relativieren und solcherart deren sozio-politische Vermittlung leisten.

Entgegen der Auffassung Kelsens ist damit ein erkenntnistheoretischer Relativismus nicht ausschlaggebend für die Funktionsfähigkeit der Demokratie. Wer, wie Kelsen, absolute Wahrheit und absolute Werte menschlicher Erkenntnis für verschlossen hält, mag sich wohl leichter dabei tun, von den je eigenen Auffassungen abweichende Standpunkte für zumindest möglich zu halten und im politischen Tagesgeschäft Kompromisse zu schließen. Gleichwohl verlangt die Demokratie von den einzelnen nicht, bloß hypothetische Überzeugungen auszubilden. Ihr Funktionieren und der Bestand des Verfassungsstaates hängen nicht davon ab, daß niemand Wahrheitsansprüche vertritt, sondern allein davon, daß Institutionen bestehen, welche die Vermittlung solcher Ansprüche leisten.

5. Schlußbemerkung

Die Debatten der siebziger und achtziger Jahre des 20. Jahrhunderts um Demokratisierung durch herrschaftsfreie Diskurse, um zivilen Ungehorsam und Terror sind Geschichte. Der Kern der damaligen Auseinandersetzungen ist es jedoch nicht. Die Frage nach der Rolle von Wahrheit im freiheitlichen Verfassungsstaat ist ungebrochen aktuell. Sie zeigt sich heute allerdings in anderem Gewande. Robert Spaemann hat darauf aufmerksam gemacht, daß freiheitliche Verfassungsstaaten in zunehmendem Maße beginnen, sich als Wertegemeinschaften zu verstehen und Menschen, obwohl sich diese im Rahmen der Gesetze bewegen, unter Berufung auf höhere Werte behindern oder gar geltendes Recht unter Berufung auf Werte brechen. Er nennt an Beispielen die

Aufnahme von Gemeinschaften, denen anzugehören nicht verboten ist, in Sektenkataloge; staatlich organisierte oder von staatlichen Amtsträgern mit höheren Weihen versehene Demonstrationen gegen bestimmte politische Überzeugungen; die von seiten einer – in staatlichem Mehrheitseigentum stehenden – Bank erfolgte Kündigung der Konten einer Wochenzeitung mit der Begründung, daß diese vom Verfassungsschutz beobachtet werde; die über Österreich verhängte „Quarantäne" der übrigen EU-Staaten; und schließlich den unter Berufung auf Werte erfolgten Bruch des Völkerrechts bei der Führung des Kosovo-Krieges.[96]

Alle diese Beispiele – von denen die Beurteilung der Causa Österreich noch die geringsten Schwierigkeiten aufzuwerfen scheint[97] – bedürfen, was hier jedoch nicht geleistet werden kann, differenzierender Betrachtung. So muß etwa hinsichtlich des Kosovo-Krieges, der ja um der Beendigung massiver Menschenrechtsverletzungen willen geführt wurde, gefragt werden, ob nicht in seinem Fall wirklich eine ihn rechtfertigende Ausnahmesituation gegeben war.[98] Die Kündigung von Konten aus politischen Gründen[99] wirft im Hinblick auf den Umstand, daß ohne Girokonto eine Teilnahme am Wirtschaftsleben in der wissenschaftlich-technischen Zivilisation praktisch unmöglich ist, komplexe Fragen der Drittwirkung von Grundrechten und eines sich daraus allenfalls ergebenden Kontrahierungszwanges auf.[100] Auch Warnungen des Staates sind ungeachtet der ihn treffenden Neutralitätspflichten nicht schlechthin illegitim. Ja, gerade die aus den Grundrechten erfließenden Schutzpflichten können staatliches Handeln durch Information über drohende Gefahren zur Wahrung von Freiheitsrechten erforderlich machen.[101] Da dieses jedoch zur Verletzung grundrechtlicher Positionen führen kann,[102] ist in solchen Konstellationen vor allem der Grundrechtsschutz gefordert, der dort, wo er sich – wie etwa im Falle der Sektenwarnungen – als unzureichend erweist, der Verbesserung bedarf.[103]

Es trifft jedoch zu: Wo Staaten nicht allein die Beachtung von Rechtsregeln verlangen, sondern auch die Zustimmung zu diesen behaupteterweise zugrunde liegenden Werten einfordern und, um dieses Ziel zu erreichen, dissentierende Auffassungen stigmatisieren, dort wird ebenso wie bei Rechtsverletzungen, die unter Berufung auf bestimmte Werte erfolgen, auch das Verhältnis von Verfassungsstaat und Wahrheit angesprochen. Die eben dieses Verhältnis betreffenden, von Robert Spaemann kritisierten Phänomene der jüngsten Vergangenheit lassen es daher als angebracht erscheinen, sich der von ihm und Hermann

Lübbe in ihrer Auseinandersetzung mit Jürgen Habermas erläuterten und verteidigten Lösung zu vergewissern, die gefunden wurde, um mit Wahrheit in einer liberalen Demokratie umzugehen. Nicht nur der Forschritt hängt, wie es Robert Spaemann so treffend auf der Tendenzwendetagung formuliert hat, wesentlich davon ab, „daß wir nicht einfach vergessen, was man schon einmal wußte".[104] Gleiches gilt auch für die Existenz des freiheitlichen Verfassungsstaates.

---

[1] Vgl. zum Begriff Hermann Lübbe: Endstation Terror. Rückblick auf lange Märsche, Stuttgart 1978, S. 33, sowie derselbe: Freiheit und Terror, in: derselbe: Philosophie nach der Aufklärung. Von der Notwendigkeit pragmatischer Vernunft, Düsseldorf – Wien 1980, S. 239-260 (S. 253).

[2] Z.B. Hermann Lübbe: Unsere stille Kulturrevolution, Zürich – Osnabrück 1976; Panajotis Kondylis: Der Niedergang der bürgerlichen Denk- und Lebensform. Die liberale Moderne und die massendemokratische Postmoderne, Weinheim 1991, S. 226 ff.; Gerd Koenen: Das rote Jahrzehnt. Unsere kleine deutsche Kulturrevolution 1967–1977, Köln 2001.

[3] Siehe aus der Fülle der einschlägigen Literatur zur 68er-Bewegung z.B. Ingrid Gilcher-Holthey (Hrsg.): 1968. Vom Ereignis zum Gegenstand der Geschichtswissenschaft (Geschichte und Gesellschaft, Sonderheft 17), Göttingen 1998; Venanz Schubert (Hrsg.): 1968. 30 Jahre danach, St. Ottilien 1999; Gerd Langguth: Mythos '68. Die Gewaltphilosophie von Rudi Dutschke – Ursachen und Folgen der Studentenbewegung, München 2001.

[4] Zu den Vorbereitungen und zum Ablauf der Tagung im Detail Wilhelm Hahn: Ich stehe dazu. Erinnerungen eines Kultusministers, Stuttgart 1981, S. 232 ff. Hahn selbst datiert den Kongreß auf den 14. und 15. Dezember. In dem die Referate sammelnden Tagungsband von Clemens Graf Podewils (Hrsg.): Tendenzwende? Zur geistigen Situation in der Bundesrepublik, Stuttgart 1975, S. 6 f., heißt es jedoch, daß die Vorträge am 26. und 27. November gehalten wurden.

[5] Wilhelm Hahn: Erinnerungen (FN 4), S. 236 f. Vgl. auch die aus der Perspektive emanzipatorischer Pädagogik verfaßte Arbeit von Maria Böhm: Konservative Wertererziehung. Exemplarische Untersuchungen als Beitrag zur pädagogischen Forschung und zur Konservatismustheorie, Weinheim 1986, S. 276 ff. Siehe auch Jeffrey Herf: Demokratie auf dem Prüfstand. Politische Kultur, Machtpolitik und die Nachrüstungskrise in Westdeutschland, in: Vierteljahrshefte für Zeitgeschichte 40 (1992), S. 1-28 (S. 12 ff.), sowie Jens Hacke: Skepsis und Kompensation. Rückblick auf eine liberalkonservative Intellektuellengeneration in der Bundesrepublik, in: Vorgänge 4/2001, S. 18-27 (23 ff.). Der Begriff „Tendenzwende" lag im Jahre 1974 gewissermaßen in der Luft. Vgl. in diesem Zusammenhang auch den Untertitel des Buches von Gerd-Klaus Kaltenbrunner (Hrsg.): Plädoyer für die Vernunft. Signale einer Tendenzwende (Herderbücherei INITIATIVE 1), Freiburg – Basel – Wien 1974, sowie Hermann Glaser: Die Mitte und rechts davon. Bemerkungen zur Tendenzwende in der Bundesrepublik, in: aus politik und zeitgeschichte, B 42/1974, S. 14-36.

[6] Vgl. Manfred Görtemaker: Geschichte der Bundesrepublik Deutschland. Von der Gründung bis zur Gegenwart, München 1999, S. 563 ff.

[7] Vgl. den Untertitel des in FN 4 zitierten Sammelbandes.

[8] Wilhelm Hahn: Erinnerungen (FN 4), S. 235.

[9] Hermann Lübbe: Fortschritt als Orientierungsproblem im Spiegel politischer Gegenwartssprache, in: Clemens Graf Podewils (Hrsg.): Tendenzwende? Zur geistigen Situation in der Bundesrepublik, Stuttgart 1974, S. 9-24 (S. 11).

[10] Robert Spaemann: Emanzipation. Ein Bildungsziel?, in: Clemens Graf Podewils (Hrsg.): Tendenzwende? Zur geistigen Situation in der Bundesrepublik, Stuttgart 1974, S. 75-93 (S. 93).

[11] Mut zur Erziehung. Beiträge zu einem Forum am 9./10. Januar 1978 im Wissenschaftszentrum Bonn – Bad Godesberg, Stuttgart 1978. Dazu Wilhelm Hahn: Erinnerungen (FN 4), S. 254 ff.; Maria Böhm: Werterziehung (FN 5), S. 280 ff.

[12] Michael Zöller (Hrsg.): Aufklärung heute. Bedingungen unserer Freiheit, Zürich – Osnabrück 1980.

[13] Jürgen Habermas: Mut zur Erziehung – Brief an R. Spaemann, in: derselbe: Kleine Politische Schriften (I-IV), Frankfurt am Main 1981, S. 407-410 (S. 409).

[14] Ernst Tugendhat: Totalitäre Tendenz. Es wird eine Schule anvisiert, die Untertanen, nicht Bürger erzieht, in: Die Zeit vom 2. Juni 1978, S. 48.

[15] Die Thesen sind abgedruckt bei Wilhelm Hahn: Erinnerungen (FN 4), S. 258 ff., und in Mut (FN 11), S. 163 ff. Das Zitat findet sich auf S. 259 bzw. S. 164. Für Kritik siehe u.a. Albert v. Schirnding: Mut zur Vernunft, in: Merkur 32 (1978), S. 537-544, und Hartmut v. Hentig: Mut zur Erziehung?, in: ebd., S. 544-563. Siehe auch Richard Saage: Neokonservatives Denken in der Bundesrepublik, in: Iring Fetscher (Hrsg.), Neokonservative und „Neue Rechte". Der Angriff gegen Sozialstaat und liberale Demokratie in den Vereinigten Staaten, Westeuropa und der Bundesrepublik, München 1983, S. 66-116 (S. 73 ff.).

[16] Siehe den der Einladung beigefügten, von Wilhelm Hahn, Martin Kriele, Nikolaus Lobkowicz, Hermann Lübbe und Michael Zöller unterfertigten Text. Er ist abgedruckt bei Michael Zöller (Hrsg.): Aufklärung (FN 12), S. 8 f.

[17] Siehe dazu auch die umfassende Studie desselben Autors Friedrich H. Tenbruck: Die unbewältigten Sozialwissenschaften oder die Abschaffung des Menschen, Graz – Wien – Köln 1984.

[18] Krieles Referat ist im Sammelband nicht enthalten. Es liegt in Buchform vor als Martin Kriele: Befreiung und politische Aufklärung. Plädoyer für die Würde des Menschen, Freiburg – Basel – Wien 21986.

[19] Siehe z.B. die – allerdings stark in neomarxistischer Begrifflichkeit verfangene – Studie von Helmut Dubiel: Was ist Neokonservatismus?, Frankfurt am Main 1985, sowie Richard Saage: Denken (FN 15). Die besten Arbeiten über den deutschen Neokonservativismus sind Wolfgang H. Lorig: Neokonservatives Denken in der Bundesrepublik Deutschland und in den Vereinigten Staaten von Amerika, Opladen 1988, und Jerry Z. Muller: German Neo-Conservatism, ca. 1968-1985: Hermann Lübbe et al., in: Jan-Werner Müller (Hrsg.): German Ideologies since 1945: Studies in the Political Thought and Culture of the Bonn Republic, New York – Houndsmills 2003, S. 161-184.

[20] So geschehen etwa bei Martin Greiffenhagen: Neokonservatismus in der Bundesrepublik, in: derselbe (Hrsg.): Der neue Konservatismus der siebziger Jahre, Reinbek bei Hamburg 1974, S. 7-22, 202-205. Ähnlich Richard Saage: Denken (FN 15).

[21] Als Neokonservative firmieren in der Literatur u.a. Wilhelm Hennis, Richard Löwenthal, Hermann Lübbe, Hans Maier, Golo Mann, Thomas Nipperdey, Odo Marquard, Erwin K. Scheuch, Helmut Schelsky, Alexander Schwan, Kurt Sontheimer und Robert Spaemann. Vgl. z.B. Helmut Dubiel: Neokonservatismus (FN 19), S. 10.

[22] Zum amerikanischen Phänomen siehe insbesondere Nigel Ashford: Das Versagen des Staates. Der amerikanische Neokonservatismus, in: Iring Fetscher (Hrsg.): Neokonservative und „Neue Rechte". Der Angriff gegen Sozialstaat und liberale Demokratie in den Vereinigten Staaten, Westeuropa und der Bundesrepublik, München 1983, S. 35-65; Gary Dorrien: The Neoconservative Mind. Politics, Culture, and the War of Ideology, Philadelphia 1993; Mark Gerson: The neoconservative Vision. From the Cold War to the Culture Wars, Lanham – New York – London 1996. Siehe auch Hans Rühle/Hans-Joachim Veen/Walter F. Hahn (Hrsg.): Der Neo-Konservativismus in den Vereinigten Staaten und seine Auswirkungen auf die Atlantische Allianz (Forschungsbericht der Konrad-Adenauer-Stiftung, Bd. 16), Melle 1982.

[23] So Jürgen Habermas: Die Kulturkritik der Neokonservativen in den USA und in der Bundesrepublik, in: derselbe: Die neue Unübersichtlichkeit, Frankfurt am Main 1985, S. 30-56 (S. 39 f.), der allerdings selbst als Partei in der weltanschaulichen Auseinandersetzung mit den Neokonservativen hervorgetreten ist, was sich an seinen von ideologischer Voreingenommenheit geprägten Aussagen zum Thema deutlich zeigt. Siehe dazu die Kritik von Jerry Z. Muller: Neo-Conservatism (FN 19), S. 165 f.

[24] Wolfgang H. Lorig: Denken (FN 19); Jerry Z. Muller: Neo-Conservatism (FN 19), S. 169 ff. Siehe auch Heinz Kleger: Was ist Neokonservatismus?, in: Das Argument 27 (1985), S. 511-520.

[25] Vgl. z.B. Jeffrey Herf: Demokratie (FN 5), S. 19, wo er über von Nipperdey, Hennis und Schelsky vorgebrachte Argumente gegen die plebiszitäre Demokratie schreibt, diese seien wohl konservativ und damit solche „einer intellektuellen ‚Rechten': Aber es handelte sich um eine Rechte, die vom Westen geprägt war, fest auf liberale Prinzipien eingeschworen. Sie hatte nichts gemein mit den dominanten Traditionen des ‚deutschen Konservativismus' vor 1945."

[26] Vgl. zum klassischen Konservativismus Panajotis Kondylis: Konservativismus. Geschichtlicher Gehalt und Untergang, Stuttgart 1986.

[27] Zur Konservativen Revolution siehe aus der jüngeren Literatur insbesondere Stefan Breuer: Anatomie der Konservativen Revolution, Darmstadt 1993.

[28] Jens Hacke: Skepsis (FN 5), S. 23 f.

[29] Helmut Dubiel: Neokonservatismus (FN 19), S. 13.

[30] Siehe dazu von neokonservativer Seite insbesondere Hermann Lübbe: Konservativismus in Deutschland – gestern und heute, in: derselbe: Fortschrittsreaktionen. Über konservative und destruktive Modernität, Graz – Wien – Köln 1987, S. 11-26, sowie ebd., S. 27-40, „Neokonservative" in der Kritik. Eine Metakritik. Aus der Sekundärliteratur siehe Heinz Kleger: Neokonservatismus? (FN 24); Wolfgang H. Lorig: Denken (FN 19), S. 79-156; Jens Hacke: Skepsis (FN 5).

[31] Siehe zu Habermas aus der Fülle der einführenden Literatur z.B. Walter Reese-Schäfer: Jürgen Habermas, Frankfurt/Main – New York 32001. Siehe aber auch Reinhart Klemens Maurer: Jürgen Habermas' Aufhebung der Philosophie, in: Philosophische Rundschau 24 (1977), Beiheft 8; Roger Scruton: Jürgen Habermas, in: derselbe: Thinkers of the New Left, Burnt Mill 1985, S. 115-128; Michael Zöller: Das Prokrustes-System. Der organisierte Pluralismus als Gewißheitsillusion, Opladen 1988, S. 137 ff.; Hartmuth Becker: Die Parlamentarismuskritik bei Carl Schmitt und Jürgen Habermas (Beiträge zur Politischen Wissenschaft, 74), Berlin 1994; Panajotis Kondylis: Das Politische und der Mensch. Grundzüge der Sozialontologie, Bd. I, Berlin 1999, S. 408 ff.; Otfried Höffe: Anhang: Kritische Überlegungen zur Konsensustheorie der Wahrheit (Habermas), in:

derselbe: Ethik und Politik. Grundmodelle und -probleme der praktischen Philosophie, Frankfurt am Main 1979, S. 251-277.

[32] Norbert Hilger: Deutscher Neokonservatismus – das Beispiel Hermann Lübbes, Baden-Baden 1995.

[33] Eine Monographie zum Denken und Werk Spaemanns liegt noch nicht vor. Gute Einführungen in sein Werk liefern aber Rolf Schönberger: Robert Spaemann, in: Julian Nida-Rümelin (Hrsg.): Philosophie der Gegenwart, Stuttgart 1991, S. 571-575, und Arthur Madigan, S.J.: Robert Spaemann's Philosophische Essays, in: The Review of Metaphysics LI (1997), S. 105-132.

[34] Zum Ritterkreis siehe Ulrich Dierse: Joachim Ritter und seine Schüler, in: Anton Hügli/Poul Lübcke (Hrsg.): Philosophie im 20. Jahrhhundert, Bd. I, Hamburg 1992, S. 237-278; Dirk van Laak: Gespräche in der Sicherheit des Schweigens. Carl Schmitt in der politischen Geistesgeschichte der frühen Bundesrepublik, Berlin 1993, S. 192 ff.

[35] Vgl. zu den beiden Georg Lohmann: Neokonservative Antworten auf moderne Sinnverlusterfahrungen. Über Odo Marquard, Hermann Lübbe und Robert Spaemann, in: Richard Faber: (Hrsg.): Konservatismus in Geschichte und Gegenwart, Würzburg 1991, S. 183-201.

[36] Hermann Lübbe: Zur politischen Theorie der Technokratie, in: Der Staat 1 (1962), S. 19-38, wieder abgedruckt in und im folgenden zitiert nach derselbe: Theorie und Entscheidung. Studien zum Primat der praktischen Vernunft, Freiburg 1971, S. 32-53 (S. 34).

[37] Hermann Lübbe: Theorie (FN 36), S. 52: Lübbe wendet sich an dieser Stelle explizit gegen das strukturell undemokratische technokratische Ordnungsmodell, demzufolge „Sachentscheidungen, Fachfragen, unter die natürliche Kompetenz des Sachverstandes fallen, gegen dessen Urteil eine Berufung auf die allgemeine Meinung nicht möglich ist", so daß das, was richtig ist, nicht durch Mehrheitsbeschlüsse, sondern durch Gründe entschieden wird.

[38] Jürgen Habermas: Verwissenschaftlichte Politik und öffentliche Meinung, in: Richard Reich (Hrsg.): Humanität und politische Verantwortung. Festschrift für Hans Barth, Erlenbach-Zürich – Stuttgart 1964, S. 54-73 (S. 57 f).

[39] Ebd., S. 55.

[40] Ebd., S. 66 ff.

[41] Vgl. Jürgen Habermas: Gegen einen positivistisch halbierten Rationalismus, in: Theodor W. Adorno u.a.: Der Positivismusstreit in der deutschen Soziologie, Darmstadt – Neuwied 121987, S. 235-266 (S. 254, 259).

[42] Jürgen Habermas: Protestbewegung und Hochschulreform, Frankfurt am Main 1969, S. 49.

[43] So in einem Brief an Robert Spaemann, abgedruckt in: Robert Spaemann: Zur Kritik der politischen Utopie. Zehn Kapitel politischer Philosophie, Stuttgart 1977, S. 127-135 (S. 134).

[44] Jürgen Habermas: Erkenntnis und Interesse, Frankfurt am Main 1968, S. 76. Vgl. auch derselbe: Legitimationsprobleme im Spätkapitalismus, Frankfurt am Main 1973, S. 170.

[45] Hermann Lübbe: 1968. Zur deutschen Wirkungsgeschichte, in: derselbe: Politik nach der Aufklärung. Philosophische Aufsätze, München 2001, S. 129-149 (S. 146).

[46] Jürgen Habermas: Protestbewegung (FN 42), S. 129.

[47] Ebd., S. 123 f.

[48] Ebd., S. 127.

[49] Robert Spaemann: Die Utopie der Herrschaftsfreiheit, in: derselbe: Zur Kritik der politischen Utopie. Zehn Kapitel politischer Philosophie, Stuttgart 1977, S. 104-126 (S. 123).

[50] Hermann Lübbe: Zur Theorie der Entscheidung, in: derselbe: Theorie und Entscheidung. Studien zum Primat der praktischen Vernunft, Freiburg 1971, S.7-31 (S. 18).

[51] Hermann Lübbe: Theorie (FN 50), S. 29.

[52] Wolfgang Kersting: Moralphilosophie, Dezisionismus und pragmatische Rationalität, in: derselbe: Recht, Gerechtigkeit und demokratische Tugend. Abhandlungen zur praktischen Philosophie der Gegenwart, Frankfurt am Main 1997, S. 353-396 (S. 371).

[53] Hermann Lübbe: Theorie (FN 50), S. 21.

[54] Hermann Lübbe: Theorie (FN 50), S. 30.

[55] Vgl. nur Christian Graf von Krockow: Die Entscheidung. Eine Untersuchung über Ernst Jünger, Carl Schmitt, Martin Heidegger, Frankfurt/Main – New York 21990. Für eine Übersicht über die verschiedenen Spielarten des Dezisionismus siehe Wolfgang Kersting: Moralphilosophie (FN 52).

[56] Siehe Otfried Höffe: Rationalität, Dezision oder praktische Vernunft, in: derselbe: Ethik und Politik. Grundmodelle und -probleme der praktischen Philosophie, Frankfurt am Main 1979, S. 334-393 (S. 373 ff.). Zur Anschlußfähigkeit des Lübbeschen Dezisionismus siehe auch Christian Schwaabe: Liberalismus und Dezisionismus. Zur Rehabilitierung eines liberalen Dezisionismus im Anschluß an Carl Schmitt, Jacques Derrida und Hermann Lübbe, in: Politisches Denken. Jahrbuch 2001, Stuttgart – Weimar 2001, S. 175-201. Zu Lübbes Dezisionismus und seiner Auseinandersetzung mit Habermas eingehend Norbert Hilger: Neokonservatismus (FN 32), S. 97-131.

[57] Brief (FN 43), S. 129.

[58] So auch Robert Spaemann: Utopie (FN 49), S. 124 f.

[59] Vgl. Otfried Höffe: Rationalität (FN 56), S. 378 f.

[60] Robert Spaemann: Utopie (FN 49), S. 124.

[61] Dazu im Detail Martin Kriele: Einführung in die Staatslehre. Die geschichtlichen Legitimitätsgrundlagen des demokratischen Verfassungsstaates, Opladen 51994, S. 167 ff.

[62] Hermann Lübbe: Dezisionismus – eine kompromittierte politische Theorie, in: derselbe: Philosophie nach der Aufklärung. Von der Notwendigkeit pragmatischer Vernunft, Düsseldorf – Wien 1980, S. 161-177 (S. 162 f.).

[63] Vgl. Hermann Lübbe: Die Politik, die Wahrheit und die Moral, in: derselbe: Die Aufdringlichkeit der Geschichte. Herausforderungen der Moderne vom Historismus bis zum Nationalsozialismus, Graz – Wien – Köln 1989, S. 88-104 (S. 96): „Mehrheit statt Wahrheit als Geltungsgrund unserer Verbindlichkeiten – das ist die prinzipielle, also nicht bloß zeitmangelbedingte Prämisse, unter der allein zugleich zweierlei möglich sind: die Anerkennung der Geltung des Mehrheitsentscheids einerseits und, gegebenenfalls, die vollständige Verwerfung der Gründe, von der die Mehrheit bei ihrer Entscheidung sich leiten ließ, andererseits."

[64] Hermann Lübbe: Dezisionismus (FN 62), S. 177.

[65] Zu Max Weber Dezisionismus siehe Christian Schwaabe: Freiheit und Vernunft in der unversöhnten Moderne. Max Webers kritischer Dezisionismus als Herausforderung des politischen Liberalismus, München 2002.

[66] Max Weber: Der Sinn der „Wertfreiheit" der soziologischen und ökonomischen Wissenschaften, in: derselbe: Gesammelte Aufsätze zur Wissenschaftslehre, hrsg. von Johannes Winckelmann, Tübingen 71988, S. 489-540 (S. 508).

[67] Hermann Lübbe: Dezisionismus (FN 62), S. 174 ff. Siehe auch derselbe: Die Begründbarkeit von Normen und die sogenannte Wertfreiheit der Wissenschaften, in: Ansgar Paus (Hrsg.): Werte – Rechte – Normen, Kevelaer und Graz – Wien – Köln 1979, S. 171-202 (S. 180 ff.).

[68] Hermann Lübbe: Dezisionismus (FN 62), S. 175.

[69] Vgl. die grundlegende Studie von Niklas Luhmann: Legitimation durch Verfahren, Frankfurt am Main[4] 1983.

[70] Hermann Lübbe: Dezisionismus (FN 62), S. 175.

[71] Vgl. Ernst-Wolfgang Böckenförde: Die Entstehung des Staates als Vorgang der Säkularisation, in: derselbe: Recht, Staat, Freiheit. Studien zur Rechtsphilosophie, Staatstheorie und Verfassungsgeschichte, Frankfurt am Main 1991, S. 92-114.

[72] Josef Isensee: Staat und Verfassung, in: derselbe/Paul Kirchhof (Hrsg.): Handbuch des Staatsrechts der Bundesrepublik Deutschland, Bd. I, Heidelberg[2] 1995, Rz 58 ff.

[73] Dazu Herbert Krüger: Allgemeine Staatslehre, Stuttgart – Berlin – Köln – Mainz[2] 1966, S. 178 ff.

[74] Vgl. z.B. Helmut Ortner: Religion und Staat. Säkularität und religiöse Neutralität, Wien 2000, und Eilert Herms: Die weltanschaulich-religiöse Neutralität von Staat und Recht aus sozialethischer Sicht, in: Der Staat 40 (2001), S. 327-347.

[75] Dazu im Detail Otfried Höffe: „Sed authoritas, non veritas, facit legem". Zum Kapitel 26 des Leviathan, in: Thomas Hobbes: Leviathan, hrsg. von Wofgang Kersting, Berlin 1996, S. 235-257.

[76] Vgl. dazu Peter Koller: Theorie des Rechts. Eine Einführung, Wien – Köln – Weimar 1992, S. 266 ff.

[77] Vgl. Robert Spaemann: Moral und Gewalt, in: derselbe: Zur Kritik der politischen Utopie. Zehn Kapitel politischer Philosophie, Stuttgart 1977, S. 77-103 (S. 87); Hermann Lübbe: Freiheit (FN 1), S. 260.

[78] Dazu im Detail Hermann Lübbe: Im Zug der Zeit. Verkürzter Aufenthalt in der Gegenwart, Berlin u.a. 1992, S. 148 ff.

[79] Georg Wilhelm Friedrich Hegel: Phänomenologie des Geistes, Frankfurt am Main 1973, S. 431 ff.

[80] Hermann Lübbe: Freiheit (FN 1), S. 242 ff.

[81] Z.B. Ulrich E. Zellenberg: Widerstandsrecht, in: Caspar v. Schrenck-Notzing (Hrsg.): Lexikon des Konservatismus, Graz – Stuttgart 1996, S. 598 f. m.w.N.

[82] Jürgen Habermas: Ziviler Ungehorsam – Testfall für den demokratischen Rechtsstaat, in: derselbe: Die Neue Unübersichtlichkeit, Frankfurt am Main 1985, S. 79-99 (S. 87).

[83] Der Ungehorsams- oder Widerstandsfall dürfte nach Habermas schon dann gegeben sein, wenn in einer politischen Frage von großer Tragweite die demokratische Mehrheit eine bloß knappe ist. In Fragen von großer moralischer Bedeutung wie der Ächtung von Massenvernichtungsmitteln kann, so ist Habermas wohl zu verstehen, der in diesem Zusammenhang von einer „demokratisch unzureichend legitimierten Aufstellung von Pershing II-Raketen" spricht, ziviler Ungehorsam gerechtfertigt sein. Siehe Jürgen Habermas: Ungehorsam (FN 82), S. 96.

[84] Hermann Lübbe: Politik (FN 63), S. 96 f., räumt das auch ausdrücklich ein.

[85] Josef Isensee: Ein Grundrecht auf Ungehorsam gegen das demokratische Gesetz? – Legitimation und Perversion des Widerstandsrechts, in: Basilius Streithofen (Hrsg.): Frieden im Lande, Bergisch Gladbach 1983, S. 155-173.

[86] Eine solcherart eingeleitete Entwicklung kann im Effekt zur Etablierung einer totalitären Herrschaft führen, für welche die Durchbrechung staatlicher Legalität in einem zur

Normalität erklärten permanenten Ausnahmezustand charakteristisch ist. Vgl. Hermann Lübbe: Politik (FN 63), S. 97 ff. m.w.N.

[87] Hans Kelsen: Allgemeine Staatslehre, Nachdruck der ersten Auflage von 1925, Wien 1993, S. 370 f.; derselbe: Vom Wesen und Wert der Demokratie, Aalen 31963, S. 101 f. Dazu kritisch Joseph Kardinal Ratzinger: Die Bedeutung religiöser und sittlicher Werte in der pluralistischen Gesellschaft, in: derselbe: Wahrheit, Werte, Macht. Prüfsteine der pluralistischen Gesellschaft, Freiburg – Basel – Wien 1993, S. 63-92 (S. 70 ff.).

[88] Hans Kelsen: Staatslehre (FN 87), S. 370.

[89] Vgl. Herbert Krüger: Staatslehre (FN 73), S. 547; Hans Herbert v. Arnim: Staatslehre der Bundesrepublik Deutschland, München 1984, S. 111 ff.

[90] Robert Spaemann: Bemerkungen zum Begriff des Fundamentalismus, in: Krzysztof Michalski (Hrsg.): Die liberale Gesellschaft. Castelgandolfo-Gespräche 1992, Stuttgart 1993, S. 177-194 (S. 187). Vgl. auch das Kapitel „Pluralismus und Wahrheit" in: Alexander Schwan: Ethos der Demokratie. Normative Grundlagen des freiheitlichen Pluralismus, Paderborn – München – Wien – Zürich 1992, S. 73-121.

[91] Vgl. z.B. Winfried Brugger: Menschenrechte im modernen Staat, in: Archiv des öffentlichen Rechts 114 (1989), S. 537-588.

[92] Vgl. Joseph Kardinal Ratzinger: Bedeutung (FN 87), S. 87 ff.

[93] Josef Isensee: Demokratischer Rechtsstaat und staatsfreie Ethik, in: Joseph Krautscheidt/Heiner Marré (Hrsg.): Essener Gespräche zum Thema Staat und Kirche, Münster 11 (1977), S. 92-120 (S. 101 f.).

[94] Vgl. Martin Kriele: Einführung (FN 61), S. 121 ff. zur Problematik des Wirkens eines Souveräns im Verfassungsstaat.

[95] Vgl. Robert Spaemann: Bemerkungen (FN 90), S. 182 f., 185.

[96] Robert Spaemann: Europa – Wertegemeinschaft oder Rechtsordnung?, in: Transit 21 (Sommer 2001), S. 172-185.

[97] Siehe z.B. die Aufsätze von Günther Winkler, Waldemar Hummer/Walter Obwexer, Franz Leidenmühler und Eugene Regan in der Zeitschrift für öffentliches Recht 55 (2000), S. 231-336, sowie Detlef Merten: Europäische Union und Rechtsstaatlichkeit, in: Metin Akyürek/Gerhard Baumgartner/Dietmar Jahnel/Georg Lienbacher (Hrsg.): Verfassung in Zeiten des Wandels. Demokratie – Föderalismus – Rechtsstaatlichkeit. Symposion zum 60. Geburtstag von Heinz Schäffer, Wien 2002, S. 229-245 (S. 243 ff.).

[98] Siehe z.B. die Beiträge in den Sammelbänden von Dieter S. Lutz (Hrsg.): Der Kosovo-Krieg. Rechtliche und rechtsethische Aspekte, Baden-Baden 1999/2000, und Reinhard Merkel (Hrsg.): Der Kosovo-Krieg und das Völkerrecht, Frankfurt am Main 2000.

[99] Diese ist, wie etwa die in der Neuen Juristischen Wochenschrift 54 (2001), S. 80 ff., abgedruckten Entscheidungen zeigen, in Deutschland wiederholt zum Gegenstand gerichtlicher Auseinandersetzung geworden.

[100] Siehe dazu z.B. Walter Berka: Die Grundrechte. Grundfreiheiten und Menschenrechte in Österreich, Wien – New York 1999, S. 128-138 m.w.N.

[101] Siehe z.B. Theo Öhlinger: Sind staatliche Organe überhaupt – und wenn ja: in welchem Umfang – zur Information der Bevölkerung über Unfallgefahren verpflichtet?, in: Zeitschrift für Verkehrsrecht 40 (1995), S. 282-287. Umfassend zur Dogmatik grundrechtlicher Schutzpflichten Josef Isensee: Das Grundrecht als Abwehrrecht und als staatliche Schutzpflicht, in: derselbe/Paul Kirchhof (Hrsg.): Handbuch des Staatsrechts der Bundesrepublik Deutschland, Bd. V, Heidelberg 1992, S. 143-241.

[102] Was noch erlaubt und was schon verboten ist, kann in solchen Konstellationen allerdings oft nur durch die Lösung schwieriger Abwägungsfragen ermittelt werden. Vgl z.B.

Christoph Gusy: Verwaltung durch Information, in: Neue Juristische Wochenschrift 53 (2000), S. 977-986.

[103] Z.B. Heinz Mayer (Hrsg.): Staat und „Sekten" – staatliche Information und Rechtsschutz, Wien 2001, und Martin Kriele: Religiöse Diskriminierung in Deutschland, in: Zeitschrift für Rechtspolitik 34 (2001), S. 495-500.

[104] Wie FN 10.

„Konzessionismus dient aber nie der Beschwichtigung, sondern er hat Selbstschädigung zur Konsequenz."

Gespräch mit Prof. Dr. Dr. h.c. Hermann Lübbe
(Feldkirchen/Kärnten, 5.9.2002)

Dirsch/Becker: Herr Professor Lübbe, Sie sind 1926 als Sohn eines beamteten Architekten geboren und damit nur drei Jahre älter als Ihr bekannter intellektueller Kontrahent Jürgen Habermas. Dieser nur geringe Altersunterschied hatte aber die nicht unwesentliche Folge, daß Sie nach dem Abitur 1943 noch als regulärer Soldat in die Wehrmacht einrücken mußten. Da das längst mythisch gewordene Jahr 1968 auch für einen Generationenkonflikt steht – nämlich zwischen denjenigen, die den Zweiten Weltkrieg noch selbst erlebt haben und denjenigen, die ihn nur vom Hörensagen kannten – lautet die erste Frage: Wie sehr haben diese prägenden Erfahrungen Ihre spätere wissenschaftliche und publizistische Tätigkeit beeinflußt?

Lübbe: Zunächst nur als Gegenstand von politiktheoretischen Analysen. Das heißt: Das Thema „Krieg und Frieden" wurde zu einem wichtigen Thema meiner Vorlesungen über meine ganze Dozententätigkeit hinweg in Erlangen, Hamburg, Köln, Münster und schließlich Zürich. Näherhin beschäftigt haben mich dabei natürlich die ideologischen Voraussetzungen der modernen Weltanschauungskriege und speziell die des Zweiten Weltkriegs, an welchem ich selber noch über anderthalb Jahre hin teilzunehmen hatte. Die Geschichtsphilosophie des Rassenkampfes mußte dabei eine besondere Rolle spielen und dann in der Zeit des Kalten Krieges, die auf den Zweiten Weltkrieg folgte, auch die Geschichtsphilosophie des Klassenkampfes.

Wichtig sind auch generationenspezifische Hintergründe. Sie gehören nicht mehr der sogenannten Flakhelfergeneration an, über die ja auch in den letzten Jahren eine Reihe von Arbeiten erschienen sind. Zu nennen sind lediglich die Studien von Martin Greiffenhagen über den „Jahrgang 1928" oder auch – mit stark kritischer Tendenz – von Günter Maschke. Später hat man oft die Bedeutung dieser Generation für die politische Entwicklung der Bundesrepublik hervorgehoben, und in der Tat war eben diese Altersgruppe für die späten sechziger Jahre nicht unbe-

*deutend, wenngleich manche doch ihre Einflüsse hinsichtlich der volks-
pädagogischen Relevanz übertrieben zu haben scheinen.*

Ich war noch regulärer Soldat. Ob sich daraus, anders als bei den Angehörigen der sogenannten Flakhelfergeneration, ganz andere autobiographische Prägungen ergeben – das ist mir nicht evident. Die
ideologiepolitische Erziehung, der man im nationalsozialistischen
Deutschland in der Schule, in den Staatsjugendformationen und dann
auch beim Militär unterlag, war doch offiziell überall dieselbe, und der
Altersunterschied von zwei oder auch drei Jahren macht hier in den
Wirkungen dieser Erziehung wohl nicht einen generationsspezifischen
Unterschied. Der Grad der Penetranz dieser Erziehung war allerdings
höchst unterschiedlich. In der Schule gab es neben Lehrern, die gläubige
Nationalsozialisten waren, eben auch Anti-Nazis, die man als solche
auch wahrnahm, und meine Marinedienstzeit war von einer Militär-
tradition geprägt, bei der das deutschnational-patriotische Element
wichtiger als das nationalsozialistische war. Der Kommandant des
Schiffes, auf dem ich fuhr, war in der Rolle eines Reserveoffiziers ein
evangelischer Pastor.

*In den fünfziger Jahren gehörten Sie neben herausragenden Persönlich-
keiten wie Karlfried Gründer oder Odo Marquard zur sogenannten
„Münsterschen Invasion", also zum Schülerkreis von Joachim Ritter,
die es wagte, selbst grundlegende Auffassungen von Martin Heidegger
zu kritisieren. Wichtig ist in diesem Zusammenhang auch das Collegium
Philosophicum, in dem sich hervorragende Denker, etwa Carl Schmitt,
der Diskussion stellten. Wie sehr ist ihr philosophisches Denken von
diesen Kreisen geprägt worden?*

Ich hatte viele akademische Lehrer, und Joachim Ritter ist sicherlich der
für mich wichtigste unter ihnen geblieben. Aber was den Platz Münster
anbetrifft, so erwähne ich gern auch als eine Persönlichkeit von
prägendem Einfluß Heinrich Scholz – der einzige mir bekannte deutsche
Professor übrigens, der an drei verschiedenen Fakultäten Ordinarius war.
Er begann als Theologe, wurde dann Philosoph und schließlich
Mathematiker. Bei ihm besuchte ich über drei Semester hin den
Grundkurs in mathematischer Logik. Das wirkte immunisierend gegen
den philosophischen Sprachgestus, dessen Wirkungen ich später in
Freiburg einerseits und in Frankfurt andererseits unterlag. Es war
Heinrich Scholz, der uns in Münster schon 1947 auf Ludwig Wittgen-
stein aufmerksam machte, nämlich auf dessen „Tractatus". Dergleichen
machte dann die Verführungskraft, die von den Manierismen Heideggers

oder Adornos ausging, bei der Abfassung von Seminararbeiten schließlich unwirksam. Aber wichtiger als die kathartische Analytik, zu der man durch Scholz sich ermuntert fand, waren natürlich die Inhalte der Philosophie, die Joachim Ritter vermittelte – erstens also, konträr zum intellektuellen Neomarxismus der Frankfurter Schule, Analyse und Aneignung der bürgerlichen Welt mit ihren Optionen für rechtspolitische und ökonomische Liberalität. Zweitens gehörte dazu die Aufschließung des Sinns für historische Bildung als dem Medium der Vergegenwärtigung fortwirkender Traditionen und ihrer Transformationen. Drittens erfuhr man über Ritter eindrücklich auch die Zugehörigkeit der religiösen Traditionen zur humanen Kultur und näherhin auch die Zugehörigkeit der Theologie zur Geschichte der europäischen Wissenschaften und der Philosophie seit der Spätantike. Antikulturkritik – das wäre vielleicht eine passende Kennzeichnung des polemischen und modernitätsapologetischen Elements in der Ritterschen Philosophie der bürgerlichen Welt. Man fand sich der Zumutung ausgesetzt, auf intellektuelle Geltungsgewinne durch verfallsgeschichtliche Ankündigungen überfälliger Revolutionen oder Kehren zu verzichten. Eine Verharmlosung des Katastrophencharakters der totalitär geprägten Geschichte des 20. Jahrhunderts verband sich damit natürlich nicht. Aber moralisch und kognitiv betrachtet war doch dieser Katastrophencharakter trivial. Nicht trivial hingegen war die fällige Antwort auf die Frage nach den Voraussetzungen der europäischen Katastrophengeschichte, und die intellektuelle Unlust, sich im Gewöhnlichen, Üblichen und Alltäglichen einzurichten, ist ein Element in den Voraussetzungen der Wenden zum Schlimmeren.

Joachim Ritter hat ja, was gerade im Kontext der Kritik von „1968"
Relevanz gewinnt, einen konservativen Einfluß auf seine Schüler
ausgeübt. Ihm wird gelegentlich sogar, etwa von Otfried Höffe,
„Usualismus" vorgeworfen.

Der Begriff des „Usualismus" ist vor allem von Odo Marquard immer wieder einmal gebraucht worden. Es handelt sich um einen Begriff zur Beschreibung des schlichten Faktums, daß wir in unserer alltäglichen Lebensverbringung, individuell und kollektiv, weitaus überwiegend uns gemäß Üblichkeiten, Gewohnheiten und Traditionen verhalten, deren Geltung eben nicht auf ihrer akut nachgewiesenen Wohlbegründetheit beruht, vielmehr auf dem Faktum der Unmöglichkeit, ohne sie auszukommen. Die Fälligkeit expliziter Begründung betrifft stets normative Innovationen. In der Tat: In einer dynamischen Zivilisation haben wir damit in einem Ausmaß wie nie zuvor zu tun. Aber je mehr

das der Fall ist, um so mehr sind wir zugleich auf Stabilität im
verbliebenen Selbstverständlichen angewiesen. Das sind Einsichten, die
in der jüngeren Wissenschaftsgeschichte, zum Beispiel, die am sozialen
Leben orientierte Phänomenologie plausibilisiert hat. Aber die
Unvermeidlichkeit des Usualismus repräsentiert zugleich eine klassische
Einsicht. Dafür stehen die Aristotelischen Studien zur vergleichenden
Verfassungslehre, um es modern zu formulieren, oder auch das
Aristotelische Interesse für Sprichwörterweisheit mit Einschluß der
Aristotelischen Kunstlehre diskursiver Praxis mit ihrer Topik, das heißt
mit ihrer Sammlung von Grundsätzen mit argumentativer Schlüssel-
funktion, die Bestandteile unseres Gemeinwissens sind. Die Prätention,
ohne dergleichen auskommen zu können, ist nichts als leere kritizistische
Rhetorik – Besserwisserei in Permanenz, die in der Endform dogmatisch
zu werden pflegt. Die traurige Geschichte der Intellektuellen mit ihren
Engagements bei den totalitären Ideologien belegt es.

*Gleichzeitig haben Sie sich auch in den fünfziger Jahren parteipolitisch
betätigt. Sie wurden Mitglied der SPD, was auf den ersten Blick
überrascht, da Ritters Einfluß meist als konservativ eingestuft wird.
Welche Hintergründe hatte Ihr Engagement bei der Sozialdemokratie,
besser gesagt, bei der „Schumacher-SPD"?*

Wer Ritter einen konservativen Autor nennt, geht sehr frei – um nicht
zu sagen willkürlich – mit dem Prädikator „konservativ" um. Ich nenne
Ritter noch einmal einen Philosophen der bürgerlichen Welt und der in
ihr herrschenden Lebensorientierungen. Ritter schätzte es bekanntlich,
diese Orientierungen, nach Aristoteles, vor allem über die Hermeneutik
der praktischen Philosophie Hegels zu vergegenwärtigen, und wer die
praktische Philosophie Hegels einschließlich des historisch-politischen
Kontextes, in den sie gehört, wirklich kennt, muß schon Marxist oder
auch Neomarxist sein, um Hegel einen konservativen Denker nennen zu
können. Konträr dazu hätte es uns in Münster freilich auch nicht
nahegelegen, in der praktischen Philosophie uns progressistisch zu
profilieren. Das philosophische Interesse war insoweit eher denjenigen
politisch-moralischen Lebenstatsachen zugewandt, in Bezug auf die es
keinen Erkenntnisgewinn bringt, wenn man sie als „links" oder „rechts"
zu klassifizieren versuchte.

*Man muß hinzufügen: Es gibt auch bürgerliche Kritiker, die das konser-
vative Element bei Ritter betonen. Vorher wurde bereits Höffe erwähnt.
Das hängt ein Stück weit mit Ritters nicht zu übersehender Identifikation
der „Sittlichkeit" mit der „Sitte" zusammen, die eher ein Charakte-*

ristikum der vormodernen als der modernen Welt mit ihrer ungeheuren Dynamik ist. Unsere Frage bezog sich aber eher auf Ihr Engagement bei der Sozialdemokratie.

Politische Arrangements der praktischen Art, Aktivitäten aus einer Parteizugehörigkeit gar, lassen sich nicht gut der Wirkung akademischer Lehrer zuschreiben. Die anstehenden politischen Fälligkeiten aus der Lage, in der sich nach ihrer Gründung die junge Bundesrepublik Deutschland befand, drängten sich auch nicht kraft Zugehörigkeit zu einer Fraktion im Allgemeinen Studentenausschuß auf. Sie ergaben sich vielmehr aus jedermann zugänglichen Einsichten – zum Beispiel der unserer Angewiesenheit auf funktionstüchtige Parteien bei der Errichtung der zweiten deutschen Demokratie. Das tatsächliche parteipolitische Engagement, das sich daraus für mich ergab, hätte, im Prinzip, auch ein Engagement bei einer anderen politischen Partei sein können – mit Ausnahme selbstverständlich der neo-totalitären nationa-listischen oder auch kommunistischen Rand-Parteien. Parteiengage-ments kamen unter den Mitgliedern des Collegium Philosophicum in Münster, das Joachim Ritter gegründet hatte, mehrfach vor. Nach meiner Einschätzung dominierten dabei sozialdemokratische Zugehörigkeits-verhältnisse. Aber auch das ist nicht für irgendeinen Zentralgehalt der praktischen Philosophie Ritters repräsentativ. Das bedeutet, umgekehrt formuliert: Ob man aus dem akademischen Kontext des Collegium Philosophicum heraus politisch eher zur CDU oder zur SPD oder auch zur FDP fand, verhielt sich zur Philosophie, die einen verband, kontingent. Die Sache war doch die: Die deutsche Sozialdemokratie stand im Ansehen einer der großen Parteien, die in der Vorgeschichte der nationalsozialistischen Diktatur, also in der ersten deutschen Demo-kratie, die Grundsätze des demokratischen Rechts- und Verfassungs-staates bis hin zur Abstimmung über das Ermächtigungsgesetz glaubwürdig vertreten hatte, und daran knüpfte man an. Überdies war es die Partei der kleinen Leute. Die Sozialdemokratie galt als sozial- und bildungspolitisch bei Fälligkeiten von unbezweifelbarer Dring-lichkeit engagiert. Antikommunistisch war die Sozialdemokratie überdies und dazu noch markant und damals glaubhaft gesamtdeutsch orientiert.

Man sollte hinzufügen, daß Schumacher nicht nur das nationale Element besonders in die Sozialdemokratie der Nachkriegszeit einbrachte, sondern auch das marxistische, das 1959 auf dem Godesberger Parteitag über Bord geworfen wurde. Insofern ist seine Persönlichkeit durchaus differenziert zu bewerten.

Aber auch das gehörte ja zu den unbezweifelbaren Fälligkeiten der Rekonstruktion der deutschen Politik – nämlich die Sozialdemokratie von den Rest-Dogmen ihrer marxistischen Tradition zu befreien. Daß sie ohne diese Befreiung nicht mehrheitsfähig sein würde – das wurde ja innerparteilich alsbald erkannt, und im Godesberger Programm von 1959 wurde diese post-marxistische Orientierung der Sozialdemokratie parteiverbindlich. Es war dann übrigens ein wesentlicher Teil meiner praktischen Tätigkeit als Parteigenosse, bei den Ortsvereinen oder auch bei anderen Versammlungen als Redner die Fälligkeit der Verabschiedung der marxistischen Programmatik darzutun. Selbstverständlich bedurfte es dazu einer soliden Kenntnis der programmatischen sozialistischen Traditionen. Aber diese sich anzueignen – dazu hatte man ja im akademischen Milieu, in welchem ich mich professionell aufhielt, unbeschränkte Möglichkeiten, die ich auch für den akademischen Unterricht nutzen konnte. Mit ihrem Anti-Kommunismus war die Sozialdemokratie dann auch tatsächlich erfolgreich. Weniger glücklich war sie im Verständnis für die Fälligkeiten, die sich doch nach klassischer politischer Pragmatik aus der Lage Deutschlands im Kalten Krieg ergeben mußten, also Westbindung einschließlich des Beitritts zur NATO. Auch allerlei planwirtschaftliche Orientierungsrelikte gab es und überdies ein auch heute noch nicht abgearbeitetes Unverständnis der unvermeidlichen Differenzierungswirkung einer jeden an Chancengleichheit orientierten Bildungspolitik.

In den frühen sechziger Jahren begann Ihre akademische Lehrtätigkeit an der neugegründeten Universität Bochum. Sie legten in dieser Zeit auch eine erste größere Studie vor („Politische Philosophie in Deutschland"), die sich kritisch u.a. mit den „Ideen von 1914" beschäftigte. Nach den Worten von Ernst Nolte hätte man damals kaum einen Unterschied zwischen Ihnen und Habermas feststellen können, der etwa zur gleichen Zeit seine bekannte Schrift über den „Strukturwandel der Öffentlichkeit" publizierte. Kann man wirklich, wie Nolte dies zumindest indirekt zu tun scheint, von einem Bruch in Ihrem publizistischen und politischen Wirken sprechen, der vielleicht auch durch die Ereignisse der späten sechziger Jahre bedingt wurde?

Gegen die Einsicht, daß es in intellektuellen Entwicklungen auch Brüche gibt, verspüre ich keinerlei Widerstand. Ich muß allerdings sagen, daß ich im Kontext meiner allerdings nur schwach ausgeprägten autobiographischen Neigungen spontan einen Bruch nicht zu erkennen vermag. Die Neigung, immer wieder einmal von vorn anzufangen, ist mir fremd. Revolutionen sollte man doch auch biographisch nach

Möglichkeit vermeiden. Es ist ein Vorzug, auf Kontinuitätserfahrungen zurückblicken zu können. Es lebt sich eben, kollektiv, vorteilhafter in einer politischen Kommunität, die nicht innerhalb der Lebensfrist einer einzigen Generation ihre Denkmäler, Straßennamen etc. mehrfach wechseln muß, und auch in der individuellen intellektuellen Entwicklung ist man bevorzugt, wenn man die Klassiker, die für einen einmal maßgeblich geworden sind, im Nachhinein nicht genierlich finden und auswechseln muß.

Im Vorfeld der Studentenrevolte kam es zu einer großen Debatte über Bildung und Bildungsreform. Sie haben früh Stellung bezogen, ja sie gelten bis heute als einer der Vorkämpfer der Universitätsreform. Wie kann man ihre Vorstellungen und Konzepte beschreiben und wie sehr unterscheiden sich die späteren Reformen in der Praxis davon? Was waren Ihre Ideen und Ihre besonderen Anliegen Mitte der sechziger Jahre, zu einer Zeit etwa, als der deutsche Bildungsrat gegründet wurde?

Es lag in den Konsequenzen meiner universitären Profession, daß ich in der Sozialdemokratie primär bildungspolitisch tätig gewesen bin. Eben darauf beruhte dann später auch, 1966, die Übernahme des Staatssekretariats im nordrhein-westfälischen Kultusministerium mit der speziellen Zuständigkeit für das Hochschulwesen. Die politische Arbeit in diesem Kontext war zunächst sehr erfreulich. Man fühlte sich getragen von der allgemeinen Zustimmung zu den wissenschafts- und hochschulpolitischen Fälligkeiten einer modernen, technisch-wissenschaftlichen Zivilisation. Im Ruhrgebiet immerhin hatte es ja bis in die frühen sechziger Jahre hinein seit Beginn seiner Industrialisierung nie eine Universität gegeben. Entsprechend groß war die Zustimmung zur Universitätsgründungspolitik des CDU-Kultusministers Mikat, der mit großer Energie die alte Idee einer Revier-Universität aufgriff – verblüffenderweise für Bochum und nicht für Dortmund. So oder so: Niemand bezweifelte, daß das aufzunehmen und fortzuführen sei. Für die späteren Mikatschen Initiativen, nun auch noch in Dortmund, in Düsseldorf und in Bielefeld Universitäten zu errichten, gilt dasselbe. Die Neugründungen erfreuten sich überall der Zustimmung der Bürger, die Steuerzahler zweifelten nicht am Sinn ihrer einschlägigen Leistungen, und überdies geschah ja, was in Nordrhein-Westfalen geschah, im Kontext analoger Anstrengungen anderswo auch – von Bremen bis Regensburg und von Trier bis Konstanz. Es ist in diesem Zusammenhang, daß man auch an dieser Stelle noch einmal den Mythos zurückweisen sollte, die dramatische Entwicklung des deutschen Hochschulwesens in den sechziger und siebziger Jahren verdanke sich dem studentischen Protest gegen einschlägige deutsche Rückständigkeiten. Die Sache verhält sich umgekehrt. Die universitären Gründungsprogramme gehen doch schon in die fünfziger Jahre zurück. 1958 wurde der Wissenschaftsrat gegründet, und seinen Empfehlungen folgte man. Die Studenten-Proteste entfalteten sich keineswegs im Milieu der Stagnation und der fortdauernden Rückständigkeiten, vielmehr mitten im Gang der längst in Realität umgesetzten politischen Initiativen. Daraus folgt: Der Studentenprotest erklärt sich gar nicht aus der Rationalität unbezweifelbarer, aber unerledigter Reformnotwendigkeiten. Seine Ursachen sind gänzlich anderer Art. Wir werden ja darauf noch zu sprechen kommen.

Hinzuzufügen wäre demnach, die Universitätsneugründungen waren in gewisser Weise eine der wesentlichen Voraussetzungen für das spätere Engagement der Achtundsechziger, jedenfalls in institutioneller Hinsicht. Das sieht auch ein so vielgelesener Autor wie Dietrich Schwanitz so. Weiterhin ist festzustellen: Reformen können im nachhinein unterschiedlich bewertet werden. Man kann häufig auch lesen, Reformen werden den Herrschenden von Revolutionären als Schwäche ausgelegt, so daß dann erst recht zugeschlagen wird.

Wahr ist, daß die Konzepte für die neuen Universitäten zunächst überwiegend konventioneller Art waren. Für die erwähnte erste Revier-Universität, die Ruhr-Universität Bochum, gilt das zumal. Neu war vor allem, daß man dieser Universität auch technische Fakultäten zuordnete und die Fakultätseinteilung differenzierter machte. Aber das ergab sich primär aus den Größendimensionen der universitären Selbstverwaltungsgremien. Im übrigen bezweifelte niemand, daß die teuren Universitäten leistungsorientiert nicht nur forschen, sondern auch lehren sollten. Universitätsstudien eröffneten doch Karrierewege in wichtige Positionen des beruflichen und öffentlichen Lebens, und selbst noch die höheren Einkommen, auf die man damit eine Aussicht hatte, sollten in Leistungen ihre Rechtfertigung haben, die auch schon studienpraktisch erbracht und nachgewiesen waren. So dachte man, und so dachten auch die erwähnten „kleinen Leute", die mit ihren Steuergroschen schließlich zur Finanzierung der teuren Studiengelegenheiten einschließlich der studentischen Stipendien beitrugen. Der später übliche Mißbrauch der Bildungspolitik als Medium der sozialen Umverteilung gehört demgegenüber in die Geschichte der Korruption des Sozialstaats, und zwar in diesem Falle einer besonders ärgerlichen Korruption kraft der damit verbundenen relativen Benachteiligung der weitaus größeren abitur- und diplomlos verbliebenen Bevölkerungsmehrheit.

Ende 1966 vertauschten Sie für einige Jahre das akademische Lehramt mit einem politischen Amt. Sie wurden, als Mitglied der SPD, Staatssekretär für das Hochschulwesen in Nordrhein-Westfalen. Hat dieser berufliche Wechsel auch Ihre Sicht der sich langsam formierenden, später sogenannten Achtundsechziger-Bewegung beeinflußt?

Ich sagte schon: Die rot-gelbe Koalition, die ab 1966 in Düsseldorf die Regierung trug, setzte hochschulpolitisch die Gründungspolitik, die sich wie mit keinem anderen Namen mit dem des CDU-Kultusministers Mikat verbindet, fort. Auch für den Gründungssonderfall Bielefeld, als deren Planer Mikat den Soziologen Schelsky bestellt hatte, gilt das. Die neue Landesregierung nahm überdies Schelsky als Bildungsplaner in Anspruch. Diese Kontinuität in der Landeshochschulpolitik wurde durch die 68er Bewegung, statt forciert und vorangetrieben, zunächst gestört und partiell sogar unterbrochen. Man hatte Skurrilitäten abzuwehren – zum Beispiel die Idee, einem jeden Fachbereich an der neuen Technischen Universität Dortmund einen progressiven Soziologen als gesellschaftspolitischen Emanzipationsspezialisten beizugeben, und selbst auf der Ebene der staatlichen Institutionen fand man sich von den Eruptionen im akademischen Sondermilieu geplagt: Ein Studentenführer und zehn Mann besetzten das Foyer des Landtags und verlangten den Übergang zu volkswillengemäßer Abstimmungspraxis. Man faßte sich an den Kopf, fand es aber doch angemessen, ein paar politische Sympathiebekundungen für die vermeintlich progressiv politisierte akademische Jugend abzugeben, und entsprechend zog man den Umkreis der Demonstrationsverbotszone, die den Landtag umgab, rigoros enger. – Dergleichen war es natürlich nicht, was ich für meine Tätigkeit als Amtschef eines Ministeriums erwartet hatte. Lehrreich war es in wohlbestimmter Hinsicht natürlich auch. Indessen verstärkte sich aber doch der Eindruck, daß man in anderen Lebensbereichen sich produktiver beschäftigen könne.

Wir kommen quasi zum Kern des Interviews. Das längst mythische Jahr 1968 bedeutet eine weitreichende, vor allem mentale Zäsur in der Geschichte der Bundesrepublik. Sie haben sich mit den Folgen dieses Umbruches in einer Fülle von Publikationen auseinandergesetzt. Exemplarisch seien lediglich genannt: „Unsere stille Kulturrevolution", „Endstation Terror", daneben viele Aufsätze. Wir möchten Sie bitten, nochmals in Kürze Ihre Einwände und Kritikpunkte an „1968" und den Folgen darzustellen.

Man sollte beim Versuch einer Charakteristik der 68er Bewegung nicht mit den erwähnten Skurrilitäten und Sonderbarkeiten beginnen, die einem ärgerlich wurden und die einen bei der Arbeit des Tages behinderten. Man muß zunächst darauf aufmerksam sein, daß ja die fragliche Bewegung ein internationales Phänomen war – eine neue, primär, wenn auch nicht ausschließlich, akademische Jugendbewegung in hochentwickelten Ländern von den USA über Frankreich und Italien bis nach Japan und dann eben auch Deutschland einschließend. Was die USA anbetrifft, so gilt gemeinhin der Vietnam-Krieg als Auslöser der Protestbewegung. Einer ihrer Inhalte war dieser Krieg gewiß. Nichtsdestoweniger blieb es doch in Europa ein Vorgang ohne pragmatische politische Rationalität, daß man hier den amerikanischen Präsidenten, der doch Repräsentant der einzigen Großmacht war, die einen in der Zeit des Kalten Krieges wirksam vor der Machtausweitung des Kommunismus zu schützen vermochte, als Agenten des Kapitals verteufelte und statt dessen exotische kommunistische Parteiführer von Korea über Kambodscha bis nach Kuba zu Idolen erhob. Aber das war die Realität. Wie erklärt sie sich? Ein Versuch der Erklärung wäre, daß es sich hier um intellektuelle Pseudokompensationen der Desorientierungswirkungen von Freiheitsgewinnen handelt. Freiheit, nämlich sich erweiternde Dispositionsspielräume, die einen mit Selbstverantwortlichkeiten nie zuvor gekannten Ausmaßes belasten, ist der zentrale soziale, kulturelle und auch psychische Gewinn industriegesellschaftlicher Entwicklung. Es handelt sich um Emanzipationsgewinne und damit um Zumutungen traditionsfrei zu leistender Neuorganisation von Erwartungen und der sich an ihnen orientierenden Lebenspraxis. Das kann selbstverständlich gelingen, und überwiegend ist es gelungen. Aber Abstürze beim unvermeidlichen Versuch, Freiheits- und Emanzipationsgewinne lebensführungspraktisch sinnvoll zu nutzen, gab es eben auch – im akademischen Milieu zumal mit seinen zahllosen Möglichkeiten biblizistischer Lebenssinnverschaffung durch intellektuelle Weisheitslehren, die den Punkt zu benennen wissen, aus dem sich die Welt kurieren läßt. Wie sicher existiert man doch, wenn man, wie es buchstäblich geschah, unter Führerbildern, Lenin-Bildern zum Beispiel, Stalin-Bildern gar, in die Zukunft zu marschieren vermag. Unter Bedingungen historisch beispiellos expandierter Emanzipationsgewinne sich neu Gewißheit, und zwar unbezweifelbare, dogmatisierungsgeeignete Gewißheit zu verschaffen – darum ging es insoweit. Damit ist, um es zu wiederholen, zugleich gesagt, daß ich die pragmatische Erklärung des Studenten-Protestes, es habe sich um politische Mängel-Rügen gehandelt, für falsch halte. Falsch ist ebenso die späterhin populär gewordene Erklärung, die 68er Bewegung repräsentiere, nämlich in Deutschland, den Protest gegen das Schweigen der Väter über den Nationalsozialismus. Unsere frühere Justizministerin Däubler-Gmelin fand: Die 68er Bewegung sei ein „Aufschrei" in der Konfrontation mit den Untaten der Väter im Nationalsozialismus gewesen. Das ist Unfug und repräsentiert die Neigung zur retrospektiven moralischen Selbstverklärung der 68er Bewegung. Die fällige Auseinandersetzung mit dem Nationalsozialismus hatte doch längst begonnen. Sie gehört zur Gründungsgeschichte der zweiten deutschen Demokratie. Die Bundesrepublik Deutschland ist von ihren Anfängen an eine antitotalitäre Veranstaltung gewesen, und die nationalsozialistische Diktatur repräsentierte das Gegenbild dessen, was nun politisch zu sein und zu gelten hatte. Und das fragliche Gegenbild hat der Gründergeneration nicht nur aus der individuellen Erinnerung vor Augen gestanden. Frühe, überaus wirkungsreiche Bücher repräsentierten es ihrerseits – so zum Beispiel Eugen Kogons Buch „Der SS-Staat" von 1946. Jaspers vermittelte uns seinen berühmten Katalog von Formen der Schuld, in die man dann auch die politische Schuld totalitärer Täterschaft oder Mitläuferschaft einzuordnen hatte. Das Tagebuch der Anne Frank befand sich in jeder besseren Schulbibliothek. Der Berner Historiker Walther Hofer veröffentlichte bereits in den fünfziger Jahren seine berühmte Sammlung der NS-Dokumente einschließlich der allerübelsten Dokumente nationalsozialistischer Rassenpolitik. Bereits im ersten Jahr des Erscheinens dieser Dokumentation wurden über einhunderttausend Exemplare verkauft. Ich verzichte darauf, mit dergleichen Schilderungen fortzufahren. Es ist historischer Unfug zu sagen, die Frühgeschichte der Bundesrepublik Deutschland sei eine Geschichte der Verdrängung des Nationalsozialismus gewesen. Und falsch ist es entsprechend ebenso, der 68er Bewegung das Verdienst zuzuschreiben, sie hätte diese Verdrängung endlich aufgedeckt. Es ging bei der 68er Bewegung, nämlich als einer Bewegung der mentalen Instant-Heilung von den orientierungspraktischen Folgelasten politischer, sozialer und kultureller Emanzipation mit den Mitteln einer ideologischen Wiedertaufe, um etwas ganz anderes. Es ging darum, die Bundesrepublik historisch-politisch und moralisch als ein System der inkonsequenten Überwindung des Faschismus zu diskreditieren, und zwar durch Nachweis ihrer „kapitalistischen" Orientierung, in der doch aller Faschismus wurzele. Wer „vom Kapitalismus nicht reden will, sollte auch vom Faschismus schweigen", so ließ sich ja sogar die autoritäre Stimme Horkheimers vernehmen und wurde im Kontext der 68er Bewegung gehört. Selbstverständlich war diese Bewegung, jedenfalls überwiegend, nicht am real existenten Sozialismus orientiert – jedenfalls nicht an demjenigen Sozialismus, den man schon im Osten Berlins zu studieren Gelegenheit hatte. Aber der Sozialismus der Ferne, in Kuba oder in

Korea, stand doch im Glanz der Verheißung. So oder so handelte es sich bei jenem Punkt, aus dem die Welt kuriert werden sollte, um den „Kapitalismus", ohne dessen Liquidation politische Erlösung nicht möglich sein würde. Entsprechend protestierten in diesen sonderbaren Jahren sogar Jungsozialisten gegen die Absicht des amerikanischen Präsidenten Reagan, das Schloß Hambach, als Traditionsstätte deutscher Alt-Demokratie, zu besuchen. Das sei eine Besudelung dieser Traditionsstätte, so hieß es. Hingegen wurde Genosse Honecker bei seinem Besuch in seiner saarländischen Heimat freundlichst, um nicht zu sagen: devot begrüßt. Man sieht: Mit Protest gegen die Verdrängung des Nationalsozialismus durch die Generation der Gründer der Bundesrepublik hat das alles gar nichts zu tun. Eher handelt es sich bei dieser Verdrängungsthese um den Versuch, die historisch-politische Legitimität der Bundesrepublik fragwürdig zu machen.

Hinzuzufügen wäre noch folgendes: Sie ironisieren einmal in einem Aufsatz das Argument von Frau Däubler-Gmelin auch dahingehend, daß Sie feststellen, die Generation von Hitler, die im Dritten Reich führende Stellungen bekleidete, etwa die Jahrgänge zwischen 1880 und 1900, wären bezüglich der Achtundsechziger eher die Großväter als die Väter.

Das kann man sich ja leicht mit der Abfolge der Generationen ausrechnen. Die Väter der Achtundsechziger waren doch Leute etwa im Alter von Helmut Schmidt und damit Angehörige einer Generation, die über Leutnants- oder Oberleutnantsränge kaum hinausgelangt war, also nicht zu den Groß-Tätern des Nationalsozialismus gehörte. Die Groß-Täter waren doch im Verhältnis zu den Achtundsechzigern im Regelfalle die Großväter.

1970 traten Sie vom Amt des Staatssekretärs für Hochschulangelegenheiten in Nordrhein-Westfalen zurück, und übernahmen bald darauf den Vorsitz des „Bundes Freiheit der Wissenschaft", der Ende des gleichen Jahres entstand. Wie sah konkret der Widerstand des Bundes gegen die Einflüsse der Kulturrevolution aus, und wie würden Sie Ihre Rolle in diesem Kontext beschreiben?

Der „Bund Freiheit der Wissenschaft" war nur eine, aber eine besonders wichtige, nämlich in Deutschland wichtige Organisationsform des Widerstandes gegen die destruktiven Wirkungen der 68er Bewegung. Ich möchte diese destruktiven Wirkungen auch nicht übertreiben. Immerhin sind die Universitäten durch sie geschädigt worden – mit Folgen bis heute, und es war dann bereits Ende der sechziger Jahre, daß sich in Deutschland eine Kommunität von Universitätsangehörigen, aber auch von Politikern und sonstigen Repräsentanten des öffentlichen und wirtschaftlichen Lebens bildete, die nicht mehr bereit war, die selbstbeschwichtigungsmotivierte Neigung zum Schönreden der 68er Bewegung noch länger mitzumachen. Der Kreis der Persönlichkeiten, die sich in dieser Absicht versammelten, umfaßte alle Parteien – eben auch, da wir ja von den Sozialdemokraten sprachen, diese vom Bundestagsvizepräsidenten Schmidt-Vockenhausen über Thomas Nipperdey bis zu Richard Löwenthal. Dabei waren es keineswegs die ideologischen Protuberanzen, die die akademische Szene damals in Deutschland erleuchteten, mit denen man sich im „Bund Freiheit der Wissenschaft" vor allem beschäftigte. Man nahm sich in erster Linie, höchst praktisch, der organisatorischen, personalpolitischen und materiellen Schäden an, die durch die 68er Bewegung angerichtet wurden – zum Beispiel der Massenbeförderungsschübe, die eine konzessionistische Hochschulpolitik damals gewährte, obwohl man doch wissen konnte, wie schwer solche Massenbeförderungsschübe die Karrierechancen der jeweils nächsten Generation beschädigen müssen. Man strengte auch Prozesse gegen den pseudodemokratischen Nonsens einer drittelparitätischen, ständepolitischen Besetzung universitärer Selbstverwaltungsgremien an. Man alarmierte den Steuerzahler angesichts des fiskalischen Skandals, daß sehr kostenträchtige öffentliche Einrichtungen, Hochschulen nämlich, einen vollen Arbeitstag pro Woche für Sitzungen frei hielten, Sitzungen, die ihrerseits skandalös undiszipliniert, entsprechend zeitaufwendig und teuer abliefen, partiell auch in vollversammlungsüblicher Mißachtung von Legitimitäts- und Zuständigkeitsfragen. Man machte auch die Öffentlichkeit darauf aufmerksam, daß eine solide Arbeit an einer öffentlichen Einrichtung nicht getan werden kann, in der einem überall Plakate mit erhobenen Fäusten, mit drohenden Maschinenpistolen sogar, begegnen – vom Alltagsdreck in Mensen und Foyers ganz abgesehen, wo die akademische Elite den einzigen echten Proletariern im fraglichen Milieu, nämlich den Pedellen und Hauswarten, nichts als Mißachtung durch Hinterlassung von Bierlachen und Zigarettenasche entgegenbrachte. Es war unverkennbar: Großteile der 68er Bewegung verhielten sich, mutatis mutandis, wie die Angehörigen des nationalsozialistischen deutschen Studentenbundes vor der Machtergreifung – aggressiv und vertrauensunwürdig –: wie Leute eben, mit denen keine Universität, geschweige denn ein Staat zu machen ist. Ich erinnere mich an den Ausspruch einer jüdischen Remigrantin, die von ihrer Heidelberger Wohnung aus die Studenten unter wallenden Fahnen und Führerbildern im Laufschritt in der Heidelberger Hauptstraße demonstrieren sah und unter Tränen befand: „Jetzt fängt das wieder an". Der Blick in die fanatisierten Gesichter machte es plausibel. – Die Bundesrepublik hat das ausgehalten. Aber es ist ein Verklärungsmythos zu meinen, ihre demokratische Verfassung sei durch die 68er Bewegung gefördert worden.

Viele derartige Berichte, etwa vom Münchner Philosophen Helmut Kuhn, legen den Vergleich dieser beiden Phänomene nahe, beispielsweise unter dem Gesichtspunkt der Jugendbewegung. Auch die Nationalsozialisten galten als Jugendbewegung. Nicht zufällig hieß ein Motto im Umkreis der Gebrüder Strasser: „Macht Platz, ihr Alten!"

Auch Gerhard Löwenthal, der den „Bund Freiheit der Wissenschaft" publizistisch wirksam unterstützte, hat das so gesehen und wahrgenommen. Die Menge der Journalisten und Publizisten war ja nicht klein, die ihre Nazivergangenheit in geradezu rührender Weise in hundertfünfzigprozentigen Links-Liberalismus umsetzte und zu außerordentlichen Konzessionen den Neomarxisten gegenüber geneigt war, um sich auf diese Weise selbst zu Progressiven zu ernennen. Und Gerhard Löwenthal, der ja als Nazi-Verfolgter in Erinnerung behalten hatte, worum es sich bei den Nationalsozialisten tatsächlich gehandelt hatte und analoge Verhaltensweisen des totalitären Typus im Kontext der 68er Bewegung wiedererkannte – der mußte sich nun von altnationalsozialistischen Neuliberalen vorhalten lassen, er sei ein Reaktionär.

Viele Gegner des Umbruches von 1968 findet man wieder im Zusammenhang der Tätigkeit der sogenannten Neokonservativen (Robert Spaemann, Odo Marquard, Günter Rohrmoser etc.) der späten siebziger und frühen achtziger Jahre, eine Thematik, die im Laufe des Interviews bereits Erwähnung fand. Hier ist zumindest teilweise eine Rezeption des Widerstands-Gedankengutes gegen den kulturrevolutionären Geist zu erkennen. Sie haben in einer, wie wir meinen, bedeutenden Replik auf einen Aufsatz von Jürgen Habermas in der Zeitschrift „Merkur" die Hauptkritik der Neokonservativen, etwa deren Einwände gegen die totalitäre Variante der Demokratie, verteidigt. Wie würden sie die Relevanz dieses Widerstandes gegen die Kulturrevolution, also für die freiheitliche Kultur der Bundesrepublik, einschätzen?

Im deutschen intellektuellen Neomarxismus war der Begriff des Totalitarismus bekanntlich tabuisiert. Man gestattete sich nicht, mit einem Begriff zu argumentieren, der strukturelle Analogien zwischen

Bolschewismus, Marxismus und Leninismus einerseits und Nationalsozialismus andererseits identifizierte. Zu dieser Tabuisierung des
Totalitarismusbegriffs, der publizistisch vor allem Bracher in respek-
tabler Weise widerstanden hat, gehört nun auch das Verbot des
Antikommunismus. Jürgen Habermas hat bis in die neunziger Jahre
hinein den Antikommunismus als einen Indikator für rezente Anti-
faschismusresistenz verketzert. Ein weiteres Syndrom in diesem Kontext
ist die Schwäche des deutschen Intellektuellensinns für die Selbst-
gefährdung der Demokratie durch die totalitäre Option des
Jakobinischen Typus. Bis in die Auseinandersetzungen um die
Französische Revolution, auch generell um die politische Aufklärung
hinein, läßt sich das zeigen. Die Franzosen selbst sind es gewesen, die
in der Zeit des Revolutions-Jubiläums die keineswegs kontingente
Zugehörigkeit des Groß-Terrors zum Typus der Jakobinischen
Demokratie uns vor Augen gerückt haben. Und bei den Opfern dieses
aufgeklärten Terrors handelte es sich ja keineswegs, der Zahl nach, um
Petitessen, vielmehr um Opfermassen in der Dimension von mehr als
einem Zehntel der Holocaustopfer. Kurz: Die Demokratie kann ihrerseits
als totalitäre Demokratie auftreten, und selbstverständlich hat sich ja
auch das leninistische System als konsequente Demokratie verstanden.
Sogar Goebbels hat bekanntlich die Herrschaft der Nationalsozialistischen Deutschen Arbeiterpartei als „veredelte Demokratie"
gekennzeichnet. Wo liegt, strukturell und verfassungspolitisch, die
Differenz, die die liberale Demokratie von der totalitären unterscheidet?
In der Geschichte der liberalen Demokratie expandieren diejenigen
Lebensbereiche, in Bezug auf die wir gerade nicht wollen, daß wir in
ihnen Mehrheitsentscheidungen unterliegen und die man in genau
diesem Sinne eben auch nicht demokratisieren kann. Die bei uns so
genannten Grundrechte repräsentieren genau diese Lebensbereiche, für
die die soeben gekennzeichnete Herausnahme aus dem Geltungsbereich
politischer Mehrheitsentscheidungen gilt. Bezogen auf die 68er
Bewegung heißt das: Markante Teile dieser Bewegung waren, als
Repräsentanten demokratischer Orientierung, Parteigänger der Demokratie des totalitären Typus, und sie waren damit zugleich Verächter der
liberalen Demokratie. Anders ist auch die bei den bereits grau
gewordenen Alt-68ern fortdauernde Prinzipien-Sympathie für das
sozialistische System nicht zu erklären. Noch einmal: Im Honecker-
Regime hätte natürlich kaum einer gern gelebt. Ernst Bloch zog es ja
vor, in den Westen zu übersiedeln, um dann dort aber seine Studenten
mit den Fälligkeiten der Transformation des herrschenden Systems in
eine sozialistische Ordnung bekanntzumachen. Und bei den Jüngeren
war es die Abneigung gegen die Wiedervereinigung. Diese Abneigung

erklärt sich natürlich aus dem Interesse, ein Alternativ-System zum politischen System der westlichen Bundesrepublik zu erhalten – sozusagen als ein von den stalinistischen Schlacken frei gewordenes System experimenteller sozialistischer Transformation staatlicher Ordnung.

Sehen Sie wirklich diese Parallele zwischen den Jakobinern und den Achtundsechzigern, wenigstens von deren Selbstverständnis her? Wo sind diese zu erkennen?

Ein politisch relativ harmloses, aber strukturell signifikantes Exempel der Mißachtung der Unanwendbarkeit des Demokratieprinzips auf dem Bereich unveräußerlicher individueller und kollektiver Freiheitsrechte war der ungenierte Anspruch auf zwangskörperschaftliche Verfassung der Studentenschaft unter uneingeschränkter Inanspruchnahme des sogenannten politischen Mandats. Dieser Anspruch fand sogar in den Parteien Sympathie, das aber wohl eher nicht in pseudoliberaler Absicht, Demokratie auch dort zu wagen, wo sie gar nicht hingehört, vielmehr aus selbstbeschwichtigungsmotiviertem, politpädagogischem Respekt vor endlich erwachtem Willen zum Engagement in der akademischen Jugend. So oder so: Es war der Geist des Jakobinismus, der totalitären Demokratie, dem man damit Freiräume eröffnete. Dabei handelte es sich zugleich um einen Akt der Mißachtung der universitären Institutionen, die zu politischen Spielwiesen transformiert wurden. – Ich erwähnte schon jenen Studententrupp, der das Gebäude des Düsseldorfer Landtags besetzte. Als ich den Anführer nach den Absichten fragte, die sie mit ihrer Aktion verbänden, erhielt ich zur Antwort, aus dem Landtag sei endlich eine wahrhaft demokratische Institution zu machen. Abstimmungen mit Mehrheitsgeltung des Beschlossenen gäbe es zwar ständig. Aber was so beschlossen sei, repräsentiere doch gar nicht den Gemeinwillen, und es war ersichtlich, daß die Gesinnung, die den fraglichen Trupp zusammenhielt, ihrerseits für den wahren Ausdruck des Gemeinwillens gehalten wurde.

Diese Antwort erinnert an wichtige Studien von Caspar von Schrenck-Notzing („Zukunftsmacher") und von Erwin K. Scheuch („Die Wiedertäufer der Wohlstandsgesellschaft"), die die Achtundsechziger als alte Bewegung mit religiöser Inbrunst, obwohl viele von ihnen Atheisten waren, in neuem Gewande darstellten und auf diese Weise eine transepochale Einordnung vornahmen.

Als einen weiteren einschlägigen Buchtitel, der aus der Feder von Gerhard Schmidtchen stammt, kann ich den zitierten Titeln hinzufügen:

„Bewaffnete Heilslehren". In der Tat gab es unter den studentischen Demonstranten dann und wann auch Bewaffnete. Sie schossen sogar, zum Beispiel durch eine Frontglasscheibe im Foyer des Kultusministeriums, und entzündeten daselbst auch ein Feuer und demonstrierten spektakulär ihre Bereitschaft zur Überschreitung der Grenzen zur Gemeingefährlichkeit im Zuge ihres Aktionismus. Kurz: Ideologisch induzierte Gesinnungsintensität machte die einschlägigen Subjekte in Extremfällen terrorfähig. Bei mir zu Hause wurden wir telefonisch durch die Ankündigung eines Säureattentats auf unsere junge und hübsche Tochter terrorisiert. Dergleichen wird heute bei Nostalgietreffen der inzwischen alt gewordenen Jugendbewegten von damals mit Belustigungswirkung erzählt. Aber man sollte doch nicht vergessen: Abspaltungen aktiv terrorbereiter Gruppen von der 68er Bewegung gab es doch tatsächlich. Auch das hat, wie in einem Stabilitätsbeweis, die zweite deutsche Demokratie ausgehalten. Immerhin entwickelten sich die Dinge gelegentlich bis an den Rand einer Staatskrise. In den Erinnerungen Helmut Schmidts kann man das nachlesen.

Kann man unterscheiden zwischen den liberalen Achtundsechzigern, die später etwa in den Parlamenten konstruktiv mitgearbeitet haben, und denjenigen, die den Weg in den Terror gegangen sind, beispielsweise Ulrike Meinhof und andere? Es gab natürlich auch sehr verschiedene Achtundsechziger. So ist es wohl doch eine Verkürzung, wenn man pauschal von der „Endstation Terror" spricht und auf diese Weise suggeriert, daß es eine zwingende Verbindung gab zwischen den verschiedenen Ansätzen der Achtundsechziger und den differenzierten Auswüchsen dieser Bewegung in den siebziger Jahren.

Den Titel „Endstation Terror" habe ich für eine Sammlung meiner politischen Essays tatsächlich gebraucht. Aber die Insinuation, der Terror sei generell der Endpunkt der 68er Bewegtheit gewesen, verband sich damit keineswegs. Aber das heißt doch wiederum nicht, daß es im Kontext der 68er Bewegung jene Erweckungen nicht gegeben habe, die in der biographischen Karriere, nämlich in der Absicht, sich selbst und seiner Sache treu zu bleiben, in der terroristischen Aktion endeten. Ich fasse zusammen: Im historisch-politischen Gesamtresultat wurde die 68er Bewegung wider ihre eigenen Intentionen zum Erweis der Solidität der zweiten deutschen Demokratie. Nichtsdestoweniger waren die Schadenswirkungen beträchtlich – vor allem im Bildungsbereich. Zu den Schadenswirkungen gehören übrigens auch jene Formen manifester Weltfremdheit, die einen immer wieder einmal in den Verlautbarungen und Entscheidungen jener deutschen Politiker irritieren, die aus ihrem

68er-Aufbruch inzwischen bis in die höchsten Staatsränge gelangt sind. „Weltfremdheit" – das ist hier nicht ein Schimpfwort, vielmehr eine deskriptive Kategorie zur Beschreibung jener politisch stets verheerenden Unfähigkeit zur pragmatischen Identifizierung der eigenen Interessen. In der Permanenzorientierung an Prinzipien von universeller Geltung triumphiert die Gesinnung über die Urteilskraft, und man erlebt das sonderbare Schauspiel, daß just die Deutschen sich aller Welt als Hüter höherer Moral anempfehlen.

Vieles konnte mental nicht mehr rückgängig gemacht werden. Diesen Befund kann man positiv wie negativ bewerten. Hierin liegt aber einer der Gründe, wie Günter Rohrmoser oder Martin Greiffenhagen herausgearbeitet haben, daß die sogenannte geistige Wende der frühen achtziger Jahre nicht gelingen konnte. Gewisse Auswirkungen in geistig-moralischer Hinsicht, etwa der gesteigerte Individualismus oder der Hedonismus, konnten, auch wohlstandsbedingt, nicht mehr verändert werden.

Ich empfehle, nicht alles, was uns heute zu schaffen macht, zu Folgewirkungen der 68er Bewegung zu erklären. „Individualismus" und „Hedonismus" – das sind Konzepte einer Kulturkritik, die auch ganz unabhängig von etwaigen Folgewirkungen jugendbewegter politischer Desorientierung modernitätsbezogen ihre Ansatzpunkte hat. Ich erwähnte bereits die Freiheitsgewinne, zum Beispiel die Gewinne an dispositionsbedürftiger Zeit, die als Lebensführungsprobleme wirksam werden können. Wie sich gut leben und weniger gut leben läßt – das ist nicht in allen, aber doch in wesentlichen Hinsichten unter modernen Lebensbedingungen neu erprobungsbedürftig. Aus diesem Grund gibt es in allen modernen Gesellschaften eine Wertediskussion und auch Erfahrungen des Wertewandels. Die zweite deutsche Jugendbewegung ist ein frühes Phänomen in diesem Kontext, aber doch nicht der zentrale Faktor moderner Desorientiertheit und komplementärer Orientierungssuche.

Dies klingt differenzierter als die Aussagen eines anderen bekannten Ritter-Schülers, nämlich von Günter Rohrmoser, der von den „Spätfolgen der Kulturrevolution" spricht.

Damit übertreibt man, wie ich meine, die Wirkungen der 68er Bewegung.

*Wie beurteilen Sie aus heutiger Sicht die Wichtigkeit (auch die fort-
dauernde Wichtigkeit) des „Bundes Freiheit der Wissenschaft"? Sehen
Sie heute noch eine Relevanz für dessen Arbeit in der unmittelbaren
Gegenwart?*

Als Scheuch sich in verdienstvoller Weise für die Zwecke des „Bundes
Freiheit der Wissenschaft" einsetzte, war ich meinerseits in diesem Punkt
gar nicht mehr aktiv. Es war die Gründungsphase des Bundes, in der
ich im Rahmen seiner Veranstaltungen mannigfach hervorgetreten bin.
Mit meinem Wechsel zur Universität Zürich, 1971, war dann die Absicht
verbunden, aus den Ablenkungen der Politik und aus den Lästigkeiten
unvermeidlicher Auseinandersetzungen mit dem hochschulinternen
Aktivismus der Achtundsechziger wieder Stand in der eigenen wissenschaftlichen Profession zu gewinnen. Nachdem ich noch Mitte der
sechziger Jahre eine Berufung in die Schweiz abgelehnt hatte, nahm ich
jetzt, Anfang der siebziger Jahre, die Berufung nach Zürich gern an.
Man fand sich dort freigesetzt durch die institutionellen Normalitäten
eines politischen Systems, dessen Selbstgefühl sich durch studentische
Aktivismen nicht so leicht als das deutsche erschüttern ließ. Im übrigen
genoß man auch die Rationalität des Sitzungsablaufs im Rahmen der
akademischen Selbstverwaltung. Wohltuend war der Pragmatismus, der
hochentwickelte Sinn, wann man einmal eine Prinzipienfrage aufwerfen
muß und wann das, komplementär dazu, ganz überflüssig und ablenkend
ist. Diese Vorzüge habe ich für meine wissenschaftliche Arbeit genutzt,
und ich hielt es für angemessen, diesen Nutzen auch noch durch Rück-
zug aus der Tagesarbeit des „Bundes Freiheit der Wissenschaft" und
anderer, analoger Organisationen zu mehren. Radikal bin ich aber auch
insoweit nicht verfahren. Über etliche Jahre hinweg blieb, zum Beispiel,
die Kooperation mit dem Hessischen Elternverein eng. Auch an der
Organisation politisch wirksam gewordener Kongresse in Deutschland
habe ich mich gern beteiligt – beim „Tendenzwende"-Kongreß zum
Beispiel oder auch bei den Kongressen „Mut zur Erziehung" und
„Aufklärung heute". Von diesen drei Kongressen hat bekanntlich der
Kongreß „Mut zur Erziehung" am nachhaltigsten gewirkt. – Um noch
einmal auf Scheuch zurückzukommen: Er repräsentierte ja unter den
deutschen Soziologen in publizistisch besonders wirksamer Weise den
Typus des aus der Perspektive der Frankfurter Schule so bezeichneten
„Positivisten" und damit die Geltung wissenschaftspraktischer
methodologischer Standards, die die Sozialwissenschaften von der Last
des unerfüllbaren Anspruchs freihält, Zwecke der Emanzipation der
Politik kritisch-theoretisch verbindlich vorzugeben. Analytische Kompetenz, Beschreibungsgenauigkeit, methodologisch erweckter Sinn für

die Begründungspflichten, die man mit Behauptungen übernimmt, Ideologieresistenz, Aufgeklärtheit als uneingeschränkte Bereitschaft, sich durch den Widerspruch der Fakten korrigieren zu lassen – also alles, was mir in meinem Studium gleich zu Beginn schon durch den eingangs erwähnten Heinrich Scholz nahegebracht wurde, ist mir dann, was den „Bund Freiheit der Wissenschaft" anbetrifft, auch in der Person von Scheuch gegenwärtig geblieben – aber selbstverständlich desgleichen in der Person vieler anderer Sozialwissenschaftler, die sich in ihrem methodologischen Selbstverständnis von der neomarxistischen Selbstprivilegierung der „Kritischen Theorie" freizuhalten wußten.

Man kann beispielsweise René König nennen, den akademischen Lehrer von Erwin K. Scheuch. Um auf einen wichtigen Aspekt zu kommen: Die zentrale These des vorliegenden Sammelbandes lautet: Der Widerstand gegen die kulturrevolutionären Einflüsse war anfangs dort am stärksten, wo die wichtigsten Bastionen von 1968 waren, etwa in der evangelischen Kirche, der SPD oder an den Universitäten. Erscheint Ihnen diese These plausibel?

Damit haben Sie eine Reihe von Institutionen und Organisationen genannt, bei denen die Neigung, auf die 68er Bewegung mit politpädagogisch inspiriertem Frohlocken zu reagieren, besonders ausgeprägt war. Als die Universität Bielefeld eröffnet wurde, in Gegenwart des Bundespräsidenten, traf ich beispielsweise einen alten Kommilitonen wieder – jetzt in der Rolle eines evangelischen Studentenpfarrers –, der einen Chor von Spott-Sängern anführte, und zwar in der Absicht, die Gründungsfeier zu stören, und mit der Wirkung einer Beleidigung des Bundespräsidenten. Der Ministerpräsident, Heinz Kühn, der ja aus seiner eigenen Jugendzeit mit Politrabauken nationalsozialistischer Prägung seine Erfahrungen gemacht hatte, war ungeniert genug, nach der Polizei zu rufen und die Spott-Sänger samt ihres Pfarrers an die Luft zu setzen. Alsdann gab es aber doch bei anderen Repräsentanten der Landesregierung ein Erschrecken über diesen Umgang mit der kritischen Jugend, so daß man sie hernach wiederum zum Empfang einlud, der dem Bundespräsidenten zu Ehren gegeben wurde. Das ist wieder die Figur des Konzessionismus, zu dem man unsicherheitsbedingt neigt. – Die kleine Geschichte mit dem Studentenpfarrer soll nun freilich nicht besagen, zu der einschlägigen Politromantik habe es in der evangelischen Kirche eine besondere Prädisposition gegeben. Sogenannte Politische Theologen waren bekanntlich zahlreich auch unter den katholischen Theologen präsent und prominent, und die Reihe der politromantischen Ungemeinsprüche ist lang, die man als Sprüche aus deren Mund zitieren könnte.

Das waren die Überlegungen. Man muß den Anfang sehen. Der Marsch durch die Institutionen begann früh bei der evangelischen Kirche, der SPD und den Universitäten. Dort wurden auch diejenigen, die anderer Meinung waren, zuerst mit den Achtundsechzigern konfrontiert. Viele sind ausgetreten, aus der Kirche, aus der SPD. Das war die Grundüberlegung: Man konnte das, was die Achtundsechziger vorhatten, dort am ehesten herausfinden, aber die Achtundsechziger haben sich auch dort relativ schnell durchgesetzt.

Wenn man sich darüber heute ein historisches Urteil bilden will, so muß man sich die jeweiligen Engagements für oder auch gegen die 68er Bewegtheiten schließlich auch in ihrer quantitativen Verteilung vergegenwärtigen. Sich insoweit ein realistisches Bild der Vergangenheit zu verschaffen – das ist Sache einer sehr mühseligen Empirie. Mit Rekurs auf meine eigenen individuellen Erinnerungen muß ich sagen, daß ich komplementär zu dem erwähnten Studentenpfarrer ebenso auch andere Repräsentanten der evangelischen Theologie, auch der evangelischen Kirche, nennen könnte, die, zum Beispiel, die Arbeit des „Bundes Freiheit der Wissenschaft" wirksam unterstützten. In der Quintessenz heißt das: Die 68er Bewegung ist in vielen Bereichen des öffentlichen, gesellschaftlichen und kulturellen Lebens weit über die Grenzen der Universitäten hinaus wirksam geworden. Nichtsdestoweniger ist der Marsch durch die Institutionen letztendlich gescheitert. Keine der Institutionen, die man gleichzuschalten für möglich hielt, hat sich in Wahrheit gleichschalten lassen. In allen Fällen – bei den Kirchen wie bei den Parteien, bei den Gewerkschaften und vom Militär ganz zu schweigen – setzten sich Tradition und pragmatischer Eigen-Sinn dieser Einrichtungen im Endeffekt durch.

Wir sehen, auch wenn wir vom Widerstand sprechen, wir werden immer wieder zu 1968 hingezogen, weil ja die Reaktion in gewisser Weise immer von der Aktion abhängig ist. Ist 1968 der Sieg der Spontaneität?

Den Charakter der Spontaneität hatten natürlich zahllose Aktivismen im Kontext der 68er Bewegung. Das schließt aber nicht aus, daß es auch Mitläuferschaften gab. Angst vor Selbstisolation – sie ist eines der Motive, die einen mitlaufen und mitmarschieren lassen. Die Spontaneität der Bewegung wurde mir selbst spontan deutlich durch den Grad meiner Überraschung durch sie. Ich hatte nichts dergleichen erwartet. Um so mehr habe ich später diejenigen Theoretiker und Analytiker bewundert, die die Prognose, eine neue Jugendbewegung könne entstehen, früh schon riskiert hatten. Bei Schelsky zum Beispiel findet man das. – Nota

bene: Spontaneität ist natürlich keineswegs eo ipso ein zustimmungs-
pflichtiger Aktivitätsmodus. Wir erinnern uns doch an den Ausdruck
„Sponti", der, wenn ich mich recht erinnere, zuerst als Selbstkenn-
zeichnung üblich wurde, nämlich beim selbstunterhaltungsgeneigten
Teil der 68er Bewegung, in welchem sich allerlei Polit-Clowns
tummelten – witzige Leute zum Teil. Die Lektüre der gesammelten
Sponti-Sprüche verschafft uns davon noch heute einen nachhaltigen
Eindruck. Es gehört das alles zugleich in die große Tradition
studentischen Lebens, dessen Kultur ja seit eh und je Züge einer
Sonderkommunitätskultur hatte – einer Kommunität nämlich von jungen
Leuten, die als Erwachsene sich zugleich in einer Lage beruflicher und
zumeist auch familiärer Unverantwortlichkeit befanden. Studentenkultur
– das ist, so hat man das genannt, eine Kultur in einer Lebenslage
künstlich abgeschwächten Realitätsdrucks und damit verzögerter Reife.
Auch in diesem Kontext muß man die 68er Bewegung sehen.

Warum war der „Widerstand" in den genannten Institutionen (SPD,
evangelische Kirche, Universitäten) – diesen plakativen Ausdruck muß
man immer in Anführungszeichen setzen – so schwach? War es eine
mangelhafte Alternatividee oder waren es mangelhafte Mittel? Wie
würden Sie diese Zusammenhänge einordnen? Dieser schnelle Sieg
verwundert ein wenig, da die Revolutionäre von außen eindringen
mußten. Waren die institutionell eingerichteten Gegner verbraucht oder
deren Vorstellungen antiquiert?

Ich habe mehrfach gesagt, daß die zweite deutsche Demokratie gesamt-
haft mit den Irritationen, die von der 68er Bewegung ausgelöst wurden,
gut fertig geworden ist. Andererseits hatte die Bundesrepublik natürlich
auch ihre Schwächen. Auch für Institutionen gilt: Wir haben ein Maß
für die Solidität unseres Selbstgefühls am Ausmaß unserer jeweiligen
Vergangenheit, zu der wir uns zustimmend verhalten können. Man
braucht das nur so zu formulieren, um zu erkennen, wieso es in
Beantwortung der Frage, wie man denn auf die 68er Bewegung zu
reagieren habe, in Deutschland auch spezifische Unsicherheiten gab.
Der Vorwurf „Faschismus" war allgegenwärtig – auch in den Ab-
wandlungen „präfaschistisch" oder „postfaschistisch", und wo das als
Vorwurf laut wurde, reagierte man teils empört, teils auch bedenklich –
so oder so unsicher. Und schließlich: Der Kalte Krieg dauerte an. Fast
ein Drittel der Welt war kommunistisch formiert. Zugleich war der
Kommunismus expansiv. Sogar in etlichen westeuropäischen Ländern
war die kommunistische Partei zu einem Machtfaktor angewachsen. Es
war unvermeidlich, daß sich in dieser Lage auch viele Intellektuelle

fragten, ob denn nicht vielleicht tatsächlich dem Sozialismus des postkapitalistischen Typus die Zukunft gehörte. Ich erinnere mich an Auseinandersetzungen mit Peter von Oertzen, der noch in seiner Amtszeit als Wissenschaftsminister in Niedersachsen wie selbstverständlich davon sprach, die kapitalistisch-marktwirtschaftliche Ordnung stünde zur politischen Disposition, und selbst das Grundgesetz schlösse doch die Abschaffung dieses Ordnungssystems nicht aus. Man erinnert sich auch an prominente Theologen, die ähnlich dachten – an den Barth-Schüler und Barth-Freund Gollwitzer zum Beispiel. Die politischen Theologen erwähnte ich schon, und sie alle führten Stimmen, die weithin gehört wurden und tatsächlich hier und da zweifeln ließen, ob denn der „Amerikanismus" der liberalen Demokratie kapitalistischer Prägung, und sei sie sozial-marktwirtschaftlich moderiert, tatsächlich dauerhaft zukunftsfähig sei. Das ist zugleich der Kontext, in den noch, sehr spät, die bereits erwähnte Irritation durch den Zusammenbruch des real existierenden Sozialismus gehört. Man reagierte auf seine Implosion wie auf ein geschichtsphilosophisch illegitimes Malheur.

Was ist für Sie ein Neokonservativer? Auch diese Bezeichnung hängt mit der Rezeption des Widerstandes gegen 1968 zusammen.

In Deutschland haben wir bekanntlich aktuell keine Partei, in deren Namen der Prädikator „konservativ" formell vorkäme. Entsprechend läßt sich dieser Prädikator auch parteipolitisch nicht fixieren und damit explizieren. Der überwiegende Gebrauch des fraglichen Prädikators, so scheint mir, ist bei uns negativ akzentuiert. Auch die Kennzeichnung „neo-konservativ" hat ja Makel-Charakter. Man braucht schon einige Ungeniertheit, um sich diese Kennzeichnung widerspruchslos gefallen zu lassen. Tut man das, so hofft man auf Effekte, die begriffsgeschichtlich mehrfach nachweisbar sind – von „Gotik" bis zu „Made in Germany". Der gemeinte Effekt ist, daß aus einem Pudendum ein Signum wird. Kann das auch bei „neo-konservativ" glücken? Ja, meine ich, wenn man „neo-konservativ" Zustimmung zu denjenigen kulturellen Gehalten nennt, die die doppelte Eigenschaft haben, alt zu sein und unbeschadet ihres Alters nicht veraltet. Bestände genau dieser temporalen Charakteristik werden in einer modernen, nämlich dynamischen Zivilisation eo ipso wichtiger – von den alten Tugenden bis zu fortdauernd geltenden religiösen Orientierungen und von den klassischen Gehalten unserer kulturellen Überlieferung bis zu den fundamentalen Gütern des Lebens, die von der Freiheit bis zur personalen Würde sogar normativ, nämlich verfassungsrechtlich, als unveränderlich festgeschrieben sind. Je mehr sich zivilisationsevolutionär ändert und je rascher es sich ändert, um so mehr heben sich auch in ihrer Unaufgebbarkeit diese fortdauernden Gehalte humaner Kultur heraus. Marx hat Unrecht: Mit den Produktionsverhältnissen wälzt sich keineswegs der gesamte Überbau gleichzeitig um. Je entschiedener wir, nämlich in der Hoffnung auf Gewinne an Wohlfahrt, Sicherheit und Freiheit, unsere Lebensverhältnisse ändern, um so wichtiger wird zugleich die Orientierung an denjenigen Gehalten unserer Kultur, die in diesem Prozeß der Änderung unserer Lebensverhältnisse sich gerade nicht ändern und, noch einmal, das Gegenwärtighalten dessen läßt sich bis in die Politik hinein als „konservativ" beschreiben. Ich darf in diesem Zusammenhang auch noch einmal auf Joachim Ritter zurückkommen. Ritter hat, unter anderem, die Geisteswissenschaften als denjenigen Teil der Wissenschaften herausgestellt, die uns zu unseren Herkunftswelten in ein explizites Verhältnis bringen, und dieser wissenschaftliche Teil moderner Lebenskultur gewinnt genau komplementär zur Änderungsdynamik unserer Kultur an Bedeutung. Eben deswegen repräsentieren die Geisteswissenschaften wissenschaftshistorisch auch den jüngeren Teil der Wissenschaften insgesamt. Sich selbst zu verstehen – das ist in einer Zivilisation mit unauffälliger Evolution kein Problem. Es wird zum Problem, wenn schließlich sogar innerhalb der eigenen Lebensfrist sich die Lebensverhältnisse in wesentlichen Hinsichten ändern. Alsdann bedarf es der Leistungen expliziter Vergangenheitsvergegenwärtigung, um überhaupt aussagbar zu halten, wer wir sind.

Man kann aber auch sagen: Daß keine Partei in Deutschland die Bezeichnung „konservativ" im Namen führt, hängt auch mit den unterschiedlichen Traditionen im Vergleich zu anderen Ländern zusammen. Während die Namen Tocqueville, Lord Acton, Burke oder in neuerer Zeit Oakeshott im angelsächsischen Bereich noch immer einen guten Klang haben, steht in Deutschland demgegenüber die Kompromittierung der Konservativen 1933. Da helfen theoretische Widerlegungsversuche kaum!

Hat denn am 30. Januar 1933 ein Konservativer die Macht ergriffen? Wohl gab es in der Zeit der Weimarer Republik Anti-Demokraten, die sich als „Konservative" kennzeichneten – das aber doch vor allem und einflußreich in Verbindung mit Revolutionsabsichten. „Konservative Revolution" – das war die Parole, und es ist eine Frage der historischpolitischen Urteilskraft, ob man denn fortdauernd in unserem Land, nämlich mit Wirkungen der Selbstisolation gegenüber den politischen Traditionen in anderen Ländern, den Inhalt des Begriffs „konservativ" sich exklusiv durch die Erinnerung an die konservativen Revolutionäre vorgeben lassen will. Um liberale Demokraten handelte es sich bei diesen konservativen Revolutionären wahrhaftig nicht. Aber National-sozialisten waren sie doch zumeist auch nicht, in etlichen, prominenten Fällen sogar Opfer des Nationalsozialismus. So oder so: Es wäre ein deutscher Sonderweg, just das, was in Deutschland 1933 machthabend wurde, zum Inhalt des Begriffs des Konservativismus zu machen. Es hätte zugleich den Charakter einer Beleidigung der Konservativen überall in der Welt außerhalb Deutschlands, und es wäre damit ein besonders wirksamer Beitrag zur vergangenheitsfixierten deutschen Selbstisolation.

Nun zu einem anderen Themenbereich. Sie haben für den Hessischen Elternverein (HEV) ein Gutachten geschrieben. Welche Bedeutung schreiben Sie dieser Organisation zu?

Den Hessischen Elternverein habe ich bereits erwähnt. Sein Einfluß auf die hessische Kulturpolitik war bedeutend. Das große Gutachten von Thomas Nipperdey hat dazu wesentlich beigetragen – insbesondere durch seine fundamentale Kritik am schulpolitischen Versuch, den Geschichtsunterricht politpädagogisch zu instrumentalisieren. Die Aktivitäten des Hessischen Elternvereins sind für mich bis heute ein Beispiel dafür, daß sich organisatorisch und publizistisch produktiv etwas tun läßt, wenn man sich in politischer Absicht zu Wort meldet und organisiert – in Verbindung mit den politischen Parteien, aber der Initiative nach doch unabhängig von ihnen. Der Hessische Elternverein ist in meiner Erinnerung das Muster einer produktiv wirksam gewordenen Bürgerinitiative.

Welche Rolle hat der sozialdemokratische Arbeitskreis im HEV gehabt?

In diesem Zusammenhang muß man sich, exemplarisch, an Emil Bernt erinnern, der als Gymnasialdirektor in Hessen, parteipolitisch sozial-demokratischer Herkunft, die bildungspolitischen Initiativen des Hessischen Elternvereins wirksam mitgetragen hat. Gern erinnere ich mich auch an unsere einschlägige Zusammenarbeit.

Wie war die grundsätzliche Ausrichtung des sozialdemokratischen Arbeitskreises? Er stand ja, wie man hört, besonders gegen die GEW.

Hauptgegner der Bürgerinitiative des Hessischen Elternvereins war tatsächlich die GEW. Deren Politik habe ich partiell als zynisch

wahrgenommen. Man betrieb – im Prinzip ist das ja legitime Gewerk-
schaftspolitik – vor allem die Egalisierung der Einstufung aller Lehrer
auf dem höchsten Niveau. Für diesen kruden Zweck machte man sich
die Mobilisierungspotentiale der Programmatik vermeintlicher
Emanzipation zunutze. Man unterdrückte mit Fleiß vor allem die
elementare Erfahrung, daß gerade auch in einer sich an Chancengleichheit orientierenden Bildungspolitik Prozesse der Differenzierung
und damit des Sichtbarwerdens von Unterschieden freigesetzt werden.

*Gibt es eigentlich Parallelen zu Vereinigungen in anderen Bundes-
ländern? Man kann ja Gemeinsamkeiten zwischen der hessischen
Bildungspolitik und der in anderen Bundesländern kaum abstreiten.*

Von Hessen war jetzt ein wenig viel die Rede. Analoge Tendenzen gab
es natürlich, kulturrevolutionär und anti-kulturrevolutionär, in vielen
Bundesländern, und so auch in Nordrhein-Westfalen. Politisch-ideologische Instrumentalisierungen des Geschichtsunterrichts in den
Schulen gab es auch hier, und auch dazu habe ich mich seinerzeit verschiedentlich geäußert.

*Die Ereignisse der späten sechziger Jahre sind längst ein Teil der
Geschichte der Bundesrepublik. Erste historisierende Arbeiten liegen
vor. Zu nennen ist besonders die Studie von Gerd Koenen über das
revolutionäre Jahrzehnt von 1967 bis 1977, aber auch andere Abhandlungen, etwa von Heinz Bude oder Gerd Langguth. Wie würden Sie
das Phänomen „1968", aus dem Abstand einer Generation resümierend,
beurteilen?*

Es scheint mir am wichtigsten zu sein, daß man den Achtundsechzigern
nicht die Konzession macht, sie hätten die zweite deutsche Demokratie
in ihren demokratischen Potentialen gestärkt. Die zweite deutsche
Demokratie hat sich trotz der 68er Bewegung gut entwickelt – nicht etwa
ihretwegen. Auch ist noch einmal festzuhalten, daß es nicht die 68er
Bewegung war, die Deutschland in ein angemessenes Verhältnis zum
nationalsozialistischen Teil seiner Vergangenheit gebracht hat. Das
haben schon die Gründerväter der Bundesrepublik besorgt und die oben
genannten Wissenschaftler, Publizisten und erinnerungskräftige Bürger,
die gegenwärtig hielten oder auch aufdeckten, worum es sich beim
Nationalsozialismus tatsächlich gehandelt hat. Zugleich sollte man der
Versuchung widerstehen, die 68er Bewegung für eine Marginalie zu
halten. Daß sie das nicht war, ergibt sich nicht zuletzt aus der
Erinnerungsträchtigkeit des ganzen Vorgangs. Neu und neu gibt es ja

jubiläumshalber die Wellen der aufarbeitenden Literatur. Nostalgietreffen alter Herren und Damen, die sich an ihre Revolutionszeit
erinnern, gibt es auch, und natürlich paßt dazu die Neigung zur
historisch-politischen und moralischen Selbstverklärung. Das alles ist
verständlich, verlangt aber Widerspruch.

*Dies war ein beeindruckendes Resümee, das Sie gezogen haben. Uns
bleibt nur der Dank für dieses aufschlußreiche Gespräch.*

Mit spitzer Feder gegen den Zeitgeist
Ausgewählte konservative Zeitschriften
und ihre Kritik an kulturrevolutionären Tendenzen

Von Felix Dirsch

1. Die Bedeutung des Schwellenjahres 1960 für den Konservatismus. Oder: Der lange Weg zur Entstehung einer neuen konservativen Publizistik als Teil des Widerstandes gegen „1968".

Für die Außerparlamentarische Opposition von 1967–69 hat sich die Bezeichnung „68er" eingebürgert, was auf die gewalttätigen Auseinandersetzungen jenes Jahres zurückgeführt werden kann. Die gesellschaftlichen und mentalen Ursprünge des neuen Lebensgefühles sind aber früheren Datums. Ein Einschnitt, der in der Retrospektive eine herausragende Bedeutung gewinnt, liegt in den Jahren vor und nach 1960. Er ist auch aus konservativer Sicht, wenngleich mit anderer Bewertung, kaum zu überschätzen.[1] Die Zeitgenossen wurden mit einer Fülle unterschiedlicher Neuerungen und Erfahrungen konfrontiert. Das Spektrum reichte vom Bau der Berliner Mauer bis hin zur Einführung der Antibabypille (beides 1961), von dem Liberalisierungs- und Politisierungsschub der Öffentlichkeit im Zuge der sogenannten „Spiegel"-Affäre 1962 bis zum großen Echo der Auschwitz-Prozesse 1963–65. Weiterhin sind die zunehmende Verbreitung des Fernsehens und der sich deutlich ausweitende Massentourismus erwähnenswert.[2] Die erst später manifest gewordene „Umbildung der Republik" (Görtemaker) wurzelt wesentlich in diesem eher kurzen Zeitraum. Diese Ereignisse und nicht zuletzt ihre Konsequenzen stellen eine grundlegende Zäsur auch für die Entwicklung des Konservatismus in der Bundesrepublik dar. Sie fallen zusammen mit einem sich ankündigenden Generationenwechsel, der die Trendwende nach links (im weiteren Sinne) noch zusätzlich verstärkte. Auf diese Weise erhielt die „Ablösung einer eher konservativen durch eine liberale Staatsauffassung" eine soziale Basis,[3] die in der unmittelbaren Nachkriegszeit, in der Phase des „kommunikativen Beschweigens" (Hermann Lübbe) der NS-Untaten, noch nicht vorhanden war.

Die Kontroverse zwischen dem Freiburger Historiker Gerhard Ritter (1888–1967) und dem Bonner Zeithistoriker Karl-Dietrich Bracher (Jahrgang 1922) im Anschluß an die „Spiegel"-Affäre mag als Beispiel dienen.[4] Die unterschiedlichen Erfahrungen und Prägungen der Generationen werden anhand zweier Leserbriefe an die *Frankfurter*

Allgemeine Zeitung ersichtlich. Der stark preußisch und deutschnational orientierte Ritter (er hatte dem Widerstandskreis um Carl Goerdeler angehört) konstatierte einen auffallenden Gegensatz zwischen einer am Gemeinwohl ausgerichteten Haltung einerseits und dem „Theaterdonner der politischen Literaten und Parteiinteressen" andererseits. Bracher hingegen kritisierte Ritters Position nachhaltig, denn sie galt ihm als Ausdruck einer autoritären Gesinnung. Wer, wie Ritter, den Protest gegen die polizeilichen Maßnahmen 1962 als „ungeheure publizistische Staubwolke" bezeichne und damit die Pressefreiheit als praktisch gegenstandslos betrachte, könne demokratisch-rechtsstaatliche Normen, so Bracher, nicht verinnerlicht haben.

Die pessimistische Sicht Adenauers am Ende seiner Kanzlerschaft erwies sich, aus der Retrospektive beurteilt, als nicht unberechtigt. Die Grundwerte des Abendlandes sah er durch Säkularismus, Materialismus und Sittenverfall gefährdet.

Längst hat auch die Forschung diesen nicht nur geistes- und kultur-geschichtlichen Einschnitt um 1960 aufgearbeitet. Zu nennen ist in diesem Zusammenhang besonders die herausragende Studie einer jüngeren Autorengemeinschaft, die sich um eine Historisierung der Frankfurter Schule bemüht.[5] Die Verfasser gehen von der These aus, daß der politischen Gründung der Bundesrepublik 1949 über ein Jahrzehnt später eine intellektuelle Gründung folgte. Letztere basierte vor allem auf drei Pfeilern: Westbindung, Vergangenheitsbewältigung und Demokratisierung. Der Siegeszug dieser Vorstellungen war in nicht geringem Ausmaß dem Wirken der sogenannten Frankfurter Schule und ihren bekannten Protagonisten zu verdanken. Neben den politischen Einflüssen ist der zunehmende Wohlstand breiter Kreise der Bevölkerung zu erwähnen, der eine Fülle neuer Optionsmöglichkeiten eröffnete. Zudem verringerten sich viele herkömmliche Bindungen, etwa an die Kirchen.

Die neuen Tendenzen brachten trotz ihrer Verschiedenheit einen unübersehbaren „subjektiven Moralismus" (Schrenck-Notzing) mit sich, der die Stabilität der Institutionen nachhaltig gefährdete. Der Konservatismus geriet darüber hinaus nicht selten in die Defensive, weil nationalsozialistische und konservative Positionen im Zuge der Vergangenheitsbewältigung oft gleichgesetzt oder in Zusammenhang gebracht wurden.[6]

Begreift man die Periode um 1960 als Schwellenphase oder „Sattel-zeit" nicht zuletzt für die Geschichte des Konservatismus in der Bundesrepublik, so bedarf es gerade für die konservative Publizistik einer ausführlicheren Darstellung. Der zeitgeschichtliche Hintergrund ist dabei besonders zu beachten. Auf diese Weise wird deutlich, daß sich

65

die besondere Formierung der konservativen Publizistik am Ende der sechziger Jahre (einschließlich ihrer Eigenarten) einer langen Entwicklung verdankt. Keinesfalls kann sie nur als kausal-direkte Antwort auf die Vorgänge von 1967/68 verstanden werden; vielmehr richteten sich jene publizistischen Kräfte gegen den langen Vorlauf der Studentenrevolte, die als Ausdruck einer geistigen wie auch gesellschaftlichen Krise insgesamt begriffen werden muß.

Die eruptiven Ausbrüche der späten sechziger Jahre hatten für das massierte Auftreten dieser neuen konservativen Medien insbesondere eine katalytische Funktion. Es mußte ein intellektuelles, kulturelles wie politisches Gegengewicht entstehen, zumal unübersehbar war, daß die Umbrüche einen unbestrittenen Verlust der Deutungshoheit für den Konservatismus mit sich brachten. Nicht zufällig unterstrich die Zeitschrift *Criticón* demgegenüber den Anspruch des Konservatismus auf primär kulturelle Hegemonie, die nach dem vielzitierten Wort von Antonio Gramsci für die politische Vorherrschaft eine unabdingbare Voraussetzung bedeutet.

Welche Tendenzen vor der erwähnten Schwellenzeit sind für diese neue konservative Publizistik Ende der sechziger Jahre von Bedeutung? Seit Walter Dirks mit dem viel zitierten, aber schwer begründbaren Diktum von der „Restauration" als charakteristischem Signum der frühen Nachkriegszeit hat die Forschung die geistesgeschichtlichen Hintergründe der fünfziger Jahre vielfach differenziert dargestellt. Zuletzt hat man allgemein von bestimmten „konservativen Zügen" gesprochen – eine Bezeichnung, die unspezifischer und damit weniger angreifbar ist als Dirks' Aussage.[7] Zu diesen Zügen zählten in besonderer Weise die später von den 68ern so heftig kritisierten sogenannten Sekundärtugenden, die einige der grundlegenden Voraussetzungen für den Wiederaufbau darstellten. Gerade diese weitverbreiteten, aber dennoch so schwer genauer zu beschreibenden Verhaltensweisen offenbaren, so paradox das auch klingen mag, ein fundamentales „Dilemma des Konservatismus" (Greiffenhagen): Was als Alltagsphänomen in einer diffusen und allgemeinen Weise vorhanden war, ja sogar als Signum der Zeit begriffen werden kann und einem weithin empfundenen Bedürfnis nach Stabilität der Lebensverhältnisse entsprach, mußte nicht unbedingt auch als konkrete politische oder weltanschauliche Einrichtung präsent sein.

Dieses nur scheinbare Paradoxon löst sich bei historischer Betrachtung auf. Der Bruch zwischen 1933 und 1945 verhinderte eine Wiederanknüpfung an konservative Traditionen vor Hitlers Machtergreifung. Dies gilt auch für die publizistischen Organisationen dieser Richtung. Nicht zufällig wehrte sich trotz ihrer konservativen Grundstimmung ein beträchtlicher Teil der CDU-Funktionäre und Mitglieder gegen die Bezeichnung „konservativ". In den meisten Darstellungen über den Konservatismus der fünfziger Jahre findet sich ein Hinweis auf den Sturm der Entrüstung, den Eugen Gerstenmaier (ein Widerstandskämpfer gegen Hitler) entfachte, als er der CDU das betreffende Adjektiv zuschreiben wollte. Der protestantische Konservatismus erfuhr diesen Einschnitt besonders nachhaltig. Dessen Anhänger, etwa Bischof Stählin oder Hans Asmussen, engagierten sich (was als ein Versuch interpretiert werden darf, aus den Schatten der Vergangenheit herauszutreten) im Umfeld der katholisch-abendländischen Akademien.[8]

Vor diesem Hintergrund verwundert es nicht, daß eines der wichtigsten, nicht parteigebundenen publizistischen Organe des politisch-kulturellen Konservatismus der fünfziger Jahre überwiegend katholisch ausgerichtet war: die Zeitschrift *Neues Abendland*.[9] Aber auch dieses Periodikum betrieb eine selektive Traditionspflege, was sich bereits im Namen andeutet. So grenzten sich Autoren wie Emil Franzel, Erik von Kuehnelt-Leddihn oder August Freiherr von der Heydte dezidiert von der Zeitschrift Abendland ab, die während der Weimarer Republik erschienen war und eine stärker preußisch-zentralistische Ausrichtung hatte erkennen lassen. Die Einstellung dieser Zeitschrift ist einer der vielen Belege für die These vom Schwellenjahr 1960, die auch und nicht zuletzt für den katholischen Konservatismus dieser Zeit gilt. Der wohl wesentliche Grund für den Niedergang des *Neuen Abendland* dürfte im Fehlen einer sozialen Schicht oder Gruppierung gelegen haben, auf die sich die Zeitschrift dauerhaft hätte stützen können. Daran änderte auch die Unterstützung durch einflußreiche Adelskreise nichts. Ihr kurzzeitiger Erfolg ist lediglich darauf zurückzuführen, daß die Herrschaft des Nationalsozialismus nochmals ein Deutungsmuster plausibel machte, das der kulturintegrativ-katholische Konservatismus stets präferierte:[10] die Vorstellung von einer säkular-dekadenten Tendenz, die von der Reformation über die Französische Revolution bis hin zu den Gewaltregimes des 20. Jahrhunderts führte. Diese Interpretation wurde durch die Vorstellung eines fortlaufenden Abfalls von Gott zusammengehalten. Lediglich die Polemik wider den Protestantismus wurde durch die gemeinsamen Erfahrungen gegen die „gottlose Diktatur" im Vergleich zum traditionellen katholischen Integralismus etwas abgeschwächt, zudem gab es auch eine vermehrte Zusammenarbeit mit konservativen Protestanten, etwa in den „Abendländischen Akademien" oder im *Neuen Abendland*.

Zusätzliche Unterstützung fand diese Richtung durch eine Reihe von Wissenschaftlern, die pointiert neuzeitkritisch auftraten. Zu nennen sind in diesem Zusammenhang besonders Romano Guardini, Hans Sedlmayr oder Christopher Dawson. Sie plausibilisierten das Dekadenzmodell, wenngleich in unterschiedlicher Weise, in den von ihnen vertretenen wissenschaftlichen Disziplinen.[11]

Obwohl das *Neue Abendland* durch vermehrte Zusammenarbeit mit konservativen Protestanten den konfessionellen Gegensatz überwinden wollte, offenbart allein die Existenz der Zeitschrift die fortdauernden konfessionellen Spannungen, die sich auch in einer Reihe von Kontroversen mit evangelischen Vertretern niederschlugen. Exemplarisch seien lediglich die Debatten zwischen dem katholischen *Neuen Abendland* und der protestantischen Zeitung *Christ und Welt* genannt.[12] Besonderes Aufsehen erregten publizistische Beiträge sowie Reden des Redakteurs des *Rheinischen Merkur*, Paul Wilhelm Wenger. Der aus Württemberg stammende Katholik betrachtete es quasi als abendländische Pflicht, ein föderales Deutschland zu schaffen, das auf die Wiedervereinigung verzichtet und statt dessen die europäische Einigung vorantreibt. Literarisches Vorbild war der großdeutsche Bismarck-Gegner Constantin Frantz. Der Nationalismus galt beiden, Wenger wie Frantz, als Irrweg. Wenger dachte sogar über die kommunistische Herrschaft in Osteuropa hinaus. Er bezog den östlichen Teil Europas, vor allem das katholische Polen, in seine Pläne mit ein.

Protestantische Konservative, an der Spitze der schon erwähnte seinerzeitige Bundestagspräsident Eugen Gerstenmaier, reagierten mit scharfer Kritik an diesen Konzepten. Sie verwiesen auf die unabdingbare Notwendigkeit der Reichseinigung 1870/71. Die Einheit Deutschlands hatte aus dieser Perspektive einer möglichen europäischen Einigung voranzugehen. Der Konflikt verlief nicht nur entlang der konfessionellen Grenzen. Auch einzelne katholische Konservative wie Heinrich Brüning bevorzugten eine andere Priorität als die Vordenker eines neuen Abendlandes, zu denen auch der politische Pragmatiker Adenauer gehörte, dessen integrative Anstrengungen aber weit über den Kreis um das *Neue Abendland* hinausgingen. Die Forschung der letzten Jahre hat auf die Existenz und Hintergründe konfessioneller Spannungen dieser Zeit mehrmals aufmerksam gemacht.[13]

Das Ende der Zeitschrift *Neues Abendland* ist jedoch nur ein Indiz für die Gültigkeit des Schwellenjahres 1960 auch für den Katholizismus, der in den fünfziger Jahren innerhalb der unterschiedlichen konservativen Strömungen eine führende Rolle gespielt hatte. Allerdings verdeutlichte bereits die frühe Nachkriegszeit, daß Deutschland ein „Missionsland" geworden war, wie die vielzitierten Analysen des Jesuiten und Beraters des höheren Klerus, Ivo Zeiger, lauteten.[14] Die besondere Situation 1945 ließ die Möglichkeit einer erneuten „Verchristlichung" zumindest zeitweise als realistisch erscheinen. Erst um

1960 begann für den Katholizismus die Nachkriegszeit. Der Dialog mit den unterschiedlichen Vertretern der pluralistischen Gesellschaft begann immer mehr zum Alltag zu werden. Auf dem Godesberger Parteitag der SPD 1959 ging der demokratische Sozialismus ein Stück weit auf die Kirchen zu. Dieser Schritt konnte nicht ohne Erwiderung bleiben, zumal sich der Trend der „Abschmelzung des Milieus",[15] den die Soziologen erst viel später konstatierten, bereits im vollen Gange war und die katholische Bevölkerung in besonderem Maße betraf. Weiterhin warf das bereits 1958 angekündigte Zweite Vatikanische Konzil seine ersten Schatten voraus. Der zunehmende Dialog mit nichtkatholischen Kräften, den der spätere Erzbischof von Köln, Joseph Höffner, bereits 1960 postulierte,[16] erstreckte sich nicht nur auf liberale und sozialistische Kreise. Er ist auch im Kontext der neuen konservativen Publizistik am Ende der sechziger Jahre festzustellen. Die unübersehbaren Umbrüche, gerade in den lebensweltlichen Zusammenhängen, die viele Menschen prägten, machten eine generelle Rückwendung auch in diesem Lager unmöglich. In Zukunft mußten neue Wege gegangen werden. Die Tendenzen hinsichtlich der später sogenannten Entideologisierung erforderten neue Formen der Zusammenarbeit auch im konservativen Lager.

Neben der im engeren Sinn konfessionell gebundenen konservativen Publizistik gab es eine weitere Gruppe. Diese bildete sich um den Herausgeber der längst legendären Zeitschrift Tat, Hans Zehrer, heraus, der zuerst bei *Christ und Welt* und später bei der *Welt* tätig war. Auch diese Publizisten präsentierten sich nach 1945 in christlichem Gewand.[17] Selbst Hans Zehrer, der vor 1933 im Umkreis der „Konservativen Revolution" gewirkt hatte, trat nach dem Kriegsende als „homo religiosus" (Schildt) auf. So konnte eine persönliche Neuorientierung stattfinden. Ebenso mutierte Giselher Wirsing, der mit Fried und Zehrer 1953 zur *Welt* wechselte, zum gläubigen Protestanten. Er hatte die Tat während des Krieges bis 1944 unter dem Titel *Das Zwanzigste Jahrhundert* fortgeführt. Ob die genannten Autoren, weiterhin sind auch Ullmann und Klaus Mehnert zu erwähnen, mit der bundesdeutschen Demokratie Frieden geschlossen hatten, ist umstritten. Bei *Christ und Welt* fand auch Hans-Georg von Studnitz eine neue Heimat.[18] Ende der sechziger Jahre war er einer der schärfsten publizistischen Gegner der Kulturrevolution. Das christliche Engagement ermöglichte ihm nicht nur Kontinuität im Wirken, sondern auch gleichzeitig einen Neuanfang. Eindeutig ist jedoch, daß eine konservative Ausrichtung in den Nachkriegsjahren nur unter christlichen Vorzeichen möglich war. Dies änderte sich im geistesgeschichtlichen Kontext einer allgemeinen Säkularisierung in den sechziger Jahren, was allerdings nicht ausschloß, daß Teile des christlichen Lagers zu den schärfsten Gegner der 68er gehörten. Sie mußten sich jedoch mit dezidiert nichtchristlichen Konservativen wie Arnold Gehlen oder Armin Mohler arrangieren. Auf diese Weise wurde die Schwächung sozialer Bindekräfte und geistiger Mächte wie der Kirche auch für den Konservatismus relevant.

Wie reagierte das Lager der konservativen Publizistik auf die große Zäsur? Welche Veränderungen sind festzustellen? In den frühen sechziger Jahren fand eine größere Debatte mit der Überschrift „Was heißt heute konservativ?" in der Zeitschrift *Monat* statt, die auch in der neueren Konservatismus-Forschung reflektiert wird.[19] Es war offensichtlich ein Bedürfnis nach einer Standortbestimmung vorhanden, nachdem sich der einschneidende Wandel auch im konservativen Lager unübersehbar ausgewirkt hatte. Dabei äußerten sich Konservative unterschiedlicher Herkunft.[20] Persönlichkeiten wie Golo Mann, Hans-Joachim v. Merkatz, Eugen Gerstenmaier, Hans Zehrer und Caspar von Schrenck-Notzing betonten nicht nur die überlieferten Grundlagen des Konservatismus wie dessen Verbindung mit dem Christentum oder sein anti-ideologisches Fundament. Diese Autoren verdeutlichten weiterhin die Notwendigkeit eines neuen Konservatismus. Besonders Mohler konstatierte in der Frühzeit der Bundesrepublik einen liberalistischen „Gärtner-Konservatismus", der mehr eine Art Regierungs-Ideologie darstellt und damit seinem Namen keine Ehre verleiht. Ihn gelte es nach Mohlers Auffassung zu überwinden. Vor allem forderte er ein Gegengewicht zum regierungsamtlichen Konservatismus, das mehr auf der publizistischen Ebene als in den Parteien zu verwirklichen sei. Die Vertreter des Konservatismus ließen eine große thematische Bandbreite erkennen. Stand bei Eugen Gerstenmaier noch die protestantische Herkunft im Mittelpunkt des Beitrages was freilich eher die Ausnahme war), so hob Golo Mann unter Berufung auf Burke, Tocqueville oder Lord Acton die angelsächsische Traditionslinie der zu bewahrenden Richtung hervor. Caspar von Schrenck-Notzing formulierte den inhaltlichen Beitrag des Konservatismus zur Lösung der Gegenwartsprobleme mit dessen Grundzug zur „Sachgerechtigkeit".

So ist insgesamt festzustellen: Betrachtet man die Hauptrichtungen des Konservatismus der fünfziger Jahre, so deutete die Debatte im *Monat* am Anfang des folgenden Jahrzehnts eine – wenn auch vorsichtige – Akzentverschiebung an. Die notwendigen neuen Wege waren bereits vorgezeichnet. Dies läßt sich jedenfalls aus der Retrospektive erkennen: Die noch in den fünfziger Jahren einflußreiche katholische Richtung ist bei der Beantwortung der Frage „Was heißt heute konservativ?" kaum mehr relevant. Die alten weltanschaulichen Gruppierungen konnten sich zwar, wie innerhalb des Konservatismus nicht anders vorstellbar, behaupten. Sie spielten aber eine geringere Rolle als früher. Die Zukunft sollte auch für dieses Spektrum anders aussehen als die Vergangenheit. Die wenigstens teilweise Überwindung der unterschiedlichen Herkunft, welche innerhalb des Konservatismus stets ein gemeinsames Handeln erschwerte,[21] war nur in einer breiten publizistischen Sammlungsbewegung zu erreichen. Auf diese Weise vollzog der publizistische Konservatismus gewissermaßen eine breitere Welle der Entideologisierung, was ihn mit anderen weltanschaulichen Kräften, etwa dem demokratischen Sozialismus nach dem Godesberger Parteitag der SPD, verbindet. Der neue, primär journalistische Konservatismus am Ende des Jahrzehnts setzte diese Tendenzen lediglich fort und führte sie zu Ende.

2. „Criticón" und die neue Plattform des publizistischen Konservatismus

Welche Zeitschriften und Organe kann man unter die Bezeichnung „neue konservative Publizistik" rubrizieren? *Criticón, Konservativ-heute, Deutschland-Magazin, Student, Zeitbühne, Herder-Reihe „Initiative",* aber auch der Sinus-Verlag in Krefeld bildeten einen neuen publizistisch-politischen Bereich im demokratischen Spektrum rechts der CDU/CSU. Eine größere seriöse Studie, die die Geschichte jener Organe vergleichend aufarbeitet, ist nicht vorhanden, lediglich eine als politikwissenschaftliche Dissertation in Marburg entstandene Streitschrift über die Deutschland-Stiftung und ihr Organ, das *Deutschland-Magazin,* liegt vor.[22]

Tatsächlich aber verteidigt der hier behandelte Konservatismus das rechtstaatlich fundierte, außenpolitisch auf der Westbindung basierende Konzept der Bundesrepublik Deutschland. So ließen eine Reihe jener Intellektuellen, die man üblicherweise dem zeitgenössischen konservativen Spektrum zurechnet und die frühzeitig mit Analysen etwa über die NPD hervortraten, an der Ablehnung dieser Partei nicht den geringsten Zweifel.[23]

Die Zeitschrift *Criticón* erschien erstmals im August 1970. Herausgeber war der Publizist Caspar von Schrenck-Notzing, der sich bereits Mitte der sechziger Jahre als Autor des Buches *Charakterwäsche* – einer detaillierten, quellengesättigten Streitschrift gegen die „reeducation" – einen Namen gemacht hatte.[24] Bis Mitte der neunziger Jahre spielte auch der damalige Geschäftsführer der Carl-Friedrich-von-Siemens-Stiftung, Armin Mohler, eine wichtige Rolle, dessen Studie über die Konservative Revolution in Deutschland zu den herausragenden historiographischen Abhandlungen des 20. Jahrhunderts zu zählen ist.

Inhaltlich spielten die Autorenporträts über bedeutende konservative Denker eine wichtige Rolle. Diese Tradition blieb bis in die Gegenwart erhalten. Für die frühe Zeit sind die Darstellungen u.a. über Arnold Gehlen, Thomas Molnar, Helmut Diwald oder Ernst Forsthoff zu nennen. Ursprünglich war *Criticón* als Rezensionsorgan konzipiert. Bald erhielt die Zeitschrift jedoch einen größeren Rahmen. Erklärtes Ziel war eine Variante des rechten „Gramscismus". Der Versuch, kulturelle Hegemonie zu gewinnen, stand im Vordergrund. Der Titel stammt von einem Buch des berühmten spanischen Moralisten Balthasar Gracián, (*El Criticón* 1651 ff.), dessen nüchtern-konservativ anmutender Skeptizismus ein auffallendes Gegengewicht zum ideologisch-optimistischen Zeitgeist bildete.

Welche charakteristischen Züge dieser neuen konservativen Publizistik sind zu erkennen? Es handelte sich beim *Criticón* zunächst um eine Sammlung zweier unterschiedlicher konservativer Richtungen im journalistischen Bereich: einer stärker alt-konservativ akzentuierten (Schrenck-Notzing) und einer dezidiert jung-konservativen (Mohler). Später, nach der Fusion mit *Konservativ-heute* 1981, kam noch das christlich-konservative Element (Klaus Motschmann) hinzu.

In der ersten Ausgabe zeigte sich die Vorliebe des Herausgebers für den Soziologen und Kulturanthropologen Arnold Gehlen. Dessen kurz vorher erschienenes Buch „Moral und Hypermoral" wurde als „Wegmarke" bezeichnet.[25] Mit Recht konstatierte die Zeitschrift die große Bedeutung des konservativen Denkers, der den Blick auf das „biologische Zeitalter" freigemacht habe. Diese Perspektive war mehr als hellsichtig, wie man dreißig Jahre nach dieser Äußerung weiß. Damals allerdings hatten die schon in den sechziger Jahren teilweise veraltete Milieutheorie und der Behaviorismus Hochkonjunktur. Das auch in der Gegenwart weitverbreitete „Gutmenschentum" leitet wesentliche Einsichten aus diesen theoretischen Grundlagen her.[26] Dagegen läßt sich der Verfasser von Moral und Hypermoral nicht durch die „„humanitäre' Tarnung dieses neuen Totalitarismus verwirren."[27] Der Totalitarismus wird besonders darin offensichtlich, daß versucht werde, die Welt aus einem Prinzip zu erklären: der Gleichheit. Der Pluralismus, so Mohlers These, gerate dadurch zur Farce.

Die ersten *Criticón*-Ausgaben erwähnten zahlreiche Bücher und kleinere Broschüren. Dazu zählen etwa Andreas von Weiss' Schrift über die Neue Linke ebenso wie Helmut Schoecks Studie über den Neid. Eine größere Abhandlung über den publizistischen Widerstand gegen die

Kulturrevolution müßte auch diese Literatur auswerten. Dies kann in der vorliegenden Studie höchstens andeutungsweise geschehen.

Die neue Zeitschrift setzte sich intensiv mit dem häufigsten und daher wohl auch attraktivsten ideologischen Schlagwort auseinander:[28] der „Demokratisierung". Es war in aller Munde. Nur wenige Zeitgenossen wie der Freiburger Politikwissenschaftler Wilhelm Hennis (der der SPD angehörte) oder der CDU-Politiker Bruno Heck wagten eine Kritik dieses Prinzips, das als hochproblematisch gelten müsse. Die Grenzen von Staat und Gesellschaft werden mittels dieses Postulats überschritten. Benötigt man bei der Ausübung staatlicher Rechte, etwa der Stimmabgabe bei Wahlen, nur sehr geringe oder gar keine Fachkompetenz, verhält es sich in Sachbereichen wie der Wirtschaft anders. Bundeskanzler Brandt und seine zahlreichen Unterstützer sahen in dieser Forderung eine willkommene Möglichkeit der Abgrenzung von der CDU, die Demokratie angeblich allein auf den staatlichen Bereich beschränken wollte. Tatsächlich brachte schon in der Weimarer Republik die Debatte um die „Fundamentaldemokratisierung" (Karl Mannheim) nur ein Ergebnis: daß sie eben nicht praktikabel sei. Dagegen wurde eine realistische, mehr oder weniger abgestufte Partizipation von fast allen politischen Kräften für wünschenswert erachtet.

Das zweite Heft der neugegründeten Zeitschrift thematisierte die neue „utopische Versuchung" der Gegenwart.[29] Die politisch-chiliastischen Elemente waren im Kontext der 68er-Bewegung in vielfacher Hinsicht präsent. Alle fundamentalen gesellschaftskritischen Bewegungen – egal ob die pseudochristlichen Wiedertäufer des 16. oder die säkularen des 20. Jahrhunderts – wollten in irgendeiner Weise den „Neuen Menschen" hervorbringen.[30] Dieser hat als Ideal zu fungieren. Die faktischen Aktionen können dann, häufig sogar gewaltsam, auf dieses Ideal hin ausgerichtet werden – ganz im Sinne des oft verwendeten Hegel-Zitates: „... umso schlimmer für die Wirklichkeit". Vor diesem Hintergrund wurde schon früh eine transepochale Deutung der 68er-Bewegung versucht. Ihre Vertreter galten manchen Interpreten des Zeitgeschehens als „Wiedertäufer der Wohlstandsgesellschaft" (Erwin K. Scheuch). Von der „ewigen Linken" (Ernst Nolte) unterschied sich die sehr heterogene Gruppierung aber in einem entscheidenden Punkt: Während sich die „ewige Linke" von den sozialkritischen Propheten bis hin ins 20. Jahrhundert in immer neuen Varianten gegen die vor allem durch die ungleiche Eigentumsverteilung bewirkten Ungerechtigkeiten wandte und die Not zahlreicher Menschen auf ihrer Seite wußte, pflegte ein nicht geringer Teil der 68er-Bewegung das Debattieren darüber. Selbst schwelgte man nicht selten in Hedonismus und in ökonomischem

Wohlstand, den die oft so hart kritisierte Generation des Wiederaufbaus ermöglicht hatte.

Ähnliche Versuche einer Analyse der Neuen Linken unternahm der Begründer von *Criticón*, Caspar von Schrenck-Notzing.[31] Er ordnete sie in eine breite, ebenso geistes- wie auch politikgeschichtliche Traditionslinie ein, die vom Jakobinertum über die radikale Linke im Umfeld der Revolution von 1848 bis hin zu den zahllosen kommunistisch-anarchistischen Gruppen im Kontext der Revolution von 1918, ja in ihren Ausläufern sogar bis 1968 reichte. Ein wichtiger Protagonist der Neuen Linken wie Marcuse gehörte diesem Milieu explizit an und war sogar Mitglied der USPD. Bei dieser Traditionslinie handelte es sich um ein kompliziertes Lavieren zwischen politischen Zielen einerseits, etwa den Kampf gegen ökonomische Ungleichheiten, und der Intention einer säkularen, diesseitigen und humanistischen Erlösung andererseits. Letztere wurde in so allgemeiner und vielfältiger Form postuliert, daß die Frage gestellt werden darf: Ist der „alte" bzw. „neue Mensch" die „Summe der einzelnen oder eine menschheitliche Idee?"[32] Diese Frage konnte nicht einheitlich beantwortet werden. Nicht nur darin liegt bis heute das Dilemma der betreffenden Bewegungen und Gruppierungen.

Die zweite *Criticón*-Ausgabe beleuchtete außerdem das Menschenbild der Revoltierenden. Wie wurde dieses beschrieben? Der Grundsatz Jean-Jacques Rousseaus „Der Mensch ist gut" fand eine eilfertige Rezeption. Papst Pauls VI. Gedanken zu dieser Aussage des Genfer Uhrmachersohnes waren dagegen weniger unkritisch.[33] Im Kontext einer unübersehbaren Renaissance des „Humanitarismus" (Gehlen) erstaunt es nicht, daß auch wichtige theologische Kreise das transzendente Credo aufgaben und dieses durch ein menschliches ersetzten.[34] Besonders evangelische Theologen erwiesen sich oft als Zeitgeistliche und entwarfen entsprechende theologische Konzepte, etwa die „Gott-ist-tot"-Theologie, während katholische Theologen, häufiger als dies vor dem Konzil der Fall war, sich auf Seiten der SPD engagierten. Letztere blieben aber meist, trotz manchmal scharfer kirchenpolitischer Polemik, dem herkömmlichen theologischen Denken verbunden.

Im Anschluß an diese besonders für den Laien sehr sonderbaren theologischen Entwürfe erörterte im *Criticón* der „Ecclesiasticus" die Frage, ob Gott ganz oder doch nicht ganz tot sei.[35] Unschwer ist das Ziel dieses Umsturzes zu erkennen: Durch das Wegräumen Gottes sollte Platz für den Menschen geschaffen werden – ganz so, als ob ein Konkurrenzverhältnis zwischen Gott und dem Menschen bestünde. Der Kern der christlichen Botschaft ging im Kontext dieser theologischen Verfremdungsversuche leicht verloren: die Koinzidenz von Mensch und

Gott in Jesus Christus, der beide Naturen – ungetrennt und unvermischt – vereinte.

Die Rubrik „Buch aktuell" präsentierte eine Reihe von kleineren Schriften, die einen bleibenden Stellenwert für den christlichen Widerstand gegen die Kulturrevolution von 1968 besitzen. Zu nennen ist vor allem Helmuth Kuhns Bewertung der Ereignisse.[36] Seine Studie „Jugend im Aufbruch" vergleicht die neomarxistische und die nationalsozialistische Eruption primär unter dem Gesichtspunkt des gemeinsamen „Jugendlichkeitswahns".[37]

In der erwähnten Rubrik „Buch aktuell" finden sich auch Kurzbesprechungen von wichtigen Büchern des konservativen protestantischen Widerstandes.[38] Die Rezensionsbeiträge nennen auch eine wichtige, heute allerdings vergessene Studie Hans-Georg von Studnitz', in der er sich gegen die vollständige Politisierung der evangelischen Kirche wendet. Es handelte sich bei dieser Abhandlung vor allem um eine Blütenlese wichtiger Aktivitäten linker Theologen in der evangelischen Kirche, über die auch der heutige Leser noch verblüfft sein dürfte. Der genannte Besprechungsartikel verweist auf eine Prophezeiung Armin Mohlers. Dieser bekannte Christentumskritiker von rechts hat schon in seiner großen Studie über die Konservative Revolution darauf hingewiesen, daß besonders das nichtrömische Christentum, größtenteils also der Protestantismus, ein bedeutendes Reservoir für eine linke Bewegung der Zukunft darstellt.[39] Partiell zeigte sich 1968: Diese Vorhersage war nicht ganz falsch. Die Zahl der Verteidiger des traditionellen Protestantismus war trotz Persönlichkeiten wie Studnitz, Evertz oder Thielicke eher klein, die „Notgemeinschaft Evangelischer Deutscher" (ab 1973: „Evangelische Notgemeinschaft in Deutschland") hatte eine nur eingeschränkte Bedeutung. Es ist sicherlich kein Zufall, daß Rudi Dutschke den protestantischen Theologen Helmut Gollwitzer als einen der wenigen Hochschullehrer von seiner generellen Professorenschelte ausnahm.

Mit Vehemenz griff der katholische Vertreter Georg May die Tendenzen der „Theologie des Abbaus" im Gefolge des Konzils an.[40] Der Mainzer Kirchenrechtler kritisierte die innerkatholische Kulturrevolution mit einer Reihe von Stichworten wie „Ersatzlehramt", „Neuinterpretation des Glaubens", „Weltdienst statt Glaubensdienst", „Libertinismus" etc. Der grundlegende Trend der nachkonziliaren Theologie und Glaubensverkündigung – wenn man diesen allgemeinen Terminus überhaupt verwenden will – war damit auf einleuchtende Weise prognostiziert.

Der Philosoph und Adorno-Schüler Walter Hoeres gründete zusammen mit Pfarrer Milch in Frankfurt die „Bewegung für Papst und Kirche",[41] was als Ausdruck der innerkirchlichen Polarisierung gesehen werden muß. Der vielzitierte „Konzilsgeist" im Anschluß an oft zweideutig formulierte Konzilsdokumente wie beispielsweise *Gaudium et spes* brachte eine Art „innerkirchliche Postmoderne" mit sich, die nach dem ungeschriebenen Grundsatz handelte: Man darf alles, es ist alles erlaubt. Diese Konflikte bewirkten, daß die Kirchenoberen überwiegend mit binnenkirchlichen Auseinandersetzungen beschäftigt waren. Darüber hinaus gerieten die Vertreter des kirchlich verfaßten Christentums durch den antireligiös-säkularistischen Zeitgeist massiv in die Defensive.[42] Dieser Hintergrund verdeutlicht die damalige katholische Gesamtperspektive. So wird verständlich, daß es in der herkömmlichen katholischen Publizistik nur wenig Opposition gegen den progressiven Geist von 1968 gab, zumal die Reformideen auch im katholischen Lager viele Anhänger fanden,[43] Widerstand regte sich dagegen in den neuen nichtkirchlichen Periodika wie *Criticón* oder *Konservativ-heute*.

Analog zum inzwischen sehr differenzierten Widerstandsbegriff hinsichtlich der Opposition gegen den Nationalsozialismus (bei allen offensichtlichen Unterschieden im einzelnen!) kann aber auch in diesem Zusammenhang festgestellt werden: Widerstand gegen politische Phänomene mit primär politischen Mitteln entspricht nicht dem Selbstverständnis der Kirchen und kann deshalb auch nicht als Maßstab dienen.[44] Diese Feststellung gilt für jeglichen „Widerstand" der Kirchen. So ist von der methodischen Betrachtung her zu beachten, daß Kirche nie ausschließlich als soziale Organisation zu bewerten ist, sondern ihr transzendenter Bezug und ihr daraus resultierendes Selbstverständnis berücksichtigt werden muß, sowenig dies von der profanen Historie vollständig erfaßt werden kann. Insofern erstaunt es nicht, wenn man auch hinsichtlich der neomarxistischen Eruption feststellen kann: Es konnte im gesellschaftlichen sowie staatlichen Kontext nur den Widerstand einzelner Katholiken geben.

Mays Bemerkungen im *Criticón* trafen des Pudels Kern. Es darf sicherlich nicht als ridiküle Nebensächlichkeit abgetan werden, wenn er folgende Begebenheit schilderte: Der bekannte Rahner-Schüler und spätere Mitverfasser des Theologischen Wörterbuches sowie des Kleinen Konzilskompendiums, Herbert Vorgrimler, trug sein priesterliches Gewand bald nach der Weihe in der Öffentlichkeit nicht mehr, da es als unzeitgemäß galt. Anläßlich der Bundestagswahl 1969 trat er aber ostentativ in Klerikerkleidung auf, um Flugblätter für eine Linkspartei zu verteilen. Ein neuer Klerikalismus, diesmal von links, war offensichtlich.

Solche Vorfälle waren durchaus des öfteren zu beobachten. Es handelte sich dabei nicht nur um zufällige Ereignisse. Der aufmerksame Beobachter des Zeitgeschehens konnte darüber hinaus theologische

Hintergründe und Zusammenhänge erkennen; denn diese neue Art der Glaubensinstrumentalisierung (jedenfalls, was ihre massenhafte Breitenwirkung anbetrifft!) wurde auch auf der theologischen Ebene reflektiert. Der Fundamentaltheologe Johann B. Metz formulierte die transzendentalphilosophischen Implikationen seines Lehrers für den politisch-weltlichen Bereich und konzipierte eine „Theologie der Welt".[45] Ziel war es, dem in politischer Hinsicht oft privatisierten neuzeitlichen Christentum ein soziales Christentum gegenüberzustellen,[46] das eben die gesellschaftliche Dimension als wesentlichen Grundvollzug des christlichen Glaubens betrachtet. Dieser offensichtliche Versuch einer Politisierung von Theologie und Glauben rief Widerstände hervor. Der Münchner Politologe und spätere bayerische Kultusminister Hans Maier, einer der wichtigsten Initiatoren des „Bundes Freiheit der Wissenschaft",[47] betrachtete eine solche Form der „politischen Theologie" als desavouiert – nicht zuletzt deshalb, weil sie zumindest indirekt auf das Gedankengut von Carl Schmitt rekurrierte und die Kritik an diesem Ansatz, etwa von Erik Peterson, nicht zur Kenntnis nehmen wollte.[48] Metz' theologische Rezeption des veränderten politischen Klimas in Deutschland blieb der sicherlich intelligenteste Versuch dieser Art im katholischen Raum. Die „Theologie der Befreiung" verfolgte diesen Ansatz weiter. Sie fand bis zum Ende des real existierenden Sozialismus um 1990 in vielen Ländern der Dritten Welt regen Widerhall.

Erwähnenswert ist auch ein weiterer Aufsatz Mays in einer frühen *Criticón*-Ausgabe.[49] Dabei beklagte der Kirchenrechtler die Entstehung „roter" katholischer Fakultäten. Der später aus der Kirche ausgetretene Kirchenrechtler Horst Herrmann forderte anläßlich seiner Antrittsvorlesung in Münster den Katholizismus zur Wahrnehmung der sozialistischen Option auf. Norbert Greinacher, Vertreter des Lehrstuhls für Pastoraltheologie in Tübingen, ging sogar so weit, sich für die Fristenlösung in der Abtreibungsfrage einzusetzen. May kritisierte indirekt auch den weithin bekannten Linkskatholiken Walter Dirks sowie den Jesuiten und christlichen Sozialwissenschaftler Oswald von Nell-Breuning. Die Vereinnahmungsversuche Nell-Breunings durch die Sozialdemokratie waren wohl nicht so überraschend wie dieser selbst vermutete.

Der vorliegende Beitrag beschränkt sich aus räumlichen Gründen weitgehend auf die Darstellung des zeitgenössischen Widerstandes (in den frühen siebziger Jahren) gegen die kulturrevolutionären Tendenzen. Die Auseinandersetzung mit den Folgen des Geistes von 1968 im *Criticón* setzte sich bis in die Gegenwart fort. Die wohl interessantesten Beiträge in diesem Zusammenhang verfaßten Karlheinz Weißmann und Josef Schüßlburner.[50]

3. „Konservativ-heute" und die neue protestantisch-konservative Publizistik

Im Gegensatz zu *Criticón* war *Konservativ-heute* weltanschaulich eindeutig ausgerichtet: Der konservative Protestantismus erhielt durch die Entstehung des neuen Magazins 1970 nicht nur die Möglichkeit, das für ihn eher dürftige vorangegangene Jahrzehnt zu überwinden, sondern bewältigte darüber hinaus auch den Generationenwechsel. Einige wichtige Vertreter des konservativen Protestantismus wie Hans-Christian Asmussen und Bischof Wilhelm Stählin waren bereits gestorben oder hatten sich aus Altersgründen aus der Öffentlichkeit zurückgezogen. Andere Protagonisten dieser Richtung, gerade im journalistischen Bereich, gerieten durch die Modernisierungs- und Liberalisierungs- schübe seit den späten fünfziger Jahren immer stärker in die Isolierung. So wurde beispielsweise der Angestelltenvertrag Hans-Georg von Studnitz' bei der Zeitung *Christ und Welt*, die von der Veränderung des politischen Klimas nicht verschont blieb, in einen bloßen Mitarbeiter- vertrag umgewandelt.

Die Gründer von *Konservativ-heute* erreichten somit ein Doppeltes: Traditionell-konservative Autoren wie Studnitz fanden wieder eine publizistische Heimat. Gleichzeitig konnte eine neue Generation protestantischer Konservativer gewonnen werden, der die „Gnade der späten Geburt" zuteil geworden war. Dies galt etwa für Jens Motsch- mann, der den ersten Jahrgang redigierte und später den Beruf des Pfarrers ergriff, sowie für seinen Bruder und Nachfolger, den Politik- wissenschaftler und bekennenden Vertreter der „Evangelischen Notgemeinschaft in Deutschland", Klaus Motschmann.

Welche Unterschiede sind zwischen *Criticón* und *Konservativ-heute* festzustellen? Neben den weltanschaulich-religiösen Unterschieden sind noch weitere zu erkennen. Zu erwähnen ist die unterschiedliche Herkunft der Mitarbeiter. Während diese bei *Criticón* vor allem im aka- demischen Bereich angesiedelt waren, läßt *Konservativ-heute* ein breiteres soziales Spektrum erkennen, etwa Lehrer, kirchliche Angestellte, Polizeibeamte etc. Diese soziale Differenz schlug sich auch in den Themen nieder. Bei *Criticón* standen in den ersten Ausgaben denkerische Entwürfe im Vordergrund, etwa das philosophisch- literarische Konzept von Gehlen, Molnar oder Doderer, mittels dessen die Redakteure der Zeitschrift hofften, der allgemeinen kulturrevo- lutionären Verwirrung der Zeit entgegentreten zu können. Eine andere Akzentuierung läßt sich beim Lesen der ersten Beiträge von *Konser- vativ-heute* konstatieren. Die Autoren präsentierten ein breites Themen- spektrum: die Kritik der Demokratisierung sowie die Lage von Kirche,

Universität, Bundeswehr. Die Perspektive war stärker praktisch ausgerichtet, theoretische Entwürfe hatten eher sekundäre Bedeutung.

In der ersten Ausgabe griff Hans-Georg von Studnitz die Revolte als „Meinungsterror" an, die nichts anderes als ein „Krebsgeschwür" darstelle.[51] Im Rahmen seines Aufsatzes beleuchtete der Autor kursorisch die Zustände an der Universität, wie auch in Presse und Bundeswehr, insbesondere den neuen Meinungs- und Konformitätsdruck. Die Parallelen zu den (national-) revolutionären Zeiten von 1933 und danach liegen auf der Hand. Die Erörterung des Themas „Freiheit" und „Libertinage" nahm hellsichtig einige wichtige „Spätfolgen der Kulturrevolution" (Rohrmoser) vorweg. Fehlen sittliche Bindungen und Werte, so wird die Unterscheidung von Freiheit und Beliebigkeit fließend. Die überall gepredigte „Demokratisierung" ist nach Studnitz nicht zuletzt deshalb eine große Gefahr für die Freiheit, weil sie dem Staat, der sie durchzusetzen hat, Tor und Tür öffnen mußte. So kommt es zwangsläufig statt zu mehr Pluralität zu einer größeren Uniformität. Andere Beiträge der frühen Ausgaben belegen eine ähnliche Ausrichtung. So wurde beispielsweise die traditionelle Universitätskonzeption, die mit dem Namen Humboldt verbunden ist, als Alternative zur „Räteuniversität" gesehen.[52]

Angesichts der Parallelen zu den Versuchen der Nationalsozialisten, die Evangelische Kirche wenigstens partiell für den nationalsozialistischen „Glauben" zu gewinnen, verwundert es nicht, wenn ein Autor die Synode von Barmen 1934 in Auszügen zitierte, die sich gegen staatliche Eingriffe abgrenzte:[53] „Die christliche Kirche ist die Gemeinde von Brüdern, in der Jesus Christus in Wort und Sakrament durch den Heiligen Geist als der Herr gegenwärtig handelt. – Wir verwerfen die falsche Lehre, als dürfe die Kirche die Gestalt ihrer Botschaft und ihrer Ordnung ihrem Belieben oder dem Wechsel der jeweils herrschenden weltanschaulichen und politischen Überzeugungen überlassen."[54] Zu Beginn der siebziger Jahre ging es allerdings weniger um staatliche als um gesellschaftliche Einflüsse, die aus dem echten ein unechtes, d.h. politisch instrumentalisiertes, Evangelium machen wollten. Gott wurde 1968 und in der Folgezeit nicht zum staatlichen, sondern diesmal zum gesellschaftlichen „Mitläufer" (Studnitz).

Es bleibt bis heute ein Verdienst der Zeitschrift, die wahren und dauerhaften Gefahren der Bewegung hellsichtig aufgedeckt zu haben. Weniger das revolutionäre Pathos erwies sich als Langzeitproblem, da es bald verstummte; vielmehr hatte der sittliche Normen- und Wertewandel nachhaltige Konsequenzen.[55] Während der vielkritisierte Kapitalismus heute im Zeitalter seiner globalen Entfaltung so mächtig wie nie zuvor ist, hat die „Negation aller Werte" (Marcuse) ihren destruktiven Siegeszug längst außerhalb der philosophisch-dialektischen Seminarveranstaltungen vollendet. Aus der hedonistischen Grundhaltung relativ weniger akademischer Wirtschaftswundersprößlinge hat sich die Spaßgesellschaft als Massenphänomen entwickelt. Die Institutionen, etwa die Schule, leiden schon lange an weitverbreiteten Autoritätsschwierigkeiten, was das Unterrichten erheblich erschwert und negative Ergebnisse wie die kürzlich veröffentlichte Pisastudie zumindest mitverursacht.[56] Der von Bernd Motschmann konstatierte Verlust fundamentaler Tugenden wie Anstand, Pünktlichkeit, Treue, Ritterlichkeit oder Pflichterfüllung hat die heute üblichen Unsicherheiten des Lebens noch verstärkt. Mag man auch dem (mono-)kausalen Zusammenhang zwischen den Postulaten der Vertreter der Frankfurter Schule,[57] etwa Adornos,[58] über die Familie und deren heutigem, zumindest tendenziellem, Verfall eher kritisch gegenüberstehen, so bleibt doch festzustellen: Zu keiner Zeit sind grundlegende Einrichtungen wie Ehe und Familie sowohl in theoretischen Konzeptionen als auch vom Lebensgefühl einer ganzen Generation her so sehr angegriffen worden wie in der Zeit um 1970. Der rhetorisch vorgetragene (und in der Kommunenkultur auch vorgelebte!) Kollektivismus entpuppte sich bald als eher verantwortungs- und bindungsloser Individualismus. Es ist banal, wenn man feststellt, daß dies für die Zukunft nicht ohne maßgebliche Folgen bleiben konnte und kann. Die Konsequenzen bestimmen heute das Zusammenleben in allen europäischen Ländern.

Konservativ-heute fusionierte 1981 aufgrund der gewandelten finanziellen Situation mit der Zeitschrift *Criticón*. Betrachtet man die Situation der Evangelischen Kirche heute, so ist offensichtlich, daß die Anstrengungen gegen den Geist von 1968 dringend nötig waren, auch wenn der Erfolg auf längere Sicht gesehen eher als gering zu bewerten ist.

4. Das „Deutschland-Magazin" und das Erbe Konrad Adenauers

Das *Deutschland-Magazin* ist das Öffentlichkeitsorgan der Deutschland-Stiftung e.V. Diese wurde 1966 von Kurt Ziesel auf Anraten Konrad Adenauers gegründet.[59] Ihr besonderer Auftrag ist es, das Erbe des ersten Bundeskanzlers der Bundesrepublik Deutschland zu bewahren und zu pflegen. Einige noch lebende Verwandte Adenauers haben Sitz im Kuratorium des Vereins.[60] Es ist durchaus von symbolischem Wert, daß Adenauer bei der ersten Preisverleihung der Deutschland-Stiftung am 28.02.1967 seine letzte öffentliche Rede hielt.[61] Vor allem in den ersten Jahren ihres Bestehens zog die Deutschland-Stiftung ein starkes, wegen ihrer Einstellungen und den Biographien mancher ihrer Repräsentanten oft negatives, Presseecho hervor.[62] Die Stiftung verleiht in regelmäßigen Abständen Preise für herausragende staatsmännische, wissenschaftliche, literarische und publizistische Leistungen. Zu den Preisträgern gehören u.a. Helmut Kohl, Wolfgang Schäuble, Ernst Nolte oder Nikolaus Lobkowicz. Die Deutschland-Stiftung e.V. hat ihren Sitz in Prien am Chiemsee. Publizistisches Ziel des *Deutschland-Magazins* war es, den in den Massenmedien häufigeren linken Meinungen und der Macht der politischen Korrektheit eine konservative Stimme entgegenzustellen. Aufmerksamen Beobachtern konnte ein gewisser Niedergang nicht verborgen bleiben, zumal die Zeitschrift durch das Zusammenwirken von Bundeskanzler Helmut Kohl und Herausgeber Kurt Ziesel immer stärker zur Unterstützung der Bonner Koalitionsregierung herangezogen wurde, anstatt unabhängige konservative Publizisten zu Wort kommen zu lassen. 2002 wurde sie eingestellt.

Wie unterschied sich das *Deutschland-Magazin* von *Criticón* und *Konservativ-heute*? Ersteres erschien monatlich. Es ist – zuletzt ebenso wie vor drei Jahrzehnten – aktueller als die anderen beiden Zeitschriften und deshalb stärker tagespolitisch ausgerichtet. Weniger die philosophischen oder theoretischen Konzeptionen stehen im Vordergrund wie bei *Criticón*, obwohl diese natürlich nicht vollständig fehlen. Das *Deutschland-Magazin* besitzt aber auch keine klare weltanschaulich-religiöse Ausrichtung wie *Konservativ-heute*, was keineswegs ausschließt, daß die kirchliche Situation und Problematik gerade in den ersten Ausgaben relativ ausführlich behandelt wurde.

Das erste Heft erörterte ausführlich das Thema Bundeswehr. Eine fundierte Analyse der studentischen Unruhen fehlte zunächst. Statt dessen findet sich ein in jeder Hinsicht eindrucksvoller Text von Wilhelm Röpke, der zweifellos einer der wichtigsten Vertreter des Neoliberalismus in Deutschland war.[63] Der Verfasser erörterte dabei kurz vor seinem Tod 1966 die gesellschaftliche Situation in Deutschland. So nahm er auf hellsichtige Weise vieles von dem vorweg, was einer breiteren Öffentlichkeit erst in den späten sechziger Jahren bewußt wurde. Der Nationalökonom forderte dabei eine „starke Gegenbewegung" bezüglich grundlegender Tendenzen der Zeit, die ihn offensichtlich beunruhigten. Ein Zentrum seiner Erörterungen bildete Mitte des Jahrzehnts besonders die „Gehirnwäsche" Deutschlands in der Nachkriegszeit,[64] die dem 1945 besiegten Land vor allem durch die USA auferlegt wurde. Röpke analysierte das facettenreiche deutsche Dilemma im Kontext der „reeducation", wobei er die explizite Verwendung des Ausdrucks aber vermied. Statt dessen subsumierte er die vielfältigen Verfallserscheinungen unter die Bezeichnung „Sinistrismo". Zu diesen für ihn beängstigenden Entwicklungen zählte er folgende Tendenzen: die Degradierung der absoluten Gebote des Sittengesetzes zur bloßen Konvention; der weitgehende Verlust des Schamgefühls; die massive Abwertung von Begriffen wie „Vaterland" oder „Nation"; das gesteigerte, hemmungslose Ausleben des Geschlechtstriebes; die Mittel der „diabolischen Volkspädagogik"; die pseudowissenschaftlichen Belehrungen des Volkes mittels Modewissenschaften wie Psychologie, Soziologie oder Politologie;[65] die einseitige Bewertung der geschichtlichen Vorkommnisse des 20. Jahrhunderts ausschließlich zu Deutschlands Nachteil usw. Liest man heute Röpkes Beurteilung der geistigen Situation der Zeit, so ist darin aus der Retrospektive unschwer eine Einordnung der studentischen Revolte in das Kontinuum der Historie zu erkennen – quasi als ein Versuch der prospektiven Historisierung, die den Nukleus dessen, was später eruptiv zum Ausbruch kam, schon vorher in fast allen geistesgeschichtlichen Einzelheiten und Vorläufern erkannte. Der neoliberal-konservativ ausgerichtete Theoretiker betonte auf eindeutige Weise, was für ihn die Wurzel allen Übels darstellte: die einseitigen kulturellen Veränderungen in Deutschland nach 1945, die hauptsächlich auf direktes oder indirektes Betreiben der US-Amerikaner zurückgehen („reeducation"). Diese Bewertung entspricht im großen und ganzen der heute meist hervorgehobenen internationalen Dimension des Phänomens der 68er-Bewegung.[66] Im Rahmen dieser historischen Perspektive geht die Wissenschaft meist von einer globalen Öffnung der Räume erst in der zweiten Hälfte der sechziger Jahre vor dem Hintergrund der studentischen Unruhen (vor allem in Berkeley) aus, was aber eine verkürzende Darstellung bedeutet. Die entscheidenden Einflüsse sind aber älter als die Solidarisierung der deutschen und amerikanischen Neuen Linken im Kontext des Vietnamkonflikts. Röpkes Interpretation ist daher so aktuell wie nur möglich. Sie wird vermutlich auch in Zukunft ihre Bedeutung behalten.[67]

Festzuhalten ist vor allem: Der durchschlagende Erfolg der „reeducation" kam erst mit dem Generationenwechsel, der sich in den sechziger Jahren abzeichnete. Die ältere Generation, die die Zeit des Nationalsozialismus und die frühe Nachkriegszeit noch selbst erlebt hatte und nicht nur aus Erzählungen kannte, lehnte mehrheitlich jegliche, auch die amerikanische, „Umerziehung" ab.[68] Dies belegen viele Berichte aus amerikanischen Archiven. Erst die Aufgeschlossenheit weiter Teile der jüngeren Generation veränderte dieses Bild in grundlegender Weise.

Willy Brandt und dessen Umgebung haben diese nicht nur mentalen Veränderungen sehr wohl wahrgenommen und instrumentalisiert. Sie versuchten, die ‚ApO' zumindest teilweise für ihre Partei zu gewinnen und eine neue Ostpolitik zu gestalten. Gleichzeitig wuchsen auch die Neigungen, einen neuen Kurs hinsichtlich der Vergangenheitsbewältigung einzuschlagen. Die „reeducation" amerikanischer Prägung, die bei einer ansehnlichen Reihe linker Publizisten bereits vor diesem Kurswechsel auf fruchtbaren Boden gefallen war (im Gegensatz zu Brandts Vorgängern Schumacher und Ollenhauer), wurde immer mehr zum offiziellen staatlichen Programm der öffentlichen Organe der Bundesrepublik. Von den konservativen Journalisten kritisierte diese Tatsache bereits früh William S. Schlamm im *Deutschland-Magazin*.[69] Er betonte, daß Brandt der „einzige Mann der Weltgeschichte" sei, „der ein Vierteljahrhundert nach der Untat die vernarbte Wunde wieder aufriß und ein Schuldbekenntnis der eigenen Nation unter den Nachbarn zu kolportieren begann".[70] Was bis in die sechziger Jahre hinein bei weiten Teilen der Bevölkerung auf Ablehnung stieß – sieht man von einer relativ schmalen, meist intellektuellen Schicht ab, die sich in verschiedenen Kreisen organisierte[71] –, begann sich relativ schnell durchzusetzen. Die neue konservative Publizistik wehrte sich gegen diese neue Bewertung, allerdings ohne Erfolg.

Wie die beiden anderen beschriebenen Zeitschriften verfolgte auch das *Deutschland-Magazin* die Entwicklung innerhalb der großen Kirchen mit Sorge. Während die glaubens- und bibeltreuen Teile der evangelischen Kirche bereits im Kirchenkampf zwischen 1933 und 1945 Erfahrungen mit dem Eindringen glaubensfeindlicher Mächte in das Zentrum der Kirche sammeln konnten, waren diese Entwicklungen im Bereich der katholischen Kirche im Dritten Reich zwar auch vorhanden,[72] sie blieben aber insgesamt eher marginal. Es kam zu keiner größeren Revolte im Kirchenvolk, die man als Illoyalität gegenüber der Kirchenleitung zugunsten der nationalsozialistischen Machthaber auslegen hätte können. Um so erstaunlicher mußte es dagegen sein, wenn es auf dem Katholikentag 1968 erstmals zu einer unübersehbaren größeren Unzufriedenheit gegenüber der Hierarchie in der Öffentlichkeit kam. Stein des Anstoßes bildete die Enzyklika *Humanae vitae*, insbesondere deren Aussagen über die künstliche Empfängnisverhütung. Diese Darlegungen durch Papst Paul VI. konnten den informierten Kenner der katholischen Lehrtradition nicht überraschen, handelte es sich dabei doch um eine unmittelbare Anknüpfung an die Enzyklika *Castii connubii* von 1930. Vor dem Hintergrund der antiautoritären Tendenzen machte die Kritik auch vor altehrwürdigen Einrichtungen nicht Halt.

Der Begründer der „Bewegung für Papst und Kirche", Walter Hoeres, der in späteren Jahren des öfteren, etwa im *Criticón*,[73] zu kirchlichen

Fragen Stellung nahm, beleuchtete weniger den partiellen Ungehorsam der Laien; vielmehr untersuchte der christliche Philosoph das (Fehl)-Verhalten der Kirchenleitung selbst.[74] Mit der Übernahme des Amtes des Vorsitzenden der Bischofskonferenz durch Kardinal Döpfner seien die Inhalte der Wahlhirtenbriefe so ausgedünnt worden, daß die Aussagekraft mehr als gering geblieben sei. Mit Recht ironisierte Hoeres die folgende Aussage des Hirtenbriefes vor der Bundestageswahl 1969: Rechts- und Linksextremisten bekämpfen die Demokratie mit gleicher Vehemenz – eine Stellungnahme, die aus der Perspektive der Totalitarismustheorie sicherlich zu befürworten ist. Im Kontext der aktuellen Entwicklung in den späten sechziger Jahren war eine solche mangelnde Differenzierung eher Indiz für die fehlende Bereitschaft, Tatsachen zur Kenntnis zu nehmen. Die Straße wurde fast ausschließlich von kommunistischen Verfassungsgegnern jeglicher Couleur und Variante bestimmt. Die NPD dagegen machte neben peinlichen parlamentarischen Auftritten hauptsächlich bei Wahlkampfveranstaltungen von sich reden, wo derbe Saalordner mißliebige Gegendemonstranten verprügelten. Ihr faktischer Einfluß auf das politische Geschehen war aber außerordentlich gering. Insgesamt bezog das kirchliche Amt nach Hoeres zu wenig eindeutig Stellung.

Das *Deutschland-Magazin* arbeitete auch die Vorgänge innerhalb der protestantischen Kirche klar heraus. Eine große Zahl progressiver evangelischer Theologen machte aus ihrem Ziel, der Zerstörung kirchlicher Strukturen, kein Geheimnis. Andere propagierten wiederum deren Instrumentalisierung für politische Agitation. Dieser offensichtliche Trend wurde von einem protestantischen Kritiker der Vorgänge aus dem Abstand von über zwei Jahrzehnten als „Dekadenz des Christentums" beschrieben.[75] Die Spätfolgen sind bis heute zu erkennen. Man betrachte lediglich die Zustände in manchen evangelischen Landeskirchen wie der nordelbischen Kirche, insbesondere des institutionell verfaßten Protestantismus in Hamburg, wo die „erste Bischöfin der Welt" verfremdete Kruzifixe befürwortet sowie Homosexuellen- und Abtreibungsbefürworter lautstark unterstützt. Kirchliches Gedankengut wurde immer mehr, verallgemeinert ausgedrückt, in die Moderne hinein aufgelöst.[76] Viele glaubenstreue Protestanten stellten mit Recht die Frage: Worin liegt die Identität der evangelischen Kirche? Hat nicht jede Art von Kulturprotestantismus, nicht nur derjenige der zweiten Hälfte des 19. Jahrhunderts, die protestantische Glaubensgemeinschaft wehrlos gegenüber ideologischen Eindringlingen gemacht? Diesbezüglich hätte die Geschichte durchaus als „magistra vitae" für den Protestantismus fungieren können.

Den Zuständen an den Universitäten schenkte die Zeitschrift anfangs nur wenig Aufmerksamkeit. Erst Ende 1970 findet der Leser eine ausführliche Erörterung im Zusammenhang mit der Gründung des „Bundes Freiheit der Wissenschaft". Klaus Reiters Artikel versuchte, das schillernde und vieldeutige Wort „Demokratisierung" einer Prüfung zu unterziehen.[77] Das Ergebnis kann kaum überraschen: Der ungemein häufig verwendete Ausdruck impliziert den gleichen Sachverhalt, der in einer früheren, eine Generation zurückliegenden Epoche „Gleichschaltung" genannt wurde. Der Autor kam zu dem Resultat, daß derjenige, der diese Forderungen über ein vertretbares Maß hinaus vertritt, letztlich dem ungehemmten Einfluß des Staates Tor und Tür öffnet. Selbstverwaltungskörper wie die Universität unterliegen, wenn man sich diese agitatorischen Postulate zu eigen macht, den gleichen Verfahren wie etwa der Staat, was nicht zuletzt den Unterschied zwischen Staat und Gesellschaft aufhebt. Bei der sogenannten „Drittelparität", die in manchen Bundesländern wie Bremen im Hochschulgesetz beschlossen wurde, ergab sich die Gelegenheit, die Formel von der „Demokratisierung" in legislativen Verfahren umzusetzen. Die Folgen sind als gravierend zu bewerten.[78] Relevante hochschulpolitische Entscheidungen mußten bei gleichen Mitspracherechten von Professoren, der studentischen Vertreter sowie des akademischen Mittelbaues wie der Assistenten und des übrigen Hochschulpersonales, etwa Sekretärinnen, getroffen werden. Der Spott der Öffentlichkeit war die notwendige Konsequenz: Werden Berufungen von Professoren in manchen Fällen nun von Putzfrauen getroffen, die in den zuständigen Gremien gegebenenfalls die abschließende Entscheidung zu treffen haben? Später wurde die sogenannte „Drittelparität" vom Bundesverfassungsgericht für verfassungswidrig erklärt.

Reiters Beitrag enthüllt, wie sehr der harte Kern des SDS die Zerschlagung universitärer Strukturen im Sinn hatte. Die „ideologische Unterwanderung" verdeutlichte bereits zu einem frühen Zeitpunkt[79], welche Richtung die Revolte einschlug. Das Ziel tauchte vor den Augen der Akteure auf: die „Endstation Terror" (Hermann Lübbe) als das Ergebnis langer Märsche durch die Institutionen. Der ideologisch vorbereitete Aktivismus der frühen Zeit oder der verbale Radikalismus, der sich nicht zuletzt auch in der Gewaltphilosophie Rudi Dutschkes äußerte[80,] ist zwar allein noch nicht als hinreichende Voraussetzung für die späteren terroristischen Handlungen zu bewerten, wohl aber als notwendige Präsupposition, wie die methodisch korrekte Unterscheidung des Historikers lautet. Das geistige Brandstiftertum, das in diesem Zusammenhang zum Ausdruck kam, ist freilich mehr als evident.

Klaus Hornung zeigte in der gleichen Ausgabe den Zusammenhang von Demokratisierung, Politisierung und Systemumsturz auf.[81] Seine Analysen behandelten, wie einige andere Kritiker von „ApO" und SDS, die Parallelen zwischen 1933 und 1968. Wenn Ralf Dahrendorf Mitte der sechziger Jahren in seiner Untersuchung über „Demokratie und Gesellschaft in Deutschland" den äußerst ambivalenten Konnex von Nationalsozialismus und „Modernität" hervorhob, der sich in besonderer Weise an den Universitäten belegen läßt, so ereignete sich Vergleichbares in den späten sechziger Jahren, lediglich die politischen Vorzeichen waren verändert.[82] Selbst in der Vorgehensweise der Revolutionäre lassen sich deutliche Affinitäten erkennen, jedenfalls in formaler Hinsicht.

Bei Betrachtung dieser Thematik vor dem Hintergrund der historischen Auseinandersetzungen der achtziger und neunziger Jahre ist eine Interpretation der Kontroverse um Heideggers vielzitierte Antrittsrede als Rektor der Freiburger Universität 1933 angemessen.[83] Ein wichtiges Motiv für Heideggers kurzzeitiges Bündnis mit den neuen Machthabern war seine Ablehnung der Ordinarienuniversität. Die Strukturen der Universität sollten radikal umgewandelt werden. Dieses Ziel ist leicht zu erklären, wenn man Heideggers politische Sozialisation in der Weimarer Republik berücksichtigt, die in engem Zusammenhang mit der sogenannten „Konservativen Revolution" steht.[84] Auch den Kritikern der universitären Revolte von 1967/68 waren diese geistesgeschichtlichen Hintergründe präsent. Ohne Bezug auf Heidegger betonte Hornung den Gegensatz von Freiheit und Utopie,[85] der 1968 ebenso wie 1933 als ein charakteristischer Zug der Revolutionäre – gleich welcher Couleur – zu erkennen ist. Im Sinne des Idealstaates sollten die universitären Strukturen verändert werden. Hornungs Verdienst ist es, nicht nur in dem erwähnten Artikel des *Deutschland-Magazins*, sondern auch in umfangreicheren Untersuchungen die vielfältigen geistesgeschichtlichen Konvergenzen von politischem Messianismus und totalitärer Herrschaft herausgearbeitet zu haben, deren gemeinsame Wurzeln in der Französischen Revolution liegen und seitdem zahllose Metamorphosen erfahren haben[86]. In Anlehnung an den israelischen Historiker Jacob L. Talmon (Die Ursprünge der totalitären Demokratie) ging Hornung von einer zweifachen entwicklungsgeschichtlichen Variante der Demokratie seit 1789 aus: einer freiheitlichen und einer totalitären, wobei die von den Vertretern der Studentenbewegung vertretene meist die totalitäre war. Diese Form der Radikaldemokratie durchzieht seit der Jakobinerherrschaft unterschwellig die europäische Politik- und Geistesgeschichte. Im 20. Jahrhundert wurde die totalitäre Spielart der Massendemokratie mit differierenden Akzenten von Nationalsozialisten und verschiedenen kommunistischen Varianten vertreten. Ziel dieser Richtung war es, die Gleichheit durch Unterdrückung der Freiheit zu erreichen und zu gewähren. Was 1968 als „Demokratisierung" meist euphorisch begrüßt wurde, haben spätere wissenschaftliche Untersuchungen als „Demokratismus" (Friedrich K. Tenbruck) herausgearbeitet, der stets in Gefahr ist, die Freiheit zu negieren. Hornungs Verdienst besteht darin, kurz nach dem Höhepunkt der Revolte auf diese Zusammenhänge aufmerksam gemacht zu haben.[87] Einen Gegner kann man nur bekämpfen, wenn man weiß, um wen es sich jenseits seiner aktuellen Verhüllung handelt. Diese Demaskierung ist dem Reutlinger Historiker zweifellos gelungen.

Betrachtet man die zahlreichen Beiträge konservativer Wissenschaftler und Publizisten zum Phänomen der später als „68er" bezeichneten Bewegung, von Caspar von Schrenck-Notzing über Klaus Hornung bis zu Erwin K. Scheuch, in einer breiten Synopse, so ist unschwer der im besten Sinn des Wortes aufklärende Charakter der betreffenden Studien auch nach drei Jahrzehnten zu erkennen. Es braucht kaum erwähnt zu werden, daß derart geistreiche Untersuchungen in der Gegenwart nur noch selten zu finden sind.[88] Vor dem Hintergrund der zahlreichen Spätfolgen der Kulturrevolution, die von Gegnern immer wieder betont werden,[89] ist auch die Verve verständlich, mit der die Kritik vorgetragen wird.

5. Vom „Widerstand" gegen „68" zur politischen Kultur von heute: Zusammenfassung, Würdigung, Zukunftsfähigkeit

Auch am Konservatismus ging der Generationenwechsel nicht spurlos vorüber, wie die obigen Bemerkungen deutlich zu machen versuchten. Traditionell war diese Richtung vor allem in einem bestimmten Herkunftsmilieu verankert, etwa im Adel oder in weiten Teilen der katholischen wie evangelischen Kirche. Die von Soziologen immer wieder konstatierte sogenannte „nivellierte Mittelstandsgesellschaft" machte den Konservatismus schon seit den fünfziger Jahren quasi ort- und heimatlos, wenngleich dieser Befund erst später deutlich bewußt wurde.

Die konservative Publizistik blieb in ihrer Struktur von diesen Veränderungen nicht unberührt. Einen ersten grundlegenden Einschnitt bedeutete die Einstellung der Zeitschrift *Neues Abendland* Ende der fünfziger Jahre. Sie brachte das Ende des christlich-abendländischen Diskurses mit sich. Diese Art der Entideologisierung auch im konservativen Lager führte fast notwendig zu einer gewissen Tendenz zur

Plattform, was sich besonders deutlich am *Criticón* erkennen läßt. So entstand die „neue" konservative Publizistik.

Konservativ-heute gelang es wenigstens für ein Jahrzehnt, den protestantischen Konservatismus in etwas veränderter Form im Bereich der Publizistik wiederaufleben zu lassen. Allerdings war dem Unternehmen keine lange Dauer beschieden. Es fehlte die soziale wie auch finanzielle Basis. Als Konsequenz fusionierte das Magazin in den frühen achtziger Jahren mit *Criticón*.

Das *Deutschland-Magazin* setzte eher aktuell-politische als weltanschauliche Akzente. Es trug dem neuen Trend stärker Rechnung als beispielsweise *Konservativ-heute*.

Aus Platzgründen konnten im Rahmen des vorliegenden Beitrages nicht alle Neuaufbrüche im Bereich der konservativen Publizistik ausführlicher beschrieben werden. Erwähnenswert ist über die genannten Zeitschriften hinaus besonders die von Gerd-Klaus Kaltenbrunner begründete und über einen längeren Zeitraum herausgegebene *Herderbücherei „Initiative"*.[90] Mit Kaltenbrunner betrat ein konservativer Denker die Bühne der Medienöffentlichkeit, der an der großen Konservatismusdebatte der frühen sechziger Jahre noch nicht beteiligt war. Er darf als ein hochgebildeter Intellektueller gelten, der wie kaum ein zweiter die Quellen europäischer Kultur studiert hat.[91] Eine „relecture" ist deshalb ein lohnendes Unterfangen.

Kaltenbrunners erklärtes Ziel war es, der offensichtlichen linken Diskurshoheit eine zeitgemäße konservative Theorie entgegenzusetzen. Nur auf diese Weise sah er eine Chance, den zeitgenössischen Ungeist zu überwinden. Man mußte ihn mit den eigenen, sprich: mit intellektuellen Waffen schlagen. Nicht zufällig fundierte er den Konservatismus in zahlreichen Publikationen anthropologisch, d.h. transepochal.[92] Diese politische Strömung mußte angesichts früherer politischer Verfehlungen neue Grundlagen erhalten, die trotz aller Herkunftsverbundenheit in die Zukunft gerichtet sein sollten. Ein solches umfangreiches Programm, über die Kritik an der 68er-Bewegung und deren geistiger Grundlagen zu einer Neufundierung des Konservatismus, quasi als tragfähige Alternative, zu gelangen, wurde gelegentlich von konservativen Intellektuellen umrissen und angedeutet.[93] Diese Intention ist keineswegs überraschend. Im Gegenteil: Die Folgen der Kulturkritik der späten sechziger Jahre und ihre große Wirkung in allen Bereichen der Lebenswelt sind maßgeblich für den Bedeutungsverlust des Konservatismus in der Gegenwart verantwortlich.

Dem Herausgeber der *Herderbücherei „Initiative"* gelang es, eine Reihe namhafter Autoren für die einzelnen Bände zu gewinnen. Exemplarisch für viele andere Publizisten seien lediglich genannt: Klaus

Hornung, Bodo Scheurig, Ernst Topitsch, Erik von Kuehnelt-Leddhin oder Helmut Kuhn. Einzelne Bände der Reihe sind im Aufbau vorzüglich gestaltet: Sie beinhalten wenigstens teilweise Quellentexte und setzen sich nicht nur mit tagespolitisch aktuellen, sondern auch mit grundlegenden Fragen auseinander. Der Band „Die Herausforderung der Konservativen" erörtert beispielsweise am Schluß: „Was heißt konservativ?", während ein anderer Band am Ende die Frage stellt: „Was heißt Staat?"

Welche Alternativen zeigte die *Herderbücherei „Initiative"* auf? Schon der Untertitel mancher Studien der Reihe verdeutlicht den Widerstand gegen maßgebliche Tendenzen der Zeit. So erschien einer der Bände mit dem aussagekräftigen Untertitel „Absage an Illusionen".[94] Auch bei anderen Beiträgen, selbst wenn man sie nur kursorisch liest, erkennt man unschwer jene Akzente, die sie vom Zeitgeist unterscheiden. Dies ist im folgenden in gebotener Kürze zu belegen. Kaum ein Politologe oder Jurist der frühen siebziger Jahre hätte von der „Menschlichkeit des Staates" gesprochen.[95] Es erschien evident, daß der Staat, überall als Instrumentarium der Unterdrückung gescholten, zum Absterben verurteilt sei. Der Münchner Philosoph Helmut Kuhn, Autor einer umfangreichen Studie über den Staat, war anderer Meinung. Er rief einige fast vergessene Hintergründe der klassischen griechischen Philosophie in Erinnerung. So behandelte Aristoteles das Gemeinwesen im Kontext der Lehre vom guten Leben. Die Polis entsprach der menschlichen Natur. Ohne den (Stadt-)Staat war demnach kein humanes Dasein möglich. Erst autoritäre Denker wie Carl Schmitt oder die totalitären Ideologen des 20. Jahrhunderts propagierten in kaum zu überbietender Art und Weise den Haß auf den Staat und prophezeiten dessen Ende zugunsten der klassenlosen Gesellschaft oder der unumschränkten Herrschaft der Partei. Wie andere Denker seiner Generation, etwa Hannah Arendt oder Eric Voegelin, betonte Kuhn im Gegensatz dazu den auch in der Gegenwart aktuellen Zusammenhang von Staat, Öffentlichkeit und Freiheit.[96] Welch ein Unterschied zu den vielen übrigen Meinungen und Vorstellungen über die Macht des Staates in Gegenwart und Zukunft!

Weiterhin werden in den Sammelbänden Themen erörtert, die auch heute noch maßgeblich sind und es in Zukunft wohl bleiben werden. Dazu zählen u.a. die Beiträge zur Problematik „Wohlfahrtsstaat" oder „Versorgungsstaat". Der Aufsatz von Gottfried Eisermann über die Rolle der Parteien im modernen Staat ist gegenwärtig so aktuell wie zur Zeit der Abfassung.[97] Der Autor betrachtete die Parteien – in Anlehnung an Ernst Forsthoff – als „geschlossene Gesellschaft",[98] die oligarchische

Strukturen entwickelten. Angesichts der gewachsenen Einflüsse von Bürokratien und Verbänden erscheine die Rolle der Parteien als „Ausdruck des ‚Volkswillens'" zunehmend fraglich".[99] Der Soziologe nahm eine heute weitverbreitete Meinung vorweg, die etwa von dem Staatsrechtler Hans Herbert von Arnim vertreten wird: nämlich die Auffassung, die Parteien behandelten den Staat als „Beute".

Über drei Jahrzehnte nach Gründung der oben beschriebenen Medienorgane ist deren Bedeutung, nicht zuletzt vor dem Hintergrund fundamentaler geistiger und politischer Entwicklungen der Bundesrepublik, offensichtlicher denn je. Sie dürfen als Gegengewicht zu der eindeutigen „Linksverschiebung" (Habermas) im gesellschaftlichen Spektrum seit den späten sechziger Jahren gelten, die sich im publizistischen Bereich vielleicht noch stärker ausgewirkt hat als anderswo. Die Behauptung bedarf kaum eines Beleges. Sie ist überaus evident, wenn man die gegenwärtige Medienlandschaft betrachtet. Das Übergewicht der linksliberalen Medienwelt ist bereits derart fortgeschritten, daß zwischen bestimmten Zeitungen, etwa der *Zeit* oder der *Woche*, in den letzten Jahren kaum mehr relevante Unterschiede erkennbar waren, abgesehen vom Layout. Konsequenterweise wurde nur die traditionsreichere der beiden Zeitungen vom Markt akzeptiert. Weitere Belege ließen sich in großer Fülle präsentieren. Darüber hinaus gerieten vor allem in den neunziger Jahren konservative Zeitschriften (wie Criticón), Institutionen (wie das Studienzentrum Weikersheim) und Buchautoren (beispielsweise Ernst Nolte) in die Defensive, als sie von Politikwissenschaftlern unter dem Schlagwort „Brückenspektrum" oder „Scharnier"[100] in einen Zusammenhang mit dem Rechtsextremismus gebracht wurden, während sich gleichzeitig die CDU unter Helmut Kohl immer weniger auf konservative Intellektuelle stützen wollte und sich statt dessen von ihnen distanzierte. Eine „Erosion der Abgrenzung" (Wolfgang Rudzio) zwischen demokratischen und extremistischen Kräften gab und gibt es vielmehr auf der linken Seite des politischen Spektrums, was die hier beschriebenen Konservativen als schleichende Umwandlung der freiheitlichen demokratischen Grundordnung beim Namen nennen: Denn jener Trend, der in den siebziger und achtziger Jahren in der alten Bundesrepublik vor allem an den Universitäten und bei Demonstrationen deutlich erkennbar war, setzte sich nach den Ereignissen von 1989/90 in den neuen Bundesländern auf parlamentarischer Ebene fort. Berlin und Mecklenburg-Vorpommern werden von Linksbündnissen regiert. Die administrativen und publizistischen Möglichkeiten, die traditionellerweise von Linken weit wirkungsvoller als von den Rechten genutzt werden, finden in starkem Maße unter der Flagge eines moralisierenden, nicht-ökonomischen Antifaschismus Anwendung, der die politische Kultur zur Jahrtausendwende kennzeichnet.

---

[1] Zur Bedeutung des Jahres 1959, in dem u.a. zahlreiche Hakenkreuz-Schmierereien (von der DDR-„Hauptverwaltung Aufklärung" und dem tschechoslowakischen Geheimdienst veranlaßt) vermeldet wurden, als wichtiges Jahr vgl. Caspar von Schrenck-Notzing: Charakterwäsche. Die Politik der amerikanischen Umerziehung in Deutschland, Neuauflage der aktualisierten Taschenbuch-Ausgabe von 1981, Frankfurt 1996, S. 265-279 (im folgenden: Charakterwäsche).

[2] Gerd Koenen: Das rote Jahrzehnt. Unsere kleine Kulturrevolution, Köln 2001, S. 72 ff; Koenen verknüpft diese einschneidenden lebensweltlichen Veränderungen mit dem Ende der „christlich-konservativen Abendländerei" (S. 73). Wie vielen Vertretern seiner Generation sind ihm nicht die tiefen moralischen Folgen dieses Vorgangs in vollem Umfang bewußt; mit Recht versuchen jüngere Darstellungen, den sozialgeschichtlichen Umbruch der frühen sechziger Jahren mit neuen Periodisierungen zu erfassen, so auch Werner Bührer: Politik, Kultur und Gesellschaft in der Bundesrepublik 1963–1974, München 2002.

[3] Heinrich August Winkler: Der lange Weg nach Westen. II. Bd.: Deutsche Geschichte vom „Dritten Reich"
bis zur Wiedervereinigung, München 2001, S. 209 (im folgenden: Der lange Weg).

[4] Wir folgen den Ausführungen bei ebd., S. 211 f.

[5] Clemens Albrecht u.a.: Die intellektuelle Gründung der Bundesrepublik Deutschland. Eine Wirkungsgeschichte der Frankfurter Schule, Frankfurt/M. 1999.

[6] Nur mit Einschränkung kann in diesem Kontext der Verbindung von „NS-Vergangenheit undKonservatismus in der frühen Bundesrepublik" zugestimmt werden (Heinrich August Winkler: Der lange Weg, Bd.II., S. 166-179).

[7] Vgl. Axel Schildt: Ende der Ideologien? Politisch-ideologische Strömungen in den 50er Jahren, in: Ders./Arnold Sywottek (Hrsg.): Modernisierung im Wiederaufbau. Die westdeutsche Gesellschaft der 50er Jahre, Bonn 1993, S. 627-635.

[8] Hinweise bei: Axel Schildt: Ökumene wider den Liberalismus. Zum Engagement konservativer protestantischer Theologen im Umkreis der Abendländischen Akademie, in: Thomas Sauer (Hrsg.): Katholiken und Protestanten in den Aufbaujahren der Bundesrepublik (Konfession und Zeitgeschichte, Bd. 21), Stuttgart/Berlin/Köln 2000, S. 187-205 (im folgenden: Katholiken und Protestanten).

[9] Aus der jüngsten Literatur vgl. lediglich: Axel Schildt: Zwischen Abendland und Amerika. Studien zur Ideenlandschaft der 50er Jahre, München 1998; Johann B. Müller: Der abendländische Topos in der konservativen Denkfamilie der Vor- und Nachkriegszeit, in: Reinhard C. Meier-Walser/Bernd Rill (Hrsg.): Der europäische Gedanke. Hintergrund und Finalität (Sonderausgabe der politischen Studien der Hanns-Seidel-Stiftung), München 2000, S. 133-154

[10] Zum Zusammenhang vgl. Felix Dirsch: Katholischer Konservatismus – Literaturbericht und Versuch einer Typologie, in: Caspar von Schrenck-Notzing (Hrsg.): Stand und Probleme der Erforschung des Konservatismus (Studien und Texte zur Erforschung des Konservatismus, Bd. 1), Berlin 2000, S. 43-81 (im folgenden: Stand und Probleme).

[11] Vgl. ebd., S. 70-73.

[12] Vgl. Heinrich August Winkler: Der lange Weg, Bd. II, S. 172-174. Die folgenden Hinweise beziehen sich auf Winklers Studie.

[13] Martin Greschat: Konfessionelle Spannungen in der Ära Adenauer, in: Thomas Sauer: Katholiken und Protestanten, S. 19-34.

[14] Hinweise finden sich bei Egon Karl Lönne: Katholizismus 1945: Zwischen gequälter Selbstbehauptung gegenüber dem Nationalsozialismus und Öffnung zur pluralistischen Gesellschaft, in: Hans-Erich Volkmann (Hrsg.): Ende des Dritten Reiches – Ende des Zweiten Weltkrieges. Eine perspektivische Rückschau. Im Auftrag des militärgeschichtlichen Forschungsamtes, München 1995, S. 745-769, hier S. 765 f. (im folgenden: Ende).

[15] Martin Greschat: Konfessionelle Spannungen in der Ära Adenauer, in: Thomas Sauer: Katholiken und Protestanten, S. 32-34; dazu auch die essayistischen Anmerkungen bei Axel Schildt: Vom christlichen Abendland zum modernen Pluralismus – eine Skizze der ideologischen Landschaft der fünfziger und sechziger Jahre, in: ders.: Ankunft im Westen. Ein Essay zur Erfolgsgeschichte der Bundesrepublik, Frankfurt/M. 1999, S. 149-180 (im folgenden: Vom christlichen Abendland).

[16] Vgl. Egon Karl Lönne: Katholizismus 1945: Zwischen gequälter Selbstbehauptung gegenüber dem Nationalsozialismus und Öffnung zur pluralistischen Gesellschaft, in: Hans-Erich Volkmann: Ende, S. 767.

[17] Vgl. Axel Schildt: Deutschlands Platz in einem „christlichen Abendland". Konservative Publizisten aus dem Tat-Kreis in der Kriegs- und Nachkriegszeit, in: Thomas Koebner (Hrsg.): Deutschland nach Hitler. Zukunftspläne aus dem Exil und aus der Besatzungszeit 1939–1949, Opladen 1987, S. 344-369.

[18] Caspar von Schrenck-Notzing: Hans-Georg von Studnitz, in: ders. (Hrsg.): Lexikon des Konservatismus, Graz/Stuttgart 1996, S. 546 (im folgenden: Lexikon); zu Studnitz' Wirken vgl. den kritischen Aufsatz von Nils Asmussen: Hans-Georg von Studnitz. Ein konservativer Journalist im Dritten Reich und in der Bundesrepublik, in: Historische Zeitschrift 45 (1997), S. 75-119.

[19] Exemplarisch sei genannt: Axel Schildt: Konservatismus in Deutschland. Von den Anfängen im 18. Jahrhundert bis zur Gegenwart, München 1998, S. 240.

[20] Vgl. Monat, Heft 14 (1962), S. 48 ff.

[21] Vgl. etwa zu den Schwierigkeiten bei der Bildung eines ökumenischen Konservatismus, der vor 1960 kaum dauerhaft zu erreichen war: Felix Dirsch: „Katholischer Konservatismus – Literaturbericht und Versuch einer Typologie", in: Caspar von Schrenck-Notzing: Stand und Probleme, S. 49 f.

[22] Hans-Dietrich Bamberg: Die Deutschland-Stiftung e.V. Studien über Kräfte der „demokratischen Mitte"und des Konservatismus in der Bundesrepublik Deutschland (Marburger Abhandlungen zur Politischen Wissenschaft, hrsg. von Wolfgang Abendroth, Bd. 23), Meisenheim a.G. 1978.

[23] Exemplarisch für die bereits frühe Ablehnung, der viele ähnliche Stellungnahmen folgten, sei die kleine, aber aussagekräftige Studie von Hans Maier: Die NPD. Nationaldemokratische Partei Deutschlands. Struktur und Ideologie einer nationalen Rechtspartei, München 1967, genannt, die ausdrücklich und in aller Deutlichkeit auf die verfassungsfeindlichen Tendenzen der Gruppierung hinweist.

[24] Zu Schrenck-Notzing vgl. Biographie im Munzinger-Archiv/Internationales biographisches Archiv, 52/2001.

[25] Criticón 1 (Juli/August 1970), S. 1.

[26] Kritiker dieser Milieu- oder einseitigen Sozialisationstheorie sind heute mehr denn je Legion. Aus der stattlichen Anzahl seien lediglich Irenäus Eibl-Eibesfeld, Edward O. Wilson oder Peter Sloterdijk genannt.

[27] Criticón 1 (Juli/August 1970), S. 1.

[28] So „Critilo" (d.i. Schrenck-Notzing) in der ersten Ausgabe (S. 3).

[29] H 2 (1970), S. 13.

[30] Zum „Neuen Menschen" vgl. die allgemeinen Hinweise bei Karl Otto Hondrich: Der neue Mensch, Frankfurt/M. 2001; zum Wiedertäufertum der 68er vgl. die zeitgenössischen Analysen bei Erwin K. Scheuch (Hrsg.): Die Wiedertäufer der Wohlstandsgesellschaft. Eine kritische Untersuchung der „Neuen Linken" und ihrer Dogmen, Köln 1968; Scheuch verweist in seinem Beitrag „Zur Einleitung" auf die negative „historische Kontinuität" hinsichtlich der „Vergewaltigung des Mitmenschen aus Gesinnung"; weiterhin betont er die unterschwelligen chiliastischen Strömungen, die auf eine sehr lange Tradition zurückblicken können und stets unheilvolle Ergebnisse für das Zusammenleben der Menschen mit sich brachten. „Neue Menschen" waren stets nur mit Gewalt zu schaffen, da sie auf natürliche Weise nicht kreiert werden konnten.

[31] Zukunftsmacher: Die neue Linke in Deutschland und ihre Herkunft, Stuttgart 1968.

[32] Ebd., S. 98.

[33] Criticón, Heft 2 (1970), S. 16.

[34] Hinweise bei ebd., S. 15.

[35] Vgl. die Erörterungen bei ebd.

[36] Helmut Kuhn (1899–1991), vom jüdischen Glauben zur katholischen Kirche konvertiert, später bedeutender Philosoph der Ludwig-Maximilians-Universität München und gleichzeitig Rektor der Hochschule für Politik; zu weiteren Vergleichsmöglichkeiten der Situation von 1933 und 1968 vgl. Kuhns Hinweise in der späten Schrift „Die Kirche im Zeitalter der Kulturrevolution (Herkunft und Zukunft, Bd. 6)" (Graz – Wien – Köln 1985), S. 152 f., der besonders den Aspekt der Jugendbewegung betont. Während die linken NSDAP-Mitglieder im Umfeld der Gebrüder Strasser noch um 1930 skandierten „Macht Platz ihr Alten!", hieß es 1968: „Trau keinem über dreißig!" Die heutige Literatur betrachtet dieses Argument allerdings nur noch im Zusammenhang mit anderen relevanten Faktoren, etwa der politischen Protesthaltung, als hinreichend zur Erklärung des besonderen Charakters der Bewegung (so Gerd Langguth: Mythos '68, Die Gewaltphilosophie von Rudi Dutschke – Ursache und Folge der Studentenbewegung, München 2001, S. 98-100 [im folgenden: Mythos '68]).

[37] Genaue Literaturangaben vgl. Criticón, Heft 2 (1970), S. 14.

[38] Hans-Georg von Studnitz: Ist Gott Mitläufer? Die Politisierung der evangelischen Kirche. Analyse und Dokumentation, Stuttgart 1969.

[39] Criticón 2 (1970), S. 19.

[40] Vgl. ebd., S. 21-24. May hat sich in zahlreichen Veröffentlichungen mit der nachkonziliaren Kirchenkrise beschäftigt. Einige seiner Beiträge finden sich in dem von Hartwig Groll herausgegebenen Band „Die Wahrheit verteidigen. Professor Georg May. Ausgewählte Schriften zum Goldenen Priesterjubiläum. Ruppichteroth 2001.

[41] Vgl. Klaus Schatz: Zwischen Säkularisation und zweitem Vatikanum. Der Weg des deutschen Katholizismus im 19. und 20. Jahrhundert, Frankfurt/M. 1986, S. 324.

[42] Vgl. aus den vielen Erlebnisberichten Hanna-Barbara Gerl-Falkowitz: Milde Verklärung? Erlebnisse als Studentin '68, in: Venanz Schubert (Hrsg.): 1968: 30 Jahre danach (Wissenschaft und Philosophie, Bd. 17), St. Otilien 1999 (im folgenden: 1968), S. 55-69, bes. S. 64-67.

[43] Zu den komplizierten Hintergründen von Christentum, Revolution und innerweltlichem Heilsbedürfnis in den späten sechziger Jahren vgl. Joseph Ratzinger: Einführung in das Christentum. Vorlesungen über das Apostolische Glaubensbekenntnis. Mit einem neuen

einleitenden Essay, München 1968 (Neuausgabe München 2000), S. 9-24: „Man feierte eine Revolutionseucharistie und praktizierte damit eine neue Verschmelzung von Kirche und Welt im Zeichen der Revolution, die endlich den Aufbruch zu einer besseren Zeit bringen sollte. Die führende Beteiligung katholischer und evangelischer Studentengemeinden an den revolutionären Umbrüchen in europäischen und außereuropäischen Universitäten bestätigte dieselbe Richtung." (Ebd., S. 12).

[44] Vgl. für die Zeit des Nationalsozialismus Heinz Hürten: Verfolgung, Widerstand und Zeugnis. Kirche im Nationalsozialismus – Fragen eines Historikers, Mainz 1987.

[45] Johann Baptist Metz: Zur Theologie der Welt, Mainz/München 1968.

[46] So gilt als ein dominantes Motto für den katholischen Glauben vor allem im 19. Jahrhundert: „Rette deine Seele!" Gegen diese Form der Frömmigkeit richteten sich Versuche wie derjenige Metz' und die spätere, von ihm inspirierte Theologie der Befreiung.

[47] Hans Maier: Als Professor im Jahre 1968, in: Venanz Schubert: 1968, S. 81-96, bes. S. 88, begründet seine frühe Gegnerschaft mit den massiven Ausfällen gegen jüdische Kollegen wie Kurt von Fritz, Ernst Fraenkel, Helmut Kuhn oder Richard Löwenthal, aber auch mit den jahrelangen Vorlesungsstörungen, den Gewalttätigkeiten, ideologischen Einseitigkeiten und der Ausschaltung von Meinungsvielfalt; zur Furcht Ernst Fraenkels vor einer „neuen SA" vgl. die aufschlußreichen Erörterungen bei Wilhelm Bleek: Geschichte der Politikwissenschaft in Deutschland, München 2001, S. 369.

[48] Vgl. Hans Maier: Politische Theologie? Einwände eines Laien, in: Stimmen der Zeit, Februar 1969, S. 73 ff; zur Zusammenfassung ein rundes Vierteljahrhundert später vgl. ders.: Nachdenken über das Christentum. Reden und Aufsätze, München 1992, S. 182-204; zur gesamten Debatte, die sich an die Kontroverse zwischen Maier und Metz anschloß, vgl. Rudolf Weth (Hrsg.): Diskussion zur „Theologie der Revolution", München/Mainz 1969; Carl Schmitt: Politische Theologie II. Die Legende von der Erledigung jeder Politischen Theologie, Berlin 1970; die Kontroverse zwischen Maier und Metz ist im Zusammenhang des schwierigen Dialogs von katholischer Soziallehre und politischer Theologie ausführlich beschrieben bei Wolfgang Ockenfels: Politisierter Glaube? Zum Spannungsverhältnis von Katholischer Soziallehre und Politischer Theologie (Sammlung Politeia, Bd. XXXIII), Bonn 1984, S. 176 181 u.ö.

[49] Georg May: Sozialismus in der katholischen Kirche, in: Criticón 13 (1972), S. 223 f.

[50] Josef Schüßlburner: Das Genozid der 68er. Umerziehungsextremismus in Kambodscha, in: Criticón 141 (1994), S. 33-38; Karlheinz Weißmann: Ein paar einfache Wahrheiten. Über die notwendige Renaissance des konservativen Denkens, in: Criticón 130 (1992), S. 61-63 (im folgenden: Wahrheiten).

[51] Hans-Georg von Studnitz: Freiheit, die wir meinen, in: Konservativ heute 1 (1970), S. 4 f.

[52] Adolf Meyer-Abich: Humboldts Vermächtnis. Eine Alternative zur Demokratisierung der Universität, in: ebd., S. 12-15; ähnliche Aussagen bezüglich der Bundeswehr werden in dem Beitrag von Winno von Löwenstein: Wie demokratisch kann die Bundeswehr sein?, in: ebd., S. 16-20, deutlich.

[53] Vgl. Wulf Thiel: Demokratisierung der Kirche, in: ebd., S. 21-24

[54] Ebd., S. 19.

[55] Vgl. Bernd Motschmann: Die ApO als Herausforderung an die Konservativen, in: Konservativ-heute, Heft 6 (1970), S. 3-5.

[56] Zu diesen Zusammenhängen vgl. die allgemeinen Bemerkungen bei Josef Kraus: Spaßpädagogik. Sackgassen deutscher Schulpolitik, 2. erg. Auflage, München 2000.

[57] Vgl. statt vieler anderer Belege vom gleichen Autor: Günter Rohrmoser: Kampf um die Mitte. Der Moderne Konservativismus nach dem Scheitern der Ideologien, München 1999, S. 213-228.

[58] Vgl. die einflußreiche Abhandlung von Theodor W. Adorno: Studien zum autoritären Charakter, Frankfurt/Main 1995.

[59] Kurt Ziesel (1911–2001), konservativer Publizist und Autor heftig umstrittener Bücher wie Das verlorene Gewissen oder Die verratene Republik. Aufgrund seiner zeitweilige Nähe zum nationalsozialistischen Regime, von dem er sich aber bereits während des Krieges distanzierte, wurde er Opfer zahlreicher Rufmord- und Verleumdungskampagnen der publizistischen Linken und kommunistischer Kreise. Die gerichtlichen Auseinandersetzungen entschied er meist zu seinen Gunsten.

[60] Näheres zu Stiftung und Deutschland-Magazin vgl. die Homepage: www.deutschland-magazin.de.

[61] Ebenso ist es allerdings auch symptomatisch, daß eine von Adenauers Nachfolgern, die heutige CDU-Vorsitzende Angela Merkel, es ablehnte, bei der Verleihung des Freiheitspreises der Deutschland-Stiftung e.V. an Ernst Nolte am 4.06.2000 in der Münchner Residenz ein Grußwort zu verfassen.

[62] N.N.: Deutschland-Stiftung. Wahrung der Rechte, in: „Der Spiegel" 11/1967, S. 23f; N.N.: Deutschland-Stiftung. Schlechter Atem, in: „Der Spiegel", 18/1968, S. 31f. (beiden Artikeln folgten Gegendarstellungen Kurt Ziesels); N.N.: Bayern. An den Quellen, in: „Der Spiegel", 46/1971, S. 57f.

[63] Wilhelm Röpke: Wie ein Volk moralisch verfaulen kann, in: Deutschland-Magazin Heft 1 (1969), Innenseite des Heftes; die Angaben in diesem Absatz beziehen sich, soweit nicht anders angegeben, auf Röpkes Aufsatz; zu Röpke vgl. Johann Baptist Müller: Röpke, in: Caspar von Schrenck-Notzing: Lexikon, S. 462 f; zum politisch-publizistischen Engagement Röpkes in der frühen Nachkriegszeit vgl. auch Axel Schildt: Vom christlichen Abendland, S. 162 f.

[64] Diese Analysen überschneiden sich nicht nur zeitlich, sondern auch inhaltlich, bis in die Terminologie hinein, mit der aufsehenerregenden Untersuchung von Caspar von Schrenck-Notzing: Charakterwäsche; heutige Historiker wie Anselm Doering-Manteuffel: Wie westlich sind die Deutschen? Amerikanisierung und Westernisierung im 20. Jahrhundert, Göttingen 1999, S. 34-43, betonen meist die Sogwirkung, die die amerikanische Kultur, vor allem der hohe Standard der Technik und der Wohlstand, auf viele Deutsche besonders der jüngeren Generation ausübte. Doering-Manteuffel weist auch auf die Ambivalenz der „Westernisierung" bei den 68ern hin, die häufig von „Woodstock" begeistert waren, allerdings auch die „Aversion der Väter gegen die Vereinigten Staaten unter veränderten politischen Vorzeichen" (S. 43) perpetuierten.

[65] Besonders hinsichtlich der Bewertung der Politologie zeigen sich erstaunliche analytische Zusammenhänge zwischen Wilhelm Röpke und Hans-Joachim Arndt. Letzterer veröffentlichte seine diesbezüglichen Untersuchungen über ein Jahrzehnt nach Röpke (vgl. Hans-Joachim Arndt: Die Besiegten von 1945. Versuche einer Politologie für Deutsche samt Würdigung der Politikwissenschaft in der Bundesrepublik Deutschland, Berlin 1978).

[66] Vgl. dazu statt vieler anderer Studien: Ingrid Gilcher-Holtey: Die 68er Bewegung. Deutschland – Westeuropa – USA, München 2001, bes. S. 45 ff; Wolfgang Kraushaar: 1968, S. 9-52; bewertet man die Verwestlichung im Kontext des facettenreichen Phänomens der ‚reeducation', so läßt sich durchaus konstatieren, daß eine „soziokulturelle Verwestlichung, deren Ergebnis die Revolte selbst gewesen war, nach 1968 gänzlich abgeschlossen und irreversibel geworden war" (Axel Schildt: Vom christlichen Abendland,

S. 178). Dieses Urteil bezieht sich jedoch stärker auf den individualistischen, ebenso permissiven wie konsumorientierten, aber auch vergangenheitskritischen Lebensstil als auf den ideologischen Kern der Bewegung, der jedoch mehr als ein bloßes Beiwerk war. Wenn Schildt von den „Kostümen der sozialistischen und kommunistischen Arbeiterbewegungen" (ebd.) spricht, unterschätzt er die identitätsstiftende Funktion der Ideologie, etwa als sozialer Kitt, die Voraussetzung für den Radikalismus in Tat und Wort war. Die Tendenzen der „Westernization" (Theodore H. von Laue) beziehen sich lediglich auf Teilaspekte der Studentenrevolte; betrachtet man die Protestbewegung von ihrer Rezeption her, dann tritt der „antimoderne Zug ihres Psychogramms, verhaftet in autoritären Persönlichkeitsstrukturen und antiwestlich eingestellt", deutlich hervor (Hermann Glaser: Deutsche Kultur 1945–2000, München/Wien 1997, S. 323; im folgenden: Deutsche Kultur). Die Vielfältigkeit des Phänomens der 68er ist auch in diesem Kontext evident und erfordert eine differenzierte Bewertung.

[67] Caspar von Schrenck-Notzing: Charakterwäsche, S. I-XVI u. 8, weiß sehr wohl um den Zusammenhang zwischen der Revolte der späten sechziger Jahre und den dadurch vor allem mental verbesserten Möglichkeiten der Durchsetzung der „Charakterwäsche" in größeren Teilen der Bevölkerung. Er begründet das Fehlen eines entsprechenden Kapitels in der Neuauflage von 1981 mit Zeitmangel. Die deutschen Medien gingen und gehen infolge der veränderten Situation seit den späten sechziger Jahren immer mehr dazu über, das von den US-Amerikanern frühzeitig initiierte Projekt der ‚reeducation' aus eigenen Antrieben fortzusetzen und zu vollenden.

[68] Zu differenzieren ist dieses Urteil hinsichtlich der sogenannten Flakhelfergeneration, also etwa die Jahrgänge von 1926 bis 1930, die aus jugendlicher Begeisterung heraus für den NS optierten, was gerade den Nachgeborenen nicht verwundern soll. Manche von ihnen – als prominente Beispiele aus Wissenschaft und Politik seien lediglich Hans-Jochen Vogel, Hans-Ulrich Wehler oder Jürgen Habermas genannt – betätigten sich in besonders eifriger Weise als Fürsprecher und Apologeten der neuen Tendenzen seit Mitte der sechziger Jahre – erhellend-kritische Gedanken finden sich zu dieser Thematik bei Günter Maschke: Die Verschwörung der Flakhelfer, in: ders.: Das bewaffnete Wort, Wien/Leipzig 1997, S. 72-90; andere Akzente der Beurteilung setzt Martin Greiffenhagen: Die Flakhelfer werden sechzig. Anmerkungen zum Jahrgang 1928, in: Stuttgarter Zeitung 22.10.1988; nicht ganz zu Unrecht wurde diese heterogene Gruppe als „soziologische und sozialpsychologische Kohorte" der Bundesrepublik bezeichnet [Hermann Glaser: Deutsche Kultur, S. 81]).

[69] Schlamm war einer der herausragenden Vertreter der neuen konservativen Publizistik. Wie manche junge jüdische Intellektuelle betätigte er sich politisch in der Weimarer Republik als KPD-Mitglied, wurde aber wegen seiner undogmatischen Haltung aus der Partei ausgeschlossen. Nach seiner Emigration konvertierte er in den USA wie zahlreiche andere ehemalige Linke oder Liberale in der Ära des Kalten Krieges zum Rechtskonservativen. Später war er aufgrund seiner rechten „Fundamentalkritik an der Bundesrepublik" (Schrenck-Notzing) allerdings so umstritten, daß die Gründung einer neuen Zeitschrift längerfristig nahelag, nämlich der Zeitbühne, die 1972 entstand (zu Schlamm vgl. Caspar von Schrenck-Notzing: William S. Schlamm, in: ders.: Lexikon S. 481).

[70] Deutschland-Magazin 5/6 (1970), S. 21.

[71] Exemplarisch sei lediglich der Grünwalder Kreis genannt, der sich u.a. gegen eine angeblich drohende Militarisierung Deutschlands zur Wehr setzte und auch sonst ein Gedankengut vertrat, das in mancherlei Hinsicht zentrale Vorstellungen der 68er

vorwegnahm. Mitglieder des Kreises waren so unterschiedliche Persönlichkeiten wie beispielsweise Erich Kuby, Hans-Werner Richter, Hans-Jochen Vogel oder Ernst Nolte. [72] Die vorsichtigen Versuche eines Brückenbaues zwischen den neuen Machthabern und der katholischen Kirche durch katholische Gelehrte wie Joseph Lortz oder Michael Schmaus blieben kurzfristige Episode. Erst recht bildeten überzeugte Nationalsozialisten wie der Abt Schachleitner eine große Ausnahme. Gelegentliche Beifallsbekundungen von höheren kirchlichen Würdenträgern müssen nicht unbedingt als Gegenbeleg verstanden werden. Zu den grundlegenden Unterschieden zwischen katholischer und evangelischer Kirche im Dritten Reich (vor allem im Verhältnis zu den braunen Machthabern) vgl. die Studie von Georg May: Kirchenkampf oder Katholikenverfolgung? Ein Beitrag zu dem gegenseitigen Verhältnis von Nationalsozialismus und christlichen Bekenntnissen, Stein am Rhein 1991.

[73] Statt vieler anderer Beiträge von Hoeres sei genannt: Der demokratisierte Gott, in: Criticón 146 (1995), S. 87-91.

[74] Die katholische Kirche in der Krise, in: Deutschland-Magazin 4/5 1969, S. 19-21.

[75] Günter Rohrmoser: Christliche Dekadenz in unserer Zeit. Plädoyer für die christliche Vernunft, Bietigheim/Baden 1996.

[76] So die materialreich begründete Kernthese von Günter Rohrmoser: Geistiges Vakuum. Spätfolgen der Kulturrevolution, Bietigheim/Baden 1995.

[77] Klaus Reiter: Vom Bildungsnotstand in die Hochschulkatastrophe, in: Deutschland-Magazin 9/10 (1970), S. 19-22 (im folgenden: Bildungsnotstand).

[78] Zum Widerstand des ‚Bundes Freiheit der Wissenschaft' gegen drittelparitätische Postulate vgl. Hermann Lübbe in einer späteren Betrachtung: „Neokonservative" in der Kritik. Eine Metakritik, in: Merkur 37 (1983), S. 622-632, hier S. 626; mit Recht wird aus der Retrospektive die Drittelparität „als Sturm auf die alte Ordinarienuniversität" bewertet (Winfried Schlaffke: Die Entfaltung der APO in Gesellschaft, Wissenschaft und Bildung, in: Franz Schneider [Hrsg.]: Dienstjubiläum einer Revolte. 1968 und 25 Jahre, München 1993, S. 97-160, hier S. 127), m.E. kann man sogar vom Angriff auf die Funktionsfähigkeit der Universität insgesamt sprechen, da sie, vielleicht noch mehr als diejenige anderer staatlicher Einrichtungen, von der Sachkompetenz ihres Personals abhängt. Dies spricht nicht gegen eine prinzipielle Mitbestimmung, die jedoch lediglich in abgestufter und verteilter Weise erfolgen kann.

[79] Klaus Reiter: Bildungsnotstand, S. 20.

[80] Gerd Langguth: Mythos '68, S. 55-89.

[81] Klaus Hornung: Die Pseudo-Demokratisierung unserer Hochschulen, in: Deutschland-Magazin 9/10 (1970), S. 24 f (im folgenden: Pseudo-Demokratisierung).

[82] Vgl. ebd.

[83] Die Rede ist erst Jahre nach Heideggers Tod publiziert worden: Martin Heidegger: Die Selbstbehauptung der deutschen Universität, Frankfurt/M. 1983.

[84] Vgl. aus der umfangreichen Literatur zu den Parallelen lediglich Thomas Rentsch: Martin Heidegger. Das Sein und der Tod. Eine kritische Einführung, München 1989, S. 222-231. So heißt es ebd., S. 225: „Die Proteste und Revolten, die 1968 gipfeln, sind indirekt noch vom autochthonen existentialistischen Dezisionismus und Voluntarismus der zwanziger Jahre mitgeprägt, den ‚Sein und Zeit' auf den Begriff brachte."

[85] Klaus Hornung: Pseudo-Demokratisierung, S. 25.

[86] Klaus Hornung: Das totalitäre Zeitalter. Bilanz des 20. Jahrhunderts, Berlin/Frankfurt/M. 1993, S. 22-57; ders.: Die offene Flanke der Freiheit. Studien zum Totalitarismus im 20. Jahrhundert (Europäisches Forum, Bd. 13), Frankfurt/M. 2001.

[87] Zum Kontrast zwischen einer „real freiheitlichen, auf ‚Versuch und Irrtum' beruhenden und freilich stets auch unvollkommenen Ordnung und einer sich auf die angeblichen geschichtlich-gesellschaftlichen Gesetze und Totaldeutungen berufenden messianischen Demokratie" vgl. Klaus Hornung: Pseudo-Demokratisierung, S. 25.

[88] Eine rühmliche Ausnahme ist der plausible „Versuch einer Deutung der Studentenbewegung" drei Jahrzehnte nach der magischen Jahreszahl 1968 von Gerhard Fels: Der Aufruhr der 68er. Zu den geistigen Grundlagen der Studentenbewegung und der RAF, Bonn 1998, S. 267-278, der zur Einordnung auf den dualistisch ausgerichteten „Manichäismus" zurückgreift; Hans Maier: Geistige Umbrüche in Deutschland 1945–95, in: Deutschland 1945–95. Betrachtungen über Umbrüche, München 1995, S.13-39, hier S. 20, bezeichnet, in Anlehnung an Thomas Mann, die eruptiv-revolutionären Phänomene als „explodierende Altertümlichkeit", die selbst von klugen Beobachtern des Geschehens als Neues, ja Zukunftsweisendes gesehen wurde. Letztlich verbargen sich dahinter aber längst vertraute idealistische Konzepte. Die Wirklichkeit sollte wieder nach den Vorgaben des Geistes geschaffen werden, die diesmal aus dem – natürlich herrschaftsfrei organisierten – Oberseminar stammten.

[89] Vgl. neben den Studien von Rohrmoser lediglich die Analysen von Hermann Lübbe: 1968: Zur deutschen Wirkungsgeschichte eines politromantischen Rückfalls, in: ders.: Politik nach der Aufklärung. Philosophische Aufsätze, München 2001, S. 129-149; Bernd Rüthers: 1968 und die Folgen, in: Studienzentrum Weikersheim e.V. (Hrsg.): Deutschland morgen – an der Schwelle zum 3. Jahrtausend. 20 Jahre Studienzentrum Weikersheim (Weikersheim-Dokumentation, Bd. XX), Künzelsau 1999, S. 74-90; Hans Filbinger: Die 68er waren keine Freiheitsbewegung. Gegen eine Umschreibung der deutschen Geschichte, in: Studienzentrum Weikersheim e.V. (Hrsg.): Deutschland morgen – Fundamente der Freiheit. Meinungsfreiheit und Eigentum als Ecksteine (Weikersheim-Dokumentation, Bd. XXII), Künzelsau 2001, S. 68-81.

[90] Hinweise zu Kaltenbrunner vgl. Caspar von Schrenck-Notzing: Kaltenbrunner, Gerd-Klaus, in: Caspar von Schrenck-Notzing: Lexikon, S. 291.

[91] Exemplarisch und ohne Anspruch auf Vollständigkeit seien folgende, von Kaltenbrunner herausgegebene Bände aus den siebziger Jahren genannt: „Klassenkampf und Bildungsreform" (Freiburg 1974, Bd. 2); „Radikale Touristen" (München 1975, Bd. 4); „Sprache und Herrschaft" (Freiburg 1975, Bd. 5); „Zur Emanzipation verurteilt" (München 1975, Bd. 6); „Bereiten wir den falschen Frieden vor?" (Freiburg/München 1976, Bd. 13); Auch in den achtziger Jahren wurde die Reihe fortgesetzt. Sie brachte in diesem Jahrzehnt 24 weitere Bände hervor.

[92] Gerd-Klaus Kaltenbrunner: Prospektiver Konservatismus. Vorläufige Bemerkungen zu einer konservativen Theorie, in: ders.: Der schwierige Konservatismus. Definitionen – Theorie – Porträts, Herford/Berlin 1975, S. 91-109.

[93] Vgl. etwa Karlheinz Weißmann: Wahrheiten, S. 61-63, der es mit Recht als eine maßgebliche Folge der geistes- und kulturgeschichtlichen Zäsur am Ende der sechziger Jahre ansieht, wenn nach diesem Einschnitt vieles von dem, was vorher noch als üblich und zulässig galt, unter generellen Faschismus-Verdacht gestellt wurde. Weißmann nennt den maßvollen Versuch einer am preußischen Beispiel geschulten Elitenbildung als Beispiel für eine Opposition gegen die nivellierenden Tendenzen des 68er-Geistes.

[94] Gerd-Klaus Kaltenbrunner (Hrsg.): Die Herausforderung der Konservativen. Absage an Illusionen, München 1974.

[95] Helmut Kuhn: Die Menschlichkeit des Staates, in: Gerd-Klaus Kaltenbrunner (Hrsg.): Der überforderte, schwache Staat. Sind wir noch regierbar? München 1975, S. 17-29 (im folgenden: Staat).

[96] Vgl. ebd., S. 29.

[97] Gottfried Eisermann: Die Rolle der Parteien im modernen Staat, in: Gerd-Klaus Kaltenbrunner: Staat, S. 61-79.

[98] Ebd., S. 68.

[99] Ebd., S. 79

[100] Eine ablehnende Kritik an dem Bestreben verschiedener Rechtsextremismusforscher, konservativen Intellektuellen eine Begünstigung oder Übereinstimmung zu rechtsextremistischen Autoren nachzuweisen, verfaßte der Politikwissenschaftler Eckhard Jesse: Fließende Grenzen zum Rechtsextremismus? Zur Debatte über Brückenspektren, Grauzonen, Vernetzungen und Scharniere am rechten Rand – Mythos und Realität, in: Jürgen W. Falter/Hans-Gerd Jaschke/Jürgen Winkler: Rechtsextremismus. Ergebnisse und Perspektiven der Forschung (PVS-Sonderheft 27), 1996, S. 514-529. Der Aufsatz enthält eine umfangreiche Quellensammlung, so daß sich eine detaillierte Aufzählung von Beispielen hier erübrigt.

Günter Rohrmosers philosophische Auseinandersetzung mit der Kritischen Theorie

Von Andreas Späth

1. Biographie

Günter Rohrmoser, geboren 1927 in Bochum, studierte Philosophie, Evangelische Theologie, Nationalökonomie, Geschichte und Germanistik in Münster, promovierte dort 1955 über Shakespeare und habilitierte sich 1961 in Köln über Hegel.[1] 1961 lehrte er an der Pädagogischen Hochschule in Münster. 1963 wurde er Professor in Köln und 1976 Ordinarius für Sozialphilosophie an der Universität Stuttgart-Hohenheim, zudem hatte er einen Lehrauftrag für politische Philosophie an der Universität Stuttgart.[2] Seine zahlreichen Publikationen nehmen immer wieder Bezug zu seinen Studienfächern und sind interdisziplinär, weil eine Verengung auf Spezialaspekte einer wissenschaftlichen Fachrichtung in der Regel unterbleibt. Diese Weitsicht Rohrmosers trug und trägt sicherlich zu seiner Popularität – nicht nur in konservativen Kreisen – bei. In dieser breit angelegten Wissensbasis gelingt es Rohrmoser immer wieder, zeitgeschichtliche Phänomene zu analysieren und Verfallserscheinungen zu diagnostizieren. Da der pathognomonische Punkt in der Ökonomie nicht zwingend ökonomischen Ursprungs ist (z.B. ist er im Calvinismus eher theologisch zu begreifen) und der des marxistischen Weltbildes durchaus nicht nur philosophischen, sondern in seiner Analyse ökonomischen, in seinen Folgerungen theologischen und in seinem Wesen geschichtsphilosophischen Charakters ist, kann eine gute philosophische Sichtbarmachung dieser Erscheinungen ohne ein vertieftes Wissen in diesen Disziplinen sowie der (insbesondere deutschen) Geschichte kaum gerecht werden, da die eindeutigen Interdependenzen sonst weder sachgerecht erkannt noch verarbeitet werden können und sich im Nebel des Nebensächlichen – weil neben der Sache stehend – verlieren. Diese m.E. zu schätzende Stärke Rohrmosers findet aber auch ihren kritischen Widerhall in dem Vorwurf, zu sehr in die Breite und zu wenig in die Tiefe zu gehen.

Weite Verbreitung finden Rohrmosers Gedanken eines konservativen Liberalismus als Überlebensimperativ für unsere Gesellschaft und Kultur u.a. durch die *Gesellschaft für Kulturwissenschaft*, die zahlreiche auf Papier geronnene Vorträge Rohrmosers publiziert, sowie durch die

Aktion „Die Wende", die für eine Erneuerung Deutschlands aus seinen christlichen Wurzeln eintritt und ihre Bücher, Kleinschriften und Vortragskassetten in hohen Auflagen deutschlandweit verteilt.

2. Rohrmosers Auseinandersetzung mit den universitären Protagonisten von „'68"

Schon 1970 erschien Rohrmosers Zusammenfassung einer 1969 in Köln gehaltenen Vorlesungsreihe unter dem Titel: „Das Elend der kritischen Theorie".[3] Hierin setzte sich Rohrmoser insbesondere mit den drei Protagonisten der Frankfurter Schule, Theodor W. Adorno, Herbert Marcuse und Jürgen Habermas und deren Bezügen zu Karl Marx auseinander. Der sich aus aufklärerischen Quellen speisende Atheismus im Neomarxismus wird besonders in Rohrmosers Werk „Religion und Politik in der Krise der Moderne"[4] als auch im Buch „Der Ernstfall" in erschütternder Weise als eine durch ein eschatologisches Ziel bedingte Religion,[5] bzw. christliche Häresie,[6] entlarvt. Die Wirkmächtigkeit dieser pseudo-atheistischen Ersatzreligion bedingt sich für ihn u. a. durch die Auflösung der augustinischen Unterscheidung der zwei Reiche, die schon in der Aufklärung begann, als man versuchte, die alte Religion des Abendlandes durch eine neue zu ersetzen, „letzten Endes durch sich selbst",[7] und damit die *civitas dei* und die *civitas terrena* zu verschmelzen begann. Daher ist die zunächst im Begriff selbstwidersprüchlich erscheinende Rede von einer atheistischen Religion durchaus konsequent – was auch Adorno z.B. für Marx und Engels durchaus mehr oder weniger direkt einräumte[8] – da das Ergebnis dieser Verschmelzung notwendig eine immanente Heilslehre ist, die sich metaphysisch ableitet und doch auf Gott verzichtet, insofern sie das Reich Gottes mit der Welt und sich selbst mit „Gott" identifiziert und damit im Zurückgeworfensein auf sich selbst nur noch permanente Selbstprojektion hervorbringen kann, die aber dennoch notwendigerweise sich nicht aus der Umklammerung transzendenter Verbrämung zu lösen vermag, schon allein deshalb, weil ihre Utopie in gewisser Weise dem Eschaton der Theologie vergleichbar ist.[9] Diese Feststellung, sowie die Ziele der Frankfurter Schulgründer, wurden von diesen wohl ebensooft bestritten wie indirekt eingeräumt. Man wollte sich nur aus sich selbst heraus verstanden wissen, lehnte Verantwortung für die Folgen der eigenen Philosophie ab und bestritt ihre Wurzeln als Ausfluß einer christlichen Häresie, die der Philosoph und Theologe Rohrmoser so treffend zu entblößen verstand. Die Auseinandersetzung Rohrmosers mit den Philosophen der Frankfurter Schule ist daher als philosophische Debatte auch theologisch zu begreifen. Nietzsches Kritik an der deutschen Philosophie als einer im Grunde halben bzw. „hinterlistigen" Theologie[10] ist in gewisser Weise damals wie heute richtig – wenn man auch die pejorative Verwendung seines Begriffes von Theologie nicht unbedingt teilen wird. Eine Philosophie, die sich auf einem derart wirkmächtigen Gebäude wie dem christlichen Abendland gründet, kann – gerade in ihrer Antizipation – im Grunde nur theologische Debatte sein, weil die Grundlage dieser Debatte zunächst immer auf die Wirkungsgeschichte des Christentums zurückführt. Wer das heutige Europa ohne theo-logische Kenntnisse zu verstehen sucht, hat letztlich nichts verstanden. Auch in der atheistischen Ablehnung der christlichen Religion und ihres Gottes bleibt die Kritik der '68er damit letztlich religiös, weil sie sich nicht zu lösen vermag. Zu Recht weist Rohrmoser alle Versuche einer Immunisierung der kritischen Theorie schon im Vorfeld seiner Auseinandersetzung zurück, indem er die Beurteilung der Frankfurter Philosophie nur aus ihren Wurzeln und Wirkungen heraus zuläßt, um das Eigentliche dieser Philosophie und ihre Folgen für die Zukunft sichtbar zu machen. „Das ist aber nur möglich, wenn der Anspruch, den sie erhebt, mit dem konfrontiert wird, was sich an praktisch-politischen Folgen aus ihr ergibt. Die Subjektivität ihrer Autoren und deren Biographie sind daher für das Urteil ebenso belanglos, wie die Erklärungen über Intentionen und Absichten, die sie verfolgten, und die Erläuterungen darüber, wie sie sich verstanden wissen wollen."[11] Vielmehr ist also zunächst nach Ursprüngen und Paradigmen der Frankfurter Schule zu fragen.

Da sich alle Philosophen der Frankfurter Schule einerseits zu Erben von Karl Marx bekannten, andererseits aber erkannten, daß sich dieser nicht nahtlos auf die aktuellen gesellschaftlichen Zustände übertragen ließ (im Deutschland des Wirtschaftswunders konnte von Ausbeutung und Verelendung der Massen überhaupt keine Rede sein), bemühten sie sich schnell um eine Revision der orthodoxen marxistischen Lehre, um die angestrebte Kulturrevolte mit Marx zu begründen. Rohrmoser beschäftigte in diesem Zusammenhang zuerst die Frage, was denn den Kern der Lehre von Karl Marx überhaupt ausmacht und ob die Versuche der Frankfurter Schule – auszugehen von Marx – überhaupt legitim sein können. Anders gefragt: Hatte man Marx überhaupt verstanden?

Rohrmoser verortet den genuinen Marx im Gegensatz zu dessen Epigonen in der Geschichtsphilosophie des Kommunistischen Mani-fests.[12] Bei allem Streit über die Frage, in welchen Schriften Marx' auch wirklich Marx sei, legt Rohrmoser sich hierauf fest, weil er der Ansicht ist, daß hier die Grundgedanken des Karl Marx unbestreitbar offenliegen.[13] Hieraus ist für Rohrmoser erwiesen, daß der Marxismus sich als „eine Theorie revolutionärer Praxis und die revolutionäre Praxis als Resultat der begriffenen Geschichte" sieht.[14] Während für die Revisionisten des Marxismus die Frage nach dem zur Revolution befähigten und diese auch vollziehenden Subjekt noch theoretisch-philosophisch zu lösen ist, es also der Universität gewissermaßen als Katalysator der Revolution bedarf, wäre diese Frage für Marx insofern schon beantwortet, als daß die Antwort seiner Theorie inhärent ist. Für Marx zeigt die Geschichte selbst durch die entsprechende Situation, wann der Moment für die Revolution durch wen gekommen ist. Im Prinzip muß das herrschende System so allgegenwärtig sein, daß es als notwendige Konsequenz seine Negation hervorbringt. Dieser revolutionäre Augenblick kommt, und mit ihm die Revolution, weil das System dann ausreichend viele Subjekte, die Träger des bzw. selbst das revolutionäre Potential sind, produziert. Wenn also eine Revolution stattfinden soll, dann erst, wenn das System selbst sie als seine Negation hervorbringt. Ein weiterer theoretischer Überbau und entsprechende Maßnahmen sind nach Marx dafür also gar nicht notwendig, weil die Not eben nur aus der sich ergebenden Negation – quasi automatisch – gewendet werden kann. Wenn diese Vorbedingungen nicht erfüllt sind, stellt sich die Frage, ob ein revisionistischer Marxismus überhaupt sein kann, bzw. es muß die Frage erlaubt sein, wie marxistisch ein revisionierter Marxismus noch ist. Für Marx jedenfalls reichte es – nach Rohrmoser – nicht aus, einer Gesellschaft Klassen oder Herrschafts-strukturen zu attestieren, um ein Subjekt der Revolution auszumachen. Vielmehr müssen die Klassengegensätze zu bürgerkriegsähnlicher Spaltung der Gesellschaft geführt haben, um überhaupt von revolutionärem Potential reden zu können.[15] „Es gibt bei Marx keinen Rückgriff auf Postulate, Prinzipien, Entwürfe und Programme, sondern die Forderung, zu sehen, was ist und sich vor unseren Augen vollzieht."[16] Somit ist Marx mehr Vernunft- und Erkenntnisphilosoph, in dem Sinne, daß er die Geschichte und ihre Struktur erkannt haben will, und viel weniger „Methodist". Nach Marx muß also niemand die Revolution und die revolutionäre Situation schaffen, da diese – wenn die Zustände unerträglich werden – sich selber schaffen. Hier nötigt sich dem Rezipienten die Frage auf, ob es angesichts dieser Ausgangslage ein maßloses intellektuelles Versagen oder blanker menschenverachtender Zynismus der Frankfurter Philosophen war, der sie dazu brachte, die gerade erst wieder erträglich gewordenen Zustände im Nachkriegs-deutschland zum Revolutionären, also letztlich zum Unerträglichen zu wenden. Dank ihrer „Kulturrevolution" wird erst die echte Revolution zwischen Kollektivisten und Individualisten heraufbeschworen. Ohne eine Rückbesinnung auf das christliche Erbe ist das Ergebnis aber in jedem Falle Barbarei.

Adornos Thesen von der Welt als einer sich von Katastrophe zu Katastrophe entwickelnden Erhebung des Menschen gegen die bedrohliche, selbst einer Katastrophe entstammenden Natur ist nach Rohrmoser nur eine Art Antithese der biblischen Schöpfungstheologie, die zunächst (vor dem Sündenfall) eine gute, harmonische Beziehung zwischen Schöpfer und Geschöpf, aber eben auch den Geschöpfen untereinander postuliert. Rohrmoser weist Adorno nach, daß dessen so neu und klug erscheinende Gedanken nur neue Worthülsen für den alten gnostischen Inhalt sind, der die bestehende Welt so betrachtet, daß „das Ganze das Unwahre" und damit letztlich vom Teufel ist.[17] An diesem Punkt beginnt Rohrmoser dem Frankfurter den Spiegel vorzuhalten. Wenn es wahr wäre, daß die Welt total verkehrt ist, wie soll dann eine „Theorie der negativen Dialektik als Theorie" überhaupt möglich sein, gehört doch auch diese dann zum bestehenden verkehrten, gleichsam „behexten" System und ist letztlich nur Ausfluß einer gebrochenen Vernunft.[18] Zugegebenermaßen hat Adorno das auch selbst bemerkt. Für seine Konsequenz, auf die Vernunft verzichten zu wollen und sich ihres Begriffes im weiteren Denken zu entledigen, findet Rohrmoser nur noch eine Parallele – die des Faschismus. So ist nach Rohrmoser Adorno formal dem Faschismus nicht fern, wenn seine Überlegungen auch ein anderes Ergebnis zeitigen.[19] Die Gefahr bleibt seiner Theorie innewohnend. Auch wenn Adorno selbst – vielleicht nicht zuletzt aus diesen Gründen – eine Praxis der negativen Dialektik leugnet und sie als reine Theorie betrachtet, die Studentenrevolte negiert und eine mit Freiheit in Zusammenhang zu bringende Praxis nur insoweit für möglich hält, als daß er durch das Nicht-Praktizieren sich von der Welt emanzipiert, vermag Rohrmoser ihn nicht aus der Verantwortung für die von ihm in den Denkprozeß der Welt eingespeisten Gedanken zu entlassen.[20] Adorno meinte nun allerdings doch, daß die Theorie, deren Verhältnis zur Praxis darin bestünde, daß sie kein Verhältnis zu ihr habe, eine Art „Atempause" des Denkens verschaffe, in der Leiden ermöglicht werde. Allein im Leiden, das hier durch in der „Atempause" wahrgenommenes und dadurch verdoppeltes „Grauen" erzeugt wird, könne Widerstand gegen die mögliche Wiederkehr der Geschichte, die in Auschwitz für Adorno ihr wahres Sein dokumentiert hat, erwachsen.[21] Zu Recht stellt Rohrmoser die Kernfrage: Bietet diese Theorie Veranlassung zu der Hoffnung, die Adorno hegt? Und er kommt zu der Antwort, daß die bei Adorno nur als Utopie denkbare Änderung der Verhältnisse tatsächlich auch Utopie und daher schon vom Begriff her eben apriori „utopos" und damit unerreichbar ist. So bleibt als Methode nur noch der Wahnsinn, der sich dem So-Sein der Welt zu entziehen vermag. Adornos quasi letzter Wunsch, so zu sein, wie ein gutes Tier, sich durch völlige

Anarchie und Ungebundenheit an Vernunft und Herrschaft abzuheben, sein Versuch, ohne Praxis zu einer Praxis zu kommen, zu formulieren, ist nun wirklich nicht die Antwort, die Rohrmoser auf die Frage nach der zukünftigen Vermeidung des „sich in den Konzentrationslagern des 20. Jahrhunderts manifestierenden Verhängnisses"[22] akzeptabel findet. Abgesehen davon, daß also Adornos Theorie der negativen Dialektik bestenfalls in Aporie und Wahnsinn endet, ist Rohrmosers Kritik messerscharf darauf gerichtet, daß Adorno und – wie wir sehen werden – auch andere Frankfurter letztlich nur das schaffen, was sie zutiefst verabscheuen.[23]

Ohne jede Sophistik könnte aus dieser [Adornos] Rede auch schon der Freispruch aller potentiellen politischen Mörder von jeder subjektiv zurechenbaren Verantwortung heraus-gehört werden. Wie sollte Verantwortung durch eine Theorie begründbar sein, die von der Subjektlosigkeit unserer geschichtlichen Welt ausgeht und jegliche sich über die Naturabhängigkeit erhebende Subjektivität als Ideologie denunziert? Wenn alle Traditionen menschlicher Zivilisation, alle Gestalten der Vernunftphilosophie, der Religion, einschließlich des in der negativen Dialektik schweigend übergangenen Christentums, der Herrschaft einer dunklen Ananke unterworfen werden, und wenn gesagt wird, daß unüberwunden in der technologischen Gesellschaft von heute der Mythos überdauert, dann wird die Frage dringend, wie die Einsicht in die Struktur und das Wesen des Ver-hängnisses selber möglich ist, die Adorno sich zuspricht. Die Auskunft, daß [...] die Falschheit der Index ihrer selbst und ihres Gegenteils sei, zehrt von einer messianischen Hoffnung, der doch gleichzeitig der Glaube gekündigt wird.[24]

Marcuses Gesellschaftsanalyse bringt nach Rohrmoser drei zentrale Punkte hervor. Zunächst betont Marcuse die Herrschaft des Technikprinzips. Wegen der von ihm behaupteten Totalheit der Technisierung und der Herrschaft derselben sei auch totaler und damit totalitärer Herrschaftsanspruch gegeben.[25] Da zweitens, in Anlehnung an Adorno, das Ganze als das Falsche und Unwahre gesehen wird, ist Marcuse der Ansicht, das politische System, welches er als totalitär behauptet, sei unreformierbar, da die Reform letztlich zum Systemerhalt beiträgt. Das Böse macht Marcuse – Marx auf den Kopf stellend – nun nicht in materieller Armut, sondern im Reichtum aus. Marcuse erhebt sich dann in seinem Theoriengebäude durchaus zu neuer (sonst ja durchaus in linken Kreises verpönter) moralischer Einsicht, bleibt aber, wie Rohrmoser bemerkt, damit wirkungslos, weil er dank des totalen

Charakters der Repression – ähnlich wie Adorno – keinen Schuldigen und damit keine Verantwortlichen mehr ausmachen kann. Diese Sicht entzieht sich letztlich auch der demokratischen Legitimation bzw. Delegitimation, weil ohne Verantwortliche Wahlen tendenziell eine Farce sind. Dies würde nun Marcuse nicht anfechten müssen, sieht er in der westlichen Demokratie doch sowieso nur eine „verkappte Form politisch-totalitärer Herrschaft".[26] Da die gegenwärtig angeblich so repressive Gesellschaft aber in „einem beispiellosen Maße ihren Individuen materielle Befriedigung gewährt",[27] folgert Marcuse, daß drittens die marxistische negative Dialektik (bestehend aus Produktivität und Destruktion) und damit die Weiterentwicklung zum Stillstand gekommen ist, da kein Subjekt vorhanden ist. Aus dieser Konstellation heraus entstand bei Marcuse der sogenannte „Freudmarxismus". Er ist der Versuch, den Kreislauf der repressiven Herrschaft, der immer auch durch die nächste Stufe der dialektischen Entwicklung mitüberlebt, bewußt und eliminierbar zu machen. Dafür stellt Marcuse – nach Marx – nun auch gleich noch Freud mit auf den Kopf, indem er Lust- und Realitätsprinzip nicht mehr als antagonistische Kräfte darstellt, von denen das zunächst obenaufliegende erstere im Laufe der Zeit von letzterem durch Sublimierung zu bezwingen sei, sondern vielmehr sei die betörende Herrschaft mittels Reichtum durch Entsublimierung zu demaskieren. Rohrmoser weist hier auf einen Fehler im Denksystem Marcuses hin. Da Marcuse voraussetzt, daß der Revolutionär immer durch das System, aus dem er kommt, letztlich auch die Struktur mit in das Neue einführt, bemerkt Rohrmoser zu Recht, daß der neue, sozialistische Mensch dann im Prinzip nur entstehen kann, wenn es ihn schon gibt, da er sonst nie frei ist und immer wieder Unfreiheit produzieren wird,[28] Entsublimierung hin oder her. Im Grunde könnte man hier den marxistischen Basissatz von der prinzipiellen Gutheit des Menschen endgültig als widerlegt betrachten, weil eben deutlich wird, daß der Mensch gerade das, was er als Voraussetzung bräuchte, damit das System funktionieren kann, nicht hat. Aber genau dieser Lösung versagt sich Marcuse mit seiner Forderung revolutionärer Praxis in Psychologie und – Achtung! – Biologie. Hier nun taucht die Forderung nach einem neuen Menschen auf, der qualitativ andere Bedürfnisse hat.[29] Wenn aber als Zielgedanke der Veränderung nicht mehr die ökonomischen Verhältnisse, sondern der Mensch selbst ins Visier genommen wird, dann ist höchste Wachsamkeit angezeigt. Denn spätestens hier zeigt der Neomarxismus seine faschistoide Fratze, wenn er formal dasselbe fordert wie der Nationalsozialismus – wenn auch nicht auf dessen rassistischer Grundlage. Rohrmoser verdeutlicht hier unter Rekurs auf Walter Benjamin die prinzipiell formale Gleichartigkeit dieses angestrebten Systems mit dem – an sich zu Recht als totalitär abgelehnten – der Nationalsozialisten.[30] Es zeigt sich, daß Sozialismus eben Sozialismus bleibt, egal ob er sich nun als national oder international versteht, für die mit den jeweiligen „Segnungen" überschütteten Menschen ist es in der Regel egal, ob sie von „links" oder „rechts" zwangsbeglückt werden. Nun räumt Herbert Marcuse ein, „daß sich jede Theorie der Revolution an der begriffenen Gegenwart und damit an der theoretisch erkannten Gesellschaft erproben, bewähren und ausweisen muß."[31] Wie wir dank Rohrmosers schlüssiger Kritik erkennen, ist es Marcuse nicht gelungen, seinen eigenen Ansprüchen gerecht zu werden. Wie die meisten Vertreter des Neomarxismus hat er sich heillos in ein Gespinst aus Selbstwidersprüchen verstrickt, so daß am Ende seiner Überlegungen der Ausgangspunkt steht. Das als repressiv empfundene System wird durch die Einrichtung eines neuen, anderen Repressionsapparates ersetzt, der angeblich dann die Repressionsfreiheit bringen soll – irgendwann einmal, vielleicht.

Einen anderen, wenn auch nicht unbedingt überzeugenderen und letztlich auch in der Errichtung eines neuen totalitären Systems endenden Versuch einer Revision des Marxismus bot Jürgen Habermas an. Ihn hat Rohrmoser als schärfsten Revisionisten des Marxismus ausgemacht. Für Habermas ist Marx zu philosophisch, zu hegelianisch. Habermas will in seiner kritischen Theorie „jeder ontologischen und damit jeder metaphysischen Voraussetzung entraten".[32] Außerdem negiert er die Marx'sche These, das Proletariat sei Akteur der Revolution. In durchaus inkriminierenden Worten lehnt Habermas den Gedanken ab, die menschlich deformierte Arbeiterklasse könne zur Humanisierung beitragen. Zudem sei der Klassenbegriff an sich durch ständige gesellschaftliche Integration der Klassen unbrauchbar geworden, weil diese zur Verwässerung, zur Auflösung der Unterscheidbarkeit der Klassen beigetragen habe. Da Habermas nahezu alle Zentralbegriffe des Marxismus negiert, für zwischenzeitlich überholt und unbrauchbar hält, stellte Rohrmoser zu Recht fest: „Der unmittelbar naheliegende Schluß wäre doch, daß der Marxismus durch die Geschichte überholt sei, da sich Bedingungen herausgebildet haben, auf welche die Theorie von Karl Marx nicht mehr anwendbar ist."[33] So konsequent aber will Habermas nun nicht sein. Vielmehr versucht er, den „Sinn und Charakter marxistischer Theorie neu zu formulieren, indem er über alle seine bisherigen Gestalten hinausgeht".[34] Habermas meint, die Gesellschaftstheorie müsse sich vor den empirischen Wissenschaften verantworten und kritisieren lassen. Erst dadurch könne erkannt werden, ob objektive Bedingungen für eine Revolution gegeben sind. Dies entscheide sich im Gespräch der Wissenschaftler: im sog.

„herrschaftsfreien Diskurs". Erst wenn das Interesse – der Wissenschaft – an Herrschaft, damit also letztlich der Zementierung der bestehenden Verhältnisse, kybernetisch gesprochen, dem Systemerhalt, ausgemerzt sei, ist die Weiterentwicklung möglich, da eine interessengeleitete Wissenschaft nicht Motor der Aufklärung sein kann, derer sie selbst bedürfte.[35] Doch auch nach einer sozialkritisch-dialektischen Aufklärung der Wissenschaften und einer daraus folgenden Änderung der kategorialen Formen ändert sich nach Rohrmoser nichts am Dilemma des Revisionismus: Es fehlt das bei Marx noch automatisch entstehende Subjekt. Dieses „ist infolge der durch die Geschichte vollzogenen Demontage wesentlicher Voraussetzungen marxistischer Theorie gegenwärtig nicht aufzufinden."[36] Dieses Subjekt erkannte Habermas zunächst in der studentischen Subkultur, nur um kurz darauf zu erkennen, daß diese Subkultur nur Spiegelbild eben dieser Gesellschaft ist und nicht ihre Negation. Da sich das Idealbild des herrschaftsfreien Diskurses aller mit allen kaum organisieren läßt, das Proletariat auch gar nicht mehr tatsächliche Produktivkraft sei, wäre nach Habermas – in der Sukzession Horkheimers – dann eben doch die Wissenschaft an die Stelle des Proletariats getreten.

Selbst dem Naivsten müßte spätestens hier auffallen, daß nun eben unter dem Vorwand der Herrschaftsfreiheit genau das passiert, was Habermas allen anderen unterstellt: das Interesse an der Macht. Letztlich läuft dieses Modell ja nur darauf hinaus, die Macht umzuverteilen, und – wen wundert es – natürlich an diejenigen, die erst durch die Verdammung dieser Macht als solcher den Wechsel induziert hatten. Ein weiteres Problem besteht in der Forderung der Gewaltlosigkeit – a priori ein Widerspruch zum Revolutionären an sich. Rohrmoser zeigt diesen Widerspruch auf, indem er auf die Verarbeitung von Freuds Verdrängungsmechanismen in „Erkenntnis und Interesse" dergestalt hinweist, daß er feststellt, daß eine Gesellschaft, die kein Interesse an der Offenlegung ihrer angeblichen Verdrängungen hat, kaum friedlich dazu bewegt werden kann, den nötigen Aufklärungsprozeß über sich ergehen zu lassen. Die Folge ist für Rohrmoser klar:

Die bisher praktizierten Formen einer Praxis, durch welche gesellschaftlich verdrängte Interessen aktualisiert werden sollen, haben, wie bekannt, die Gestalt direkter und indirekter Gewalt angenommen. Es ist ja auch schwer einzusehen, wie man an der Affirmation von Gewalt vorbeikommen will, wenn ein als verdrängt unterstelltes Interesse durch eine Praxis in einer Gesellschaft wieder hergestellt werden soll, die diese Praxis eben nicht will. Wenn diese Gesellschaft die emanzipatorische Praxis nicht will, dann steht hinter diesem Nichtwollen der Gesellschaft eben das Interesse, sie nicht zu wollen. Und hinter der Praxis, die Emanzipation nach ihrem Verständnis will, steht zunächst auch nur das Interesse, sie zu wollen.[37] Habermas gelingt also der Ausbruch aus dem System nicht. Letztlich steht nur ein Interesse gegen ein anderes. Hier geschieht weder der erstrebte Ausbruch aus der Ontologie noch aus der Metaphysik. Habermas steht letztlich nach Rohrmosers Entzauberung als Kaiser ohne Kleider da. Das Ergebnis der Habermas'schen Denkbemühungen ist nichts anderes als die Reproduktion der die „Gesellschaft bestimmenden Grundkonstellation"[38] und damit streng genommen so gut wie nichts von dem, was sie versprechen. Im Grunde legitimiert Habermas nur eine erneute totalitäre Praxis, wenn auch unter umgekehrtem Vorzeichen. Daß die 68er in ihren Ansprüchen versagt haben, darf uns getrost beunruhigen, gilt doch letztlich das jüdische Sprichwort: „In den gegenseitigen Kämpfen der menschenfreundlichen Ideen fallen Menschen."[39]

3. Die Spätfolgen der 68er

Die Folge des Kulturkampfes war die Durchdringung und Zersetzung der Institutionen. Zu denken ist hierbei an alles, wobei es im „weitesten Sinne des Wortes um die Vermittlung von Werten und Normen geht".[40] Wird heute ein Werteverlust beklagt, aus dem klaren Gefühl heraus, tatsächlich etwas verloren zu haben, so muß man mit Rohrmoser präzisieren, daß es vielmehr um einen Wertewandel ging. Durch die Unterwanderung, den vielfach apostrophierten „Marsch durch die Institutionen" wurden traditionelle Werte unvermittelt gelassen und durch Werte einer anderen – utopisch erst zu schaffenden – sozialistischen Welt ersetzt. Diese Ersatzstoffe aber haben die Eigenschaft, die dem Surrogat immer einwohnend ist: Sie sind Täuschungen. Manchmal gelungen, manchmal nur allzu durchsichtig, in jedem Fall aber nicht das Original. Diese Täuschung besteht auch hinsichtlich des Anteils an echtem Marxismus in der Lehre der Frankfurter Sozialphilosophie. Angesichts der gänzlich unterschiedlichen geschichtlichen und ökonomischen Situation läßt sich eine Notwendigkeit für die marxistische Revolution weder begründen noch erkennen, weil eben keine Not herrscht. Merkwürdig ist – so Rohrmoser – daß die von Marx als zwingend angesehene Frage der ökonomischen Not, nachdem diese als Motivation fehlt, von den Frankfurtern kaum[41] und in ihren Konsequenzen – Verzicht auf Revolution – überhaupt nicht berücksichtigt wurde.

Der Kampf scheint in Deutschland verloren. In anderen Teilen der Welt jedoch ist die Bezeichnung „konservativ" beileibe kein Schimpfwort mehr. Zu lange haben Konservative in Deutschland ihr ureigenstes „revolutionäres Potential" nicht genützt. Einerseits aus Abscheu vor den „Linken", mit deren unfairen Methoden man sich nicht gemein machen wollte, andererseits aus Angst vor Diffamierung durch die von den 68ern maßgeblich gesteuerten Medien, um nicht in eine Ecke gestellt zu werden mit glatzköpfigen Steinewerfern. So beschränkte sich der konservative Widerstand um Rohrmoser in der Regel auf eine intellektuelle Auseinandersetzung, Analysen und Diagnosen. Die Hoffnungen, das Volk würde durch die populär dargestellten Analysen im „Ernstfall" und diversen Kleinschriften zu Themen wie Familie, Kirche, Kultur usw.[42] aufstehen und etwas zur Rettung unserer Republik unternehmen, sind Geschichte. Dem konservativen Teil des Volkes fehlt es an gelebter Perspektive, Vorbildern und Identifikationsfiguren. Nachdem auch die konservativen Politiker durch Presse und Koalitionen weichgespült sind, kann jede Perspektive auf Änderung getrost begraben werden, wenn nicht diejenigen unter den Konservativen, denen die Vitalität und die Mittel dazu gegeben sind, nun den Schritt vom Schreiben zum Tun vollziehen. Hierin könnten uns die 68er zum Vorbild werden: Sie haben für Ihre Ziele gekämpft – zu oft mit falschen und objektiv bösen Mitteln, die uns versagt sind, aber sie haben gekämpft – und – gewonnen. Vorläufig... So ist Günter Rohrmoser abschließend recht zu geben, wenn er anmerkt, daß eine Antwort auf die Herausforderung der Kulturrevolution nur dann wirksam entsprechend ist, wenn sie „selbst von der Art einer Kulturrevolution"[43] wäre.

---

[1] Vgl. Caspar von Schrenck-Notzing (Hrsg.): Günter Rohrmoser, in: ders.: (Hrsg.): Lexikon des Konservatismus, Graz – Stuttgart, S. 465.

[2] Vgl. Günter Rohrmoser: Landwirtschaft in der Ökologie- und Kulturkrise, Bietigheim/Baden 1996, S. 2.

[3] Ders.: Das Elend der kritischen Theorie, Freiburg i. B. 1970, im folgenden: „Elend".

[4] Ders.: Religion und Politik in der Krise der Moderne, Graz – Wien – Köln 1989, im folgenden: „Krise".

[5] Vgl. Günter Rohrmoser: Der Ernstfall – Die Krise unserer liberalen Republik, Frankfurt/Main, Berlin 1995, S. 19, im folgenden mit „Ernstfall" bezeichnet. Vgl. auch Günter Rohrmoser: Elend, S. 85.

[6] Vgl. ders.: Krise, S. 189 ff.

[7] Ebd., S. 190.

[8] Vgl. Theodor W. Adorno: Negative Dialektik, Frankfurt 1966, S. 313, zitiert nach Günter Rohrmoser, Elend, S. 13.

[9] Aus dieser Erkenntnis heraus verneint Rohrmoser auch nach dem Zusammenbruch des Sowjetkommunismus die Ersetzbarkeit eines ökonomischen Systems durch ein anderes als alleiniges Heilmittel der entstandenen Krise, weil die Wurzeln des ökonomisch nicht

leistungsfähigen Systems eben tiefer liegen. Gescheitert ist nach Rohrmoser eben nicht nur ein ökonomisches System, sondern im Grunde ein „quasireligiöses Projekt". „Gescheitert ist der Versuch, das Christentum durch eine neue Welt und einen neuen Menschen zu ersetzen." Vgl. Günter Rohrmoser: Glaubenskrise – Zur Lage des Christentums, Bietigheim/Baden, 1994, S. 2.

[10] Friedrich Nietzsche: Der Antichrist – Versuch einer Kritik des Christentums, Frankfurt a. M. 1986, S. 20f. Vgl. auch Karl Löwith: Von Hegel zu Nietzsche – Der revolutionäre Bruch im Denken des neunzehnten Jahrhunderts, Hamburg 91986, S. 396.

[11] Günter Rohrmoser: Elend, S. 9.

[12] Vgl. ebd., S. 54 und Karl Marx/Friedrich Engels: Manifest der kommunistischen Partei, Berlin/W. 21987.

[13] Vgl. Günter Rohrmoser: Elend, S. 54.

[14] Ebd., S. 54.

[15] Vgl. ebd., S. 57.

[16] Ebd., S. 60.

[17] Vgl. ebd., S. 23.

[18] Vgl. ebd., S. 24.

[19] Vgl. ebd., S. 24 u. 28.

[20] Vgl. ebd., S. 30 f.

[21] Vgl. ebd., S. 24 f. u. 29 f.

[22] Ebd., S. 36.

[23] Vielleicht muß eine theologische Bewertung in Anlehnung an Goethes Faust und seinen „Geist der stets verneint" tatsächlich zu dem Ergebnis kommen, die kritische Theorie sei letztlich – wie schon in ihrer Negierung aller Schöpfungsordnungen deutlich wurde – schlicht das, was sie selbst der Schöpfung und dem Schöpfer in gnostischer Verblendung unterstellt: teuflisch.

[24] Günter Rohrmoser: Elend, S. 36.

[25] Vgl. ebd., S. 64.

[26] Ebd., S. 65.

[27] Ebd., S. 66.

[28] Vgl. ebd., S. 71.

[29] Vgl. ebd., S. 78 f.

[30] Vgl. ebd., S. 79.

[31] Zitiert nach: Günter Rohrmoser: Elend, S. 64.

[32] Ebd., S. 89.

[33] Ebd., S. 90.

[34] Ebd., S. 91.

[35] Vgl. ebd., S. 92 f.

[36] Ebd., S. 94.

[37] Ebd., S. 101.

[38] Ebd., S. 102.

[39] Zitiert nach: Andreas Späth: Luther und die Juden, Bonn 2001 (= Biblia et symbiotica, Band 18), S. 109.

[40] Günter Rohrmoser: Ernstfall, S. 321.

[41] Vgl. Günter Rohrmoser: Elend, S. 72 f.

[42] Günter Rohrmoser: Eine Republik kollabiert – Die Erosion der Gemeinsamkeiten, Band I: Familie, Band II: Demokratie, Band III: Nation, Band IV: Christentum, Band V: Kultur, Bietigheim/Baden 1995.

[43] Günter Rohrmoser: Ernstfall, S. 320.

Der „Bund Freiheit der Wissenschaft" und die „Notgemeinschaft für eine freie Universität" im Widerstand gegen die Achtundsechziger

Von Till Kinzel

1. Schattendasein in der Geschichtsschreibung

Es ist symptomatisch für den geistigen Zustand der deutschen Historiographie, daß es bisher in Deutschland keinerlei nennenswerte, geschweige denn öffentlichkeitswirksame, Aufarbeitung der „anderen" Geschichte seit der Kulturrevolution der sechziger Jahre gibt, also der Geschichte derjenigen, die in der einen oder anderen Form den Aktionen und Ideen dieser Rebellion und Revolution an deren hauptsächlichem Erscheinungsort, den Universitäten und Hochschulen, aktiv entgegenwirkten. Gibt es in den USA inzwischen immerhin Ansätze zu einer solchen Geschichtsschreibung, fällt ein Blick in die hiesige Historiographie ernüchternd aus. Während z.B. in einer einschlägigen – freilich durch eine linke Grundtönung gekennzeichneten – Darstellung der deutschen Kulturgeschichte mit viel Liebe zum Detail die gegen die bürgerliche Gesellschaft gerichtete Protest- und Widerstandskultur geschildert wird, bleiben für die kurzen Erwähnungen bürgerlich-demokratischen Selbstbehauptungswillens lediglich mit negativen Assoziationen belegte Charakterisierungen übrig. So liest man etwa, die – offenbar lobenswerte – Emanzipationspädagogik sei insgesamt das Opfer einer von konservativer Seite systematisch betriebenen Diffamierungsstrategie geworden, mit dem Ziel der grundsätzlichen Aushebelung kritischen Denkens, oder der im Januar 1972 gefaßte „Beschluß zur Verfassungstreue im öffentlichen Dienst" habe ein „Einschüchterungsklima" geschaffen.[1]

Im Einklang mit diesem Befund führen auch der Bund Freiheit der Wissenschaft (BFW) bzw. die *Notgemeinschaft für eine freie Universität* (NofU)[2] eher ein Schattendasein in der einschlägigen Literatur,[3] die vielfach noch nicht über den Status sogenannter Erinnerungs- bzw. Bewältigungsliteratur von Zeitzeugen hinausgekommen ist.[4] So findet sich etwa in Gerd Koenens voluminöser und höchst informativer Darstellung des „roten Jahrzehnts" von 1967 bis 1977, die aus der Sicht

eines ehemaligen maoistischen Insiders das ganze Spektrum links-
extremistischer Organisationen und Zirkel aufblättert, lediglich eine
einzige Erwähnung des BFW; in diesem Verein, so heißt es dort
immerhin, habe sich „ein trotziges, schwer gezaustes Fähnlein der
Ungebeugten" gesammelt.[5] Allerdings erfährt der von der Geschichte
unbeleckte heutige Leser nichts weiter über jene, die doch offenbar über
eine gehörige Portion Mut und Tapferkeit verfügt haben mußten, wenn
sie sich als Fähnlein der Aufrechten gegen die Zerstörung der
Demokratie im Namen des Marxismus zur Wehr setzten und mit
Bestimmtheit auf die „Holzwege der Kulturrevolution" (Hermann
Lübbe) aufmerksam machten. Dort, wo der Widerstand von BFW bzw.
NofU gegen die Achtundsechziger beispielsweise im Kontext der
Geschichte der Freien Universität Berlin – hier ging es um die
Abwendung der marxistischen Umfunktionierung und Politisierung
der FU zu einer „Kritischen Universität"[6] – thematisiert wird, finden
sich in Beschreibungen und Werturteilen z.t. groteske Verzeichnungen
der wirklichen Lage. So charakterisiert der offizielle FU-Historiker
James Tent zwar einerseits die damaligen Auseinandersetzungen zu
Recht als einen „Kampf um die Herzen und Hirne der Bürger",
andererseits behauptet er aber, selbstverständlich ohne Beleg, für die
Mitglieder der NofU seien die Linksradikalen „ohnehin Teufel in
Menschengestalt" gewesen, womit ein historisches Verständnis ihres
Anliegens eher verhindert wird.[7] Die politische Dimension dieses
Kampfes um die Herzen und Hirne der Bürger, und damit um die
ideellen Voraussetzungen der freiheitlichen Demokratie, wird dadurch
nur unzureichend erfaßt. Demgegenüber sind die nüchternen
Bemerkungen Jeffrey Herfs leider nur knapp geraten: An den
Universitäten habe die Tendenzwende ihren organisatorischen und
intellektuellen Mittelpunkt im BFW gefunden, dessen Mitgliedschaft er
als „linksliberal bis rechtsliberal" einschätzte. Herf wertete die
Argumente, die etwa von Thomas Nipperdey, Wilhelm Hennis und
Helmut Schelsky gegen die Demokratisierung der Hochschulen
vorgetragen wurden, als „sicherlich konservativ", also als „Argumente
einer intellektuellen ‚Rechten'". Doch fügte er sogleich zutreffend hinzu,
daß diese „Rechte" westlich geprägt und daher auf liberale Prinzipien
eingeschworen war, also nichts gemein hatte mit den vorherrschenden
Traditionen des „deutschen Konservatismus" vor 1945.[8] Exemplarisch
wird dies durch den Umstand verdeutlicht, daß Edith Eucken-Erdsiek,
die zu den Gründern des BFW zählte, in ihrem in mehreren Auflagen
verbreiteten Buch über die Kulturrevolution ihre Kritik gleichermaßen
gegen Ideologien des Linksradikalismus wie der Konservativen

Revolution richtete, weil beide zu einer „Verketzerung des Rechtsstaates" beitrügen statt einen Damm gegen die Gewalt zu errichten.[9]

Die umfassende historische Aufarbeitung des Widerstandes gegen die 68er-Revolte steht also noch aus; dazu müßten auch die umfassenden Aktenbestände der Notgemeinschaft und des BFW konsultiert werden, die sich heute im Archiv der *Hoover Institution on War, Revolution and Peace* in Stanford befinden. Johannes Theißens Dissertation zum Thema (siehe Anm. 4) von 1984 bleibt bis dahin die einzige größere Arbeit, die trotz gelegentlicher Betulichkeiten immer noch das materialreichste Kompendium zur Geschichte des BFW liefert, dabei aber keine genuin historische Betrachtung des Materials bietet. Im folgenden sollen und können daher mit Schwerpunkt auf Ereignisse in Berlin lediglich einige Schlaglichter auf die Geschichte des Bundes Freiheit der Wissenschaft geworfen werden. Dabei stütze ich mich z.T. auf Befragungen von Zeitzeugen, zum anderen auf die vom BFW bzw. der NofU herausgegebenen – oft „grauen" – Publikationen, darunter auch umfangreiche Pressespiegel und Dokumentationen universitärer Vorkommnisse.[10] Diese Skizze bedarf der Ausfüllung durch lokal- und regionalgeschichtliche Untersuchungen der Geschehnisse an den einzelnen Universitäten, die auch die jeweiligen hochschulrechtlichen Rahmenbedingungen im gebührenden Maße berücksichtigen müßten, was hier aus pragmatischen Gründen unterbleiben muß. Erste Schritte dazu wären auch autobiographische Schilderungen der damals Beteiligten, die oft noch über wertvolles Archivmaterial aus der Phase der heißen Auseinandersetzungen verfügen mögen. Der Hauptzweck der folgenden Erörterungen ist es demgegenüber, zunächst einmal überhaupt an ein unterbelichtetes Kapitel der deutschen Geschichte seit 1968 – den organisierten akademischen Widerstand gegen den Linksradikalismus – zu erinnern. Dies ist um so nötiger, als zunehmend unter dem Einfluß der in die obersten Chargen der bundesdeutschen Gesellschaft eingerückten linken Altrevolutionäre und deren Sympathisanten selbstgestrickte Legenden zu gleichsam staatstragenden Gründungsmythen zu avancieren drohen, so als wären die 68er die ersten wahren Demokraten der deutschen Geschichte. Exemplarisch seien hier nur genannt Außenminister Joseph Fischers nachgerade peinliche und geschichtsklitternde Apostrophierung seiner damaligen staatsfeindlichen Aktivitäten als Teil einer „Freiheitsbewegung";[11] aber auch schon die linkspolitischen Geschichtsschreibungsversuche in Sachen Freie Universität, gegen die seitens der Notgemeinschaft früh protestiert wurde, können hier angeführt werden.[12] Bernd Rüthers spricht in diesem

Zusammenhang nicht zu Unrecht von dauerhaften „Sozialisations-kohorten mit eigenwilligen literarischen Geschichtsverfälschungen". Hätte nämlich die 68er-Bewegung schon damals gesiegt, so Rüthers, „wäre es jedenfalls mit der Freiheit in der Bundesrepublik Deutschland schlecht bestellt gewesen."[13] Zeitzeugen der damaligen Ereignisse an den Universitäten erlebten so auch „jedenfalls mehr Gewalt und Unordnung als Demokratiestreben" – von einer Freiheitsbewegung konnte nur insofern die Rede sein, als es um die Freiheit von Leistungs- und Prüfungsansprüchen ging.[14]

2. Gründung gegen Systemveränderung und Militanz

Schon geraume Zeit vor dem *Bund Freiheit der Wissenschaft* war am 13.12.1969 im Dekanat des Klinikums Steglitz die *Notgemeinschaft für eine freie Universität*[15] gegründet worden, die dann bis Ende 1990 als Berliner Sektion des BFW fungieren sollte. Am 9.2.1970 wurde ihre erste Mitgliederversammlung im Rathaus Tiergarten abgehalten, auf der folgende Ziele des Vereins beschlossen wurden: „1. die Freiheit von Forschung, Lehre und Lernen zu wahren und zu fördern; 2. die Öffentlichkeit über die Lage der von Unterwanderung und Terror bedrohten Hochschulen aufzuklären; 3. gegen die gefährliche Tendenz einer Politisierung der Wissenschaft Reformen zu entwickeln und durchzusetzen, die eine freie und leistungsfähige Hochschule gewährleisten."[16] Die Gründung des Vereins war Alexander Schwan zufolge eine Reaktion auf „zunehmende Militanz, Infiltration, Absolutheitsansprüche, doktrinäre und reaktionäre Tendenzen" der linken Studenten und ihrer Hochschulgruppen, die ein diametral anderes Verständnis von Wissenschaft propagierten, das auf Systemveränderung und Systemüberwindung zielte.[17]

Die linken „Revoluzzer" – vor allem Angehörige der sogenannten Neuen Linken, dann aber auch mit zunehmender Ausdifferenzierung der Protestbewegung vielfach Kommunisten unterschiedlicher Spielart (inklusive der moskautreuen)[18] – und ihre Sympathisanten hatten in der Regel ein untrügliches Gespür dafür, wer ihre schärfsten Gegner in der politischen Auseinandersetzung waren. Der BFW bzw. in Berlin die Notgemeinschaft gehörten zweifellos zu diesen, weshalb das ganze Arsenal antifaschistischer Gesinnungstüchtigkeit und auch Gewaltbereit-schaft gegen die angeblich „rechtslastigen Professoren als Propa-gandisten rechtsradikalen Gedankenguts" mobilisiert wurde. Eine Schlüsselrolle bei der Agenda-Setzung kam dabei einem sogenannten

Gutachten zu, daß der Marburger Politologe Reinhard Kühnl über den BFW verfaßt hatte, um diesen als „braun" stigmatisieren zu können. Kühnl, der in einem umstrittenen Verfahren in Marburg habilitiert worden war,[19] behauptete in seinem Text, daß der BFW zwar nicht insgesamt als eine faschistische Organisation zu bezeichnen sei, es sich dennoch um eine „extrem reaktionäre Organisation" handele, die den Boden für den Faschismus bereite – was in der antifaschistischen Praxis keinen nennenswerten Unterschied machte.[20]

Bereits im Winter 1972/73 sprach der Bund in einer gemeinsamen Stellungnahme der Sektion Heidelberg und der NofU von einer „Hetz- und Verleumdungskampagne" gegen den BFW und von „Terror gegen einzelne Mitglieder", wobei Beleidigung, Körperverletzung, Nötigung und Freiheitsberaubung nur „die strafrechtlichen Spitzen eines Eisberges von Psychoterror und Nervenkrieg" seien. Insbesondere wandte sich der Bund gegen seine wohl von kommunistischer Seite lancierte Diffamierung als „neue Nazi-Kraft" oder „brauner Bund", indem er darauf hinwies, daß dieser Vorwurf fehl am Platze sei: „Angesichts des persönlichen Schicksals eines großen Teils der Mitglieder des Bundes während des Dritten Reiches ist dieser Vorwurf in besonderem Maße infam und absurd."[21] Jene wohlfeil als „rechtslastig" apostrophierten Professoren waren nun allerdings in der Tat eher klassische Liberale, Sozialdemokraten und Konservative, die sich, auf dem Hintergrund ihrer persönlichen Erfahrungen mit der nationalsozialistischen Terrorherrschaft und mit der kommunistischen Diktatur den auch gewaltbereiten linksradikalen Bestrebungen nicht unterwerfen wollten, darunter z.B. sogenannte rassisch Verfolgte wie der Kunsthistoriker Otto von Simson, der ZDF-Journalist Gerhard Löwenthal[22] oder die Politikwissenschaftler Ernst Fraenkel[23] und Richard Löwenthal.[24] Auch Ernst Nolte war anfangs durchaus nicht der Konservative, als der er heute erscheint; wies er doch 1970 ausdrücklich darauf hin, daß er es keineswegs als Verleugnung früherer Überzeugungen betrachte, zu den Initiatoren des BFW zu gehören – „Seite an Seite mit Männern wie Richard Löwenthal, Heinz-Dietrich Ortlieb und Wilhelm Hennis, von denen der eine der hervorragendste Sprecher der Gruppe *Neubeginnen*, der zweite ein Mitarbeiter des Ruf und der dritte ein Mitbegründer des SDS war".[25] Richard Löwenthal erläuterte denn auch in einer Erklärung des SPD-Pressedienstes vom 6. Juli 1970 das entscheidende Motiv für ihren Widerstand folgendermaßen: „Die Älteren unter uns haben schon einmal den Prozeß des Verfalls und der Anpassung erlebt, der einsetzt, wenn ein demokratischer Staat keinen Willen zur Selbstverteidigung zeigt. Weil wir nicht wollen, daß sich das wiederholt, darum wollen die

Teilnehmer der Bonner Tagung rechtzeitig die öffentliche Diskussion über die wirkliche Entwicklung an den Hochschulen in Gang bringen."[26] Richard Löwenthal, dem wir auch eine klassische Analyse der Studentenrebellion als eines „romantischen Rückfalls" verdanken,[27] wies allerdings ebenso darauf hin, daß es bei der Abwehr der weitverbreiteten „systemfeindlichen" Haltung großer Teile der Jugend um mehr gehe als „eine Frage des Muts zum Widerstand gegen die Feinde der Demokratie". Zwar bedürfe es kämpferischer Demokraten, die ihren Gegnern unabhängig von deren oft ehrenwerten Motiven entgegentreten, doch müßten darüber hinaus auch die durch eigene Schwächen gefährdeten Institutionen reformiert werden. Schließlich aber, betonte Löwenthal, könne die Auseinandersetzung mit der Gefahr nicht gelingen, wenn man nicht „auf die Frage nach dem Sinn, nach der Glaubwürdigkeit der Werte unserer Gesellschaft eine überzeugende Antwort geben" kann, ein Aspekt, den Schelskys Lagebestimmung zu deren Nachteil vernachlässigt habe.[28]

Ein Beispiel für die vom BFW beklagte Hetze stellte eine Agitationsbroschüre des *Kommunistischen Studentenverbandes* (KSV) an der Universität Köln vom Wintersemester 1972/73 dar, in der dieser erklärte, der KSV werde „durch massive Aktionen gegen einzelne Vertreter oder einen ganzen Klüngel des *Bundes Freiheit der Wissenschaft* der Bourgeoisie dieses besonders widerwärtige Instrument aus der Hand schlagen".[29] Um sich einerseits vor kommunistischer Unterwanderung wie auch vor solcherart angekündigten direkten Übergriffen zu schützen, trat die Berliner Notgemeinschaft der Öffentlichkeit gegenüber nur mit einer Postfach-Adresse auf; ebenso wurden nach außen hin nur die Namen der Vorstands- und Beiratsmitglieder publik, nicht aber die der vielen Mitglieder. Dies führte dazu, daß die Arbeit der Organisation im wesentlichen ungestört verlief, aber auch den linken Gegnern die Gelegenheit bot, die Notgemeinschaft als einen „Geheimbund von 1968 verprellten Professor(Inn?)en" (sic) darzustellen, innerhalb dessen die „Wissenschaftliche Gesellschaft" als „Geheimgesellschaft innerhalb der Geheimgesellschaft" ausgemacht wurde. Kein Wunder also, wenn die linken Kritiker in ihrer üppig blühenden Phantasie sich „eine größere Geheimbündelei" als die der NofU nicht vorstellen konnten[30] und sich sogar dazu verstiegen, wie Wolfgang Fritz Haug unter Berufung auf Althusser die NofU als „Staat im Staate" zu bezeichnen, als „ein Stück privater repressiver Staatsapparat", bei dem es sich gleichsam um einen privat angemaßten Verfassungsschutz gehandelt habe.[31] Um dieser perhorreszierten Bedrohung entgegenzuwirken, setzte die Linke auf öffentlichkeitswirksame Aktionen wie z.B. noch im Juni 1983 ein sogenanntes „Nofu-Tribunal" an der FU Berlin, zu dem aufgerufen wurde, weil am Otto-Suhr-Institut ein Mitglied der Notgemeinschaft angestellt worden war. Diesen bezeichneten die linken Flugblattschreiber als Spitzel; zugleich warnten sie in genretypischer Diktion vor „allen weiteren NofU-Strolchen", die angeblich durch die Gänge des Instituts schleichen würden. Es komme darauf an nachzudenken, „welche Gegenmaßnahmen wir ergreifen können, wollen, sollen, müssen ..."[32]

3. Bürgerlicher Widerstand aus liberalem Geist

Der Widerstand des *Bundes Freiheit der Wissenschaft* war nun aber keineswegs, wie bereits erwähnt, ein grundsätzlich konservativer Widerstand, wie es – um von der einschlägigen DDR-Rezeption mit ihren vorhersagbaren Stereotypen zu schweigen[33] – die lange wirksame linke Antifa-Agitation nahelegt. Vielmehr rekrutierten sich die Mitglieder dieser Vereinigung aus Mitgliedern und Sympathisanten aller demokratischen Parteien,[34] wobei nach Wilhelm Hennis besonderer Wert darauf gelegt wurde, daß die prominenten Vertreter des BFW nicht „über den Parteien" schweben, sondern als Parteimitglieder gute Verbindungen zu den jeweiligen Führungsorganen besitzen sollten.[35] Etliche linke Sozialdemokraten sahen dies mit Unbehagen, so daß beispielsweise ein später prominenter Politiker, der damalige designierte Wissenschaftsminister von Nordrhein-Westfalen, in den Initiatoren des Bundes abwertend lediglich „konservative Figuren" zu sehen vermochte.[36] Die Mitglieder waren sich diesen Umständen entsprechend zunächst nur in dem gemeinsamen Anliegen einig, die Freiheit der Wissenschaft gegen gewaltsame Eingriffe seitens der studentischen Revolutionäre sowie gegen verhängnisvolle Universitätsgesetze zu verteidigen. In allgemeinpolitischen Fragen, z.B. der Wirtschafts-, Sozial- oder Außenpolitik gab es daher unter den Mitgliedern ebensowenig eine einheitliche Meinung wie in wissenschaftstheoretischer Hinsicht. Auch waren unter den Professoren, die sich dem Bund anschlossen, solche, die sich zunächst als Promotoren einer auch von ihnen für nötig befundenen Universitätsreform betätigten (wie z.B. Alexander Schwan) – was von den linken Kritikern dadurch zugestanden wurde, daß man in nachgerade klassischer Weise zwischen den subjektiv ehrlichen Überzeugungen einzelner Mitglieder und den vom Klassenstandpunkt aus objektiven Funktionen des BFW unterschied.[37]

Bereits im Vorfeld der Gründung des BFW war eine Vorbereitungskommission mit den nötigen Arbeiten beauftragt worden, in deren Namen im Juli 1970 eine DIN A 5-Broschüre mit dem Titel „Bund Freiheit der Wissenschaft" herausgebracht wurde, die einen offenen Brief an die Vorsitzenden der im Bundestag vertretenen Parteien mit einem Gesprächsangebot enthielt, einen Pressespiegel erster Reaktionen sowie einen grundlegenden Artikel Hermann Lübbes wider das hochschulpolitische Mitläufertum, der zu Zivilcourage aufrief und forderte, durch Organisation eines Gruppenrückhalts seitens der Professoren das Nein der vielen Einzelnen zu einer politisch unüberhörbaren Lautstärke zusammenzufassen.[38] Im Gründungsaufruf zum Gründungskongreß am 18. November 1970 in Bad Godesberg[39] machten die Unterzeichner dann ausgesprochen ausgewogen argumentierend deutlich, daß der Prozeß der Demokratisierung „notwendig" und „unaufhaltsam" sei, also auch von ihnen nicht abgelehnt werde.[40] Zugleich wandten sie sich aber gegen einen „anderen Begriff der Demokratisierung", der zum Verderb des ersteren geführt habe, ein Begriff, der darauf ziele, die Wissenschaft auf die Parteinahme in einem angeblichen Kampf zwischen Gut und Böse festzulegen. So gestanden die BFW-Gründer im Einklang mit ihren an sich liberalen Überzeugungen ausdrücklich zu, daß „der Marxismus einen legitimen Platz an der Hochschule" habe, was dann allerdings mit der Einschränkung versehen wurde: „sofern er sich als selbstkritische Methode der Erkenntnis versteht, nicht dagegen als fanatischer Anspruch auf Alleinbesitz der Wahrheit oder gar als militanter Aktionismus."

4. Wissenschaft gegen politische Schwärmerei

Der BFW wies die Kritik der linken Studenten und ihrer akademischen Ziehväter an der „bürgerlichen" Wissenschaft ebenso zurück wie die an der angeblich bloß „formalen" Demokratie in der Bundesrepublik. Gegen die „unbegrenzte Mitbestimmung der Studenten" richtete sich der Bund, weil er darin das Brecheisen sah, mit dem die deutsche Universität als die schwächste Institution der bundesdeutschen Gesellschaft aus den Angeln gehoben werden könne. Der Bund leugnete keineswegs die gesellschaftliche Verantwortung der Wissenschaft und redete auch nicht einer unpolitischen Wissenschaft das Wort. Vielmehr gründete sich der Bund auf die Überzeugung, daß es einen untrennbaren Zusammenhang von Freiheit der Wissenschaft und freiheitlicher Demokratie gebe. Das Anliegen der Aufklärung über die tatsächlichen Zustände an den Universitäten aus Sorge nicht nur um die Freiheit der Wissenschaft, sondern auch um die Zukunft des freiheitlichen Staates galt es zu verteidigen, und nur in diesem präzisen Sinne war der BFW von Anfang an „reaktionär": „Vernunft ist eine Reaktion gegen Unvernunft, Staat eine Reaktion gegen Anarchie, Wissenschaft eine Reaktion gegen bloße Emotion oder prätentiöse Absolutheits-ansprüche."[41] Somit kann der hochschulpolitische Kampf des BFW als ein Kampf gegen die „neue Gegenaufklärung" verstanden werden, wie Hermann Lübbe das bemerkenswerte Phänomen charakterisierte, daß ausgerechnet die sogenannte kritische Intelligenz einem Neo-Obskurantismus marxistischer Spielart anheimgefallen war.[42] Das Anliegen des *Bundes Freiheit der Wissenschaft* konnte so, wie Bernd Rüthers, Gründungsmitglied der NofU, sagt, als Versuch verstanden werden, „der drohenden Vorherrschaft des Ideologischen über die rationale Erkenntnissuche Widerstand entgegenzusetzen". Und aus der Perspektive des Jahres 1991 schätzte Rüthers diesen Widerstand immerhin als „nicht völlig erfolglos" ein.[43]

Während einer der studentischen Radikalen aus dem Umfeld der sogenannten undogmatischen Linken, Bernd Rabehl,[44] noch 1988 positiv von all den Bruchstücken „einer Emanzipationstheorie, des Marxismus, Anarchismus, der Kritischen Theorie", von den „Mutmaßungen über Entfremdung und Subsumtion, von Gegengewalt und der Entdeckung ‚neuer Kontinente'" schwärmen konnte, gegen welche von seiten der Bürgerlichen, der CDU, „die Ordnungsvorstellungen einer konservativen Anthropologie und Staatswissenschaft gesetzt" worden seien, hatten andere bereits lange vorher erkannt, was sich wirklich abgespielt hatte.[45] So hatte etwa der Philosoph Reinhart Maurer 1977 nüchtern festgestellt, daß die Utopie des herrschaftsfreien Diskurses zu jenem unsäglichen Unsinn pervertiert sei, „der im Namen der Herrschaftsfreiheit und Emanzipation in den letzten Jahren im deutschen Bildungswesen, vor allem an den Hochschulen praktiziert worden ist", und wies – mit dem Beispiel der FU vor Augen – zum Beleg lakonisch darauf hin, „welcher Typus dort unter dem Titel Herrschaftsfreiheit zur *Herrschaft* gekommen ist".[46]

5. Die praktische Arbeit des Widerstandes: Mißstände publik machen, Lageanalysen erstellen, Reformvorschläge erarbeiten

Der Widerstand des *Bundes Freiheit der Wissenschaft* gegen die negativen Auswirkungen der Kulturrevolution im Bereich der Universitäten fand auf mehreren Ebenen statt. Einerseits ging es darum, Lagebestimmungen vorzunehmen, d.h. vor allem auch Mißstände einer breiteren Öffentlichkeit bekannt zu machen, also für eben für jene Transparenz zu sorgen, die von der Linken selbst immer eingefordert wurde, wenn es in ihrem Interesse schien.[47] Die Verbreitung kritischer Analysen zu den kulturrevolutionären Bestrebungen an den Hochschulen verfolgte somit das Ziel, im Kampf um die kulturelle Hegemonie der Linken das Feld nicht kampflos zu überlassen. Die Aufklärung über die universitären Mißstände erfüllte zugleich auch eine Schutzfunktion für die einzelnen Hochschullehrer, die so Solidarität erfuhren sowie durch die Verbreitung von Pressemeldungen durch NofU und BFW über bessere technische Möglichkeiten zur Herstellung von Öffentlichkeit verfügten. Dieses Herstellen von Öffentlichkeit geschah oftmals gegen die Wünsche der Hochschulleitungen, die auf diese Weise an die Fürsorgepflicht gegenüber den Universitätsangehörigen gemahnt wurden.

Andererseits ging es um konstruktive Vorschläge, um der Herausforderung der „Demokratisierung" angemessen zu begegnen. Ein Beispiel dafür sind etwa Richard Löwenthals „Grundlinien für eine sinnvolle Hochschulreform", die der BFW 1971 herausbrachte. Löwenthal war vom Deutschlandfunk eingeladen worden, dieses Thema aus der Sicht des BFW in fünf Vorträgen darzustellen, was er zu der Klarstellung nutzte, daß sich der Bund durch konstruktive Beiträge zur Hochschulreform an der gesellschaftlich-politischen Diskussion beteilige, etwa durch eine Stellungnahme zum Entwurf eines Bundeshochschulrahmengesetzes. Löwenthal wies aber zugleich auch die Diffamierungsversuche des politischen Gegners zurück und verband dies mit einer allerdings übermäßig optimistischen Einschätzung hinsichtlich deren Wirkungslosigkeit:

> *Das Geheul von interessierter Seite, das diese Organisation kämpferischer hochschulpolitischer Liberaler aus allen demokratischen Parteien als Bestandteil eines reaktionären ,Rechtskartells' oder gar als ,akademische NPD'[48] zu diffamieren suchte, hat denn auch schon nach wenigen Wochen aufgehört, außerhalb des Kreises seiner linksradikalen Urheber Glauben zu finden.*[49]

Die von Anfang an deutliche Abgrenzung des BFW von Links- und Rechtsextremisten, basierend auf dem satzungsgemäßen Bekenntnis zur freiheitlich demokratischen Grundordnung der Bundesrepublik, trug dem Verein, wie Theißen schreibt, „wütende Attacken der NPD, z.B. ganzseitige Artikel gegen den BFW in der *Deutschen National-Zeitung* ein".[50] Gleichwohl gehörte die von Löwenthal angeführte Etikettierung des BFW fortan zum Standardrepertoire seiner linken bis linksradikalen Gegner, was sich etwa im Gründungsaufruf des *Bundes demokratischer*

Wissenschaftler (BdWi) widerspiegelt, welcher im Juli 1972 als Gegenorganisation zum BFW gegründet worden war. Hier hieß es: „Konservative und Reaktionäre, denen es ausschließlich um Privilegien geht, haben sich im *Bund Freiheit der Wissenschaft* organisiert, der jeden Schritt in Richtung auf mehr Demokratie mit allen Mitteln zu verhindern trachtet." Unter dem Schein der Verteidigung der Freiheit der Wissenschaft und mit Hilfe restaurativer Kräfte in Wirtschaft, Parteien und Staat werde tatsächlich „die verfassungsmäßige Ordnung ausgehöhlt."[51] Im Einklang mit der hinter dieser Rhetorik verborgenen klassischen Volksfrontpolitik und der entsprechenden – bis heute wirksamen, wenn auch durch den Niedergang des östlichen Sozialismus vorübergehend geschwächten – Auflösung des Antitotalitarismus verwahrte sich einer seiner Vorsitzenden, Walter Jens, vor einer Abgrenzung von linken Extremisten: „Ich würde mich aber per se gegen jede Verteufelung von Kommunisten wehren und mir – mit Blick auf sehr viele DKP-Mitglieder – keine Abgrenzung nach links anmaßen."[52] Der BdWi demonstrierte so entschieden eben jene Erosion der Abgrenzung vom Extremismus, die die politische Kultur der Folgejahre prägen sollte – mit bis heute nachwirkenden Tendenzen zur Verharmlosung des Kommunismus.

Sollten die Gegner des Bundes noch Jahre später die Behauptung aufstellen, Sinn und Zweck des Vereins sei es von vornherein gewesen, die „Freiheit der Wissenschaften" „den Interessen des Wirtschafts- und Finanzkapitals sowie den Interessen reaktionärer politischer Kräfte zu *unterstellen*",[53] so hatte Löwenthal bereits 1971 namens des BFW offensiv die Auffassung vertreten, die Universität habe sehr wohl auch die Aufgabe, die Studenten „auf ihre Rolle als kritisch-aktive Bürger einer Demokratie" vorzubereiten. Er erkannte ausdrücklich das Desiderat überfachlicher Menschenbildung an; auch sei die Forderung nach menschlicher und gesellschaftlicher „Relevanz", d.h. Einordnung des jeweiligen Faches in einen übergeordneten Zusammenhang, „die legitimste aller Forderungen der studentischen Bewegung" gewesen. Er fügte freilich hinzu, die Befriedigung dieser Forderung dürfe nicht den falschen Propheten und totalitären Demagogen überlassen werden, die in rechtsstaatlichen Spielregeln bloß „formale" Prinzipien der Demokratie sahen.[54] Bereits die im Vorfeld der Gründung des BFW durch die *Wissenschaftliche Gesellschaft* am 21./22. Juni 1970 in Bonn organisierte Tagung machte durch ihren programmatischen Titel „Gegen Elfenbeinturm und Kaderschmiede" deutlich, was auch später die Zielsetzung des BFW kennzeichnen sollte. Die Kritik am Elfenbeinturm zeigte sich daher schon von Anfang an auch an dem dauerhaften

Interesse, das z.B. Probleme der Schulpolitik und der Lehrerausbildung für den BFW hatten.[55] Dieses Interesse verdankte sich wohl der u.a. von Wolfgang Brezinka formulierten Einsicht, daß die Linke nach dem Prinzip „durch Kulturrevolution zur Gesellschaftsrevolution!" agierte,[56] und so fand sich beispielsweise in der Verbandszeitschrift „Freiheit der Wissenschaft" eine regelmäßige Berichterstattung über aktuelle Schulbücher, die z.T. von der „kritisch-emanzipatorischen Pädagogik" beeinflußt waren.[57]

Beispiele für die Information der Öffentlichkeit sind vor allem die zahlreichen Zusammenstellungen von Zeitungsartikeln („Die Notgemeinschaft empfiehlt zur Lektüre"), Originalberichten bzw. Dokumentationen der Ereignisse (etwa Sprengungen von Vorlesungen oder Seminaren) an den Universitäten, die in z.T. hohen Auflagen an ein breites Publikum verteilt wurden.[58] Insbesondere die Fortsetzungs-berichte über die „Freie Universität unter Hammer und Sichel" erlangten dabei notorische Bekanntheit und trugen der Notgemeinschaft den Vorwurf ein, in unverantwortlicher Weise zu übertreiben.[59] Die Mitglieder der NofU verteilten sogar gelegentlich morgens Aufklärungs-material vor Berliner Großbetrieben oder an U-Bahn-Stationen.[60] Zusätzlich wurde die Bevölkerung durch in den Tageszeitungen ge-schaltete Anzeigen und durch Anschläge an Litfaßsäulen über die Zustände an den Hochschulen informiert.[61] Dazu gehörte aber auch, um den öffentlichen Druck auf die Politiker zu erhöhen, das Sammeln von Unterstützerunterschriften auf Postkarten mit einer „Solidaritäts-erklärung", die tiefe Sorge über die Entwicklung an den Berliner Universitäten zum Ausdruck brachte und die verantwortlichen Politiker aufforderte, „unverzüglich die Freiheit von Lehre und Forschung wiederherzustellen, dafür zu sorgen, daß die geltenden Gesetze beachtet werden, damit die Universitäten nicht von Feinden der Demokratie für ihre Ziele mißbraucht werden, das Universitätsgesetz unverzüglich so zu ändern, daß die Universitäten die ihnen in einer freiheitlich-demokratischen Gesellschaft obliegenden Aufgaben wieder ordnungs-gemäß erfüllen."[62] Schließlich dienten die Zeitschriften des *Bundes Freiheit der Wissenschaft* der Verbreitung kritischer Analysen, zunächst das kleinformatige Informationsblatt „Moderator", später die „Freiheit der Wissenschaft".

Es gehörte zur politpsychologischen Einschüchterungsstrategie der studentischen Radikalen der Zeit um und nach 1968, unter dem Deckmantel der Forderung nach offener Diskussion oder gar nach „herrschaftsfreier Kommunikation" mittels Gewalt oder latenter Gewalt-androhung jede sachliche Diskussion abzuwürgen.[63] Vorlesungsstörungen – rationalisiert durch eine generelle Kritik an der angeblich autoritären Lehrform – entwickelten sich zu einer neuen Form studentischer Unkultur. Eine größere Zahl von Professoren, darunter auch Mitglieder des BFW oder ihm nahestehende Hochschullehrer, mußten als angebliche „Reaktionäre" teilweise – euphemistisch formuliert – erhebliche Einschränkungen ihrer Lehrtätigkeit seitens der studentischen Revolutionäre und ihrer Mitläufer hinnehmen.[64] Hans Maier beklagte im Frühjahr 1972 in einem Brief an den damaligen Bundesminister für Bildung und Wissenschaft, Klaus von Dohnanyi, diesen Umstand und verwies zum Beleg auf die dokumentierten Fälle der Professoren Baeyer-Katte, Bellinger, Conze, Landmann, Lobkowicz, Nolte, Pabst, Quaritsch, Rüthers, Sanmann, Sauermann, Scheuch, Schlosser, Schwan, H.P. Schwarz, E. Wolff, Tenbruck und Zerche.[65] In Berlin wurden so die Lehrveranstaltungen Ernst Noltes regelmäßig – eine Form neuer „Normalität" – gestört,[66] aber auch Professoren wie der Anglist Manfred Scheler, der als „äußerster Reaktionär" verunglimpft wurde, mußten jahrelang unter Polizeischutz ihre Vorlesungen z.T. an geheimen Orten abhalten, um nicht von den in der Anglistik besonders militanten Kommunisten (Rotzang = Rote Zelle Anglistik) an der Unterrichtstätigkeit gehindert zu werden.[67] In Nr. 4/1974 seiner „Materialien zur Schul- und Hochschulpolitik" dokumentierte der BFW gewalttätige Rechtsbrüche und Schmierereien an deutschen Universitäten sowie auch höchst aggressive Äußerungen kommunistischer Studenten gegen Prof. Scheler, die hier an Stelle zahlreicher anderer Beispiele zitiert werden sollen, um die damalige Situation, in der solches möglich war, zu kennzeichnen:

Vor dem Gebäude des Fachbereiches 10 drohten drei kommunistische Studenten dem FU-Anglisten Prof. Scheler am 29. November 1973 um 14.40 Uhr mit den Worten: ,Dich Sau schaffen wir auch noch. Du bist der Erste, der einen Genickschuß abkriegt.' Am 26. Juni 1972 äußerte sich ein Mitglied der ,Roten Zelle Anglistik' dem Vordirektorium gegenüber: ,Scheler sieht in einer revolutionären studentischen Gruppe nur eine Gruppe zum Absägen seines Kopfes: langfristig hat er sicher recht.' Ein KSV-Mitglied sagte am 23. April 1973 zu Prof. Scheler: ,Wir werden Sie später in ein Arbeitslager stecken, wo Sie umerzogen werden, Sie Repräsentant der Bourgeoisie!'

Die Notgemeinschaft für eine freie Universität charakterisierte diese Vorkommnisse folgendermaßen, indem sie auf das Exemplarische des Falles Scheler hinwies: „Prof. Scheler hat die Kommunisten in seinen Vorlesungen nicht agitieren lassen. Sie antworten mit Terror und Gewalt.

Seit vier Semestern. Ein Fall von vielen."[68] Zustände wie die hier exemplarisch erwähnten stellten für die betroffenen Professoren eine erhebliche Belastung dar, die vielfach auch gesundheitlich negative Folgen mit sich brachte sowie in schwer abzuschätzender Weise die wissenschaftliche Produktivität jener Jahre in Mitleidenschaft zog.[69] Neben der gut dokumentierten offenen Gewalt wirkte zudem eine nicht unerhebliche psychostrategisch gezielt erzeugte Einschüchterung negativ auf das Universitätsklima. Die linksradikalen „Maßnahmen" konnten grundsätzlich jeden treffen, auch wenn man mit Vorliebe solche Professoren auswählte, an denen gleichsam ein Exempel statuiert werden sollte. So machte man etwa seitens des MSB Spartakus in Marburg gegen den Historiker Peter Scheibert mobil, weil dieser auch Mitglied des BFW war;[70] später sollte Scheibert daher „als Versuch der inneren Bewältigung der dortigen kommunistischen Offensive" ein bedeutendes Buch über Lenin an der Macht schreiben.[71] Es erscheint daher keineswegs übertrieben, wenn einer der alten Berliner SDS-Funktionäre, Tilman Fichter, im Rückblick auf die undemokratischen Verhaltensweisen der radikalen Studenten zugesteht, sie hätten „teilweise Techniken der chinesischen Kulturrevolution an westdeutschen Universitäten eingeführt."[72] Von den Gegnern des BFW dagegen wurde die Veröffentlichung solcher Mißstände an den Universitäten als Panikmache angesehen.[73]

6. Im Kampf gegen kommunistische Unterwanderung: Polemik und Namenslisten

BFW und NofU zeigten in ihrem Kampf gegen die sozialistisch-kommunistischen Bestrebungen und für den Erhalt der akademischen Freiheit ein nicht unbeträchtliches Talent für politische Polemik als Teil einer offensiven Defensivstrategie, die zielgerecht eingesetzt wurde. So stellten sie etwa die Berliner Fachhochschule für Wirtschaft unter deren damaligen Rektor Uherek als „Fachhochschule für Systemüberwindung" an den Pranger, und das *John-F.-Kennedy-Institut für Nordamerikastudien* wurde aufgrund der dortigen Entwicklungen als „Zentralinstitut für Antiamerikastudien" bezeichnet, worüber es sogar zu einem Rechtsstreit kam. In dessen Folge erlaubte das Berliner Kammergericht mit Urteil vom 29.11.1974 der NofU die öffentliche Äußerung dieser wie auch einer Reihe anderer Aussagen, die das Gericht als von der Meinungsfreiheit gedeckt ansah.[74] Die Kritik der NofU richtete sich gegen den, wie es hieß, „Verfall eines Instituts", der sich in den Augen der NofU z.B. daran zeigte, daß die Lehrveranstaltungen sich überproportional randständigen Themen wie der Geschichte der Kommunistischen Partei der USA oder IWW (*Industrial Workers of the World*) widmeten und demgegenüber die ursprünglichen Aufgaben vernachlässigten. Im damals von den alliierten Schutzmächten abhängigen Berlin verfolgte die NofU einen klaren proamerikanischen Kurs, denn der Skandal, den das Kennedy-Institut nunmehr darstellte, so argumentierte die NofU, belaste „das für Berlin lebenswichtige Verhältnis" zu den USA. Die NofU stellte allerdings auch klar, daß der ihres Erachtens eingetretene wissenschaftliche Niedergang nicht die Schuld der Studentenrevolte war, sondern des Universitätsgesetzes von 1969. In dessen Folge seien die Professoren im Institutsrat in die Minderheit geraten, so daß nunmehr wissenschaftliche Mitarbeiter, Studenten und andere Dienstkräfte in der Mehrheit waren. Das Institut werde gegenwärtig, so die NofU im Mai 1974, maßgeblich von den ADSen, der „hochschulpolitischen Frontorganisation der DDR-gesteuerten" SEW, bestimmt. Das Bild der USA werde dementsprechend „im Interesse sowjetischer Europapolitik in Deutschland verzerrt", klagte die NofU damals hellsichtig. Die Stellungnahme der NofU war also einerseits von der Sorge um den wissenschaftlichen Verfall, andererseits von der Sorge um die politische Entfremdung zwischen Berlin und den Amerikanern als „seiner wichtigsten Schutzmacht" getragen.[75]

Der vielleicht umstrittenste Akt des Widerstandes von seiten der NofU, der ihren linken Gegnern, darunter einem prominenten Juraprofessor, noch Jahre später als Gipfel der Verwerflichkeit erschien[76] und andererseits auch zu Austritten aus der NofU führte, war die Veröffentlichung von Namenslisten linksradikaler Studenten. Es handelte sich dabei um die Namen derjenigen, die als Kandidaten der sogenannten ADSen (Aktionsgemeinschaften von Demokraten und Sozialisten) bei Gremienwahlen an den Berliner Hochschulen antraten und bis Anfang der achtziger Jahre beträchtliche Erfolge erzielen konnten.[77] Bei der Zusammenstellung der Listen wurden ausdrücklich nur die SED-gesteuerten Gruppen berücksichtigt, nicht aber umstandslos alle kommunistischen oder linken Gruppen wie KSV oder Jusos. Die Namen wurden nun allerdings nicht, wie die Linke suggerierte, mit gleichsam geheimdienstlichen Methoden eruiert, sondern lediglich aus den öffentlich zugänglichen Wahllisten bzw. Wahlzeitungen oder Veröffentlichungen in der Tagespresse (Wahlaufrufe) entnommen.[78] Die NofU veröffentlichte diese Listen sowie weitere Dokumente zuerst am 9.1.1974 und das letzte Mal 1980 in einer sechsten aktualisierten Liste. Sie machte unter Verweis auf vertrauliche Dokumente darauf aufmerksam, daß die ADSen „seit ihrer Gründung im Jahre 1971 als Agentur der kommunistischen SEW bekannt" seien und daß sie „auch ständig direkten Kontakt mit der SED haben". Weil diese Personen also „mehr als gewöhnliche Radikale" seien, so lautete das Argument, publizierte die NofU deren Namen. Die NofU erklärte, sie werde fortfahren, „die verfassungsfeindliche und gegen den Bestand der Bundesrepublik und Berlins gerichtete Tätigkeit der ADSen aufmerksam zu verfolgen und die Öffentlichkeit davon zu unterrichten", wobei sie offenkundig bezweckte, die Wachsamkeit gegenüber der Gefahr einer Unterwanderung staatlicher oder sonstiger Organisationen durch die genannten Personen zu erhöhen.[79] Die NofU war sich bewußt, daß man gegen die Aufstellung von Namenslisten dieser Art vorbringen werde, „nette ‚junge Leute' sollten in ihrem beruflichen Werdegang geschädigt werden". Diese Kritik nahm man jedoch bereitwillig in Kauf, weil die Vereinigung „das unerkannte Eindringen von Verfassungsfeinden in wichtige Bereiche des Staates, der Gesellschaft und der Wirtschaft für eine große Gefahr" hielt, so daß es ratsam erschien, Tatsachen zu veröffentlichen, „die in jedem Fall *Zweifel* an der Verfassungstreue eines Bewerbers begründen *können*".[80] Hans-Eberhard Zahn, späterer Ehrenvorsitzender der Sektion Berlin-Brandenburg des BFW, schätzte diese Maßnahme im Rückblick im Jahre 2000 folgendermaßen ein: „Mit diesen Listen haben wir die totalitäre Szene tief getroffen. Das wirkt noch heute, nach mehr als 20 Jahren. Verleumdungen, gar tätliche Angriffe mußten wir über uns ergehen lassen." In vielen Fällen sei gegen die NofU prozessiert worden, doch alle Prozesse waren gewonnen worden.[81]

Getreu der antikommunistischen Ausrichtung dieser Maßnahmen setzten sich BFW und NofU intensiv mit den aus der Studentenbewegung und ihren Abkömmlingen gespeisten linken Bewegungen auseinander, die wie die Hausbesetzerbewegung und die Friedensbewegung sowie schließlich auch die neue Partei „Die Grünen" Anfang der 80er Jahre großen Anklang bei bestimmten Teilen der Bevölkerung fanden. Kritisiert wurde vor allem die Solidarisierung mit den Hausbesetzern seitens einiger Hochschulangehöriger. Zum anderen wurde, auf der Basis langjähriger hautnaher Erfahrung und Analyse kommunistischer Bündnispolitik, die bereits deutlich genug erkennbare „perfekte Steuerung" der Friedensbewegung durch die moskautreuen Kommunisten – „Pankows Kletten" – angeprangert und die volksfrontartige Strategie zur Bildung eines breiten linken Bündnisses aufgedeckt.[82] Heutige Erkenntnisse über die Einflußnahme, die damals aus der DDR auf die Friedensbewegung teilweise erfolgreich ausgeübt wurde, bestätigen den damaligen aufklärerischen Kurs von BFW und NofU, während die vielfach zweifellos gutwilligen Teilnehmer an Demonstrationen und Aktionen der Friedensbewegung sich im eigentlichen Sinne als „nützliche Idioten" der kommunistischen Bündnispolitik erwiesen.[83]

7. Ausblick: Der Bund Freiheit der Wissenschaft und die Universität im Zeitalter der Globalisierung

Über den Erfolg oder Mißerfolg des Kampfes, der von BFW und Notgemeinschaft gegen die 68er geführt wurde, gehen die Meinungen auseinander. Der Marsch durch die Institutionen bis an die Spitze des politischen Establishments war, wie nicht zuletzt die Zusammensetzung der 1998 gewählten Bundesregierung zeigte, höchst erfolgreich und konnte auch an den Hochschulen nicht verhindert werden. Bereits 1986 mußte daher die Notgemeinschaft in einer Bilanz feststellen, zahlreiche gesellschaftliche Probleme seien „eine Folge des von den damaligen Gegnern allzuoft erfolgreich abgeschlossenen ‚Marsches durch die Institutionen'".[84] An den Universitäten kehrte zwar nach den Hochphasen der Studentenrebellion mit ihrer Radikalisierung vergleichsweise Ruhe ein[85] und die größten Auswüchse der Gruppenuniversität wurden korrigiert, wobei sich, so ein linker Historiker bedauernd, in Berlin die NofU „unentschuldbarste Verdienste" erwarb.[86] Dennoch ist der sich fortsetzende Niedergang vielfach spürbar geblieben. Einer der Mitbegründer der Berliner Notgemeinschaft, Prof. Folkmar Koenigs, kommt denn auch in einer luziden und gehaltvollen Analyse des damaligen Erfolges der Radikalen zu einer eher pessimistischen Einschätzung der Entwicklung. Wenn auch einzelne Professoren mit Unterstützung einiger Studenten sehr wohl Widerstand im Kleinen leisten konnten, so waren doch viele auf diese Anforderung nicht eingestellt: „Die idealen Voraussetzungen für einen Professor an einer Berliner Universität in dieser Zeit, hohe wissenschaftliche Qualifikation, volle Ausbildung in marxistischer Theorie und höchster Judo-Grad, hat allerdings leider kein Professor erfüllt", beklagt Koenigs.[87] Er wirft neben den Politikern somit insbesondere seiner eigenen Berufsgruppe, den Professoren selbst, ein schweres Versagen in der damaligen Krisensituation vor.

Zu einer tendenziell positiveren Einschätzung kommt Theißen, der dem BFW „trotz seiner oftmals unzulänglichen Ausstattung und der Lethargie vieler Mitglieder" das Verdienst zuschreibt, es sei ihm das erste Mal in der Geschichte der Bundesrepublik gelungen, zahlreiche Hochschullehrer „aus ihrem ‚Elfenbeinturm' zu locken" und sich über standespolitische Interessen hinaus zu organisieren und zu artikulieren. Den Erfolg des BFW sieht aber auch Theißen im wesentlichen darin, in vielen Fällen erfolgreich eine „Bremserfunktion" wahrgenommen zu haben, mit der Schlimmeres verhindert worden sei.[88] Darin liegt zweifellos ein nicht gering zu veranschlagendes Verdienst des Verbandes, auch wenn dies nicht ausreichen konnte, die Krise des Bürgertums zu überwinden, die einer der wesentlichen Gründe für die westdeutsche Studentenrevolte gewesen war. Die „erstaunliche Bereitschaft zur Nachgiebigkeit" gegenüber den politpsychologischen „Erpressungs- und Entwaffnungsstrategien" der Linken, die Ernst Topitsch früh diagnostizierte,[89] dürfte auch auf jene innere Unsicherheit großer Teile des deutschen Bürgertums und seiner politischen und geistigen Eliten zurückzuführen sein, die aus dem Versagen gegenüber dem Nationalsozialismus resultierte. Dieser Umstand konnte von der Linken ad libitum instrumentalisiert werden und so wurde auch, wie gezeigt, gegenüber dem BFW der „Faschismus"-Verdacht benutzt, um dessen Widerstandsinitiative bereits im Ansatz zu delegitimieren.[90] Insgesamt kann kaum bestritten werden, daß es den bürgerlichen Gegnern der Studentenrevolte wie BFW und NofU trotz einer sogenannten neokonservativen Tendenzwende in den siebziger Jahren nicht gelungen ist, eine Art tiefgreifender geistig-moralische Wende herbeizuführen, um so die „ideologischen Verwüstungen" der Kulturrevolution zu bereinigen.[91] Dies mag auch darin begründet sein, daß von vornherein keine ideologisch geschlossene Front gegen die Studentenrevolte gebildet wurde, geschweige denn beabsichtigt war; der *Bund Freiheit der Wissenschaft* verstand sich selbst eher als Zweckbündnis mit dem Ziel, „sich überflüssig zu machen".[92] Sein kleinster gemeinsamer Nenner kann als die Bewahrung der Freiheit des Sachbereiches Universität umschrieben werden, die es gegen die grundsätzliche Demokratisierung, wie sie etwa der Bund demokratischer Wissenschaftler anstrebte, zu verteidigen galt.[93] Es gab daher niemals so etwas wie eine „Bund-Ideologie", gemäß der „die Interessen des Gesamtkapitals ungefiltert in technokratischen Reformimpulsen zur Geltung kommen" konnten, wie ein marxistischer Kritiker damals meinte.[94] Eben dieser Tatbestand der mangelnden ideologischen Homogenität dürfte für die Schwierigkeiten der Historiker mitverantwortlich sein, „den intellektuellen Widerpart der Linken präzise zu orten", zu dessen wichtigsten organisatorischen Ausprägungen der BFW gehörte.[95]

Die Geschichte des BFW ist gleichwohl trotz zwischenzeitlicher Krisen aufgrund schwindender Finanzmittel und sinkender Mitgliederzahlen nicht zuletzt wegen einer starken Überalterung des Verbandes noch nicht an ihr Ende gelangt. Nach dem Ende der DDR dehnte sich der Verband in die neuen Bundesländer aus, wo er einerseits an der Neugestaltung des dortigen Hochschulwesens mitwirkte, andererseits nachdrücklich auf das Problem alter SED-Kader und Seilschaften hinwies. Auf einer außerordentlichen Mitgliederversammlung am 24. Juli 1999 lehnten die Mitglieder mehrheitlich die von einigen Vorstandsmitgliedern erwogene Auflösung des Verbandes ab. Die finanziell nicht mehr tragbare Geschäftsstelle des Vereins war nach heftigen vereinsinternen Diskussionen in reduzierter Form von Bonn nach Berlin verlegt worden, um in der nunmehrigen deutschen Hauptstadt präsent zu sein und dort einen Neuanfang mit verstärkter Öffentlichkeitsarbeit zu versuchen. Lange bevor Ende der neunziger Jahre die Einführung von Studiengebühren in der bildungspolitischen Diskussion – etwa durch den alten politischen Gegner Peter Glotz – wieder diskussionswürdig wurde, hatte der BFW, seiner Zeit weit voraus, bereits deren Einführung gefordert.[96] Der Schwerpunkt der bildungspolitischen Arbeit liegt auf den mannigfachen Problemen der Gegenwart. Daneben beteiligt sich der BFW in bescheidenem Rahmen durch Vortragsveranstaltungen und Veröffentlichungen an der Aufarbeitung der Zeitgeschichte.[97] Das Schicksal der Bildung in einer zunehmend globalisierten, sich dem Primat des Ökonomischen verschreibenden Welt, die vom BFW schon früh erkannte Notwendigkeit einer Anhebung des in den letzten Jahrzehnten z.T. aufgrund ideologisch motivierter Experimente im Bildungsbereich vielfach gesunkenen Niveaus von Schulen und Hochschulen,[98] die Stärkung des Leistungsgedankens, die Sicherung der Wissenschaftsfreiheit gegen jede Form politischer Korrektheit, die negativen Aspekte der Einführung des „Juniorprofessors" als Neuauflage des hochschulpolitisch gescheiterten Assistenzprofessors[99] sind nur einige der drängenden Probleme, von deren Lösung oder Nichtlösung das Schicksal unserer technologischen Leistungsfähigkeit, unseres Wohlstandes und nicht zuletzt wohl auch unserer Demokratie sowie des Bildungsgedankens in der Nachfolge Humboldts abhängen dürften.[100]

---

[1] Siehe Hermann Glaser: Kleine Kulturgeschichte der Bundesrepublik Deutschland 1945–1989, Bonn[2] 1997, S. 372, 344.

[2] Einige wesentliche Dokumente zur Geschichte des BFW, insbesondere der Gründungsaufruf sowie ein komplettes Verzeichnis des Inhalts seiner Zeitschrift sowie anderer Publikationen findet sich im Internet unter www.bund-freiheit-wissenschaft.de bzw. jetzt als Broschüre: Bund Freiheit der Wissenschaft/Hans Joachim Geisler (Hrsg.): Notizen zur Geschichte des Bundes Freiheit der Wissenschaft, Berlin 2001. Ein umfangreiches

Personen- und Sachregister sowie Hinweise auf BFW-Publikationen in deutschen Bibliotheken ergänzen die wertvolle Handreichung. Der Verfasser des vorliegenden Artikels gehört seit Mai 1999 dem erweiterten Vorstand der Sektion Berlin-Brandenburg des BFW an.

[3] So etwa die Ein-Satz-Erwähnung bei Axel Schildt: Konservatismus in Deutschland. Von den Anfängen im 18. Jahrhundert bis zur Gegenwart, München 1998, S. 245.

[4] Die einzige mir bekannte umfassende Darstellung findet sich in einer bei Hans-Helmuth Knütter erstellten politologischen Dissertation, die lediglich als Hochschulschrift in Bibliotheken zu finden ist. Siehe Johannes T. Theißen: Die Rolle der Interessenverbände im Hochschulbereich unter besonderer Berücksichtigung von „Bund Freiheit der Wissenschaft" und „Bund demokratischer Wissenschaftler", Diss. Bonn 1984 (im folgenden: Interessenverbände). Informativ der Überblick bei Walter Rüegg: 20 Jahre Bund Freiheit der Wissenschaft. Vom Defensivbündnis zum think tank, in: Freiheit der Wissenschaft 4 (1990), S. 8-14.

[5] Gerd Koenen: Das rote Jahrzehnt. Unsere kleine deutsche Kulturrevolution 1967–1977, Köln 2001, S. 201.

[6] Siehe dazu Winfried Schlaffke: Die Entfaltung der APO in Gesellschaft, Wissenschaft und Bildung, in: Franz Schneider (Hrsg.): Dienstjubiläum einer Revolte. „1968" und 25 Jahre, München 1993, S. 97-160, 134-138.

[7] James F. Tent: Freie Universität Berlin 1948–1988. Eine deutsche Hochschule im Zeitgeschehen, Berlin 1988, S. 387, 390 (im folgenden: FUB).

[8] Jeffrey Herf: Demokratie auf dem Prüfstand. Politische Kultur, Machtpolitik und die Nachrüstungskrise in Westdeutschland, in: Vierteljahrshefte für Zeitgeschichte 1 (Januar 1992), S. 1-28, 17-19, 21; im selben Sinne Jens Hacke: Skepsis und Kompensation. Rückblick auf eine liberalkonservative Intellektuellengeneration in der Bundesrepublik (im folgenden: Skepsis), in: Vorgänge 4 (2001), S. 18-27, 23; vgl. auch den Abschnitt über BFW/NofU in Uwe Schlicht: Vom Burschenschafter bis zum Sponti, Berlin 1980, S. 97-101; siehe auch Jerry Z. Muller: German Neo-Conservatism, ca 1968–1985: Hermann Lübbe and Others, in Jan Werner Müller (Hrsg.): German Ideologies since 1945. Studies in the Political Thought and Culture of the Bonn Republic, New York 2003, S. 161-184, 167.

[9] Edith Eucken-Erdsiek: Die Macht der Minderheit. Eine Auseinandersetzung mit dem neuen Anarchismus, Freiburg 1970, S. 49 und passim.

[10] Die Fülle des vorliegenden Materials konnte im Rahmen dieses Aufsatzes nur in größter Selektivität genutzt werden. Nicht berücksichtigt wurden etwa die von einzelnen Sektionen des BFW z.B. in Tübingen erstellten Dokumentationen oder die unter dem Titel „Disput" erschienenen Mitteilungen der Sektionen Bonn und Köln, die für eingehendere Darstellungen zu konsultieren wären.

[11] Zitiert z.B. bei Holger Stark: Nur der Minister war Zeuge, in: Tagesspiegel, 17.1.2001, S. 3. Vgl. auch Wulf Schmiese: Außenminister im Einsatz, in: Die Welt, 4.1.2001, S. 3, wo Fischer dahingehend zitiert wird, daß man damals bescheiden „ganz praktisch den Sturz der verfassungsmäßigen Ordnung wollte (...)".

[12] Vgl. Roland Hahn: FU Geschichtsschreibung, in: Freiheit der Wissenschaft 3 (April 1985), S. 13, mit Siegward Lönnendonker/Tilman Fichter/Jochen Staadt/Klaus Schroeder (Hrsg.): Hochschule im Umbruch, Teil V: Gewalt und Gegengewalt (1967–1969), Berlin 1983, S. 3-6.

[13] Bernd Rüthers: Geschönte Geschichten – Geschonte Biographien. Sozialisationskohorten in Wendeliteraturen. Ein Essay, Tübingen 2001, S. 155 f.

[14] Siehe Otto B. Roegele: Rote Zellen der Gewalt, in: Rheinischer Merkur, 2.2.2001.

[15] Die Kleinschreibung des Adjektivs „frei" zielte auf eine freie Universität überhaupt, so daß nicht nur die Freie Universität, sondern auch die TU sowie alle anderen Berliner Hochschulen darin inbegriffen waren. Siehe Hans Joachim Geisler/Richard Hentschke/-Ingo Pommerening (Hrsg.): 15 Jahre Notgemeinschaft 1970 bis 1985, Berlin 1986, S. 4 (im folgenden: 15 Jahre).

[16] Zitiert nach einem Informationsblatt, das auch eine Liste des ersten gewählten Vorstandes und der 88 Veröffentlichungen der NofU vom 10.2.1970 bis zum 26.4.1972 enthält.

[17] Zitiert nach Bernd Rabehl: Am Ende der Utopie. Die politische Geschichte der Freien Universität Berlin, Berlin 1988, S. 355 f. (im folgenden: Utopie); vgl. Helmut Schelskys grundlegenden Aufsatz „Die Strategie der ‚Systemüberwindung'. Der lange Marsch durch die Institutionen", in: FAZ 10.12.1971, den die Notgemeinschaft in hoher Auflage als Sonderdruck versandte (15 Jahre, S. 23).

[18] Siehe im Detail z.B. Gerd Langguth: Protestbewegung. Entwicklung – Niedergang – Renaissance. Die Neue Linke seit 1968, Köln 1983.

[19] Vgl. Ernst Nolte: Universitätsinstitut oder Parteihochschule. Dokumentation zum Habilitationsverfahren Kühnl, Köln 1971.

[20] Reinhard Kühnl: Der „Bund Freiheit der Wissenschaft" und sein Standort im politischen Spektrum der BRD. Ein Gutachten, in: Blätter für Deutsche und Internationale Politik Nr. 11, 1973, S. 1202-1215, S. 1215; dazu Hans-Helmuth Knütter: Verdrehungen und Tatsachenklitterungen: Das eigenartige Gutachten des Reinhard Kühnl, HPI 3 (1974) (8.2.), S. 10 f.; Ernst Nolte: Der Fall Kühnl, HPI 1 (1971), S. 6-8.

[21] „Bilder aus einer deutschen Universität", 18seitige Dokumentation mit Fotos der Sektion Heidelberg des BFW und der NofU vom 23.3.1973, S. 3; vgl. S. 1 f., 9 f. des Anhangs.

[22] Informationsausschuß des Unimuts (Hrsg.): FU Berlin – ein pechschwarzes Gebilde. Geschichten über Ursachen und Hintergründe des Unimuts von den StudentInnen der Befreiten Universität Berlin, Berlin 1989, S. 104 (im folgenden: Gebilde).

[23] Hans Maier: Morgens schlief die Revolution, in: Rheinischer Merkur Nr. 34, 21.8.1998, S. 24, berichtet, Fraenkel sei durch die monatelangen Vorlesungsstörungen so zermürbt worden, daß ihm Gedanken an eine nochmalige Emigration kamen.

[24] Siehe Michael Wolffsohn: Meine Juden – eure Juden, München 1998, S. 85 f.

[25] Siehe Ernst Nolte: Hochschulpolitik als Staatspolitik, in: Merkur 9 (September 1970), S. 870 (editorische Fußnote; fehlt im Wiederabdruck in: Marxismus – Faschismus – Kalter Krieg, Stuttgart 1977).

[26] SPD-Pressedienst P/XXV/122, 6.7.1970, S. 4.

[27] Richard Löwenthal: Der romantische Rückfall. Wege und Irrwege einer rückwärts gewendeten Revolution, Stuttgart 1970.

[28] Richard Löwenthal: Erziehung zur freiheitlichen Demokratie, in: Richard Löwenthal/Walter Rüegg/Michael Zöller (Hrsg.): Schule '72. Schulkrise – Schulreform – Lehrerbildung, Köln 1972, S. 140 f. (im folgenden: Schule '72). Siehe auch Richard Löwenthal: Neues Mittelalter oder anomische Kulturkrise? Zu Helmut Schelskys „Priesterherrschaft der Intellektuellen", in: Merkur 9 (September 1975), S. 802-818.

[29] Zitiert nach: „Ordnungskräfte" üben selektiven Terror. Der Fall des Professors Scheuch als Paradigma hochschulpolitischer Auseinandersetzungen, Eigenbericht der „Welt "vom 11.4.1973.

[30] Unimut (Hrsg.): Gebilde, S. 64, 32, 101.

[31] Dokumentation: Podiumsdiskussion „Zur Theorie und Praxis der NofU" mit W. F. Haug, U. Wesel, H. J. Geisler und O. v. Simson, in: Die NofU – Rechtskräfte an der Uni,

Argumente Studienhefte SH 22, Berlin 1979, S. 17-82.

[32] Eine Kopie des Flugblatts vom 13.6.1983 wurde mir von Prof. F. Koenigs zur Verfügung gestellt.

[33] So etwa im FDJ-Organ Siegfried Prokop: Das akademische Rechtskartell. Zur Funktion des Bundes Freiheit der Wissenschaft, in: Forum 3/71, S. 9, wo die Schaffung des BFW als eine der Konsequenzen beschrieben wird, die sich aus der Beurteilung der zukünftig zu erwartenden Klassenauseinandersetzungen an den Hochschulen „vom monopol-kapitalistischen Klassenstandpunkt aus" ergebe.

[34] Tent: FUB, S. 387.

[35] Wilhelm Hennis: Studentenbewegung und Hochschulreform, in: Horst Albert Glaser (Hrsg.): Hochschulreform – und was nun? Berichte – Glossen – Perspektiven, Frankfurt/M. 1982, S. 37-60, 46.

[36] Jürgen Wahl: Wenn Anarchie transparent wird. Der Bund „Freiheit der Wissenschaft" schon unter Beschuß, in: Rheinischer Merkur Nr. 28, 10.7.1970; vgl. den Artikel „Nur die", in: Der Spiegel Nr. 28, 6.7.1970, S. 32/33.

[37] Vgl. Herbert Claas: „Bund Freiheit der Wissenschaft", in: Blätter für Deutsche und Internationale Politik 16. Jg., Heft 2, 1971, S. 148-157, 148, 153 f.

[38] Hermann Lübbe: Freiheit braucht Zivilcourage. Wider das hochschulpolitische Mitläufertum, in: Die Welt, Nr. 158, 11.7.1970.

[39] Siehe zur Vorgeschichte des Bundes Theißen: Interessenverbände, S. 81-84.

[40] Der Gründungsaufruf wurde unterzeichnet von Edith Eucken-Erdsiek, Hans Joachim Geisler, Karl Häuser, Wilhelm Hennis, Gerhard Löwenthal, Richard Löwenthal, Hermann Lübbe, Hans Maier, Ernst Nolte, Heinz-Dietrich Ortlieb, Konrad Repgen, Walter Rüegg, Horst Sanmann, Heinz Sauermann, Erwin K. Scheuch, Hatto H. Schmitt, Hermann Schmitt-Vockenhausen, Gerhard Schröder, Gerd Tellenbach, Friedrich H. Tenbruck und Waldemar Wittmann.

[41] Hans Maier/Michael Zöller (Hrsg.): Bund Freiheit der Wissenschaft. Der Gründungs-kongreß in Bad Godesberg am 18. November 1970, Köln 1970, S. 7-11.

[42] Hermann Lübbe: Hochschulreform und Gegenaufklärung. Analysen, Postulate, Polemik zur aktuellen Hochschul- und Wissenschaftspolitik, Freiburg 1972, S. 53-56.

[43] Bernd Rüthers: Die Ideologieanfälligkeit der Rechtswissenschaft, in: Bund Freiheit der Wissenschaft (Hrsg.): Ideologieanfälligkeit der Geisteswissenschaften, Bonn 1991, S. 21.

[44] Wie sich die Zeiten ändern, mag aus der Tatsache erhellen, daß Rabehl 1999 beim BFW über das „Schwarzbuch des Kommunismus" sprechen konnte. Siehe BFW (Hrsg.): Wissenschaft und Zeitgeist in der Geschichtsschreibung. 30. Bildungspolitisches Forum 23.4.1999 in Bonn, S. 43-50.

[45] Rabehl: Utopie, S. 399.

[46] Reinhart Klemens Maurer: Jürgen Habermas' Aufhebung der Philosophie, in: Philosophische Rundschau, Beiheft 8 (1977), S. 61.

[47] Bernd Rüthers: Auswirkungen der Universitätskrise auf Wirtschaft und Gesellschaft, in: Gefährdeter Fortschritt, Frankfurt/M. 1971, S. 32.

[48] Diese Diffamierung stammt von Wolf Lepenies: Nach McCarthys Taktik, in: Die Zeit, 19.12.1970, der „etwa dreiviertel der in Bad Godesberg (auf dem Gründungskongreß) Versammelten" so bezeichnen zu können glaubte, wobei er diese zugleich als typisch „apolitisch" ansah. Vgl. die Richtigstellung bei Richard Löwenthal: Farbenblind gegen rote Intoleranz? Über den Bund „Freiheit der Wissenschaft" und die Professoren Mitscherlich, Pross und Lepenies, in: Die Zeit, 8.1.1971. Anders als Lepenies schätzte Helmut Schelsky die professoralen „Notgemeinschaften" ein, die seiner Auffassung nach

den „eigentlich politischen Kampf um die liberale rechtsstaatliche Universität führten" (zitiert nach: 15 Jahre, S. 3).

[49] Richard Löwenthal: Hochschule für die Demokratie. Grundlinien für eine sinnvolle Hochschulreform (HPI Schriften), Köln 1971, S. 8 (im folgenden: HfD).

[50] Theißen: Interessenverbände, S. 95, 288 f.; Peter Pavel: Durch Weglassen wird ein Zitat erst schön. Reinhard Kühnls Wissenschaft, in: Freiheit der Wissenschaft 7 (1974), S. 8 f.

[51] Zitiert nach Theißen: Interessenverbände, S. 188.

[52] Zitiert nach ebd., S. 197.

[53] Unimut (Hrsg.): Gebilde, S. 64.

[54] Löwenthal: HfD, S. 9, 67 f., 69, 73 ff.

[55] Als ein Beispiel unter vielen siehe Löwenthal/Rüegg/Zöller (Hrsg.): Schule '72. Die Notgemeinschaft unterstützte in diesem Zusammenhang die Verbreitung einer 60-seitigen Dokumentation der Schulpolitischen Aktion 70, die auf die Schriften radikaler Gruppen sowie die Gefahr des wachsenden Einflusses dieser Gruppen hinwies (Die Berliner Schule im Spiegel radikaler Schriften – Flugblätter, Schülerzeitschriften und andere Veröffentlichungen: Juli/Oktober 1971).

[56] Wolfgang Brezinka: Die Pädagogik der Neuen Linken. Analyse und Kritik, München 1981 (6. Auflage), S.5f., 33, 224.

[57] Siehe z.B. Freiheit der Wissenschaft 5-6 (1980), S. 66-82; 8-9 (1982), S. 8-16; vgl. Theißen: Interessenverbände, S. 120 f..

[58] Exemplarisch: „Die Freie Universität Berlin im Wintersemester 1971/72. Bilanz der ersten Monate im Spiegel der Presse", 32seitige Broschüre der NofU.

[59] Die erste dieser Veröffentlichungen ist im Faksimile abgedruckt in: 15 Jahre, S. 14-18; vgl. Uwe Schlicht: Fünfzig Jahre Freie Universität. Eine politische Geschichte, in: Präsident der Freien Universität (Hrsg.), Freie Universität Berlin, Berlin 1998, S. 9-81, 54.

[60] Siehe Manfred Scheler: Lebenserinnerungen, Berlin 2001, S. 191 (im folgenden: LE).

[61] Öffentliche Aufrufe dieser Art waren sehr erfolgreich: Insgesamt rund 30.000 Unterschriften kamen nach eigenen Angaben zur Unterstützung der NofU-Forderungen zusammen. Siehe: 15 Jahre, S. 24.

[62] Undatierte Postkarte (Archiv des Verfassers).

[63] Vgl. Helmut Schelsky: Die Arbeit tun die anderen. Klassenkampf und Priesterherrschaft der Intellektuellen, Opladen 1975, S. 239; siehe auch, von der NofU als Lektüreempfehlung verteilt, Hans Maier: Die Sprache der Neuen Linken verhindert den Dialog. Die gegenwärtige politisch-semantische Doppelstrategie, FAZ Nr. 159, 13.7.1972, S. 8.

[64] Dazu wichtig Ernst Nolte (Hrsg.): Deutsche Universitäten 1969. Berichte und Analysen, Marburg[3] 1970 (erweitert). Die Veröffentlichung des Buches wurde damals, wie Scheuch berichtet, von einigen renommierten Verlagen aus Furcht vor APO-Sympathisanten abgelehnt. Siehe Erwin K. Scheuch: Zum Wiedererstehen der Erlösungsbewegungen, in: Der Überdruß an der Demokratie. Neue Linke und alte Rechte – Unterschiede und Gemeinsamkeiten, Köln 1970, S. 129-206, 204.

[65] Zitiert in: Moderator 15 (April 1972), S. 3.

[66] Siehe dazu etwa die NofU-Darstellung „Eine Lehrveranstaltung wurde gestört oder: Was in Berlin nicht mehr der Rede wert ist" vom 9.12.1974, mit verschiedenen Protokollen, Flugblättern etc. im Anhang.

[67] Siehe anschaulich Scheler: LE, S. 187, 183-190.

[68] S. 4 der unpaginierten Dokumentation, in der auch ein Flugblatt gegen Scheler im Faksimile abgedruckt ist. Vgl. auch S. 14-16 von „Freie Universität unter Hammer und Sichel XIII: Die ‚Solidarisierung' blieb aus. Bilanz eines ‚Streiks'" vom 15.5.1972, wo auch eine Liste der Störungen am Englischen Seminar der FU nur vom 25.4.1972 abgedruckt wird.

[69] Vgl. Scheler: LE, S. 189, 209 sowie beispielhaft die Bemerkungen des Altphilologen sowie Gründungs- und Vorstandsmitglieds der Notgemeinschaft Georg Nicolaus Knauer: Vergil and Homer, in: Aufstieg und Niedergang der römischen Welt (ANRW) II 31.2 (1981), S. 870-918, 870. Knauer weist auf die Schwierigkeiten hin, sich nach dem dringenden und anstrengenden Abwehrkampf wieder der wissenschaftlichen Arbeit zu widmen.

[70] Kurt Reumann: Revolución sí, república no, in: Forschung & Lehre 8 (2001), S. 416-419, 419; vgl. Inge Auerbach/Hans Lemberg (Hrsg.): Peter Scheibert zum Gedächtnis. Nachrufe – Erinnerungen – Würdigungen, Marburg 1997, S. 4, 64 f., 82.

[71] Peter Scheibert: Lenin an der Macht. Das russische Volk in der Revolution 1918–1922, Weinheim 1984, S. XI.

[72] Zitiert nach Tobias Mündemann: Die 68er ... und was aus ihnen geworden ist, München 1988, S. 204; vgl. auch Gerhard Kaiser: Rede, daß ich dich sehe. Ein Germanist als Zeitzeuge, Stuttgart 2000, S. 189 f.

[73] Frank Niess: Die scheinheilige Allianz oder: Gegenreform nach Maß – Zur Selbstdarstellung und Praxis des „Bundes Freiheit der Wissenschaft", in: Martin Greiffenhagen (Hrsg.): Der neue Konservatismus der siebziger Jahre, Reinbek 1974, S. 100-107, 215-218, 104.

[74] Ein Teil der Urteilsbegründung ist als Anhang abgedruckt in „Freie Universität unter dem Universitätsgesetz XVIII: Zentralinstitut für Antiamerikastudien 2".

[75] „Freie Universität unter dem Universitätsgesetz XVI: Zentralinstitut für Antiamerikastudien", 2.5.1974, S. 2-4, 6 f., 8; 19, 22.

[76] Siehe dazu einschlägig: Unimut (Hrsg.): Gebilde, S. 24-27, 195-202. Uwe Wesel: Die verspielte Revolution. 1968 und die Folgen, München 2002, S. 194 (im folgenden: Revolution).

[77] Vgl. zu den Ergebnissen: 15 Jahre, S. 26, 29, 31, 34, 47 f.

[78] Vgl. Notgemeinschaft für eine freie Universität (Hrsg.). ADS SEW 3, Berlin, 13.5.1975, S. 10; NofU (Hrsg.): Die „Aktionsgemeinschaften von Sozialisten und Demokraten" (ADSen) 6. Folge (im folgenden: ADS 6), Berlin, 29.9.1980, S. 17 f.

[79] „Die Berliner Universität unter Hammer und Zirkel I: Aktionsgemeinschaften von Demokraten und Sozialisten (ADSen) – Interne Dokumente", 48seitige Dokumentation vom 9.1.1974, S. 4-5; Namensliste S. 28-46.

[80] NofU (Hrsg.): ADS 6, S. 21. Wie berechtigt die Sorge um kommunistische Unterwanderungsversuche war, läßt sich heute immer klarer erkennen. Siehe z.B. nur als Spitze des Eisbergs Hubertus Knabe: Die unterwanderte Republik. Stasi im Westen, München 2001, S. 182-233, 340-411.

[81] „Wir wußten genau, wie eine freie Universität im Vergleich zu einer unfrei gewordenen auszusehen hat". Interview mit Hans-Eberhard Zahn, in: Wir wollten frei sein ... Was die Freie Universität bei ihrer 50- Jahrfeier vergaß, in: BAQS-Perspektive (September 2000), S. 39; (nicht in Hunderten von Fällen, wie Zahn dort irrtümlich sagt) vgl. 15 Jahre, S. 47. Der damalige FU-Präsident Lämmert hielt es noch im Jahre 2002 für richtig, sich kritisch zu den Namenslisten zu äußern, wobei er jedoch vergaß, auf die oben erläuterten politischen Zusammenhänge hinzuweisen, sondern lediglich generalisierend von politisch

engagierten Studenten sprach (Tagesspiegel, 15.4.2002, S. 28). Wesel: Revolution, S. 195, spricht im gleichen Sinne von „angeblich" radikal linken Studenten.

[82] 15 Jahre, S. 51.

[83] Vgl. eindringlich Wladimir Bukowski: Abrechnung mit Moskau. Das sowjetische Unrechtsregime und die Schuld des Westens, Bergisch Gladbach 1996, S. 418-452.

[84] 5 Jahre, S. 4; vgl. auch die Hallenser Erklärung vom 24.10.1997 in: Freiheit der Wissenschaft Nr. 4 (Dezember 1997), S. 1: „Die heutige Krise von Universität und Schule, der Werteverfall und Desintegrationstendenzen in der Gesellschaft sind in vielem Auswirkungen der 68er Bewegung."

[85] Vgl. International Council on the Future of the University: Bericht über deutsche Universitäten, Stuttgart 1978. BFW und NofU arbeiteten mit ICFU zusammen, auch wenn sie kaum alle Einschätzungen dieses Berichts – etwa zum Radikalenerlaß (S. 75 f.) – geteilt haben dürften. Vgl. 15 Jahre, S. 36, 71.

[86] Helmut Müller-Enbergs: „Freie Universität" Berlin. Von der Gruppenuniversität zur Konkursmasse (1988), in: AStA-Magazin 50 Jahre FU. Archäologie einer freien Universität, Berlin 1998, S. 84-91, 84.

[87] Folkmar Koenigs: Warum gelang die Berliner Kulturrevolution?, in: Freiheit der Wissenschaft Nr. 2 (Juni 2001), S. 6-10, 10.

[88] Theißen: Interessenverbände, S.171 f.

[89] Ernst Topitsch: Bonzokraten im Papageienhaus. Der Aufstieg der radikalen Linken an den Universitäten hat zu einer Herrschaft der arroganten Dürftigkeit geführt, in: Die Welt, 24.4.1971.

[90] Vgl. allgemein Gerd Langguth: Mythos '68. Die Gewaltphilosophie von Rudi Dutschke – Ursachen und Folgen der Studentenbewegung, München 2001, S. 176 f., 182 f.

[91] Vgl. dazu Karl Steinbuch, Schluß mit der ideologischen Verwüstung! Plädoyer für die brachliegende Vernunft, Frankfurt/M. 1988.

[92] Thomas Nipperdey: Die bildungspolitische Lage und der Bund Freiheit der Wissenschaft, in: Freiheit der Wissenschaft 11 (1974), S. 1.

[93] Siehe Helmut Schelsky: Systemüberwindung, Demokratisierung und Gewaltenteilung. Grundsatzkonflikte der Bundesrepublik, München 1973, S. 70.

[94] Frank Niess: Das Rechtskartell an der Universität und die Zukunft der angepaßten Wissenschaft. Bemerkungen zur Gründung des „Bundes Freiheit der Wissenschaft", in: Das Argument 61 (Dezember 1970), S. 716-746, 716.

[95] Siehe Hacke: Skepsis, S. 21, 24.

[96] Siehe z. B. „Soll, wer studiert, auch selbst dafür zahlen?", in: Freiheit der Wissenschaft 9 (1981), S. 112-120.

[97] Vgl. z.B. das 27. Bildungspolitische Forum im Herbst 1997 in Halle zum Thema „30 Jahre 68er-Bewegung. Bilanz und Folgen", dokumentiert in Freiheit der Wissenschaft Nr. 4 (Dezember 1997), S. 6-9, sowie Michael Wolffsohn: „Kinder der Nazi-Eltern?" Vergangenheitsbewältigung, Antisemitismus und die 68er, Vortrag am 25.4.2001, Berlin 2001.

[98] Vgl. z.B. Hans Joachim Geisler: 10 Jahre Notgemeinschaft für eine freie Universität, in: Freiheit der Wissenschaft 2/80, S. 16.

[99] Vgl. Erwin K. Scheuch: Leistungsmessung in der Wissenschaft, in: Bund Freiheit der Wissenschaft (Hrsg.): Die Ökonomisierung der Universität. Wege und Irrwege der Hochschulerneuerung, Berlin 2002, S. 51-65.

[100] Vgl. Ursula Besser: Wilhelm Freiherr von Humboldt – unser preußisches Erbe, in: Freiheit der Wissenschaft 4 (Dezember 2001), S. 11-13.

Widerstand gegen die kulturrevolutionären Einflüsse in der evangelischen Kirche

Von Gerald H. Mann

1. Einleitung

„Wer sich mit dem Zeitgeist vermählt, der wird bald verwitwet sein." Dieses bekannte Diktum des dänischen Philosophen Sören Kierkegaard hat sich auch für die Entwicklung der Evangelischen Kirche in Deutschland (EKD) in der zweiten Hälfte des 20. Jahrhunderts als zutreffend erwiesen. Dies läßt sich vor allem am Mitglieder- und Bedeutungsschwund ablesen, mit dem sich die EKD zu Beginn des 21. Jahrhunderts konfrontiert sieht. Dabei spielt es keine Rolle, ob dies von kirchenleitenden Persönlichkeiten zugegeben oder – wie oft der Fall – durch Beschönigung verdrängt wird. Zu keinem Zeitpunkt seit der Reformation war die gesellschaftliche Bedeutung der Evangelischen Kirche so gering wie gegenwärtig. Sie mag noch im Chor mit anderen, meist rein immanent ausgerichteten gesellschaftlichen Gruppen zum „Aufstand der Anständigen" aufrufen, geistliche Kraft jedoch und damit wirklich positive Prägewirkung ist ihr fast vollständig abhanden gekommen. Während in anderen Erdteilen, z.B. Asien und Latein-amerika, geistliche Aufbrüche mit ethischer Besinnung stattfinden, fehlt es evangelischen Verantwortungsträgern hierzulande an Kraft oder auch Einsicht, etwa für das ungeborene Leben als Gottes Schöpfung wirk-samen Schutz deutlich vernehmbar einzufordern.

Nicht wenige haben diese Entwicklung vorausgesehen, sich ihr entgegengestellt und in christlicher Verantwortung die zeitgeistigen Sirenengesänge entlarvt. Auch wenn diese konservativen Protestanten aufgrund des Prinzips der Mehrheitsentscheidungen in Synoden die von ihnen beklagte Entwicklung nicht verhindern konnten, so war und ist ihr Protest doch wichtig, vergleichbar dem Zeugnis der „Bekennenden Kirche" im Dritten Reich. Die wechselnde Zeitgeistkonformität der Evangelischen Kirche im 20. Jahrhundert soll hier in einem kurzen geschichtlichen Rekurs dargestellt werden.

2. Von „Thron und Altar" zu „Weltrevolution und Kanzel"

Eine theologisch und geistlich fragwürdige Verbindung war die
Evangelische Kirche in der Kaiserzeit mit den Herrschenden
eingegangen („Kulturprotestantismus"). Wichtiger als die Verkündigung
des Evangeliums Jesu Christi zur Entscheidung war vielerorts die
Betonung der „Einheit von Thron und Altar" und „Preußens Gloria".
Dies war nichts anderes als eine Aufhebung der biblisch gebotenen
Trennung des geistlichen und weltlichen Schwertes,[1] also von Kirche
und Staat. Es entstanden in dieser Epoche zwar imposante Kirchen-
bauten, etwa die Kaiser-Wilhelm-Gedächtnis-Kirche in Berlin; aber
praktizierte christliche Nächstenliebe (= Diakonie) erhielt nicht den
gesamtkirchlichen Stellenwert, der notwendig gewesen wäre, um die
Säkularisierung der Arbeiterschaft in den großen Industriestädten zu
verhindern.[2] Deshalb erhofften sich v.a. die Arbeiter nur noch wenig
bis nichts (mehr) von der Kirche und ihrer Botschaft und wandten sich
politischen Heilslehren zu. Neben sozialistisch-kommunistischen Ideen
war dies ein chauvinistischer Nationalismus als eine neue Ersatzreligion.
Diese Entwicklung war keineswegs auf Deutschland beschränkt,
sondern befiel auch andere Länder Europas. So verwundert die nationale
Hybris bei Ausbruch des Ersten Weltkrieges in den beteiligten Staaten
nicht.[3] Wenn Christus nicht mehr im Mittelpunkt steht, treten eben
Ersatzgötter an seine Stelle.

Nach dem Ersten Weltkrieg war mit dem Wechsel der Regierungsform
in Deutschland von der Monarchie zur Republik die „Einheit von Thron
und Altar" zwangsläufig beendet. Wenn auch die Deutschen in ihrer
überwältigenden Mehrheit der keineswegs gewaltfreien Beseitigung der
alten Regierungsform keinen Widerstand entgegensetzten, so litten doch
viele unter der neuen republikanischen Ordnung, die sie als
unerwünschten Traditionsabbruch empfanden. Für die Evangelische
Kirche wäre dies eine Möglichkeit gewesen, nunmehr befreit von den
Zwängen der Kaiserzeit, sich ihrem eigentlichen Auftrag zuzuwenden,
der Verkündigung des Evangeliums. Dies verhinderte jedoch die
weitverbreitete bibelkritische Grundhaltung. Statt Transzendenz
herrschte Immanenz vor. Und so wollten viele die alte Ordnung wieder-
herstellen, und andere wenige eine neue Ordnung errichten, entweder
eine rote oder eine braune. Geistlich wenig verwunderlich mußte auch
dieser Zustand in eine neue Katastrophe für das deutsche Volk und die
Kirche münden: die Gottesferne des Nationalsozialismus. Dabei war
und ist die Unterscheidung der Geister gar nicht so schwer: „Ein jeder
Geist, der Jesus nicht bekennt, ist nicht von Gott" (1. Johannesbrief 4,
3).

Geschickt verstanden es die Nationalsozialisten, nach 1933 Einfluß auf die Evangelische Kirche zu erringen und die von ihnen vereinnahmten Deutschen Christen (DC) mit ihrem Reichsbischof Ludwig Müller zu etablieren. Weithin gelang die Gleichschaltung: In so mancher Kirche wurden Hakenkreuzfahnen gehißt; von DC-„Theologen" wurde Jesus Christus gar zum Arier erklärt etc.[4] Standhaft in dieser Bedrängnis blieben – von Ausnahmen abgesehen – v.a. diejenigen, die fest in der biblischen Botschaft verwurzelt waren, sei es als kirchliche Amtsträger, sei es als Gläubige ohne theologische Ausbildung. Sie fanden sich in der die Gleichschaltung verweigernden „Bekennenden Kirche" zusammen. Dieser geschichtliche Abriß[5] ist wichtig, um die Vorgeschichte und damit die zeitgeschichtlichen Erfahrungen der konservativen Kräfte nach dem Zweiten Weltkrieg verstehen zu können.

3. Kirchenkampf – die zweite

Die Zerstörung Deutschlands beförderte die Einsicht und die Hinwendung zu Gott weiter Teile des deutschen Volkes. Insgesamt waren die Nachkriegsjahre in dieser Hinsicht eine gesegnete Zeit. Der Philosoph Günter Rohrmoser formulierte es so:

„Ich hatte damals persönlich den Eindruck, daß die Deutschen wie zu keinem anderen Zeitpunkt seit der Reformation im Begriffe waren zu verstehen, wie sehr sie sich von ihrem eigenen christlichen Ursprung getrennt hatten. Der Nationalsozialismus mit seiner terroristischen Vernichtung von Millionen von Menschen war nur als der Endpunkt eines Prozesses der Entchristlichung Deutschlands und des deutschen Volkes zu begreifen. Nie seit der Reformation waren wir so sehr bereit zu erkennen, daß der Glaube nicht nur den einzelnen in seiner Innerlichkeit betrifft, sondern daß es sich hier um die größte Macht der Geschichte handelt, an der sich das Los der Völker entscheidet."[6]

Leider nahm die Erweckung mit der Distanz zur Stunde Null und dem zunehmenden Wohlstand ab. Als sich die meisten Deutschen einen VW-Käfer leisten konnten und sie den Teutonen-Grill und andere Strände am Mittelmeer füllten, leerten sich die Kirchen. Rohrmoser schreibt hierzu: „Es schien mir 1945, daß ein Bewußtsein von dieser schicksalhaften Bedeutung des Verhältnisses des deutschen Volkes zu seiner christlichen Herkunft erwacht wäre. Erst mit der Währungsreform 1948 trat nach meinem Eindruck ein fast schlagartiges Vergessen, eine nahezu vollständige Ablenkung aller Kräfte durch den wirtschaftlichen Wiederaufbau ein."[7]

Gleichzeitig verstärkte sich die von der modernistischen Bibelkritik geprägte Verkündigung, die an der sündenbedingten Trennung des Menschen von Gott vorbeigeht. Sie huldigt einer spätaufklärerischen und selbstherrlichen Emanzipation von Gott; verbunden mit einer linken Politisierung läßt sich dieser Trend als „Weltrevolution und Kanzel"[8] bezeichnen. Theologisch konservative Kräfte widersetzten sich dieser Entwicklung aus grundsätzlicher Überzeugung, aber auch im Bewußtsein der jüngsten Vergangenheit, die gezeigt hatte, wozu ein sich von Gott abwendendes Volk mißbraucht werden kann.

Daß dabei mit klarem geistlichem Durchblick die Beziehung vom ersten Kirchenkampf im Dritten Reich zum nunmehr zweiten Kirchenkampf hergestellt wurde, zeigt folgende prägnante Formulierung des bayerischen Landesbischofs und EKD-Ratsvorsitzenden (also dem höchsten Repräsentanten des deutschen Protestantismus!) Hermann Dietzfelbinger aus dem Jahr 1971: „Wenn nicht alles täuscht, so stehen wir heute in einem Glaubenskampf, in einem Kirchenkampf, gegenüber dem der Kirchenkampf des Dritten Reiches ein Vorhutgefecht war. Das Unheimliche daran ist, daß dieser heutige Kampf vielfach kaum erkannt, zu allermeist verharmlost wird und unter Tarnworten wie ,Pluralismus' voranschreitet."[9]

Zwar steht die Kirche seit ihrem Bestehen in einem Glaubenskampf, das Besondere seit der Aufklärung ist jedoch, daß Relativierer, Verdreher und Leugner der biblischen Botschaft nicht mehr aus der Kirche entfernt werden (Kirchenzucht), sondern sich zunehmend ihrer Leitung bemächtigen konnten (auch dies eine Parallele beider Kirchenkämpfe). Und diese zeitgeistkonformen Kirchenleitungen verstehen es geschickt, nach außen hin eine liberale Fassade aufzubauen. Doch müssen bekenntnistreue und missionarisch arbeitende Pfarrer mit Bedrängung und Disziplinarmaßnahmen durch Vorgesetzte sowie geschickt inszeniertem, öffentlichem Druck gegen ihr Wirken rechnen.[10]

4. Felder der Auseinandersetzung zwischen Konservativen und Modernisten

In folgenden fünf Themenfeldern[11] gingen und gehen die Ansichten von Konservativen und Modernisten in der EKD teilweise diametral auseinander:

Erstens – Bibelverständnis: Die Konservativen hielten und halten am reformatorischen Bibelverständnis fest, also der Autorität der Heiligen

Schrift. Martin Luther schrieb dazu in den „Schmalkaldischen Artikeln": „Gottes Wort soll die Glaubensartikel aufstellen und sonst niemand, auch kein Engel."[12] Die moderne Theologie seit der „Aufklärung" sucht hingegen in unterschiedlicher Intensität durch „historisch-kritische" Exegese nach „wissenschaftlichen" Ergebnissen, die durchaus auch im Widerspruch zum Literalsinn stehen können.[13] Aus diesem Gegensatz lassen sich die weiteren Streitpunkte ableiten.

Zweitens – *Menschenbild:* Die Konservativen halten am biblischen Menschenbild fest. Alle Menschen sind demnach durch die Erbsünde von Gott getrennt und somit erlösungsbedürftig. Das göttliche Erlösungsangebot in und durch Jesus Christus hat die Kirche zu allen Zeiten zu verkünden, damit durch den Glauben ein neuer Mensch entsteht.[14] Die Modernisten vertreten hingegen in unterschiedlicher Intensität ein humanistisch-aufklärerisches Menschenbild, das Erbsünde verdrängt und Fehlverhalten einzelner (Kriminalität etc.) als in den deswegen zu verändernden gesellschaftlichen Verhältnissen begründet sieht. Anders formuliert, die Rechtfertigung des Sünders durch die Heilstat Jesu wird von den Modernisten ersetzt durch die Rechtfertigung der Sünde. Auch für die Ökologiedebatte wäre es in diesem Zusammenhang eine hilfreiche Fragestellung, ob die Bewahrung der Schöpfung ohne lebendige Beziehung zum Schöpfer wirklich möglich ist?

Drittens – *Ethische Fragen:* Bedingt durch die Anerkennung der Heiligen Schrift als alleiniger Autorität für theologisch-dogmatische Entscheidungen treten die Konservativen für eine an der Bibel orientierte Ethik ein und finden dabei auch breite Übereinstimmung mit Katholiken. Während die Konservativen z.B. den Auftrag zum Schutz des ungeborenen Lebens, eine biblisch begründete, ablehnende Haltung zu (praktizierter) Homosexualität, die lebenserhaltende Funktion von Ehe und Familie betonen, vertreten die Modernisten hier entgegengesetzte Ansichten.[15]

Viertens – *Trennung von Staat und Kirche:* Nach konservativem Verständnis sind beide Reiche, Staat und Kirche, von Gott eingesetzt.[16] Dem „weltlichen Regiment" sind alle unterworfen, die innerhalb des Staatsgebiets leben. Zur Kirche gehören nur die Christen und dies freiwillig. Im staatlichen Bereich sind lediglich vorletzte Dinge zu regeln (Gesetze, Steuern und Staatsausgaben etc.). In der Kirche hingegen geht es um die letzten Dinge (Verhältnis des Geschöpfes zu seinem Schöpfer, Himmel, Hölle, Ewigkeit etc.), die Gott bereits geregelt hat und auf die Antwort des einzelnen Menschen wartet. Diese scharfe Trennung soll den Staat davor bewahren, die letzten Dinge klären zu wollen, was stets auf eine Ideologisierung der Gesellschaft und ein totalitäres System hinausläuft. Andererseits wissen Christen, daß sie keinen Gottesstaat auf

Erden zu errichten haben, weil sie dafür schlichtweg kein Mandat haben. Für die konservativen Christen hat der Staat etwas Zweckmäßiges, indem er durch Gewährung von Recht und Ordnung den Freiraum für die Entfaltung des einzelnen erst schafft. Für die Modernisten ist das Festhalten an dieser „alt"-christlichen Zwei-Reiche-Lehre überholt oder sogar grundsätzlich falsch. Sie wollen eine politische Kirche, die sich als Avantgarde des Zeitgeistes versteht; dabei kommt es zwangsläufig zu einer Vermischung beider Reiche und einer Verdrängung von Glaubensthemen, wie eben auch bei den „Deutschen Christen" im Dritten Reich. Die Aufrechterhaltung von Recht und Ordnung ist für die Modernisten eher von untergeordneter Bedeutung.

Fünftens *Interreligiöser Dialog:* Die Konservativen halten an dem Anspruch Jesu Christi fest, als Gottessohn der einzige Weg zu Gott zu sein („Niemand kommt zum Vater denn durch mich", Johannes 14, 6). Deshalb lehnen sie Dialog und Veranstaltungen mit religionsvermischenden Zügen ab, zumal dann, wenn Christen dabei Andersgläubigen das Christuszeugnis schuldig bleiben. Dies hat nichts mit „Dialogverweigerung" zu tun, wie von Modernisten oft behauptet, sondern will nur den Zeugnisauftrag der Christen richtig umsetzen, nämlich Gespräch in Liebe mit Christuszeugnis. Interessant für wirklichen Dialog ist ja auch nur derjenige, der einen klaren Standpunkt einzubringen hat. Die Standpunktlosigkeit vieler kirchlicher Amtsträger wird mittlerweile schon von Moslems bemängelt.[17]

Nach dieser inhaltlichen Positionsdarstellung der innerkirchlichen Abwehr- und Protestbewegung gegen die 68er-Bewegung in der EKD werden im folgenden organisatorische Strukturen und herausragende Einzelpersönlichkeiten vorgestellt. Dies kann im Rahmen dieses Aufsatzes nur in der Form eines Überblicks erfolgen.

5. Die Bekenntnisbewegung „Kein anderes Evangelium"

Pfarrer, die sich an die Heilige Schrift und das reformatorische Bekenntnis gebunden sahen, fanden sich in der frühen Nachkriegszeit in Gebetsbruderschaften zusammen. Ihnen ging es vor dem Hintergrund der Erfahrungen des ersten Kirchenkampfes um eine Bewahrung dieses geistlichen Erbes als Mahnung für den weiteren Weg der Kirche. Entsetzt mußten sie feststellen, daß zunehmend „Theologen" in den verschiedenen Landeskirchen zum Pfarrdienst ordiniert wurden, die zwar politisch links, aber in der Leugnung grundlegender Glaubensinhalte mit ihren „Vorgängern" bei den „Deutschen Christen" im Dritten Reich auf gleicher Linie lagen.

Zahlreiche Proteste bei den Verantwortlichen in den Kirchenleitungen, im Rat der EKD, Eingaben an Synoden etc. brachten keine Kurskorrektur. Die Auseinandersetzung verschärfte sich mit der Berufung des liberaltheologischen Professors Willi Marxsen in die Examenskommission der Evangelischen Kirche von Westfalen. Er bestritt unter anderem das Messiasbewußtsein Jesu sowie seine leibliche Auferstehung. „Die Frage, wie er im Gottesdienst das Credo [= das apostolische Glaubensbekenntnis, d. Verf.] mit gutem Gewissen mitsprechen könne, beantwortete er mit dem Hinweis, daß sich die Eingangsworte ‚Ich glaube' nur auf die Hauptsätze bezögen, nicht aber auf die ‚Relativsätze', wie ‚geboren von der Jungfrau' usw."[18]

Daraufhin erfolgte auf Initiative von Pastor Rudolf Bäumer eine Eingabe an die Westfälische Kirchenleitung, Prof. Marxsen künftig nicht mehr darüber mitentscheiden zu lassen, wer in dieser Landeskirche Pfarrer werden könne und wer nicht. Diese (letztlich erfolglose) Eingabe wurde u.a. auch von Pastor Paul Deitenbeck und Prof. Hellmuth Frey unterschrieben. Um diesen Bemühungen mehr Wirkung zu verleihen, wurden im Dezember 1961 etwa dreißig weitere Glaubensgeschwister aus anderen Landeskirchen zu einer Tagung nach Bad Salzuflen eingeladen. Dieser sich weiter vergrößernde „Bethel-Kreis" wurde nach seinem häufigsten Tagungsort in Bielefeld benannt.

Da ein Aufhalten der zunehmenden Substanzlosigkeit durch die Kirchenleitungen bald nicht mehr zu erwarten war, wurde als nächster Schritt ein Hirtenbrief an alle Gemeinden im Februar 1963 verabschiedet. Dieser wurde maßgeblich von Pastor Paul Tegtmeyer verfaßt, dessen Namen er auch trug. Unter der Überschrift „Laß doch dein Licht auslöschen nicht" wurde die Lage der Kirche nüchtern beschrieben und „aus der Tiefe reformatorischer Theologie in pietistischer Prägung geborenes Wort"[19] trotz mannigfachen Abfalls von Gott zur Rückkehr zu seiner Liebe aufgerufen. Die „geistliche Durchschlagskraft" des „Tegtmeyer-Briefes" zeigte sich in der raschen Verbreitung von über einhunderttausend Exemplaren und der Übersetzung ins Englische und Niederländische. Diese enorme Resonanz machte den Weg frei zur Gründung der „Bekenntnisbewegung Kein anderes Evangelium".[20]

Der große Durchbruch kam mit einer Kundgebung in der Dortmunder Westfalenhalle im März 1966, an der 24.000 Gemeindeglieder teilnahmen. Damit war das Anliegen der Bekenntnisbewegung einem großen Teil des frommen Kirchenvolks nahegebracht. Noch heute ist die Bekenntnisbewegung mit ihrem Infobrief[21] die wichtigste konservative Gegenbewegung in der EKD. Sie ist ihrem Anliegen treu geblieben, folgenden zeitgeistigen Strömungen in der Kirche auf biblischer Grundlage zu widersprechen: einer „humanistisch verdiesseitigenden

Neuinterpretierung" des Evangeliums, „neomarxistischen Weltver-
änderungsprogrammen", neuheidnischen, feministischen und lesbischen
Trends.[22]

6. Die Evangelische Notgemeinschaft in Deutschland (ENiD)

Enttäuscht über den geistlichen Notstand in den evangelischen
Landeskirchen fanden sich hier auf Anregung des Dichters Bernt von
Heiseler Frauen und Männer zusammen. Den äußeren Anlaß zur
Gründung als Organisation 1966 zunächst unter dem Namen „Notgemeinschaft evangelischer Deutscher" gab die „Ostdenkschrift" der EKD
von 1965, welche die Gründer geistlich für falsch hielten und in der sie
deutsche Interessen nicht ausreichend berücksichtigt sahen.[23]

Überraschend war, daß sich der Berliner Bischof Otto Dibelius[24]
positiv äußerte. Trotz der sonstigen Ablehnung seitens des EKD-
Establishments gab es Gespräche mit Bischöfen. Bekannte Vertreter der
ENiD waren u.a. Prof. Walter Künneth sowie Pfarrer Alexander Evertz.[25]
Noch stärker als andere Gruppen erkannte die Notgemeinschaft auch
die negativen Auswirkungen auf die Gesellschaft, welche der auf
liberaltheologischen Irrlehren aufbauenden unheiligen Allianz von
„Weltrevolution und Kanzel" folgten. Einen umfassenden Überblick
über die bekenntnistreue Gegenposition zur antichristlichen[26] Kulturrevolution in Kirche und Gesellschaft[27] lieferte der Publizist Hans-Georg
von Studnitz mit seinem Buch „Ist Gott Mitläufer?".[28]

Von der Zahl ihrer Mitglieder her blieb die *Evangelische Notgemeinschaft in Deutschland* (so der Name seit 1973) bislang klein. Durch
ihr Blatt „Erneuerung und Abwehr" liefert(e) sie Denkanstöße gegen
den Zeitgeist in Kirche und Gesellschaft. Ab 1973 half sie mit einer
Spendenaktion Terroropfern in Südafrika – durch dieses humanitäre
Wirken setzte die Notgemeinschaft einen bewußten Kontrapunkt zum
damals gängigen, einseitigen Südafrika-Bild.

Exemplarisch für die konservative Opposition in der EKD steht im
folgenden die Eigenbeschreibung des Auftrags der ENiD:

> *„Wir sind ein Zusammenschluß von Männern und Frauen,
> die der innere Notstand der evangelischen Kirchen zutiefst
> bewegt. Mit großer Sorge verfolgen wir, wie Kirchen
> zunehmend zum Sammelbecken von Ideologien ver-
> schiedenster Art werden und wie noch immer das utopische
> Gedankengut einer sozialistischen Weltgesellschaft sich wie
> ein Krebsschaden in Kirche und Volk ausbreitet. Mit
> Entschiedenheit warnen wir davor, die fundamentale bi-*

blische Botschaft – von der die Kirche lebt und die sie allen Menschen nahezubringen schuldig ist – in Kapitulation vor dem Zeitgeist zu schmälern oder gar aufzugeben. Es darf nicht sein, daß sich die Kirche in Pluralismus verliert. Allein die Schrift, allein Jesus Christus muß Mitte und Richtschnur kirchlichen Handelns sein und bleiben für die Verkündigung in Gottesdienst und Unterweisung, in Seelsorge und Dienst am Nächsten. Mit Schrecken erkennen wir, wie mangelnde Ehrfurcht vor Gott und die Mißachtung seiner Gebote in die Irre führen und unermeßlichen Schaden anrichten in Kirche, Volk und Staat sowie für jeden einzelnen. (...) Wir wollen die Erneuerung der Kirche von ihrem neu-testamentlichen Ursprung her. Wir wollen keine Auf-splitterung der Kirche in Parteien oder Gruppen, es geht uns nicht um Richtung oder Schulmeinung, sondern um die Kirche als Ganzes. Uns bestimmt die Treue zum Glauben unserer Väter. Die Lehre Martin Luthers und der Reformation muß in ihrer Bedeutung neu erkannt werden. Wir wollen darum, daß Inhalt und Ziel kirchlichen Dienstes die Verkündigung der biblischen Botschaft von Jesus Christus ist und bleibt, durch die Menschen zum Glauben gerufen, im Glauben gestärkt und getröstet werden. Wir wollen eine Kirche, in der nicht unverbindliche Verhaltens-muster angeboten oder politische Heilslehren propagiert werden, sondern in der Wegweisung gegeben wird zur Wahrnehmung unserer Aufgaben im Umkreis irdischer Pflichten gegenüber der Familie, dem Nächsten, Volk und Vaterland: ,Gerechtigkeit erhöht ein Volk, die Sünde aber ist der Leute Verderben' (Sprüche 14,34)."[29]

Daß dieses Wirken nicht nur bei den Modernisten in der Kirche, sondern auch auf dem linken und linksextremen politischen Spektrum ablehnend wahrgenommen wurde und wird, zeigt die Verhinderung der Herbsttagung der ENiD im Bonner Gustav-Stresemann-Institut im Oktober 2000. Eine „Antifa-Gruppe" aus der Umgebung hatte unter der Parole „Faschisten tragen nicht nur Glatzen – sie kriechen auch zu Kreuze" Proteste angemeldet. Das Stresemann-Institut, zu dessen Beratern Hans-Dietrich Genscher (FDP) und Rita Süssmuth (CDU) gehören, kündigte aus Angst um die Sicherheitslage deshalb am Vorabend des Veranstaltungsbeginns den Mietvertrag, so daß kein Ausweichort mehr gefunden werden konnte. Der Schriftleiter der ENiD, Prof. Klaus Motschmann, stellte fest: „Es wird ein Klima der Hysterie erzeugt, in dem eine sachliche Auseinandersetzung nicht mehr möglich ist".[30] Der Vorsitzende des Evangelischen Arbeitskreises (EAK) der CDU/CSU und frühere Bundeslandwirtschaftsminister, Jochen Borchert, erkannte in diesem Vorfall ein „alarmierendes Zeichen" für die Gefahr des Linksradikalismus in Deutschland und warf der Leitung des Instituts vor, den Begriff einer „wehrhaften Demokratie" nicht zu kennen.[31] Ein „Aufstand der Anständigen" gegen diese undemokratischen Einschüchterungsversuche von links blieb jedoch aus; auch Kirchenleitungen, die sich ansonsten für Entrechtete weltweit einsetzen, fanden kein Wort des Protestes.

7. Die Konferenz Bekennender Gemeinschaften

Bis Ende der sechziger Jahre war eine Vielfalt von (Arbeits-)Gemeinschaften, Vereinen, „Kirchlichen Sammlungen um Bibel und Bekenntnis", Untergliederungen der Bekenntnisbewegung etc. entstanden, die oft auf Ebene einer Landeskirche tätig waren. Das Spektrum reichte vom Pietismus über lutherisch-bekenntnistreu bis zu sonstigen theologisch Konservativen. Das Grundanliegen, nämlich an der Heiligen Schrift und dem reformatorischen Bekenntnis in Treue zu Gott und um der Menschen willen festzuhalten, einte alle. Um dieser Einheit in der gemeinsamen Grundlage Ausdruck zu verleihen, wurde mit der „Konferenz Bekennender Gemeinschaften" 1970 ein Dachverband geschaffen, der bis heute fortbesteht. Ihm wurde auch ein „Theologischer Konvent" beigestellt, um die apologetische Aufgabe, also die Verteidigung des christlichen Glaubens gegen die Irrlehren der Gegenwart, gemeinsam zu schultern.[32] Bis heute hat der Tübinger Missionswissenschaftler Peter Beyerhaus eine zentrale Rolle in Konferenz und Konvent inne.

8. Das Wochenmagazin „ideaSpektrum"

Die Verwerfungen in der EKD fanden auch in der kirchlichen Publizistik ihren Niederschlag. Der Evangelische Pressedienst (epd), der als konfessionelle Nachrichtenagentur sich am evangelischen Mandat orientieren sollte, zeigte ab den sechziger Jahren immer weniger evangelisch-biblisches Profil, dafür aber immer mehr zeitgeistige und einseitig politisch linke Grundhaltung. Die Frommen im Lande fanden sich von dieser Art Publizistik ausgegrenzt. Pastor Horst Marquardt, der ein Jahrzehnt zuvor den ersten privaten Radiosender Deutschlands mit bibeltreu-evangelistischem Profil, den Evangeliums-Rundfunk (ERF)[33] in Wetzlar, mit aufgebaut hatte, trieb deswegen ab 1970 die Gründung eines ebensolchen Pressedienstes voran. Dies geschah nicht, ohne vorher auszuloten, ob der epd nicht doch bereit sei, Nachrichtenmeldungen und Berichte aus dem konservativen Protestantismus in angemessenem Umfang und „unzensiert" zu verbreiten. Doch wurde schnell deutlich, daß diejenigen, die in den sechziger Jahren den Marsch durch die Institution epd erfolgreich zurückgelegt hatten, ihre gewonnene Machtstellung uneingeschränkt nutzen wollten.[34]

So wurde 1970/71 auf Basis der „Evangelischen Allianz",[35] des Zusammenschlusses von evangelistisch und theologisch konservativ ausgerichteten Protestanten aus Landes- und Freikirchen, der evangelische Pressedienst „idea"[36] gegründet. Anfangs blieb aufgrund finanzieller und damit personeller Beschränkungen sowie eines kleinen Bezieherkreises die Wirkung des Pressedienstes gering. Erst mit Einsatz des Fernschreibers Ende der siebziger Jahre konnte die Abdruckquote in säkularen Tageszeiten deutlich gesteigert werden. Helmut Matthies[37] erreichte 1979 als junger Chefredakteur den Durchbruch mit der Einführung des Wochenmagazins *ideaSpektrum*. Binnen weniger Jahre wurden etliche tausend Abonnenten erreicht, die sich für einen dreimal die Woche erscheinenden Pressedienst nie hätten gewinnen lassen. Im Zuge der Wiedervereinigung, also nach gut zehn Jahren, überschritt *ideaSpektrum* bereits die Auflagenschwelle von 20.000, heute liegt sie deutlich über 25.000. Auf den ersten Blick erscheint dies nicht hoch, doch bei etwa drei Lesern je Heft ist die Zahl der Erreichten deutlich höher. *ideaSpektrum* ist heute das auflagenstärkste Wochenmagazin im deutschsprachigen Protestantismus. Der wichtigste Konkurrent, das von der EKD herausgegebene „Deutsche Allgemeine Sonntagsblatt", wurde im Herbst 2000 eingestellt, weil der jährliche kirchliche Zuschuß von neun Millionen DM für diese linksliberale Wochenzeitung selbst in ebensolchen Kirchenkreisen zuviel wurde.[38]

Besonderes Profil konnte „idea" auch während der deutschen Teilung gewinnen. Im Gegensatz zum EKD-„Mainstream" kamen in *ideaSpektrum* Stimmen zu Wort, die sich mit Mauer und Stacheldraht nicht abfinden wollten und auf Menschenrechtsverletzungen durch das SED-Regime hinwiesen. Der frühere sächsische Justizminister Steffen Heitmann, zu DDR-Zeiten Oberkirchenrat in Dresden, würdigte diesen wichtigen Dienst: „Viele Christen im Osten Deutschlands, die *idea* nur heimlich beziehen konnten, wurden durch *ideaSpektrum* ermutigt, in schweren Zeiten den Kampf für eine bessere Zukunft nicht aufzugeben."[39] Der idea-Chefredakteur Helmut Matthies wurde noch wenige Tage vor der Öffnung der Mauer (!) auf der EKD-Synode Anfang November 1989 aufgefordert, endlich mit dem Thema Wiedervereinigung aufzuhören. Eine Entschuldigung von Seiten der betreffenden EKD-Oberen, nicht für ihre eigene Fehleinschätzung, sondern für die „harsche Kritik an idea", ist bis heute ausgeblieben.[40]

In der Tageszeitung „Die Welt" war von *idea* als dem „wohl erfolg-reichste[n] Unternehmen der auf die Herausforderung der Kultur-revolution antwortenden konservativen Alternativpublizisitik"[41] zu lesen. Diese Bewertung wurde bestätigt durch eine der prominentesten Vertreterinnen des modernistischen Protestantismus und Gegnerin der Konservativen, Dorothee Sölle. Sie bezeichnete *idea* in der femi-nistischen Zeitschrift Emma als „die gefährlichste Parallelinstitution, die in der Kirche geschaffen wurde".[42] *idea* ist es also gelungen, konser-vativen Protestanten ein Sprachrohr zu geben, das quasi als Gegen-öffentlichkeit zum „Mainstream" über dieses Spektrum hinaus Beach-tung und Anerkennung, aber auch Widerspruch findet.

9. Die Offensive Junger Christen (OJC)

Diese evangelische Kommunität in Reichelsheim im Odenwald ist durch kritische Stellungnahmen auf biblischer Grundlage zu Homosexualität, Gruppendynamik und anderen „Anpassungen" der EKD an den „Zeitgeist" hervorgetreten. Sie entstand auf dem Höhepunkt der Kultur-revolution. 1968 lud das Ehepaar Horst-Klaus und Irmela Hofmann unzufriedene Schüler und Studenten zu offenen Gesprächsbegegnungen ein. Ehrlich und engagiert wurde über die Fragen der jungen Leute diskutiert und deren Themen vor dem Hintergrund des christlichen Glaubens reflektiert. Vielen wurde deutlich, daß das Christentum eine den einzelnen und die Gesellschaft friedlich verändernde Kraft zum Positiven in sich barg. So sagten sie sich von sozialistischen Ideen los und wurden Christen. Daraus entstand dann ungeplant eine kleine Lebensgemeinschaft von Ehepaaren und Unverheirateten, getragen von der gemeinsamen Überzeugung, daß Christsein, um Frucht zu bringen, glaubhaft gelebt werden muß. Die Kommunität hat sich durch ihre Zeitschrift „Salzkorn", Tagungen und Veröffentlichungen den Ruf einer „evangelikalen Denkfabrik" erworben. OJC ist zu einer prophetischen Mahnerin für Volkskirche und Gesellschaft geworden.[43] OJC steht hier exemplarisch für viele andere Kommunitäten und auch Kirchgemeinden, in denen es trotz der geschilderten Mißstände in den letzten dreißig Jahren positive geistliche Aufbrüche gegeben hat.

10. Einzelpersönlichkeiten

Viele im zweiten Kirchenkampf des 20. Jahrhunderts Verantwortung Tragende hätten eine persönliche Vorstellung verdient. Aus der Reihe der bereits Verstorbenen seien hier drei Persönlichkeiten exemplarisch erwähnt, die in beiden Kirchenkämpfen auf der Opferseite standen:

Alexander Evertz (1906–2001): Als junger Pfarrer der „Bekennenden Kirche" wurde er von den Nazis als politisch unzuverlässig eingestuft und von der gleichgeschalteten Kirche in Thüringen („Deutsche Christen") 1938 des Pfarramtes enthoben. Von 1941 bis 1945 leistete er Dienst in der Wehrmacht. Im Bewußtsein, daß man stets nach zwei Seiten vom Pferd fallen kann,[44] engagierte er sich vor dem Hintergrund dieser negativen Erfahrungen mit dem Dritten Reich nach dem Zweiten Weltkrieg nunmehr gegen den linken Modernismus. In seiner Streitschrift „Der Abfall der evangelischen Kirche vom Vaterland" griff er 1964 die Vergötzung der eigenen Nation in der Kaiserzeit und insbesondere im Dritten Reich ebenso an wie die aus seiner Sicht schöpfungswidrige Geringschätzung des Vaterlandes durch die Linksprotestanten: „Es ist Dummheit und Wahnsinn zugleich, wenn man die alten Lebensordnungen von Familie, Volk und Vaterland auslöschen möchte. Man vernichtet damit die gesunden Grundlagen für eine größere Einheit. Das ist aber genau so, als wollte man eine Stadt in die Wolken bauen."[45] In einer weiteren Schrift vier Jahre später, „Die evangelische Kirche und die Revolution von links", kritisierte Pfarrer Evertz die Politisierung der Kirche grundsätzlich (eben nicht nur die einseitig linke Ausrichtung!), die er als „Weltrevolution und Kanzel" und als den christlichen Glauben zerstörend bezeichnete.[46] Seinem Engagement verlieh er durch seinen Vorsitz bei der „Evangelischen Notgemeinschaft" von 1966 bis 1982 sowie publizistische und Vortragstätigkeit reichen Ausdruck. Seine Gegner[47] machten sich meist keine Mühe, die von ihm dargelegten geistlichen Parallelen der beiden Kirchenkämpfe wirklich verstehen zu wollen, sondern steckten Evertz im allgemeinen in eine äußerst rechte Schublade, indem sie seinen christlichen Ansatz, seine klare Ablehnung des Nationalsozialismus, aber auch seine Kritik an den Deutschen, die keine „gesunde Mittellinie kennen",[48] und der Kirche vor 1945 ignorierten.

Walter Künneth (1901–1997): Nach dem Studium der Theologie und Promotion erhielt er eine Stelle in der „Apologetischen Centrale" in Berlin, deren Leitung er 1932 übernahm. 1935 antwortete er in dieser Funktion auf das Werk des nationalsozialistischen Chefideologen Alfred Rosenberg, „Der Mythus des 20. Jahrhunderts", das die rassistische Idee des „nordischen Menschen" postulierte. Von Künneths Gegenschrift

„Antwort auf den Mythus" wurden 36.000 Stück verkauft, angesichts der Umstände eine beachtliche Zahl. Die Nazis ließen – wenig überraschend – die „Apologetische Centrale" 1937 schließen und belegten Künneth mit Schreib- und Redeverbot für das ganze Reichsgebiet. Den Krieg konnte er dank des Landesbischofs Hans Meiser[49] mit seiner Familie als Pfarrer in Bayern verbringen. Nach Kriegsende wurde Künneth Professor in Erlangen, arbeitete viel zu ethischen Fragen und stellte sich verstärkt theologischen Disputationen u.a. mit Rudolf Bultmann, der die Entmythologisierung des Neuen Testaments betrieb.[50] Künneth hat ein umfangreiches publizistisches Werk hinterlassen, in dem sich seine Lebenserfahrung widerspiegelt. Das Bestehen in den Auseinandersetzungen mit den verschiedenen Zeitgeistströmungen bedeutete für ihn immer wieder ein Sich-Festmachen am Heiland Jesus Christus, weshalb eine biblische Christologie das Kernstück bildete. In „Wider den Strom" zeigte er auf, daß die Kirche trotz der Glaubenshindernisse beim sich aufgeklärt dünkenden Menschen der Gegenwart ihren ureigenen Verkündigungsauftrag auch künftig wahrnehmen könne und müsse.[51] Für die Modernisten sind mit dem Namen Künneth eine theologische und ethische Grundhaltung gegen die Kulturrevolution von 1968 verbunden, für die Konservativen ist er die wohl wichtigste Identifikationsfigur des zweiten Bekenntniskampfes. Die „Evangelische Notgemeinschaft" hat in Lübeck ein nach ihm benanntes Institut eingerichtet, das seine apologetische Arbeit fortsetzt.

Helmut Thielicke (1908–1986): Nach dem Studium der Theologie und Philosophie in Greifswald, Marburg, Erlangen und Bonn promovierte er zum Dr. phil. und Dr. theol. 1936 wurde er zum Professor für systematische Theologie in Heidelberg ernannt. Wegen seiner Zugehörigkeit zur „Bekennenden Kirche" wurde er 1940 dieses Amtes enthoben und anschließend Gemeindepfarrer. Zeitweise unterlag er einem totalen Rede- und Schreibverbot, arbeitete aber insgeheim weiter und veröffentlichte anonym in der Schweiz. Der württembergische Landesbischof Theophil Wurm berief ihn zum Leiter des Theologischen Amtes seiner Landeskirche. Von dort aus nahm Thielicke Verbindung zu Widerstandskreisen auf, darunter auch zum Leipziger Oberbürgermeister Carl Goerdeler. Nach dem Zweiten Weltkrieg wurde er wieder Theologieprofessor, zunächst in Tübingen, später in Hamburg. In der Karfreitagspredigt 1947 nahm er die Deutschen in Schutz und verwahrte sich gegen eine „undifferenzierte Kollektivverdammung".[52] Er kritisierte später den Linksruck in der EKD und den Weltkirchenrat in Genf wegen zu starker politischer Orientierung. Der Studentenrevolte attestierte er eine „schauerliche Bewußtseinstrübung" und hielt damals in einer Vorlesung öffentlich selbstkritisch fest:

„Ich glaube, daß diesem unserem Volk nicht mehr zu helfen ist, und kann nur noch sagen: ‚Armes Deutschland!‘ Ich habe mich sträflich in Illusionen gewiegt. Ich habe wirklich geglaubt, wir hätten den Nazismus überwunden, und ein neuer Hitler – auch mit veränderter Färbung – würde undenkbar unter uns sein. Und in allen Ländern, die ich als Gastprofessor besuchte, habe ich das auch in unzähligen Diskussionen bezeugt. Ich bezichtige mich jetzt einer – wenn auch unwissentlichen – Irreführung. Ich glaube es nun nicht mehr, daß wir gegen eine demagogische Diktatur immun sind. Mit Terror und Gebrüll hat es auch damals angefangen. Und das Volk lief auch damals mit, weil etwas ‚los war‘, und war hilflos anfällig für alles, was nach Dynamik aussah und das Schauspiel öffentlicher Anprangerung verhieß ...“[53]

Erzürnt über diese Enttarnung störten Linksradikale Thielickes Predigten in der Hamburger St. Michaeliskirche. Bischof und Synode wollten in demonstrativem Entgegenkommen gegenüber den Störern seine praktisch-seelsorgerliche Gottesdienstreihe durch einen „Diskussionsgottesdienst" ersetzen, was der standhafte Kirchenvorstand jedoch verhinderte.[54] In seiner „Kulturkritik der studentischen Rebellion" zeigte Thielicke auch Verständnis für die damaligen Studenten und rief die Konservativen auf, das Gespräch zu suchen, selbst wenn manche der Rebellierenden den Dialog verweigerten. Dabei verkannte er nicht, daß die linke Kulturrevolution das eigentlich Christliche aus der Kirche verdrängt: „Allein deshalb wohl, weil man eben von christlicher Herkunft ist, bemüht man Jesus noch als ‚Revolutionär‘ und läßt die Propheten des Alten Testaments Schwurzeugen einer bei uns gängigen Spielart der sogenannten ‚Theologie der Revolution‘ sein. Die Politisierung und Soziologisierung des Denkens bildet aber den eigentlichen Tenor, die eigentliche Leidenschaft, und der verbleibende christliche Firnis ist nur eine sehr dünne Schicht."[55]
Alle drei, Evertz, Künneth und Thielicke litten darunter, obwohl sie von den Nazis wegen ihrer Zugehörigkeit zur „Bekennenden Kirche" verfolgt worden waren, nach 1968 von „Zeitgeistaposteln" als angebliche Feinde der Freiheit beschimpft und verhöhnt zu werden. Doch die drei hielten zusammen mit den vielen anderen Standhaften auch im zweiten Bekenntniskampf daran fest, was sich die „Bekennende Kirche" 1934 in der „Barmer Theologischen Erklärung" für die Auseinandersetzung mit der braunen Diktatur vergegenwärtigt hatte: „Jesus Christus, wie er uns in der Heiligen Schrift bezeugt wird, ist das eine Wort Gottes, das wir zu hören, dem wir im Leben und im Sterben zu vertrauen und

zu gehorchen haben. Wir verwerfen die falsche Lehre, als könne und müsse die Kirche als Quelle ihrer Verkündigung außer und neben diesem einen Worte Gottes auch noch andere Ereignisse und Mächte, Gestalten und Wahrheiten als Gottes Offenbarung anerkennen."[56]

11. Fazit

Die Bekenntnisbewegung (hier als Synonym für alle Widerstandskräfte) war und ist von ihrem Selbstverständnis her primär keine (kirchen-)politische, sondern stets eine Glaubensbewegung gewesen. Politisch war und ist sie zwangsläufig nur insofern, als die Kirche in ihrer Breite ihrem gottgegebenen Wächteramt für die Gesellschaft nicht mehr nachkommt, sondern im Gegenteil kirchliche Amtsträger gesellschaftszerstörerische Tendenzen fördern. Diese Entwicklung hat die bekennenden Kräfte gezwungen, den allgemein christlichen Auftrag wahrzunehmen, die Welt nicht zuletzt an die Zehn Gebote zu erinnern. Anders ausgedrückt: Weil die Kulturrevolution keine rein politische Veränderung der Machtverhältnisse war, sondern alle gesellschaftlichen Bereiche nachhaltig unter antichristlichen Vorzeichen umwälzte, waren die bekennenden Kräfte nolens volens in den Abwehrkampf gegen die 68er gerufen. Die gesamtgesellschaftliche Durchschlagskraft dieser Kulturrevolution wäre deutlich schwächer ausgefallen, wenn ihre Vertreter nicht auch den Marsch durch die Institution Kirche erfolgreich absolviert hätten.

Die Entscheidung der überwältigenden Mehrheit der bekennenden Kräfte, die EKD nicht in Richtung Freikirchen[57] zu verlassen, wird von der Gegenseite als richtig bestätigt: „Man muß sie ernstnehmen",[58] so die feministische Theologin Dorothee Sölle. Sie hielt die „Fundamentalisten" in der Kirche für gefährlicher als außerhalb. Dennoch haben sämtliche Vereinigungen, Werke und Einzelpersönlichkeiten des bibeltreuen konservativen Protestantismus in den letzen dreieinhalb Jahrzehnten nicht vermocht, die Kirche auf evangeliumstreuen Kurs zurückzuführen. Sie konnten nicht verhindern, daß Verantwortungsträger aus der 68er Generation kraft ihrer Kirchenämter und Synodenmehrheiten die Deformation der Kirche der Reformation weiter vorangetrieben haben. In diesen zweiten Kirchenkampf des 20. Jahrhunderts eingetreten waren die konservativen Oppositionskräfte seinerzeit unter dem Motto „Kirche muß Kirche bleiben";[59] bei nüchterner Betrachtung müßte es heute jedoch lauten: „Kirche muß wieder Kirche werden."

In einem christlichen Abwehrkampf gegen den unbiblischen Geist geht es aber letztlich nicht um innerweltlich sichtbaren Erfolg oder Mißerfolg. Das liegt in Gottes Hand. Statt dessen geht es um ein mutiges

Zeugnis zur rechten Zeit. Auch dies ist eine Parallele zum Kirchenkampf unter nationalsozialistischer Herrschaft. Und die Übernahme des Wächteramtes angesichts des Selbstzerstörungsprozesses der EKD war und ist ein mutiges Zeugnis, auch wenn der Trend nicht zum Besseren gedreht werden konnte, sondern der Marsch in die metaphysische Obdachlosigkeit auf breiter Front munter voranschreitet. Noch wird der daraus resultierende gesellschaftliche Niedergang (allgemeine Verwahrlosung, abnehmende Solidarität, Kriminalität, Okkultismus etc.) kaum erkannt, weil die meisten Zeitgenossen durch Wohlstand und „Spaßgesellschaft" gegen die Erkenntnis immunisiert sind, daß sich hohe soziale Lebensqualität ohne das christliche Fundament nicht bewahren läßt. Werden die Scheuklappen dieses Realitätsverlustes fallen, bevor eine Umkehr nur noch unter höchsten Opfern möglich ist?

Wichtigster Auftrag noch vor der Kritik an den Fehlleistungen und Unterlassungen von Kirchenleitern und schlimmen Zuständen in Kirche und Gesellschaft bleibt deswegen, wie von Sören Kierkegaard im vorletzten Jahrhundert formuliert: „Die Christenheit hat das Christentum abgeschafft, ohne es selber richtig zu merken; folglich muß man, wenn man etwas ausrichten will, versuchen, das Christentum wieder in die Christenheit einzuführen."[60] Die bekennenden Kräfte in der EKD sind fest davon überzeugt, daß dieser Auftrag Zukunft hat.

---

[1] „So gebt dem Kaiser, was des Kaisers ist, und Gott, was Gottes ist!" (Matthäus 22, 21)

[2] Dabei soll nicht das Engagement vieler einzelner, wie z.B. Friedrich v. Bodelschwingh, Johann Hinrich Wichern oder auch der im 19. Jh. in großer Zahl gegründeten Diakonissen-Mutterhäuser verschwiegen werden. Vgl. Walther v. Loewenich: Die Geschichte der Kirche II, München – Hamburg 31969, S. 166 ff.

[3] Die Vergötzung von Volk und Vaterland im 19. und 20. Jahrhundert ist der Französischen Revolution entsprungen: „Der Abgeordnete Barére, den man den Goebbels der französischen Revolution nennen kann, erklärte, man müsse ,vom Vaterland mit religiöser Inbrunst und von der Majestät des Volkes mit religiöser Ergebung sprechen'", zitiert aus: Alexander Evertz: Der Abfall der evangelischen Kirche vom Vaterland, Velbert und Kettwig 1964, S. 17 ff. (im folgenden: Der Abfall).

[4] Andreas Späth: Luther und die Juden, Bonn 2001, S. 17.

[5] Vgl. Bayer. Landeszentrale für politische Bildung (Hrsg.): Kirchen und Staat. München 2000. Klaus Scholder (Hrsg.): Die Kirchen und das Dritte Reich, Bd. 2, Frankfurt/M. u. Berlin 1988.

[6] Günter Rohrmoser: Glaubenskrise – Zur Lage des Christentums, Bietigheim/Baden 1994, S. 3-4.

[7] Ebd., S. 4.

[8] Alexander Evertz: Die evangelische Kirche und die Revolution von links, Velbert – Kettwig 1968, S. 9.

[9] epd-Zentralausgabe vom 20.2.1971, zitiert nach: Bekenntnisbewegung kein anderes Evangelium (Hrsg.): Weg und Zeugnis – Dokumente und Texte der Bekenntnisge-

meinschaften – Kirchliche Zeitgeschichte 1980–1995, Lahr 1998, S.8 (im folgenden: Weg und Zeugnis II).

[10] Mit „Praxisbeispielen": Rudolf Möckel: Volkskirche am Abgrund?, Neuhausen-Stuttgart 1996.

[11] Die Gegensätze können hier aufgrund ihrer Vielschichtigkeit nicht in allen möglichen Ausfächerungen dargestellt werden. Einen guten Überblick über die konservativen Positionen geben die „95 Thesen zur Situation von Kirche und Gesellschaft im Lutherjahr 1996" (http://www.reformation-heute.de).

[12] Evang.-luth. Freikirche (Hrsg.): Luthers Schmalkaldische Artikel, Berlin 1988, S. 14 (im zweiten Teil).

[13] Zwei Werke geben einen guten Einblick über biblische versus „historisch-kritische" Theologie: Gerhard Maier: Das Ende der historisch-kritischen Methode, Wuppertal 51984; Armin Sierszyn: Die Bibel im Griff?, Wuppertal 1978.

[14] 2. Korintherbrief 5, 17: „Ist jemand in Christus, so ist er eine neue Kreatur; das Alte ist vergangen, siehe, Neues ist geworden."

[15] Bei der aktuellen Diskussion um Genforschung zeigt sich erstmals eine Übereinstimmung von Konservativen und Modernisten, wobei jedoch anzumerken bleibt: Die Modernisten haben mit ihrer Befürwortung des Entzugs des staatlichen Schutzes für das ungeborene Leben maßgeblich zu dem Bewußtseinsverfall für die Würde des menschlichen Lebens in allen seinen Phasen beigetragen!

[16] Römerbrief 13, 1-7; „Augsburger Bekenntnis von 1530" („Confessio Augustana", CA) Artikel 16 (http://www.ekd.de/bekenntnisse/117_augsburger_bekenntnis.html)

[17] Der Publizist Peter Scholl-Latour sagte hierzu: „Wir wären eher in der Lage, mit dem Islam zu diskutieren, wenn wir selber noch religiöse Überzeugungen hätten, denn dann könnten wir auf demselben Niveau sprechen. Aber ein Mensch, der auf die Religion verzichtet hat, der ein Atheist geworden ist, ist für den Moslem ein Tier." (zitiert nach idea-Pressedienst Nr. 107-108 vom 17.09.2001).

[18] Rudolf Bäumer: Die Bekenntnisbewegung „Kein anderes Evangelium" S. 36 f., in: Rudolf Bäumer/Peter Beyerhaus/Fritz Grünzweig (Hrsg.): Weg und Zeugnis – Bekennende Gemeinschaften im gegenwärtigen Kirchenkampf 1965–1980, Bad Liebenzell – Bielefeld 1980 (im folgenden: Weg und Zeugnis I).

[19] Ebd., S. 102 ff.

[20] Der Name „Bekenntnisbewegung Kein anderes Evangelium" bezieht sich auf Galaterbrief 1, 6: „Mich wundert, daß ihr euch so bald abwenden laßt von dem, der euch berufen hat in die Gnade Christi, zu einem andern Evangelium."

[21] Vgl. die Homepage: www.bekenntnisbewegung.de

[22] Peter Beyerhaus: Wir müssen umkehren zu einem neuen Aufbruch, in: ideaSpektrum Nr. 10/96, S. 20f.

[23] Vgl. Hans-Georg von Studnitz: Ist Gott Mitläufer?, Stuttgart 1969, S. 207 ff.

[24] Bischof Dibelius hat das Verhältnis des Christen zum Staat, auch zum totalitären, aufbauend auf Römer 13, gut gegliedert und verständlich dargelegt: Otto Dibelius: Obrigkeit, Stuttgart – Berlin 1963.

[25] Weg und Zeugnis I, S. 55-56.

[26] Die antichristlichen Grundzüge der Kulturrevolution waren nicht auf Deutschland beschränkt, sondern erfaßten die ganze westliche Welt. Vgl. Patrick J. Buchanan: The Death of the West, New York 2002.

[27] Übersichtliche allgemeine Beschreibung der Kulturrevolution bei Armin-Ernst Buchrucker: Aufstand gegen Autorität und Tradition. Die Studentenbewegung von 1968 als

Kulturrevolution und ihre Auswirkungen, Groß Oesingen 2000.

[28] Vgl. Hans-Georg von Studnitz: Ist Gott Mitläufer?, Stuttgart 1969. Eine aktuelle Kritik liefert der frühere SPD-Bundesminister Hans Apel: Volkskirche ohne Volk, Gießen 2003.

[29] http://www.evangelische-notgemeinschaft.de/was_wir_wollen/Grundsatzpapier/grundsatzpapier.html

[30] idea-Pressedienst 2000 Nr. 125 (Homepage: http://www.idea.de).

[31] idea-Pressedienst 2000 Nr. 129.

[32] Weg und Zeugnis I, S. 24-35; vgl. auch: http://www.institut-diakrisis.de

[33] Homepage: http://www.erf.de

[34] Vgl. Wilhelm E. Winterhager: Gegen den Strom – zwei Jahrzehnte kirchliche Alternativpublizistik: idea, in: Helmut Matthies (Hrsg.): Die Medien-Herausforderung – Christen und die Publizistik, Gießen 1994, S. 156 ff. (im folgenden: Gegen den Strom).

[35] Homepage der Evangelischen Allianz Deutschland: http://www.ead.de

[36] Die Abkürzung „idea" stand für „Informationsdienst der Evangelischen Allianz".

[37] Helmut Matthies hatte bereits in seiner Studienzeit einschlägiges Profil gewonnen als Mitherausgeber des „Rotbuches Kirche", das sich kritisch mit dem Kurs der EKD auseinandersetzte (Jens Motschmann/Helmut Matthies (Hrsg.): Rotbuch Kirche, Stuttgart 1976).

[38] „Die Welt" vom 25.02.2000 und „Die Zeit" Nr. 43/2000.

[39] Zitiert nach: Zwei Jahrzehnte *ideaSpektrum*, Supplement von *ideaSpektrum* 1999, S. 6.

[40] Gegen den Strom, S. 170.

[41] Zitiert nach: Zwei Jahrzehnte *ideaSpektrum*, Supplement von *ideaSpektrum* 1999, S. 6.

[42] Zeitschrift „Emma" Januar/Februar 1995, S. 58.

[43] *idea-Pressedienst* 2002 Nr. 53; Internetseiten von OJC: http://www.ojc.de/geschichte.htm

[44] „Wir fallen leicht von einem Extrem ins andere. Es geht uns, um Luthers drastischen Vergleich zu gebrauchen, wie einem betrunkenen Kutscher, der einmal links und das andere Mal rechts vom Pferd herunterrutscht", zitiert nach: Der Abfall, S. 23.

[45] Der Abfall, S. 28.

[46] Alexander Evertz: Die evangelische Kirche und die Revolution von links, Velbert/Kettwig 1968 S. 80.

[47] Vgl. Redebeitrag Antifa Hameln-Pyrmont am 6.10.95 (http://www.puk.de/ANTIFA_-HM_PY/enid.htm)

[48] Der Abfall, S. 23.

[49] Bayern, Württemberg und Hannover gehörten zu den „intakten" Landeskirchen, die sich dem Anspruch des NS-Regimes und der „Deutschen Christen" weitgehend entziehen konnten; vgl. Carsten Nicolaisen: Kreuz und Hakenkreuz – Kirche zwischen Anpassung und Widerstand, S. 84 f., in: Bayer. Landeszentrale für politische Bildung (Hrsg.): Kirchen und Staat. München 2000.

[50] Biograph.-Bibliograph. Kirchenlexikon Band XX (2002): http://www.bautz.de/bbkl/k/-kuenneth_w.shtml

[51] Vgl. Walter Künneth: Wider den Strom, Wuppertal 1989.

[52] Biograph.-Bibliograph. Kirchenlexikon Band XI (1996): http://www.bautz.de/bbkl/t/-thielicke_h.shtml

[53] Helmut Thielicke: Zu Gast auf einem schönen Stern – Erinnerungen, Hamburg 1986, S. 488-489.

[54] Ders.: Kulturkritik der studentischen Rebellion, Tübingen 1969, S. 106.

[55] Ebd. S. 23. Schon damals warnte Thielicke nachdrücklich vor der „charakterlose[n] Form jenes Entgegenkommens [ggü. den Forderungen der Kulturrevolutionäre; d. Verf.],

dem manche Kultusministerien in wahrhaft sich überstürzender Geflissentlichkeit frönen, nicht nur an der Institution Universität versündigt, indem man Wesentliches verschleuderte und sie im Wettbewerb der Völker rasant zurückwerfen wird, (...)." Ebd. S. 9. Der heute offenkundige Niedergang Deutschlands hat zweifellos eine Kernursache in den damals einsetzenden Fehlentscheidungen beim Bildungswesen. *Thielicke* hat recht behalten.

[56] http://www.ekd.de/bekenntnisse/117_142.html

[57] Die Freikirchen waren von der 68er Kulturrevolution aus strukturellen Gründen (überwiegend eigene
Theologenausbildung nicht an staatlichen Unis, Freiwilligkeitskirche etc.) weniger betroffen und beteiligten sich
deshalb kaum am Abwehrkampf der Bekenntnisbewegung. Eine Ausnahme bildeten freikirchlich organisierte
Lutheraner, vgl. Weg und Zeugnis I S. 87-89. Heute zeigen sich unverkennbar aber auch im freikirchlichen Spektrum zeitgeistige Einflüsse.

[58] Zeitschrift „Emma" Januar/Februar 1995, S. 58.

[59] Z.B. „Die Kirche muß um Gottes und der Menschen willen Kirche bleiben" (Erklärung der ‚Notgemeinschaft evangelischer Deutscher' von 1968, Punkt 1), zitiert nach: Weg und Zeugnis I, S. 114.

[60] Sören Kierkegaard: Einübung im Christentum, übersetzt von Emanuel Hirsch, Düsseldorf 1955, S. 34.

Gegenwehr in der evangelischen Kirche und an der Freien Universität

Gespräch mit Prof. Dr. Klaus Motschmann
(Berlin, 29.1.2002)

Becker/Winckler: *Herr Professor Motschmann, Sie haben sich auf verschiedenen Ebenen des gesellschaftlichen Lebens gegen die 68er zur Wehr gesetzt: im Bereich der Hochschulen, der evangelischen Kirche und der Publizistik. Welche Gründe und welche Anlässe hatten Sie dafür? Waren es unmittelbare Reaktionen auf die 68er Revolte? Oder lagen die Gründe weiter zurück?*

Motschmann: Die Gründe und selbst die Anlässe lagen sehr viel weiter zurück. Sie erklären sich wohl am besten aus meiner Biographie.
Ich bin aufgewachsen in einem altmärkischen Landpfarrhaus, also in der DDR. Nach dem Abitur im Jahr 1952 habe ich bis zum Jahr 1954 an der Humboldt-Universität in Ost-Berlin Theologie studiert. Dies habe ich dann ab 1954 in West-Berlin fortgesetzt.
Ich bin also groß geworden in einer Zeit massiver politischer und gesellschaftlicher Umbrüche und Neuorientierungen, die sich nachhaltig, nicht nachteilig, auf meinen Lebensweg ausgewirkt haben. Ich habe sehr lebendige Erinnerungen an die Eingliederung von Flüchtlingen in unserem Dorf, an die Drangsalierungen der Bauern mit dem Abgabesoll, an die bewußt geschürten Konflikte zwischen „Alt-" und „Neubauern", an den zunehmenden Kampf der SED gegen die Kirchen bzw. Christen, an die Verhaftungen aller möglichen „Saboteure und Agenten" (den sogenannten Sabogenten), an die teils grotesken, an geistiger Primitivität nicht zu unterbietenden Politkampagnen der SED zur Rechtfertigung ihrer „Demokratisierung" des öffentlichen Lebens und der Errichtung einer „antifaschistisch-demokratischen Ordnung" nach Maßgabe des „Potsdamer Abkommens". Sie war ja ausdrücklich als Vorbild für die Neuordnung ganz Deutschlands angelegt.
So erklärt sich gerade in dieser Hinsicht manches Déjà-vu-Erlebnis mit den „Antifaschisten" der 68er Bewegung. Bei allen Unterschieden im einzelnen lernte man die Bedeutung der Antifaschismuskeule für die brutale Durchsetzung kommunistischer Politik damals wie heute kennen. Sie richtet sich ja, damals wie heute, keineswegs nur gegen die „Faschisten", also gegen ehemalige Nationalsozialisten und ihre Sympathisanten, sondern eben auch gegen bürgerliche Intellektuelle,

Mitglieder der Blockparteien, Gewerkschafter, ja selbst gegen Mitglieder der eigenen Partei und hohe Funktionäre des Staatsapparats.

Ist Ihre Entscheidung, die DDR zu verlassen, langsam herangereift oder gab es einen konkreten Anlaß?

Nach dem Volksaufstand vom 17. Juni 1953, den ich als einfacher Demonstrant von Anfang an, d.h. vom 16. Juni mittags bis zur Verhängung des Ausnahmezustands am 17. Juni mittags, an allen Brennpunkten miterlebt habe, hat man sich verständlicherweise diese Frage sehr viel konkreter gestellt als bislang. Die diffuse Hoffnung auf eine baldige Lösung der „Deutschen Frage" nach Stalins Tod im Frühjahr 1953 rückte nach der brutalen Niederschlagung des Aufstands in weite Ferne. Eine wesentliche Rolle für diesen Erkenntnisprozeß spielte die Tatsache, daß die sowjetischen Militärbehörden für ca. drei Wochen den Ausnahmezustand verhängten und durch drakonische Strafmaßnahmen (standrechtliche Erschießungen und Verhaftungen von Demonstranten) keinerlei Zweifel aufkommen ließen, wer den kurz vor dem Aufstand von der SED proklamierten „Neuen Kurs" tatsächlich bestimmen würde. Die angedeuteten Möglichkeiten eigener Lebensgestaltung waren schlagartig spürbar eingeengt worden.

Entscheidend war dann aber doch ein sehr konkreter, allerdings keineswegs spektakulärer Anlaß: meine Exmatrikulation im September 1954 wegen des nicht bestandenen Graecums. Da ich an der Oberschule nur Russisch und Englisch gelernt hatte, mußte ich wie alle Theologiestudenten neben diversen anderen Prüfungen bis zum Ende des Grundstudiums das Große Latinum, das Graecum und das Hebraicum nachweisen, was mir nicht gelang. Ich vermag bis heute nicht zu sagen, ob an der Theologischen Fakultät besonders rigorose Maßstäbe angelegt wurden. Jedenfalls wurde ich exmatrikuliert und habe dann ab Oktober 1954 mein Studium an der Kirchlichen Hochschule in West-Berlin fortgesetzt (und dort auch mein Graecum bestanden). Ich habe dann aber auch Vorlesungen und Seminare an der Freien Universität und an der Deutschen Hochschule für Politik (dem späteren Otto-Suhr-Institut der Freien Universität) belegt.

Haben Sie bereits damals bemerkenswerte Unterschiede im Verhalten und in den Einstellungen der Studenten, der Professoren und des allgemeinen gesellschaftlichen Milieus festgestellt?

Selbstverständlich, wenn auch nicht in einem grundsätzlichen Sinne. Es war schon ein Erlebnis der besonderen Art, daß man in West-Berlin in den Gesprächen, wo immer man sie auch führte, keine Vorsicht mehr zu beachten brauchte. Überall herrschte damals (!) in West-Berlin ein antikommunistischer Grundkonsens, der sich aus den Erfahrungen der Berliner mit der West-Berlin umgebenden sowjetischen Besatzungsmacht erklärt: Dazu gehören die Erlebnisse bei der Eroberung Gesamtberlins durch die Rote Armee, die Blockade West-Berlins von Juni 1948 bis Mai 1949, die ständigen Schikanen der DDR gegen West-Berliner auf den Transitwegen und im innerstädtischen Verkehr, der Volksaufstand vom 17. Juni 1953, etwas später – 1958 – das „Chruschtschow-Ultimatum", nach dem West-Berlin den Status einer entmilitarisierten Freien Stadt erhalten und damit auf Gedeih und Verderb von der DDR abhängig werden sollte – und schließlich der Bau der Berliner Mauer.

An den Hochschulen war dieser – wie gesagt: eher äußerliche Unterschied – deutlicher spürbar als in der übrigen Gesellschaft. Warum? Die Freie Universität war ja gerade aus Protest gegen die neuerliche Ideologisierung von Forschung und Lehre in der DDR gegründet worden und zog deshalb vornehmlich Studenten an, die sich dieser Entwicklung widersetzten. Wie man hinzufügen muß: unter großen persönlichen Entbehrungen. Von den Lebens- und Studienbedingungen im zerbombten, 1948/49 durch die sowjetische Blockade von der Außenwelt abgeschnürten Berlin, vermag man sich heute kaum noch eine realistische Vorstellung zu machen. Anläßlich einer Begrüßung neu immatrikulierter Studenten saß ich an einem Tisch, an dem von acht Kommilitonen drei bereits DDR-Haftstrafen verbüßt hatten, drei weitere zum Studium in der DDR nicht zugelassen wurden. Es bedarf keines psychologischen Feinempfindens, um sich vorstellen zu können, welcher Geist an den Universitäten und Hochschulen in West-Berlin nicht nur vorherrschte, sondern herrschte und welche politischen Impulse von den Hochschulen ausgingen.

Wie ist es dann aber zu erklären, daß ausgerechnet die Freie Universität Berlin in dem von der Mauer eingeschlossenen West-Berlin sechs bis sieben Jahre später neben Frankfurt/M. zu einem maßgeblichen Zentrum der 68er Revolte werden konnte und Kommunisten aller Schattierungen nicht nur in den Gremien, sondern ganz allgemein auf dem Campus – und weit über diesen hinaus – den Ton angeben konnten?

Dafür gibt es verschiedene, allerdings einander ergänzende Gründe. Ich nenne nur drei:

1. Seit dem Bau der Berliner Mauer konnten Studenten aus der DDR nicht mehr in West-Berlin studieren. Die Studenten, die aus der DDR

bereits vor dem Mauerbau ihr Studium begonnen hatten, verließen die Universität Anfang der sechziger Jahre mit dem Examen oder wechselten unter dem Eindruck des Mauerbaus an eine andere Universität nach Westdeutschland, z.T. auch aus Angst. Zur gleichen Zeit gewann die Freie Universität eine zunehmende Anziehungskraft für westdeutsche Studenten, die „aus gewissen Gründen" den Wehrdienst verweigerten, wozu sie in Berlin auf Grund des Viermächtestatus nicht verpflichtet waren. Auf diese Weise hat sich die soziologische Zusammensetzung der Studentenschaft sehr schnell verändert.

2. Diese Studentenschaft hatte, anders als die „Ost-Studenten", keinerlei persönliche Erfahrungen mit kommunistischer Volksfrontpolitik und war ihren Agitatoren relativ hilflos ausgeliefert. Sie glaubte tatsächlich – nicht durchgängig, aber weithin – daß es den „Reformkräften" allein um die Beseitigung angeblicher Mißstände in Gesellschaft und Politik und eben auch an den Universitäten gegangen wäre, die als Folge der sogenannten „Restaurationspolitik in der BRD" eingerissen seien. Einige verbale Distanzierungen vom DDR-Sozialismus („den verurteilen wir natürlich auch!") reichten aus, um mögliche Zweifel an den tatsächlichen Intentionen der 68er Revolte zu zerstreuen und guten Gewissens gemeinsam mit Kommunisten im Sinne von Marx und Lenin, Rosa Luxemburg, Ho Chi Minh und Mao Tse-tung für eine „gerechte, friedliche und humane Gesellschaft" zu kämpfen. Das Ausmaß politischer Naivität war erschreckend und ein Beweis für tatsächliche Defizite im westdeutschen Bildungssystem.

3. Noch erschreckender war allerdings die intellektuelle und politische Verantwortungslosigkeit namhafter Intellektueller, die aus den erwähnten Gründen der politisch-geistigen Großwetterlage in West-Berlin bzw. überhaupt im Westen nicht zum Zuge gekommen waren, was ihnen auch bewußt war. Dazu waren sie wiederum zu intelligent. Im Zuge der allgemeinen Re-education des deutschen Volkes in allen Besatzungszonen konnten sie ihre marxistischen Grundeinstellungen zunächst unter dem Deckmantel „Antifaschismus" und „Antimilitarismus" verbergen und damit den Eindruck demokratischer Zuverlässigkeit vermitteln. Ihr offen erklärtes Ziel war aber nicht nur die Beseitigung aller Überreste des Nationalsozialismus, sondern vor allem die Ausrottung aller gesellschaftlichen und politischen „Voraussetzungen" des Faschismus gemäß der Devise Bertold Brechts: „Der Schoß ist fruchtbar noch, aus dem das kroch." Es ging und geht den Antifaschisten also nicht nur und nicht in erster Linie um den Kampf gegen faschistische Parteien, Verbände, Literatur usw., sondern um den Kampf gegen das „System", das diese politischen und gesellschaftlichen Erscheinungen ermöglicht.

Es soll zugegeben werden, daß sich viele Intellektuelle tatsächlich nicht bewußt waren, damit zentrale Aussagen der kommunistischen Ideologie zu vertreten – und zwar besonders überzeugend. Im Jargon des Kalten Krieges hatte sich für diesen doch beachtlichen Teil der Intelligenz der Begriff „nützliche Idioten" eingebürgert, der heute obsolet ist. Warum eigentlich? Er drückt doch sehr präzise aus, was Marx, Engels und Lenin über ihre intellektuellen Sympathisanten geschrieben haben. Bei aller heftigen Kritik am realitätsfeindlichen Verhalten der sogenannten linken Intelligenz wurde aber gleichzeitig ihr „Verdienst" bei der Delegitimierung des „bürgerlichen Systems" stets hervorgehoben. Theorie und Praxis der kommunistischen Weltbewegung haben eine Fülle von Beispielen geliefert, daß sie ein fester Bündnispartner im Kampf gegen „Faschismus und Krieg" ist.

Wollen Sie damit sagen, daß die 68er Revolte von der Sowjetunion bzw. von der DDR über lange Jahre hinweg systematisch vorbereitet und gesteuert worden ist?

Ja, mit einer kleinen Einschränkung hinsichtlich des Begriffs „Steuerung". Wen oder was sollte die Sowjetunion in der 68er Bewegung „steuern", womöglich mit chiffrierten Funkverbindungen, toten Briefkästen, konspirativen Treffen usw.? Auch das hat es gegeben, wie wir heute wissen. Es wäre aber falsch, Entstehung und Verlauf mit einer derartig direkten Steuerung zu erklären. Die systematische Infiltration kommunistischer Einflußagenten und deren Kontaktpflege zur „kritischen Intelligenz" seit dem Ende des Zweiten Weltkriegs in Deutschland, aber auch in den Ländern der Westalliierten, verlief so idealtypisch, daß eine direkte Steuerung nach 1968 kaum noch nötig war. Sie hätte höchstwahrscheinlich bei manchen Aktivisten der 68er nur zu Irritationen, womöglich zur Ernüchterung geführt.
Welche Bedeutung die 68er Bewegung für die kommunistische Weltbewegung hatte, man könnte auch formulieren: innerhalb der kommunistischen Weltbewegung, veranschaulicht die „Internationale Beratung der kommunistischen und Arbeiterparteien" in Moskau im Jahre 1969. Die Frage, ob die 68er Revolte vom Ostblock beeinflußt worden ist oder nicht, wird durch Verlauf und Ergebnisse dieser Konferenz eindeutig beantwortet. Die Tatsache, daß dieser enge Zusammenhang von den damaligen und heutigen 68ern nicht wahrgenommen, ja sogar bestritten wird, ist lediglich ein weiterer Beweis für den bereits erwähnten Realitätsverlust der Intelligenzia. Die Tatsache, daß der Anlaß für die 68er Bewegung und ihre Forderungen tatsächlich spezifisch „deutsch" war, kann ja nicht darüber hinwegtäuschen, daß sie

in einen internationalen Zusammenhang gestellt und gelöst werden sollten. In Frankreich waren es spezifisch französische Ansätze, in den USA amerikanische usw. Sie wurden aber immer als Ergebnis sozialer Ungerechtigkeiten und Konflikte des kapitalistischen Systems verstanden. Die sehr unterschiedlichen Ansätze hatten also nach diesem Welt- und Daseinsverständnis nur einen Grund: die „antagonistischen Widersprüche" der kapitalistischen Gesellschaft. Deshalb lautete eine der gängigen Parolen der 68er bis heute: „Denke global, handle lokal."

Welche spezifischen deutschen „Ansatzpunkte" würden Sie nennen, um die dargestellten Methoden kommunistischer Strategie und Taktik zu veranschaulichen?

Der spezifisch deutsche Ansatzpunkt des weltweiten Kampfes der Kommunisten gegen „Imperialismus und Krieg" waren die Auseinandersetzungen um die Neuordnung Deutschlands nach dem Zusammenbruch von 1945. Sowohl die Alliierten als auch alle gesellschaftlich-politisch relevanten Gruppen in Deutschland waren sich darin einig, daß nicht nur die „Überreste" des nationalsozialistischen Herrschaftssystems zu beseitigen waren, sondern in erster Linie auch die „gesellschaftlichen Wurzeln", aus denen er hervorgegangen ist.
Was aber sind die Wurzeln des Nationalsozialismus bzw. Faschismus? An der Antwort auf diese Frage scheiden sich bis heute die Geister; so auch damals. Nach kommunistischem und linksintellektuellem Verständnis ist der Faschismus/Nationalsozialismus lediglich eine in Krisenzeiten zugespitzte „Erscheinungsform der reaktionärsten und aggressivsten Elemente des Finanzkapitals", um an die bekannte Definition der „Komintern" zu erinnern. Zwischen Kapitalismus und Faschismus besteht demzufolge ein fester, wesensmäßiger Zusammenhang.

Wenn ich Sie richtig verstanden habe, lag nach kommunistischem Verständnis die Schuld am Aufkommen und an der Herrschaft des Nationalsozialismus nicht in erster Linie beim „deutschen Volke", sondern bei den deutschen Kapitalisten, Großindustriellen, Junkern, Militaristen (und wie man darüber hinaus noch die Repräsentanten des „Systems" titulierte) und in „ihren" politischen Parteien und gesellschaftlichen Organisationen. Dann natürlich auch bei den Deutschen, die Hitler gewählt haben, aber eben nicht bei „den" Deutschen insgesamt.

Das ist richtig! Die These von einer Kollektivschuld des deutschen Volkes als folgerichtigem Ergebnis eines über die Jahrhunderte andauernden Irrwegs ist eine Legende linksintellektueller Vergangenheitsbewältiger, die vornehmlich das Meinungsklima in Westdeutschland, aber nicht in der DDR bestimmten. Ich kann mich noch sehr gut an meinen Geschichts- und Deutschunterricht erinnern, der von dem Grundsatz der „dialektischen Aneignung der fortschrittlichen Traditionen" unseres Volkes bestimmt wurde, wie denn auch mit der Gründung der DDR die Visionen und Sehnsüchte der „besten Söhne unseres Volkes" in Erfüllung gegangen sein sollen. Die DDR legitimierte sich also als „Hüterin deutscher Traditionen". Natürlich konnte dieses Geschichts- und Literaturverständnis nur durch teilweise groteske, ideologisch bedingte Uminterpretationen von Tatsachen und Texten vermittelt werden. Aber wie dem auch sei: Die deutsche Geschichte wurde in der DDR keineswegs als zwangsläufige Abfolge von permanenter Schuld und Daseinsverfehlung mit dem Endpunkt Hitler dargestellt, sondern als die notwendige Legitimationsbasis für den Aufbau eines zerstörten Landes und desorientierten Volkes.

Nur zur Vermeidung von Mißverständnissen und der naheliegenden Vermutung politischer Naivität sei auch an dieser Stelle betont, daß diese Legitimationsbasis zu knapp und vor allem zu unglaubwürdig war. Auf jeden Fall ist diese Deutung der Geschichte im Ansatz bedenkenswerter als die in Westdeutschland um sich greifende These einer schnurgeraden Unheilslinie von Martin Luther über Friedrich den Großen und Bismarck zu Hitler. Die politischen Absichten dieser Geschichtsklitterung sind weit verhängnisvoller als die der DDR, weil sie auf die Delegitimierung der demokratischen Grundordnung der Bundesrepublik abzielten und bis auf den heutigen Tag noch immer abzielen.

Ideologisch konsequent hat die DDR diesen Prozeß aktiv unterstützt und die Auseinandersetzungen um die deutsche Schuld als festen Faktor in ihr politisches Kalkül aufgenommen. So wie sich alle progressiven Traditionen und Ideen in der DDR verwirklichen sollten, so sollte die Bundesrepublik als Hort der reaktionären, fortschrittsfeindlichen und aggressiven Traditionen diffamiert werden können – was ja auch hinreichend der Fall war und ist. Hier liegt eine der kräftigsten Wurzeln der 68er Revolte, die sich allerdings lange Zeit im Verborgenen entwickelte und demzufolge in ihrer politischen Tragweite nicht hinreichend erkannt worden ist.

An welche konkreten Beispiele ist dabei zu denken? D.h., in welchen gesellschaftlichen Bereichen ist diese „Wurzel" der 68er vor allem herangewachsen?

Zunächst natürlich in den linksintellektuellen Kreisen, die sich in Zeitungen, Verlagen, Theatern, Hochschulen, Rundfunksendern und Kirchen gebildet hatten. Die Motive waren damals noch sehr vielschichtig. Tatsache ist, daß die von den Westmächten geforderte und geförderte Re-education des deutschen Volkes im marxistischem Sinne (miß-)verstanden und betrieben worden ist, z.b. von der Frankfurter Schule. Entscheidend für die Beurteilung war und ist noch immer ein klares Bekenntnis zum Antifaschismus; und daran gab es bei den marxistischen Intellektuellen bekanntlich keine Zweifel.

Sie setzten sich in der Notgemeinschaft für eine freie Universität (Nofu) gegen neomarxistische, verfassungsfeindliche Tendenzen ein. Wann ist die Nofu gegründet worden? Welche Ziele verfolgte diese Organisation?

Unmittelbar nach den ersten Ausbrüchen hier in Berlin und Frankfurt am Main, Hamburg und Köln fanden sich Hochschullehrer, Assistenten und auch Studenten in Berlin in der Notgemeinschaft (Nofu) für eine freie Universität („frei" klein geschrieben!) zusammen. Wir haben uns in der Nofu – jeder an seinem Platz – als Professor, als Oberarzt, als Assistent, als Student zwar für notwendige Reformen eingesetzt. Reformen mußten ja sein. Wir haben gesagt: Die Ordinarienuniversität hatte eine ganze Reihe von Wünschen offen gelassen, und auch in der Schulpolitik bestand Handlungsbedarf. Denn wenn die Verhältnisse so eskalierten, ist irgendeine Fehlentwicklung vorangegangen. Gegen Reformen waren wir insofern grundsätzlich nicht. Wir waren aber sehr wohl dagegen, daß man buchstäblich auf die Barrikaden ging. Diese Relationen waren zu beachten. Wir wollten unsere Ziele in einem demokratischen Konsens erreichen, und nicht mit der kommunistischen Fahne in der Hand. So wurde die Nofu noch vor dem Bund Freiheit der Wissenschaft, der 1969 in Bonn entstand, gegründet. Sie umfaßte ungefähr 3000 bis 4000 Personen. Es waren auch zahlreiche Lehrer dabei, denn unser Anspruch ging weit über die Freie Universität hinaus. Wichtig war zunächst die interne Kommunikation. In der Notgemeinschaft für eine freie Universität fühlte man sich durchaus geborgen, denn man konnte sich mit Kollegen austauschen: „Was macht ihr?" und Aktionen vorbereiten, die auch angegangen wurden. Wir haben uns untereinander Auskünfte gegeben: „Kennt ihr den? Da ist bei uns jemand aufgetaucht ..." – „Den kennen wir schon, der ist also jetzt bei Ihnen ..." (es gab herumwandernde Radikale, die gelegentlich im 30. Semester waren). An der Universität Bonn war jemand auf die Evangelische Notgemeinschaft in Deutschland angesetzt, der im 40. Semester

„studierte". Er leitete einen Arbeitskreis „Antifaschismus". Das hat es alles gegeben.

Wir haben uns gegenseitig juristischen Beistand geleistet: „Wir empfehlen diesen und jenen Anwalt." Oder: „Diesbezüglich ist bereits ein Urteil ergangen." Wir gaben persönliche Hilfestellung in bestimmten Bedrängnissen. Wir konnten auch sagen: „Gehen Sie mal zu diesem Kollegen" oder wir haben erfahren: „Dieser und jener ist jetzt auch bei uns. Fragen Sie den doch mal." Denn an einer großen Hochschule wußte man oft gar nicht, mit welchem Kollegen man bestimmte Dinge besprechen konnte. Das hat man dann von der Nofu – natürlich mit Genehmigung des Betreffenden – erfahren.

Was konnte die Notgemeinschaft für eine freie Universität bewirken, welche Ergebnisse konnte sie erzielen?

Das ist schwer zu sagen. Zwar gab die Notgemeinschaft laufend Papiere in die Verwaltung und an die Presse. Aber es war unmöglich, daß sie im Abgeordnetenhaus als Urheberin ausdrücklich genannt wurde, etwa so: „Das kam auf Vorschlag der Notgemeinschaft." Aber man kann zusammenfassen, daß viele Entwicklungen abgebremst und erträglicher gemacht wurden, und daß rechtsstaatliche Regelungen nicht völlig außer Kraft gesetzt werden konnten. Doch konnten wir wirklich nur unter Ausschluß der Öffentlichkeit, beispielsweise telefonisch, unsere Ideen einbringen, um nicht den Eindruck zu erwecken, der Senat handele im Auftrag der Nofu.

Gab es Erfolge der Nofu?

Wir hatten eine ganze Reihe von Erfolgen. Es gab hier die „ADS", die „Aktionsgemeinschaften von Demokraten und Sozialisten", mit anderen Worten: linksradikale Bündnisse. Da war alles drin: SEW, KBW, Grüne, linke Christen. Auf Fachbereichsebene gab es die „ROZ", die Roten Zellen, beispielsweise die Rote Zelle Biologie. Sie haben öffentlich verkündet, daß sie für eine Umgestaltung der Wirtschaft eintreten. Wir, die Nofu, haben uns die öffentlich zugänglichen Listen, mit denen diese Gruppen zu den Wahlen antraten, beschafft. In einer hohen Auflage – 11.000 Stück – gingen ADS-Listen mit den entsprechenden Namen an die großen Firmen. Viele Betriebe haben auch angefragt. Das war ein Erfolg, eine scharfe Waffe, denn mancher Unterwanderer ist dadurch hängengeblieben, andere haben sich nachweislich zurückgehalten.
Wir informierten durch einen Studienführer auch Gymnasien in Westdeutschland. An der FU – so argumentierte die Nofu – gebe es

relativ intakte Bereiche: Die Fakultäten Medizin und Jura hatten immer eine hohe Qualität. Andere Bereiche waren erheblich umfunktioniert: Germanistik, Politologie, Soziologie, Psychologie. Woanders war es gemischt. So haben wir differenziert: „Abiturienten, paßt auf, wenn ihr nach Berlin kommt." Wir führten darüber hinaus Erstsemester-Veranstaltungen durch: „Geht da hin, geht da hin, geht da hin." Damit gaben wir den Studienanfängern in der großen Universität einen Wegweiser in die Hand, der eben auch rechtzeitige Warnungen enthielt. Und das hat die Universität spürbar getroffen.

Was die breite Öffentlichkeit betrifft, so haben wir den Tageszeitungen Hintergrundinformationen und auch druckreife Beiträge geliefert. Der Einfluß war schon beachtlich.

Wie waren die Verbindungen zum Regierenden Bürgermeister Schütz?
Konnte die Nofu auch Einfluß auf den Senat ausüben?

Die Nofu bekam sofort das Etikett „faschistisch" oder zumindest „reaktionär" aufgedrückt. Und es waren auch einige Professoren unter uns, die sich im Dritten Reich habilitiert hatten oder deren Dissertation eine tendenziöse Passage im Sinne des Nationalsozialismus enthielt. Da waren gewisse Ansatzpunkte der Kritik gegeben, obwohl diese Kollegen sich oft noch während der NS-Zeit anders besonnen hatten und in den Widerstand gegen Hitler gegangen waren. Die Notgemeinschaft war in einem sehr vordergründigen Sinne abgestempelt. Insofern mußte ein Regierender Bürgermeister auf Distanz achten. Das haben wir auch verstanden. Es gab natürlich mehrere Gespräche mit den zuständigen Senatoren Löffler und Stein. Wir verfügten über eine Menge Material, das wir dort einreichten, gefragt und ungefragt. Dr. Ursula Besser, die hochschulpolitische Sprecherin der CDU im Abgeordnetenhaus, machte keinen Hehl daraus, daß sie der Notgemeinschaft angehörte. Die Nofu war also ein Scharnier. Offiziell mußte man größtmögliche Distanz halten, um die Gesprächspartner nicht zu kompromittieren. So luden wir sie auch nicht ein und zielten auch nicht auf ihre Unterschrift ab. Wir nahmen diese Taktik in Kauf, damit die Sache nicht darunter leidet. Es geschah im beiderseitigen Einverständnis. Denn das Anliegen der Notgemeinschaft war es ja nicht, einem Bürgermeister, Senator oder einer Fraktion Schwierigkeiten zu machen.

Aber hatten Sie als Professor einer Berliner Hochschule wegen Ihres
Engagements in der Notgemeinschaft für eine freie Universität nicht
Schwierigkeiten mit Ihren Studenten und/oder Kollegen? Sicher war
doch auch Ihre Hochschule, die Hochschule der Künste, von der 68er
Revolte erfaßt.

Das ist richtig. Selbstverständlich hat die 68er Studenteska keinen Bogen um unsere Hochschule gemacht. Die allgemeinen Aktionen – Streiks (genauer: Boykotts), Störungen oder Verhinderung von Lehrveranstaltungen durch „teach-ins", Umfunktionieren von Lehrveranstaltungen, Besetzung von Werkstätten usw. – haben wir in vollem Umfang erlebt, und manche Kollegen und lernwillige Studenten auch erlitten. Immerhin haben manche Studenten durch diese Aktionen ein oder zwei Semester verloren.

Allerdings hat unser Kollegium die möglichen Nachteile vieler Studenten auf ein Minimum begrenzt, indem wir die Vorlesungen und Seminare, insbesondere für Examenssemester, in Gaststätten, Vereinsräume, Privatwohnungen usw. verlegten oder aber zu sehr früher Stunde, morgens um 7.00 Uhr s.t., begannen, als sich die Aktivisten der Studenteska noch von ihren nächtlichen Strategiediskussionen ausschlafen mußten. Auch Revolutionäre brauchen aus biologischen Gründen Ruhepausen.

Die persönlichen Angriffe auf mich hielten sich in Grenzen. Sie kamen meist von außen, d.h. von anderen Universitäten und widersprachen in der Regel dem, was meine Studenten aus dem persönlichen Umgang mit mir ohnehin wußten. Aus meinen konservativen Einstellungen habe ich niemals einen Hehl gemacht, warum auch? Im übrigen ging es in unserem Kollegium auch nicht um diese oder jene persönliche Einstellung, sondern um die gemeinsame Verantwortung für Forschung und Lehre und einen geordneten Ablauf des Studiums.

Welche Voraussetzungen begünstigten das Entstehen und Anwachsen einer Orientierung zugunsten der politischen Linken im deutschen Protestantismus?

Der nachhaltigste Einfluß auf das Wachstum der „Wurzeln" der 68er Revolte erfolgte allerdings in einem gesellschaftlichen Bereich, von dem es die große Mehrheit unseres Volkes nicht erwartete: in der evangelischen Kirche. Die Vorläufige Leitung der Evangelischen Kirche in Deutschland, in der namhafte evangelische Theologen vertreten waren, legte im Herbst 1945 das „Stuttgarter Schuldbekenntnis" ab, in dem nach gutem christlichen Brauch mit dem Bekenntnis der Schuld der entscheidende Schritt zur Buße, d.h. zum Sinneswandel, zur Umkehr gewiesen wurde. Die große Mehrheit unseres Volkes war dazu bereit, so daß einige theologische, rechtliche, politische Einwände gegen die Stuttgarter Erklärung zunächst keine wesentliche Rolle spielten.

Diese Einwände wurden vor allem von einigen Theologen und Laien der Bekennenden Kirche im Dritten Reich vertreten, die als Zeichen der

Bereitschaft zu einer wirklichen Umkehr, eines wirklichen Sinnes-
wandels, eine deutlichere Benennung der teilweise weit zurück-
reichenden Irrwege des deutschen Protestantismus forderten. Als ein
wesentlicher Irrweg ist dabei die Konfrontation zum Marxismus im 19.
Jahrhundert benannt worden.
In sich folgerichtig ist von diesen Theologen nicht nur im theologischen
Sinne eine Umkehr zu Gott, sondern gleichzeitig im politischen Sinne
eine Abkehr von der traditionell antisozialistischen Einstellung der
evangelischen Kirche gefordert worden – und das hieß ganz konkret eine
Hinwendung zum Kommunismus, d.h. zum Stalinismus.

*Waren dies nur einzelne Theologen, gewissermaßen Randerscheinungen,
die es in der evangelischen Kirche im Laufe ihrer Geschichte immer gab,
z.B. die „religiösen Sozialisten" im 19. Jahrhundert? Oder repräsentieren sie doch einen inzwischen größeren Teil des Protestantismus
und damit einen Wandel in der inneren Verfassung der Evangelischen
Kirche unter dem Eindruck der zeitgeschichtlichen Erlebnisse?*

Es ist richtig, daß die evangelische Kirche – anders als die katholische
Kirche – bereits seit dem Ende des Ersten Weltkrieges sehr viel stärker
von den geistig-ideologischen, gesellschaftlichen und politischen
Umwälzungen erfaßt worden ist. Aber doch stärker im Sinne einer
Verfestigung des konservativ-nationalen-volkskirchlichen Milieus denn
in einer Öffnung für sozialistische Ideen und Programme. Das war und
ist ja auch der wesentliche Kern der Kritik nach 1945 gewesen; im
Ansatz auch nicht völlig unberechtigt.
Was nach 1918 tatsächlich oder vermeintlich an Reformen in der
evangelischen Kirche versäumt worden ist, sollte nun endlich nachgeholt
werden, auch um neues Unheil für das deutsche Volk zu verhüten.
Nochmals: im Ansatz durchaus bedenkenswert.
Aber dieser Ansatz vermochte sich nicht zu entfalten, weil er wegen
seiner Affinität zum Sozialismus dem traditionellen Menschen- und
Daseinsverständnis widersprach. Wie immer man Sozialismus bzw.
Marxismus auch definieren mag: An seinem Selbstverständnis als einer
immanenten Heilslehre und damit an seinem fundamentalen Widerspruch zu jeglicher Religion, also nicht nur zum Christentum und schon
gar nicht allein zum Protestantismus, kann man zumindest in der
öffentlichen Auseinandersetzung nicht vorübergehen. Es soll nicht
bestritten werden, daß namhafte Theologen diesen Widerspruch
dialektisch aufzulösen und auf diese Weise theologische Oberseminare
zu überzeugen vermögen. Die überwältigende Mehrheit der deutschen
Protestanten haben sie weder nach 1918 noch nach 1945 überzeugt, weil

Millionen Menschen die Wirklichkeit des Sozialismus anders erlebt haben: die Flüchtlinge aus den deutschen Ostgebieten, die Frauen beim Einmarsch der Roten Armee und später in der sowjetischen Besatzungszone, die Kriegsgefangenen und aus politischen Gründen Deportierten, die verfolgten Sozialdemokraten und Vertreter anderer Parteien. Wenn in dieser Situation der Schweizer Theologe Karl Barth, der maßgebende Repräsentant dieser Theologie, dem deutschen Volke im allgemeinen, der evangelischen Kirche im besonderen in einem programmatischen „Wort an die Deutschen" wenige Monate nach Kriegsende den Rat erteilt, als ein Zeichen des Willens zu einem wirklichen Neubeginn „dem russischen Kommunismus ungehemmt, verständniswillig und aufgeschlossen" entgegenzugehen, dann ist das ein erschütterndes Zeugnis für den Verlust politischen Wahrnehmungsvermögens. Daß es sich dabei nicht um eine beiläufige Äußerung handelt, die sich einer verallgemeinernden Deutung entzieht, beweisen zahlreiche entsprechende Äußerungen in den fünfziger und sechziger Jahren, also unter Berücksichtigung der sowjetischen Politik nach dem Zweiten Weltkrieg. Sie gipfeln in der vielzitierten Feststellung, daß „prinzipieller Antikommunismus ein Indiz auf den Hitler in uns" sei – so noch im Jahre 1960. Damit hatte die bis heute so wirksame „Faschismus-Keule" ihre akademisch-theologische Weihe erhalten, was ihre Wirksamkeit bis in unsere Tage hinein erklärt.

Es bedarf keiner ausführlichen Begründung, daß die politischen Positionen Karl Barths und seiner Freunde in der damaligen evangelischen Kirche zunächst eindeutige Abseitspositionen waren und lange Zeit blieben.

Ich erinnere mich in diesem Zusammenhange an einen Pfarrkonvent im Kirchenkreis meiner Heimat, an dem ich als junger Theologiestudent teilnahm, in dem das Gespräch auf Karl Barth kam. Keiner der ca. 30 anwesenden Pfarrer zeigte auch nur einen Ansatz von Verständnis. Die Reaktionen schwankten zwischen Empörung, Kopfschütteln und gütiger Nachsicht. Ein älterer Pfarrer bemerkte sinngemäß: „So hat er schon Anfang der zwanziger Jahre von Kanzel und Katheder gesprochen."

Wie erklärt es sich dann aber, daß sich aus dieser „Abseitsposition" dennoch die in der evangelischen Kirche vorherrschende Lehrmeinung in den sechziger und siebziger Jahre mit nachhaltigen Einflüssen auf die 68er entwickeln konnte?

Die Antwort ist sehr einfach: weil es sich bei dieser Entwicklung um ein Musterbeispiel für einen erfolgreichen Diffusionsprozeß handelt. Mit diesem Begriff der modernen Kommunikationssoziologie bezeichnen wir den Vorgang, der bereits im Neuen Testament mit der Wirkung des Sauerteigs auf eine Schüssel Mehl veranschaulicht wird, um die Warnungen vor dem Eindringen von Irrlehren zu begründen. „Hütet euch vor dem Sauerteig der Pharisäer und Sadduzäer" (Matth. 16,6 u.a.m.), weil „ein wenig Sauerteig den ganzen Teig versäuert" (1. Kor. 5,6). Alle großen politischen und geistigen Umwälzungsprozesse sind von wenigen Menschen, den „Innovatoren", eingeleitet worden: das Christentum und die Reformation, die Aufklärung und der Liberalismus, Kommunismus und Nationalsozialismus. Entscheidend war und ist, ob die neuen Ideen eine genügende Zahl von „frühen Übernehmern", den „Frühadaptern" gefunden haben, die sich in den Dienst der Verbreitung stellten. Dabei kommt es zunächst (!) nicht auf ausdrückliche Zustimmung zu den neuen Ideen an, sondern – unter dem Vorwand der Auseinandersetzung mit alternativen weltanschaulichen Positionen – auf die Eliminierung aller Traditionen, die der Verwirklichung der neuen Ideen im Wege stehen könnten. Nochmals in dem plastischen Bilde des Neuen Testaments: „... den alten Sauerteig auszufegen, damit ein neuer Teig entstehen kann" (1. Kor. 5,7). In einem ähnlichen Vergleich sprach Karl Barth in einem programmatischen Aufsatz unmittelbar nach Kriegsende von der Notwendigkeit, als Voraussetzung für einen wirklichen Neubeginn in Deutschland „den alten theologischen, kirchlichen und politischen Essig" wegzuschütten.

Dazu gehörten u.a. wichtige Personalentscheidungen. Auch in der evangelischen Kirche mußten wegen der Entlassung politisch belasteter Amtsträger zahlreiche Stellenbesetzungen vorgenommen werden. Auf diese Weise ist es mehreren namhaften Theologen aus dem Umkreis von Karl Barth gelungen, wichtige Stellen in leitenden Gremien und Institutionen der evangelischen Kirche zu besetzen und damit aus theologischen „Abseitspositionen" in das Zentrum der kirchlichen Hierarchie zu rücken.

Selbstverständlich sollten die neuen Amtsträger sowohl kirchlich als auch politisch die Gewähr für eine gründliche und rasche Neuordnung bieten. Wie streng dabei die Maßstäbe für die Beurteilung sein sollten – und teilweise auch waren – ist einer öffentlichen Warnung Karl Barths vor dem „Typus Eugen Gerstenmaier" zu entnehmen. Gerstenmaier hatte 1937 seine Dozentur an der Berliner Universität verloren, war danach im Außenamt der Evangelischen Kirche und des Evangelischen Hilfswerks für Internierte und Kriegsgefangene tätig und schließlich aktives Mitglied in der Widerstandsbewegung Kreisauer Kreis. Nach dem Attentat vom 20. Juli 1944 wurde er zu einer langjährigen Zuchthausstrafe verurteilt. Von den äußeren Daten seiner Biographie also ein „Antifaschist" – als solcher aber in diesen Theologenkreisen nicht anerkannt. Es kam und kommt eben nicht darauf an, ob jemand im Dritten Reich Widerstand geleistet hat oder nicht, ob jemand NSDAP-Mitglied war oder nicht, sondern welche Einstellung er nach dem Zusammenbruch zum Sozialismus einnahm, und zwar nicht zum Sozialismus als Idee, sondern zum real existierenden Sozialismus der Sowjetunion. Mit der offen erklärten Bereitschaft zur Zusammenarbeit mit den Kommunisten bei der Neuordnung Deutschlands waren in diesen kirchlichen und intellektuellen Kreisen alle Zweifel an der politischen Glaubwürdigkeit in der Regel zerstreut. Die Tatsache, daß z.B. Martin Niemöller 1933 Erstunterzeichner einer Zustimmungserklärung an Hitler zum Austritt aus dem Völkerbund war oder sich 1939 aus dem KZ heraus freiwillig zum Kriegsdienst auf einem U-Boot meldete, war schnell vergessen – oder aber als Teil einer „authentischen Biographie" bereitwillig vergeben. Entscheidend war, daß er die Bundesrepublik kurz nach ihrer Gründung als ein „in Rom gezeugtes und in Washington geborenes Gebilde" qualifizierte und die Bundeswehr als eine „Schule des Verbrechens" bezeichnete. Es bedarf keiner ausführlichen Begründung, warum Martin Niemöller unter den evangelischen Bischöfen eine politisch herausragende Rolle spielte, sowohl in der kommunistischen Propaganda der DDR als auch für die späteren 68er, die ihn ausdrücklich als eine ihrer Leitfiguren verehrten.

Hat es denn in der evangelischen Kirche keine erkennbare Gegenwehr gegen diese Entwicklung gegeben? Für die Landeskirchen in der sowjetischen Zone bzw. späteren DDR war dies gewiß zunehmend schwieriger. Aber was taten die westlichen Gliedkirchen der damals noch nicht gespaltenen EKD?

Dazu sind drei Aspekte zu bedenken:
1. Zunächst einmal ein durchaus bedenkenswertes Argument: Durch einen zu massiven Widerspruch gegen diese „Öffnung nach links" wären sowohl in der DDR als auch in den linksintellektuellen Kreisen des Westens die bereits angedeuteten Vorbehalte gegen die Kirchen im allgemeinen, gegen die evangelische Kirche im besonderen, bestärkt worden. Ein konkretes Beispiel dafür war die Kampagne gegen die evangelische Kirche nach der Unterzeichnung des Militärseelsorgevertrages mit der Bundesregierung im Jahre 1957, der nur nach schwersten Auseinandersetzungen in der EKD zustande kam. Die mitteldeutschen Landeskirchen wurden nun erheblichen Pressionen als „Agenturen" der westdeutschen „NATO-Kirche" ausgesetzt. Die Schärfe dieser Kampagne läßt sich an einem Plakat erkennen, das längere Zeit auf den Zufahrtsstraßen zur Ost-Berliner Marienkirche, der Predigtstätte

des Berliner Bischofs Dibelius, aufgestellt wurde, auf dem der Bischof
zu einer amerikanischen Atombombe stilisiert war.
2. Sodann die abschreckenden Wirkungen dieser Kampagne auf die
Pfarrer und kirchlichen Mitarbeiter in Ost-Berlin und der DDR, die sich
im Interesse ihrer Gemeinden mit öffentlichen Widersprüchen
zunehmend zurückhielten.
3. Schließlich und vor allem ein deutlicher Stimmungswandel in den
kirchenleitenden Gremien West-Berlins und Westdeutschlands, also den
Konsistorien, Synoden, Pfarrkonventen, Evangelischen Akademien,
Evangelischen Studentengemeinden, Fakultäten usw.
Einen Eindruck von dem Ausmaß und der Radikalität dieses Wandels
vermittelt die scharfe Kritik, die eine kleine Schrift des Berliner Bischofs
und Ratsvorsitzenden Otto Dibelius mit dem Titel „Obrigkeit?" im Jahre
1959 ausgelöst hat. In dieser Schrift hatte Dibelius deutliche Parallelen
zwischen dem nationalsozialistischen und kommunistischen Herr-
schaftssystem gezogen – in völliger Übereinstimmung mit dem Stand
der der damaligen Totalitarismusforschung und der öffentlichen
Meinung – eben nur nicht in Übereinstimmung mit den genannten
Theologenkreisen seiner eigenen Kirche. Diese reagierten mit
zahlreichen Erklärungen, offenen Briefen, Stellungnahmen und sonstigen Beiträgen in Presse und Rundfunk, die nicht nur die
Öffentlichkeit, sondern auch Dibelius überraschend trafen. Auf eine
sachliche Auseinandersetzung waren diese Äußerungen nicht angelegt.
Sie fand auch nur in einem sehr vordergründigen Sinne statt, um auf
diese Weise eines der beliebten „Zeichen zu setzen", mit welcher
Entschlossenheit maßgebende Kräfte in der evangelischen Kirche eine
geistige, gesellschaftliche und politische Neuorientierung anstrebten,
und zwar nicht nur in der eigenen Kirche. Dieses „Zeichen" wurde
sowohl von den Kommunisten in der DDR als auch von den nach wie
vor überwiegend skeptisch eingestellten Gemeinden und Pfarrern
verstanden. Von den Kommunisten in dem Sinne, daß aus diesem
gesellschaftlichen Bereich in der DDR und in Westdeutschland
grundsätzliche und offene Kritik fortan nicht mehr zu erwarten war; von
den Gemeinden und Pfarrern in dem Sinne, daß grundsätzliche und
offene Kritik am Sozialismus – sei es in der Theorie, sei es an der Praxis
des real existierenden Sozialismus – als „Indiz auf den Hitler in uns",
als Hinweis auf christliche und politische Unbußfertigkeit verdächtigt
wurde. Die Konsequenzen dieses inquisitorischen Verhaltens erleben
wir täglich!

Welche Konsequenzen hatte dieser doch offensichtlich unerwartete
Stimmungswandel für die evangelischen Gemeinden, für die „Basis",
wie man heute sagt?

Die disziplinierenden Wirkungen dieser Argumentation in der evangelischen Kirche sind bereits während der Kampagne gegen Dibelius deutlich genug und erschreckend genug erkennbar geworden. Entscheidend für dieses Urteil waren weniger die politischen Illusionen, die sich in der evangelischen Kirche auszubreiten begannen, sondern die groben Verstöße gegen intellektuelle und menschliche Mindeststandards in der Abwehr aller konservativen Gegenargumente. Auf diese Weise wurden die psychologischen Dispositionen für das spätere Schwingen der Antifaschismus-Keule der 68er geschaffen, die auch auf so manche kirchlich-konservative Gruppe herniederging – und noch immer herniedergeht, um damit an die Langzeitfolgen der 68er Revolte zu erinnern.

Wenn ich eine persönliche Anmerkung anfügen darf: Ich habe diese Auseinandersetzungen um Bischof Dibelius sehr aufmerksam aus verschiedenen Perspektiven verfolgt: aus der Sicht des Theologie- und des Politologiestudenten; aus dem Erfahrungshorizont von Gemeinden in der DDR und in West-Berlin; als Glied der Evangelischen Studentengemeinde in Ost- und West-Berlin. Dabei habe ich krasse Widersprüche in der Beurteilung des Bischofs festgestellt, die man im Interesse der Glaubwürdigkeit der Kirche im allgemeinen, mit Rücksicht auf die Gemeinden im besonderen, nicht mit einer derartigen Mißachtung der Stimmungslage behandeln oder gar „lösen" durfte. Es bedurfte keiner ausgeprägten Phantasie, um sich die Entwicklung in der evangelischen Kirche zumindest für die nächsten 20 bis 30 Jahre vorstellen zu können. Aus diesem Grunde habe ich mich damals entschlossen, nicht in den Dienst dieser Kirche zu treten. Erhebliche Konflikte wären unausweichlich gewesen, wie die tatsächliche Entwicklung es – leider – bestätigt hat.

Sie haben sich aber doch nicht aus der evangelischen Kirche zurückgezogen, sondern auf allen Ebenen von der Gemeinde bis zur Landessynode, v.a. in den konservativen Gemeinschaften engagiert, die sich Ende der sechziger Jahre in vielen Landeskirchen als Reaktion auf die marxistische Unterwanderung der Evangelischen Kirche gebildet hatten.

Das ist richtig. Ich habe mich unmittelbar nach ihrer Gründung sowohl der Evangelischen Notgemeinschaft in Deutschland im Herbst 1967 als auch der Evangelischen Sammlung Berlin im Herbst 1968 angeschlossen und mich vornehmlich durch Vorträge, publizistische Arbeiten und Mitarbeit an der Abfassung von Erklärungen, Gutachten, Erledigung von Korrespondenz, persönliche Kontakte zu Pfarrern, Studenten usw. betätigt.

Eine bescheidene, aber durchaus wirksame Plattform für unsere Arbeit hatten wir u.a. in einigen Zeitschriften, an denen ich intensiv mitgearbeitet habe. Dazu gehörte v.a. die Zeitschrift „Konservativ heute" mit einer Auflage von 2.000, die ich von 1970 bis 1980 redigiert habe, und das Monatsblatt „Erneuerung und Abwehr" der Evangelischen Notgemeinschaft mit einer Auflage von ca. 7.000, das ich von 1986 bis 2001 redigiert habe. Verständlicherweise war der unmittelbare Einfluß auf die öffentliche Meinungsbildung (also auf die Kirchenleitungen, Synoden, Studentengemeinden usw.) erwartungsgemäß gering, zumal diese Zeitschriften sofort nach dem Erscheinen mit den üblichen Argumenten als faschistisch, reaktionär, rechtskonservativ usw. stigmatisiert wurden, die man nur „mit der Kneifzange" anfassen könne. Immerhin haben wir manchem Redakteur uns nahestehender Tageszeitungen, Mitgliedern kirchlicher Ämter und Gremien aufschluß-reiche Materialien zukommen lassen. Entscheidend war aber v.a. die Argumentationshilfe, die wir vielen Pfarrern, Lehrern, Professoren, Eltern in den Auseinandersetzungen in ihrem jeweiligen Umfeld geboten haben, so daß sie sich nicht vereinzelt fühlen mußten. In diesem Sinne wurden auch regelmäßige Veranstaltungen im kleineren oder größeren Rahmen durchgeführt.

Hatten Sie den Eindruck oder gar den Beweis, daß diese Entwicklung in der Evangelischen Kirche von der DDR gesteuert worden ist; daß es schon damals IMs für die Staatssicherheit der DDR in der Kirche gegeben hat?

Selbstverständlich hat die Sowjetunion bzw. die DDR die Entwicklung in der Evangelischen Kirche im Sinne ihrer Volksfronttheorie und -praxis sehr genau beobachtet und beeinflußt. Man ist dabei nicht auf Vermutungen oder Enthüllungen angewiesen, sondern kann sich auf eine Fülle offizieller Erklärungen berufen, z.B. des Arbeitskreises für kirchliche Fragen im Nationalkomitee Freies Deutschland, in dem seit 1944 kriegsgefangene deutsche Pfarrer und Theologen gemeinsam mit kommunistischen Emigranten ihre Vorstellungen von einer ge-meinsamen Neuordnung eines antifaschistischen Deutschlands nach dem Kriege entwickelten – natürlich in einem von der Sowjetunion gesetzten Rahmen. Insofern kann man durchaus von einer „Steuerung" sprechen, sofern man darin nicht die Vorstellung einer passiven, willenlosen Bereitschaft zur bedingungslosen Anpassung der evange-lischen Kirche an die sowjetischen bzw. kommunistischen Interessen versteht. Ihr Handeln wurde durchaus von originären theologischen und kirchenpolitischen Motiven bestimmt, die sich aus den Reflexionen über die Ursachen des deutschen Zusammenbruchs erklären.

Selbstverständlich gab es später auch vom Staat eingeschleuste IMs in wichtigen Institutionen und Vereinigungen der evangelischen Kirche, wie man seit der Wende weiß. Aber die Fixierung auf diese Unterwanderung seitens der DDR ist geeignet, das entscheidende Problem zu verschleiern. Es liegt nicht in einer wie auch immer motivierten und praktizierten „Steuerung" von außen, sondern in der freiwilligen Orientierung auf ein gemeinsames Ziel von innen. Gerade diese lange Zeit behauptete Eigenständigkeit der Entscheidungen machte die evangelische Kirche zu einem mustergültigen Bündnispartner für die Kommunisten im Sinne ihrer bewährten „Transmissionsriemen-Taktik". Sie besagt, daß die Kommunisten die von ihnen gesetzten Ziele am besten auf verschiedenen Wegen, über verschiedene „Transmissionsriemen" unter Berücksichtigung der gesellschaftlichen Besonderheiten verwirklicht werden können. Konkret: Für die Christen also nicht in Berufung auf Marx, Engels oder Lenin, sondern auf Jesaja, Hosea, Paulus oder Luther. Auf diese Weise werden bestimmte christliche Begriffe wie z.B. Frieden, Gerechtigkeit, Versöhnung – vor allem aber Schuld und Vergebung ideologisch umgedeutet und politisch mißbraucht. Die Delegitimierung der Bundesrepublik konnte nicht überzeugender begründet werden als mit der Clausula Petri: „Man muß Gott mehr gehorchen als den Menschen." (Apg. 5,29).

Sogar Luther, sonst als einer der Ahnherren des Nationalsozialismus verdächtigt, wurde in diesem Zusammenhang mit einem Halbsatz zitiert: „Daß der Christ ein freier Mensch und niemandem untertan ist." Wie oft ist dieses Bruchstück lutherischer Theologie von den 68ern zitiert worden, ohne einen Anflug von Kenntnis des Zusammenhangs.

Die Kommunisten erreichten auf diese Weise einen Doppelerfolg: Zunächst eine freiwillige Selbstpreisgabe von Kernaussagen des christlichen Glaubens, die in der Auseinandersetzung mit der nationalsozialistischen Weltanschauung noch unmißverständlich verteidigt wurden, z.B. in der Erklärung der Barmer Bekenntnissynode von 1934. Ein offener Kampf gegen die Kirche von außen war demzufolge nicht mehr notwendig.

Sodann eine theologisch-kirchliche Legitimation der allgemeinen „Revolutionierung des Bewußtseins", nach Marx die wesentliche Voraussetzung einer wirklichen Revolution.

Professor Helmut Gollwitzer, einer meiner Doktorväter, konnte zutreffend feststellen, daß die 68er Revolte auf keine gesellschaftliche Gruppe so nachhaltig gewirkt hat wie auf die jüngere Generation der evangelischen Christen.

Das war eine der entscheidenden Voraussetzungen für den Erfolg der 68er – und nicht die „Steuerung" von kommunistischer Seite.

Nachdem es sich deutlich abzeichnete, daß diese Entwicklung von den dafür zuständigen Institutionen und Gremien der evangelischen Kirche auf absehbare Zeit offensichtlich nicht zu stoppen war, haben sich Ende der sechziger Jahre in mehreren Landeskirchen „Bekennende Gemeinschaften" gebildet, die sich dem Vermächtnis der Bekennenden Kirche aus der Zeit des Dritten Reiches verpflichtet wußten. Sie haben sich in zwei Gemeinschaften von Anfang an engagiert; in der Evangelischen Sammlung Berlin und in der Evangelischen Notgemeinschaft in Deutschland. Sie gehörten den Leiterkreisen dieser Gemeinschaften an, waren Schriftleiter des Monatsblattes „Erneuerung und Abwehr" von 1986 bis 2001, Referent und Leiter der halbjährlichen Studientagungen der Evangelischen Notgemeinschaft. Welche Erwartungen waren mit diesem Engagement verknüpft?

Die Erwartungen waren angesichts der inzwischen eingerissenen Zustände in der evangelischen Kirche nicht sonderlich groß; etwa so, wie bei einem schwer krebskranken Menschen. Dies um so weniger, als der offene Ausbruch der 68er Revolte die dargestellte Entwicklung in der Kirche nachweislich potenzierte.

Anfangs bestanden noch vage Hoffnungen, daß die schweren Rechtsbrüche der 68er, der fanatische Haß und der blanke Terror einen überzeugenden Kurswechsel in der evangelischen Kirche einleiten könnten. Die Bereitschaft dazu war an der Basis, d.h. in der überwiegenden Mehrheit der Gemeinden, und wohl auch noch bei ihren Pfarrern (dem „Klerus minor") vorhanden. Ein Indiz dafür waren die positiven Reaktionen aus diesem Bereich auf die Gründungen der Bekennenden Gemeinschaften. Ihre Bekenntnisgottesdienste, Vortragsveranstaltungen, Großkundgebungen und andere Veranstaltungen wurden von Tausenden von Menschen besucht und fanden in der weltlichen Presse ein überwiegend zustimmendes Echo, insbesondere in Berlin. Auch in den Synoden und Pfarrkonventen bestanden noch einige Zeit gute Chancen, dem von den „Sozialisten aller Landeskirchen" offen proklamierten „Langen Marsch durch die Institutionen der evangelischen Kirche" mit dem Ziel der Errichtung einer „sozialistischen Kirche in einem sozialistischen Staat" entgegenzutreten. Dazu ist es aber nicht gekommen, weil es das kirchliche „establishment" verstanden hat, in dem „befremdenden Verhalten und den ungewöhnlichen Gedanken" der 68er nicht nur das berechtigte Anliegen des Aufbrechens „verkrusteter" gesellschaftlicher und politischer Strukturen zu entdecken, sondern auch den „ursprünglichen Gehalt evangelischer Botschaft", so jedenfalls Helmut Gollwitzer und seine Freunde. Deshalb die ganz offenen Solidarisierungen vieler namhafter Theologen mit den 68ern einerseits, die teilweise diffamierende, in jedem Falle unmißverständliche Kritik am staatlichen Vorgehen gegen die 68er und an den konservativen Gemeinschaften innerhalb und außerhalb der evangelischen Kirche.

Auch in diesem Zusammenhang wenigstens ein typisches Beispiel: Als Reaktion auf die Gründung der Evangelischen Notgemeinschaft in Deutschland hat die Rheinische Kirchenleitung eine umfangreiche Untersuchung zum (verhängnisvollen) Zusammenhang von Protestantismus und Nationalismus veranlaßt. Sie wurde mit enthüllenden Feststellungen eingeleitet, daß „der ‚neue‘ Nationalismus in der Bundesrepublik die Grundlagen ihrer demokratischen Ordnung" erschüttere. Also nicht die kommunistische Unterwanderung aus der DDR, auch nicht die 68er Revolte, die zum Zeitpunkt der Veröffentlichung (1970) bereits voll entfaltet war, sondern eine kleine „Notgemeinschaft" konservativer Christen, die sich gegen die offen proklamierte „Systemveränderung" in Gesellschaft und Politik, vor allem aber in der Kirche ebenso offen wehrte – und sich damit einer sozialistischen Neuordnung widersetzte. Das war und ist bis heute der entscheidende Punkt der Kritik. Antikommunismus bleibt ein „Indiz auf den Hitler in uns".

Eine überzeugende Begründung für diese denunziatorische Behauptung ist bis heute nicht erbracht worden. Die nicht zu bestreitende Tatsache antikommunistischer Einstellung und Kritik ist in diesen Kreisen eben das entscheidende Merkmal post-, krypto-, neo- oder klerikalfaschistischer Absichten, die nach der Methode „Wehret den Anfängen" stigmatisiert werden müssen. An die Stelle überzeugender Beweise für den Faschismus-Vorwurf bzw. -Verdacht auf Grund bestimmter Äußerungen aus den umfänglichen Veröffentlichungen der Bekennenden Gemeinschaften treten dann Vermutungen, Gerüchte, Verallgemeinerungen und vor allem Syllogismen: Die Nationalsozialisten waren Antikommunisten; die Konservativen sind Antikommunisten – also sind die Konservativen auch Nationalsozialisten.

Es versteht sich von selbst, daß auf dieser Ebene eine sachliche Auseinandersetzung nicht möglich ist – und auch gar nicht angestrebt wird. Das erklärte Ziel war und bleibt es, „rückschrittlichen Bewegungen" die sonst allenthalben angemahnte Toleranz zu entziehen und im Namen „wahrer" Toleranz vor allem gegenüber den Konservativen und politischen Rechten intolerant zu sein (Herbert Marcuse). Konkret heißt das, um die Konservativen herum einen gesellschaftlichen „cordon sanitaire" zu bilden und sie damit in Quarantäne zu nehmen.

*Gab es denn überhaupt keine Versuche einer sachlichen Ausein-
andersetzung, z.B. auf den wegen ihrer Offenheit vielgerühmten Kirchen-
tagen, in den Evangelischen Akademien, in den Synoden oder sonstigen
Veranstaltungen?*

Wenn man einmal von ganz wenigen Alibi-Versuchen absieht – nein!
Ich vermag mich an keine einzige Einladung zu erinnern, mit der die
Evangelische Notgemeinschaft zu einer wie immer gearteten Teilnahme
an einer derartigen Veranstaltung eingeladen worden wäre.
(Eine ganz andere Frage ist es, ob sie unter den angedeuteten Zuständen
eine solche Einladung überhaupt angenommen hätte. Zur Vermeidung
von Mißverständnissen und aus Stilgründen sicher nicht. Aber diese
Frage hat sich ja bislang nicht gestellt.)
In keinem politischen oder gesellschaftlichen Bereich ist die political-
correctness-Hygiene so konsequent und umfassend praktiziert worden
wie in der evangelischen Kirche. An den Universitäten und sonstigen
Bildungseinrichtungen, in den Medien, Verlagen, Parteien und
Verbänden hat es doch immer wieder einmal – wenn auch immer
weniger! – Chancen für eine Darstellung konservativer Positionen
gegeben. In der evangelischen Kirche nicht! Sie hat die radikale
„Abgrenzung gegen Rechts" theologisch abgestützt und damit nicht nur
gegen elementare Aussagen des Glaubens verstoßen, sondern auch
gegen intellektuelle Mindeststandards und damit gegen die eigene
Glaubwürdigkeit – je länger, desto offenkundiger. Aus der „Kirche des
Wortes" hat sich auf diese Weise eine „Kirche der Worte" entwickelt,
der Stich- und Schlagworte, die unsere politische Kultur so nachhaltig
und dauerhaft zersetzt haben.

*Wie sind die konservativen Gemeinschaften in der evangelischen Kirche,
und wie sind Sie persönlich mit dieser „Ausgrenzung" aus dem
öffentlichen Diskurs fertiggeworden?*

Besser als man zunächst dachte und auch heute noch von außen
vermutet. Am Anfang, also Ende der sechziger, Anfang der siebziger
Jahre, konnten die Kirchenleitungen die Kritik der Bekennenden
Gemeinschaften an den Mißständen in Theologie und Kirchen mit dem
Standardargument der unzulässigen Verallgemeinerung von (bedauer-
lichen) Einzelfällen bagatellisieren. Das war aber schon bald nicht mehr
möglich, so daß die Arbeit der konservativen Gemeinschaften zunehmend bestätigt und von der „Basis", d.h. von den Gemeinden
anerkannt wurde. Die Taktik des Totschweigens ließ sich unter diesen
Umständen nicht mehr aufrecht erhalten. In zunehmendem Maße setzten

nun massive Behinderungen der Bekennenden Gemeinschaften ein, von denen vor allem die Evangelische Notgemeinschaft betroffen war. Es wurde immer schwieriger, Versammlungen in kirchlichen Einrichtungen abzuhalten; Veranstaltungen in anderen Einrichtungen wurden teilweise massiv gestört, indem sich „Antifaschisten" als vermeintliche Zuhörer Eingang verschafften. Durch Flugblätter und Plakate wurde die Bevölkerung dazu aufgerufen, gegen die „Kirchen-NPD" in ihrem Ort zu demonstrieren. Hotelbesitzer und Gastwirte wurden massiv dazu aufgefordert, rechtsgültige Mietverträge mit der „faschistischen" Evangelischen Notgemeinschaft zu kündigen, gelegentlich sogar durch anonyme Drohbriefe oder Telefonanrufe. Zuletzt war das im Oktober 2000 in Bonn der Fall, und zwar am Abend vor Beginn der Tagung. In der Kürze der Zeit konnte weder ein anderes Tagungshaus gefunden werden, noch konnten alle der 80 Teilnehmer von der Absage der Tagung informiert werden, so daß zahlreiche Teilnehmer umsonst anreisten. Die Arbeit der Evangelischen Notgemeinschaft ist durch derartige Aktionen teilweise (!) erheblich gestört, insgesamt aber überzeugend bestätigt worden. Die Aktionen der antifaschistischen Hüter der Verfassung richteten sich ja nur vordergründig gegen die Evangelische Notgemeinschaft, sondern vor allem gegen Kirche und Staat, die derartige Rechtsbrüche offensichtlich klammheimlich duldeten und dadurch von der Antifa „vorgeführt" werden sollen.

Ich vermag mich an keine öffentliche Verurteilung derartiger Aktionen von irgendeiner kirchlichen Seite zu erinnern. Ein einziges Mal hat uns ein wackerer Pfarrer in einer derartigen Situation sein Gemeindehaus geöffnet – und dafür einigen Ärger mit seinem Gemeindekirchenrat bekommen. Auch die Presse hat sich in der Kommentierung derartiger verfassungswidriger Aktionen der Antifa sehr zurückgehalten, um nicht – wie auch Kirche und Staat – in den Verdacht der Förderung „faschistischer Umtriebe" zu geraten. Die Tatsache, daß in den zahlreichen Pamphleten der Antifa keinerlei stichhaltige Beweise für eine faschistische Ausrichtung der Evangelischen Notgemeinschaft zu finden waren, sondern lediglich die üblichen Mutmaßungen, Verdächtigungen, plumpen Fälschungen, allenfalls einmal Äußerungen einzelner Mitglieder, die samt und sonders in ebenso zahlreichen Dokumentationen überzeugend widerlegt worden sind, spielt in den Verleumdungskampagnen der Antifa-Guerilla ebensowenig eine Rolle wie die Tatsache, daß die Evangelische Notgemeinschaft im Verfassungsschutzbericht selbstverständlich keine Erwähnung findet. Entsprechendes gilt für die Verleumdungen einzelner Mitglieder oder Referenten. Eine beliebte Methode der Diffamierung sind Steckbriefe vom kleinen Handzettel bis zum großflächigen Plakat, die z.B. auf den

Zufahrtswegen zu einem Tagungsort, im Umkreis der Arbeitsstelle, der Universität oder der Wohnung verteilt bzw. angebracht worden sind. Sie haben in der Regel einen genau gegenteiligen Effekt erzielt, weil diese Methode der Anprangerung, noch dazu in feiger Anonymität, auf weite Teile unseres Volkes, bis weit hinein in die politische und gesellschaftliche Linke, abstoßend wirkt. Kollegen Berliner Hochschulen und Mitglieder der Evangelischen Notgemeinschaft, die wie ich von derartigen Aktionen betroffen waren, haben zwar nicht immer offenen Beistand gefunden, aber ein immer besseres Verständnis ihrer Anliegen.

Auch in diesem Zusammenhang urteile ich nicht vom Hörensagen oder Berichten aus zweiter, dritter Hand, sondern aus sehr konkreten Erfahrungen auf allen Ebenen des kirchlichen Lebens, vom „Helfer" im Kindergottesdienst und Mitglied des Gemeindekirchenrates bis zum Mitglied der Regionalsynode (West) der Evangelischen Kirche Berlin-Brandenburg.

Nach der „Wende" von 1989 und ganz aktuell nach dem 11. September 2001 hat sich in weiten Teilen der Gesellschaft und Politik ein Mentalitätswechsel vollzogen. Auch viele 68er erkennen, daß sie ihre Ziele nicht erreicht haben. Kann man in der Evangelischen Kirche entsprechende Beobachtungen machen?

Auf den ersten Blick „ja", aber auch nur auf den ersten Blick. Viele Pfarrer, kirchliche Mitarbeiter und Laien, Synodale und Konsistorialräte sind inzwischen gründlich desillusioniert und geben das auch offen zu. Viele andere aber nicht, vor allem in den Bereichen, die das Erscheinungsbild der evangelischen Kirche in der Öffentlichkeit prägen. Dafür gibt es Gründe, die sich weitgehend gegenseitig bedingen:

Zunächst sind zahlreiche 68er Theologen auf dem „Langen Marsch durch die Institutionen" der evangelischen Kirche in Schlüsselpositionen gelangt, die sie verständlicherweise nicht räumen. Selbst wenn sie sich heute auch nicht mehr als 68er verstehen, so auch nicht als Wortführer der längst fälligen „Wende" in der Kirche.

Sodann lassen sich „Überzeugungstäter" durch Veränderungen der öffentlichen Meinung oder erkennbare Mißerfolge nicht irritieren. Wenn die Wirklichkeit der Theorie widerspricht, dann ist das – nach Hegel – kein Argument gegen die Theorie, sondern gegen die Wirklichkeit. Insofern hat die äußere Wende von 1989 bei den 68er Theologen keinen erkennbaren inneren Wandel bewirkt. Im Gegenteil: Die Sorge um das Erwachen eines neuen Nationalismus in Deutschland nach der Vereinigung hat zu einer deutlichen Verschärfung des Kampfes „gegen Rechts" geführt, an dem die Evangelische Kirche insgesamt maßgebend beteiligt ist. Die in Jahrzehnten gewachsenen und verinnerlichten Beziehungen zu sozialistischen Kreisen und Parteien bestehen fort; vor „Sozialismus-Schelte" wird noch immer gewarnt, wenn auch bestimmte Positionen der vierziger und fünfziger Jahre zum Stalinismus jetzt nicht mehr vertreten werden. Inzwischen wird diese Entwicklungsphase des Kommunismus auch in diesen Theologen- und Intellektuellenkreisen als „Entartung" einer humanen Idee verurteilt, womit sich die genannten Kreise an einer absurden Geschichtsklitterung beteiligen. Schließlich und endlich ist der innere Aufbau der EKD durch ein aus dem 19. Jahrhundert (!) stammendes „Siebwahlsystem" institutionell so zuverlässig abgesichert, daß sich die veränderten Stimmungen nicht in Stimmen umwandeln können. Es ist ein bemerkenswertes Zeichen, daß die evangelische Kirche in den vergangenen Jahrzehnten tiefgreifende Veränderungen in ihrer inneren und äußeren Verfassung vollzogen und sich 1968 ff. vehement für die Demokratisierungsideologie eingesetzt hat – nur nicht für die Demokratisierung der eigenen Kirche.

Insofern bleibt die evangelische Kirche nach menschlichem Ermessen ein Garant der kontinuierlichen Fortentwicklung der 68er Ideen, selbstverständlich unter anderen Parolen, anderen „Bündnispartnern", anderen politischen und gesellschaftlichen Forderungen im Blick auf die angestrebte multikulturelle Gesellschaft und multireligiöse Legitimation des Globalismus. Das wesentliche Element der Kontinuität bleibt aber der „Kampf gegen Rechts" mit der Konsequenz der Abgrenzung von allen „Fundamentalisten".

Die pseudotheologische Begründung für die Fortsetzung dieses (Irr)-Weges liefert das reformatorische Prinzip ecclesia semper reformanda („die Kirche muß dauernd reformiert werden"), wobei das Kernstück der reformatorischen Theologie teils bewußt, teils auch unbewußt, übersehen wird. Reformation heißt Erneuerung durch Buße (gr.: „Sinneswandel"), d.h. durch Umkehr auf einem Irrweg und Befreiung aus der „babylonischen Gefangenschaft" ideologischer und politischer Mächte. Ansätze zu dieser Umkehr sind erkennbar; sie sind aber viel zu schwach, um sich in absehbarer Zeit durchsetzen zu können.

Dabei sollten wir allerdings immer bedenken, daß sich derartige Aussagen aus dem bereits erwähnten „menschlichen Ermessen" ergeben. Wir haben in Geschichte und Gegenwart (1989 und am 11. September 2001) erlebt, daß wir noch so klug sein können wie die Klügsten der Welt „und doch jederzeit in die nächste Minute gehen wie ein Kind ins Dunkle" (Bismarck). Gott ist der Herr der Geschichte.

Wir wissen nicht, was kommt; wir wissen aber *Wer* kommt – der von sich gesagt hat: „Siehe, ich mache alles neu." (Offb. 21,5)

Herr Prof. Motschmann, wir bedanken uns ganz herzlich für dieses Gespräch.

„Die Welt" – Ein Sprachrohr der schweigenden Mehrheit?

Die Gegnerschaft zu den politischen Demonstrationen der Studenten 1967/68 aus publizistikwissenschaftlicher Sicht

Von Stefan Winckler

„Unbedingtes Eintreten für die friedliche Wiederherstellung der deutschen Einheit in Freiheit;
Aussöhnung zwischen Juden und Deutschen;
dazu gehört auch die Unterstützung der Lebensrechte des israelischen Volkes;
Ablehnung jeglicher Art von politischem Extremismus;
Bejahung der freien sozialen Marktwirtschaft"

Die vier Grundsätze des Axel-Springer-Verlages[1]

1. Kritik und Widerstand durch Medien

Ein Sammelband über den politischen und publizistischen „Widerstand" gegen die Außerparlamentarische Opposition der späten sechziger Jahre wäre unvollständig, enthielte er nicht eine Studie über die öffentliche und die veröffentlichte Meinung. Es sind insbesondere diejenigen Prestigemedien[2] zu untersuchen, die sich eindeutig und beharrlich nicht nur gegen bestimmte fragwürdige Methoden, sondern auch gegen die Motive und Ziele der linksradikalen Studenten im allgemeinen wandten. Gemeint ist vor allem die überregionale Abonnementszeitung *Die Welt*, deren journalistische Auseinandersetzung mit der „Revolte der Studenten" (Kai Hermann) bisher viel seltener und weniger ausführlich in der Fachliteratur berücksichtigt wurde als die Rolle des Boulevardblattes *Bild*. Diese „Springer-Zeitungen" sind wegen ihrer klaren inhaltlichen Linie (siehe die vier Grundsätze) von jenen Medien zu unterscheiden, die zwar die Gesetzesverletzungen der APO mißbilligten, aber gleichzeitig manche Anliegen der protestierenden Studenten wohlwollend darstellten: *Spiegel, Stern* und *Süddeutsche Zeitung*. Letztere waren folglich keine „Widerstandsnester" gegen die Protestbewegung. Vielmehr machten sie sich gerade bei der gemäßigten und der radikalen Linken durch das Anprangern von „Mißständen" oder gar „restaurativer Tendenzen" in Verwaltung und Wirtschaft einen Namen. Welche Form von „Widerstand" konnte eine Qualitätszeitung überhaupt leisten? Sie war in der Lage, über Gesetzesverstöße ausführlich zu berichten und in Kommentaren deutliche rechtsstaatliche Reaktionen zu fordern. Einem Journalisten war es möglich, im Interview dem zuständigen Minister, Senator, Rektor, Polizeipräsidenten etc. entsprechende Maßnahmen nahezulegen und nach Versäumnissen zu fragen. Eine derartige überregionale anspruchsvolle Zeitung konnte politische Gruppierungen, die der Neuen Linken Alternativen auf der Grundlage der rechtsstaatlich verfaßten Demokratie entgegensetzen, in Hintergrundbeiträgen vorstellen, und damit Leser ermutigen, diese zu unterstützen.

2. Der „Resonanzboden".
Die Ablehnung der APO durch die öffentliche Meinung

Die Wirkung eines Mediums ist abhängig vom Meinungsklima zur entsprechenden Zeit am entsprechenden Ort. Teilt die Bevölkerungsmehrheit die Werte und Einstellungen einer Zeitungsredaktion, dann werden deren (wertende) Aussagen auf fruchtbaren Boden fallen. Ein derartiges Meinungsklima richtete sich in der Bundesrepublik Deutschland und noch stärker in (West-)Berlin gegen die Außerparlamentarische Opposition. Dort versammelten sich am 21.2.1968 150.000 Menschen vor dem Schöneberger Rathaus unter dem Motto „Frieden und Freiheit" zu einer Kundgebung mit dem Regierenden Bürgermeister Klaus Schütz gegen Linksradikalismus. Die öffentliche Meinung in den westlichen Sektoren der geteilten Stadt war sogar so ausgeprägt (um nicht zu sagen: aufgeputscht), daß es zu Ausschreitungen gegen wirkliche und vermeintliche „linksradikale Studenten" kam.[3] Demonstrationen gegen Linksradikalismus stellten einen Sonderfall dar, da die Bevölkerungsmehrheit ihrer Gegnerschaft und ihrem Unmut eher im kleinen Kreis (Familie, Arbeitskollegen) und unter Gleichgesinnten („Stammtisch") als auf öffentlichen Veranstaltungen Ausdruck gab. Dieses Meinungsklima war gleichbedeutend mit einem hohen „Widerstands"-Potential, das sich aber nicht in einer mitgliederstarken Organisation zu einer auch publizistisch wirksamen Kraft formierte. Ohnehin war das politische Engagement der Bundesbürger, zumal der Konservativen, eher gering: Die CDU war keine Massenpartei, sondern ein „Kanzlerwahlverein" mit bundesweit etwa 200.000 Mitgliedern. Bürgerinitiativen von dieser Seite waren eine seltene Ausnahme, statt dessen eine Domäne der Linken in der achten und neunten Dekade des 20. Jahrhunderts. Der Begriff „schweigende Mehrheit" („silent majority") trifft auf Berlin, die Bundesrepublik und die westliche Welt zu, sie verhalf in den Vereinigten Staaten (wo das Jahr 1968 von schweren Krawallen gekennzeichnet war) Richard Nixon zur Präsidentschaft.

Insofern kamen die Meinungen der APO und ihrer Gegner in unterschiedlicher Weise zum Ausdruck. Die öffentliche Meinung läßt sich folglich weniger anhand von Spruchbändern und Parolen, sondern einzig und alleine durch repräsentative Befragungen ermitteln. Im Juli 1967 untersuchte das Institut für Demoskopie (Allensbach) die Haltung der Bevölkerung zu den Studentenprotesten im allgemeinen: Die Antwortvorgabe „Studenten sollen überhaupt nicht demonstrieren" unterstützten 20 Prozent der Befragten. „Studenten sollen höchstens demonstrieren, wenn es um Universitäts- und Hochschulprobleme geht" meinten 44 Prozent, während nur 26 Prozent den Studenten „durchaus zubilligen" wollten, „daß sie wegen politische[r] Fragen auf die Straße gehen und demonstrieren".[4]

Eine andere, gleichzeitig entstandene Erhebung ergab ein ähnliches Bild:

„Hier unterhalten sich zwei Leute über Studenten-Unruhen und Demonstrationen. Welcher sagt das, was Sie auch denken?"
(1) „Ich bin gegen Studenten-Demonstrationen. Die Studenten gehen auf die Straße, ohne recht zu wissen, was sie eigentlich wollen. Den meisten fehlt doch die Urteilskraft und die Einsicht. Sie sollen lieber sehen, daß sie mit ihrem Studium zurecht kommen."
(2) Ich finde es gut, wenn die Studenten auf diese Weise zu politischen Fragen Stellung nehmen. Es kann uns gar nichts schaden, wenn es Leute gibt, die für ihre Überzeugung auf die Straße gehen und gegen politische Mißstände demonstrieren, auch wenn sie dabei manchmal übers Ziel hinausschießen.

53 Prozent der Befragten lehnten Studentendemonstrationen ab, 31 Prozent befürworteten sie grundsätzlich, während 16 Prozent „unentschieden" waren oder kein Urteil abgaben. Mit dieser hohen Bereitschaft, sich für eine der Antwortvorgaben zu entscheiden, zeigt sich, daß das Interesse der Bevölkerung am Phänomen „Studentenrevolte" hoch und die Polarisierung der Meinungen weit fortgeschritten war. Während die Anhänger der SPD und vor allem der CDU/CSU mit großen Mehrheiten der erstgenannten Meinung zustimmten, hielten sich bei den Anhängern der Freien Demokraten Befürworter und Gegner fast die Waage.[5] Als im September 1968 die Frage erneut gestellt wurde, zeigte sich das Meinungsklima sehr stabil: 54 Prozent für Ansicht (1), 34 Prozent für Ansicht (2), 12 Prozent „unentschieden, kein Urteil". Die Zusatzfrage, wie groß der Anteil der Springer-Presse an der täglichen Zeitungslektüre sei, ergab: Die Meinungsverteilung änderte sich durch dessen Blätter erstens wenig und zweitens nicht proportional.[6] Daß mit immer häufigerer Lektüre der Springer-Zeitungen die Berechtigung von

Studentendemonstrationen immer stärker bestritten wurde, ließ sich demnach nicht nachweisen. Dies war in der Pluralität der Medienwelt und der Individualität der Leser begründet. Die Meinungsbildung der Bürger war weniger von der Zeitungslektüre abhängig als vom eigenen Erleben, von den Gesprächen mit nahestehenden Menschen sowie von Rundfunk und Fernsehen. So waren im Fernsehen durchaus Aussagen zu hören, die den Protestierenden Verständnis und Wohlwollen entgegenbrachten. Presseorgane wie *Bild, Welt* und *Berliner Morgenpost* konnten die Menschen demnach nicht „manipulieren" („‚Bild' schoß mit" wurde nach dem Attentat auf Rudi Dutschke zum geflügelten Kampfwort im linksradikalen Milieu), da es verschiedene Medien gab und sich die Rezipienten auch in den einzelnen Zeitungen aussuchen konnten, welche Informationen und Kommentare ihre Meinungen am ehesten stützten (selektive Wahrnehmung). Die Wirkung der *Bild-Zeitung* wurde dadurch relativiert, daß nur wenige Menschen ausschließlich „Bild" (und keine andere Tageszeitung) lasen: 1967 waren es 10,6 Prozent, 1968 10,5 Prozent.[7] So ist auch eine Beeinflussung des Dutschke-Attentäters Bachmann durch *Bild* nicht nachweisbar – selbst die „Tageszeitung" (taz) schrieb in einem Beitrag zum Tode Axel Springers 1985, die Linke habe die Macht von „Bild" seinerzeit überschätzt: „Wir haben es nie gerne zugegeben, aber die *Bild-Zeitung* hat ja in ihren schlimmsten Zeiten weniger indoktriniert als dem fürchterlichen ‚gesunden Volksempfinden' durch seine Vervielfachung zum Durchbruch geholfen."[8]
Bei Bachmann handelte es sich im übrigen nicht um einen „typischen Berliner", sondern um einen labilen, vorbestraften Menschen aus dem niedersächsischen Peine. Er, der Hitler-Verehrer, bevorzugte die *Nationalzeitung*.[9] Insofern wandte er sich einem Blatt zu, dessen Inhalt den Grundsätzen der Springer-Redaktionen explizit widersprach. Über ganz andere Drahtzieher äußerte sich kürzlich der APO-Aktivist Bernd Rabehl: Nach Dutschkes Überzeugung hätten KGB und Stasi den Mordversuch veranlaßt, um eine unorthodoxe, nationalstaatlich orientierte Neue Linke zu verhindern.[10]

Nach den gewalttätigen Zusammenstößen anläßlich des Schah-Besuchs am 2. Juni 1967 in Berlin (wo der Demonstrant Benno Ohnesorg durch eine Polizeikugel ums Leben kam) befragt, erklärten 47 Prozent der befragten Deutschen, sie hätten auf der Seite der Polizei gestanden, während sich 20 Prozent mit den Studenten identifizierten. Daß die Polizei dabei „nicht zu hart vorgegangen" sei, meinten 43 Prozent. „Zu hart vorgegangen" erklärten 32 Prozent. Unentschieden waren 13 Prozent, 12 Prozent gaben kein Urteil ab.[11]

Im Laufe des Jahres 1967/68, besonders nach den gewalttätigen „Osterunruhen", stieß die Studentenrevolte in (West-)Berlin auf wachsenden Widerspruch. Bei 69 Prozent der befragten Berliner in der Altersgruppe 16–30 Jahre hatte die „Sympathie für die studentischen Proteste" abgenommen, bei 26 Prozent zugenommen. Noch deutlicher war das Meinungsbild bei den über 30jährigen Berlinern: 84 vs. 11 Prozent. Die polizeilichen Maßnahmen anläßlich der Osterunruhen hielten 43 Prozent der 16- bis 30jährigen Berliner für „angemessen", 24 Prozent für „zu weich", 31 Prozent für „zu hart". Selbst bei diesen jungen Erwachsenen stellte sich eine Zweidrittelmehrheit auf die Seite der Polizei bzw. gegen die Protestbewegung. Alle anderen Altersgruppen fanden hingegen mehrheitlich, die polizeilichen Reaktionen seien „angemessen" oder „nicht hart genug" gewesen. Als „unberechtigt" sahen immerhin 46 Prozent der 16- bis 30jährigen („berechtigt": 50 Prozent), 63 Prozent der 31- bis 50jährigen und 67 Prozent der über 50jährigen Berliner die „Proteste der Studenten" an.[12] Das kaum überraschende Fazit: Je älter die Bürger, desto geringer war ihr Verständnis für die Protestbewegung. In der Tendenz dürfte die Einstellung der Berliner auf Westdeutschland übertragbar sein.

Noch im Sommer 1969 nahm die allgemein formulierte Forderung, „daß das Studentenproblem gelöst wird, die Studentenunruhen aufhören" einen hohen Rang unter den Forderungen der Bürger ein: Nahezu eine Dreiviertelmehrheit sah sie als „sehr wichtig an", wobei sich die Anhänger der Bundestagsparteien weitgehend einig waren.[13] Die Frage nach den politischen Inhalten der Studentenrevolte („Man liest häufig, daß viele Studenten die Verhältnisse bei uns ganz ändern wollen. Finden Sie, das ist gut so, oder nicht gut?") ergab eine klare Ablehnung der völligen Umgestaltung von Politik, Wirtschaft und Gesellschaft durch rund 70 Prozent der Bevölkerung. Mehr als die Hälfte der Jungwähler (54 Prozent) schloß sich der Zurückweisung an.[14] Insofern kann von einer Sprecherrolle der linksradikalen Studenten für „die Jugend" keine Rede sein.

3. „Die Welt" als Gegnerin der Protestbewegung

Über die Haltung der *Bild*-Zeitung ist bereits sehr viel aus einer oft parteiischen Sichtweise geschrieben worden, aus der gelegentlich eine antikapitalistische Einstellung der Verfasser, verbunden mit Ekel an der Machart des Boulevardblattes, abgelesen werden kann.[15] In der Sekundärliteratur finden sich zahlreiche *Bild*-Aussagen wie „Polizeihiebe auf Krawallköpfe, um den möglicherweise doch vorhandenen Grips locker zu machen" (14.12.1966).[16] Anfang 2001 entwickelte sich ein publizistischer Konflikt um die Rolle von *Bild*: Jüngere Journalisten aus dem Zeitungshaus Springer tadelten die nunmehr versöhnliche Haltung des seinerzeitigen *Bild*-Chefredakteurs Peter Boenisch gegenüber dem einstigen „Straßenkämpfer" Joschka Fischer. *Welt*-Mitarbeiter Wolf Biermann antwortete mit einer Warnung vor einer erneuten Auseinandersetzung mit den 68ern.

Es spricht hingegen einiges für die These, daß die Gegner von *Bild* den politischen Einfluß des Massenblattes stark überschätzten, denn seine Leser waren und sind eher an Unterhaltung und Sensation interessiert. Dementsprechend nahm „die Berichterstattung über Studenten in den Jahren 1968 und 1969 weniger als ein Prozent der Gesamtberichterstattung" von *Bild* ein.[17]

Die *Berliner Morgenpost*, ebenfalls dem Verlagshaus Springer zugehörig, ist zwar wegen ihres Inhalts dem „Widerstand" gegen die Studentenrevolte zuzurechnen (bezeichnenderweise versuchten Demonstranten nach dem Attentat auf Dutschke, ihre Auslieferung zu verhindern), doch handelt es sich hierbei um eine Regionalzeitung, die außerhalb Berlins einflußlos gewesen sein dürfte. Für unsere Studie ist sie daher irrelevant.

Lohnenswerter ist es statt dessen, die überregionale Tageszeitung *Die Welt* wegen ihrer Abonnentenzahl, und mehr noch wegen ihres Renommees in den Kreisen der Entscheidungsträger aus Politik, Publizistik, Wirtschaft und Kultur im Zusammenhang mit dem „Widerstand" gegen die 68er zu untersuchen.

Schon in den frühen fünfziger Jahren schloß das Institut für Demoskopie aus einer Rezipientenbefragung: „Die Leser der *Welt* bilden, statistisch bewertet, eine ungewöhnlich qualifizierte Gruppe; sie liegen nach Bildung, Beruf und Einkommen weit über dem Bevölkerungs-Durchschnitt. (...) Hauptsächlich spricht die *Welt* männliche Leser der mittleren und gehobenen Einkommensgruppen an. Ein gewisser Grad an Bürgerlichkeit, eine halbwegs gefestigte Position – das scheinen die Voraussetzungen für den Entschluß, diese Zeitung zu lesen."[18] Offensichtlich erreichte die *Welt* viele „Meinungsführer", die aufgrund ihrer Persönlichkeitsstärke und Kommunikationsfreude die Meinungen der Zeitung (wenn sie diese teilten) in Gesprächen und Diskussionen weiter in die Öffentlichkeit trugen, so daß sich deren Wirkung verstärkte („two-step flow of communication"). Denn überregionale Zeitungen wie die *Welt* werden (damals wie heute) oft von denjenigen gelesen, die weniger nach Informationen, sondern nach profilierten Meinungen suchen, die eine Regionalzeitung deutlich seltener oder überhaupt nicht bieten kann. Doch sind die Leser (gerade die besser Gebildeten) keine passive Masse, die alles akzeptiert, was ihnen vorgesetzt wird. Ergo: „The mass media typically reinforce people in their attitude and practices but rarely convert them."[19] Die Richtungsänderung der *Welt* von einem liberalen zu einem konservativen Blatt, die zum Exodus namhafter Journalisten wie beispielsweise Gerd von Paczensky und Paul Sethe um 1959/60 führte, hatte dieser Zeitung offensichtlich weniger geschadet, als es die Springer mißbilligende Sekundärliteratur[20] suggeriert. Die inhaltliche Eigenständigkeit der *Welt* zeigte sich nach wie vor an der sehr hohen Zahl von Beiträgen eigener Korrespondenten, dem nur wenig Agenturmaterial entgegenstand. So schuf sich die *Welt* als Qualitätszeitung ein eigenes scharfes Profil gegenüber den Regionalblättern. Sie konnte sich als westlich-konservatives Medium von den eher linken Qualitätszeitungen *Frankfurter Rundschau* und *Süddeutsche Zeitung* abheben. Nationale und internationale Ehrungen folgten: 1964 rückte die *Welt* in die Liste der 20 besten Zeitungen der Welt auf.[21] Am 5.5.1967 zeichnete die Universität von Columbia, Missouri, die *Welt* als „Zeitung des Jahres" („für hervorragende journalistische Leistungen"[22]) mit einer Ehrenmedaille aus. Die *Welt*-Journalisten Dr. Bernd Nellessen und Hans Schueler erhielten 1967 und 1968 den Theodor-Wolff-Preis für außerordentliche journalistische Leistungen.[23] Der Deutschland-Korrespondent des liberalen britischen Blatts *Guardian,* Terence Prittie, resümierte, das politisch einflußreiche Presseerzeugnis des Springer-Verlages sei nicht *Bild*, sondern die *Welt*: „Sie war vernünftig, stand politisch in der Mitte, brachte mehr Nachrichten als irgendeine andere Tageszeitung."[24] Des weiteren hatte sich die *Welt* mit ihrer wöchentlich erscheinenden Seite „Schule und Hochschule" (ab dem 3.1.1966) in Fragen der Bildungspolitik (wo es angesichts explodierender Studentenzahlen viel zu verbessern gab) einen Namen gemacht. Dennoch sank die Auflage von 245.000 verkauften Exemplaren (1964) auf 241.500 (1967) und 227.230 im Jahr darauf:[25] Gründe für den Rückgang waren offenbar die Hetze gegen den Axel-Springer-Verlag, ferner der als „Mißgriff"[26] Springers charakterisierte Chefredakteur Hermann F. G. Starke, der Hans Zehrer im Sommer 1966 nachfolgt war. Die *Welt* war auch unter Studenten eine weitverbreitete Tageszeitung: 30 Prozent der Studierenden lasen sie „regelmäßig oder so gut wie regelmäßig". Nur die FAZ (37 Prozent) hatte eine größere Reichweite bei Studierenden, während die *Süddeutsche Zeitung* (18 Prozent) von ihnen weit weniger genutzt wurde.[27]

Als überregionale Qualitätszeitung mit freiheitlich-konservativer Prägung, einer besonderen Verbundenheit mit Berlin (wo im Oktober 1966 das Springersche Verlagshochhaus in der Kochstraße eröffnet wurde) und einer pro-amerikanischen Linie war sie – so unsere These – von Anfang an entschieden gegen die Aktionen und Einstellungen der linksradikalen Studenten positioniert. Die Relevanz leitet sich von der Ausstrahlung der *Welt* auf Politik, Wirtschaft und Kultur ab. Dementsprechend demonstrierten Studenten in Hamburg nach dem Attentat auf Dutschke vor dem Hamburger Verlagsgebäude der *Welt*[28] und nicht nur gegen *Bild*.

Wir wollen im folgenden prüfen, wie *Die Welt* „Widerstand" leistete. Der Untersuchungszeitraum beginnt im Oktober 1965 und endet mit Mai 1968.

Die Studentenrevolte begann nicht mit dem Besuch des Schahs in Berlin. Sie blieb lange wie ein unterirdischer Fluß, der zunächst als schmales Rinnsal an wenig beachteten Stellen, dann aber kraftvoll und unübersehbar den Boden durchbricht, den Augen der Öffentlichkeit verborgen. Aus diesem Grund wollen wir die Untersuchung mit den ersten Zeitungsartikeln über das früheste „Wetterleuchten" und nicht alleine mit Beiträgen über Straßenschlachten und Sachbeschädigungen beginnen lassen. Im Zusammenhang mit der Regierungsfähigkeit der Berliner SPD schrieb Chefredakteur Hans Zehrer schon am 16.10.1965 in der *Welt*: „Die SPD wird von Kräften, die einen Neomarxismus von den Hochschulen mitgebracht haben, unter Druck gesetzt, und sie wird es nicht leicht haben ihr Godesberger ‚Image' (...) vor dem Volk zu wahren."[29] Ansatzweise läßt sich eine umfangreichere und tendenziösere Behandlung des Themas „Studenten in Berlin gegen die Politik der Vereinigten Staaten" Anfang 1966 feststellen, als der Vietnamkrieg und die Wissenschaftspolitik (spätere Politikfelder der „Achtundsechziger") bereits viel Raum einnahmen: Am 3.2.1966 „wurden in Westberlin von ca. 40 Personen Plakate geklebt, in denen Bundeskanzler Prof. Dr. Ludwig Erhard als Mörder bezeichnet wird. Einige der Plakatkleber, darunter vier Studierende der FU, die gleichzeitig SDS-Mitglieder sind, werden festgenommen. (...)"[30] Die *Welt* berichtete darüber in einem einspaltigen Artikel auf Seite 2 am 5.2.1966 (280 Wörter),[31] während die FAZ darüber deutlich knapper (106 Wörter) informierte. Als am 5.2.1966 eine genehmigte Demonstration in Gewalttätigkeiten ausartete – von „Steinwürfen" gegen das Amerika-Haus in Berlin schrieb die *Welt*,

von „Eierwürfen" lesen wir hingegen in der Chronik der Studentenbewegung[32] – zog die *Welt* als hochrangigen Experten Bundesminister
a.D. Ernst Lemmer als den Berlin-Beauftragten des Bundeskanzlers zum
Interview heran (Titelseite, 7.2.1966), der die innen- wie außen-
politischen Konsequenzen drastisch hervorhob: „Die sich steigernden
Demonstrationen haben allmählich eine Situation geschaffen, von der
aus man unmittelbare Sorge für die Erhaltung der freiheitlichen
Demokratie haben muß. (...) Ich fürchte, daß das Ansehen des freien
Berlin, das gerade in den USA sehr hoch ist, schweren Schaden erlitten
hat."[33] Während die FAZ mit einem Bericht auf die „Vorfälle am Berliner
Amerika-Haus" einging (9.2.1966), erörterte der Berliner Korrespondent
der *Welt*, Bernt Conrad, bereits am 7.2.1966 in einem Meinungsartikel
die „Pöbeleien", die er zusätzlich „ein empörendes Schauspiel" nannte,
denn sie richteten sich (so seine Schlußfolgerung) gegen die
Schutzmacht Amerika. Er mahnte die Exekutive zum Handeln: Brandt
müsse den antiamerikanischen Parolen eine Rede über die Aufgabe der
Amerikaner im Vietnamkrieg entgegensetzen, die Polizei müsse
rechtzeitig handeln.[34] Ein Bericht des gleichen Journalisten benannte
knapp die Reaktionen des Bundesbevollmächtigten für Berlin und der
Parlamentsfraktionen, darüber hinaus war die Beteiligung zahlreicher
SED-Funktionäre aufgeführt und eine Sympathiekundgebung zugunsten
Amerikas angekündigt worden.[35] Eine Meldung vom gleichen Tag bezog
sich auf die Drohung von FU-Studenten, Lehrveranstaltungen zu
„bestreiken".[36] Demgegenüber thematisierte die FAZ die letztgenannten
Vorfälle in Berlin nicht.

Schon vor den hier skizzierten Ereignissen widmete sich *Welt*-Redakteur
Hans-Dietrich Sander in einer umfangreichen Reportage den Hinter-
gründen der politisch bewegten Berliner Studenten: Zunächst beschrieb
er, wie westdeutsche Studenten an die Stelle der mitteldeutschen
Studierenden traten. Im zweiten Teil seines Textes tadelte er das
„Fußvolk" der politisch interessierten Studenten als politisch „unreife
Klippschüler" (denen die Erfahrung der aus der Ostzone geflohenen
Studenten früherer Jahre fehlte), und deren Anführer das Spektakel
suchten, sich aber vor der Diskussion mit Politikern drückten. Diese
winzige Minderheit verdiene nicht das Interesse der Öffentlichkeit, so
Sander.[37]

Die Konventswahlen an der Freien Universität Berlin nahm Bernt
Conrad in der *Welt* vom 13.12.1966 zum Anlaß, um erneut diejenigen
Studenten zu rügen, die heute als die „68er" bezeichnet werden. Das
Prestige der FU habe „unter den unkontrollierten Ausbrüchen einer

radikal orientierten studentischen Kerntruppe schon erheblich gelitten". Erneut, wie schon am 7.2.1966, forderte er die Politiker der Stadt auf, sich „persönlich" (als Redner etc.) um die politische Bildung der Studierenden zu kümmern. Zugleich mahnte er die Studenten, das Image der Universität nicht von einer radikalen Minderheit bestimmen zu lassen. Illoyalen und undisziplinierten Studentengruppen sollte, so Conrad, die Förderungswürdigkeit aberkannt werden.[38]

Anfang 1967 beachtete die *Welt* die linksradikalen Studenten zunächst kaum. Erst ein spektakulärer Zwischenfall, je nach Einstellung als Ulk oder als Gewalttätigkeit bezeichnet, ließ die Zeitung im April 1967 zum Thema „Studentenrevolte" zurückkehren: das „Pudding-Attentat" auf US-Vizepräsident Hubert Humphrey während seines Berlin-Besuchs.[39] Weit stärker als die fünfteilige, eher historisierende Reihe Sanders „Links von der SPD" entspricht daher die Aussage eines Leserbriefes von Dr. August-Wilhelm Mangold der Einstellung der *Welt*: Die Staatsmacht halte sich übermäßig zurück. Ein Beispiel: Möglicherweise hätten „Hetzparolen" nordvietnamesischer „Emissäre", erleichtert durch die „mangelnde Wachsamkeit unserer Behörden", maßgeblich zu den „Schandtaten (...) gegen das Amerika-Haus" beigetragen.[40]

Am 2.6.1967 starb der Student Benno Ohnesorg durch eine Polizeikugel während der Anti-Schah-Krawalle in Berlin. Während Conrad im nachfolgenden Bericht die Straßenschlacht vor der Oper detailliert und drastisch beschrieb („Eier, Tomaten, gefüllte Milchbeutel, Flaschen, Steine, Farbtöpfe und Rauchentwickler flogen von der gegenüberliegenden Straßenseite vor den Eingang der Oper. [...] Verschiedentlich wurden kostbare Abendkleider durch Farbe oder Eigelb ruiniert und Smokings verdorben.") und die unterschiedlichen Stellungnahmen zu Ohnesorgs Tod wiedergab,[41] tadelte er im Kommentar am gleichen Tag die Polizei, die anfangs Gewalttätigkeiten gegen sämtliche Opernbesucher (und nicht nur gegen die Staatsgäste aus Iran) zugelassen hätte, womit er der Bevölkerungsmehrheit eine Stimme gab. Die anschließenden polizeilichen Härten seien nicht mehr zu vermeiden gewesen. Conrad forderte von der FU Disziplinarmaßnahmen bis hin zum Ausschluß von Maoisten und Kommune-Anhängern. Die Mehrheit der Studenten möge sich von den Gewalttätern distanzieren. Seine Position war die der wehrhaften Demokratie, die den Intoleranten keine Toleranz erweist. Sie ähnelte der Haltung der Bevölkerungsmehrheit, die grundsätzlich der Polizei näherstand als den Teilnehmern der Anti-Schah-Kundgebung, und das Vorgehen der Staatsmacht als „nicht zu

hart" einstufte. Conrad hob die Gewalttätigkeit und Verfassungsfeindlichkeit der „studentischen Extremisten" hervor:

> „Der Geisteszustand dieser anarchistischen Truppe läßt sich an dem verhafteten
> Publizistik-Studenten Fritz Teufel ablesen, der schon an den Ausschreitungen gegen
> Vizepräsident Humphrey beteiligt war, in Flugblättern zum Anzünden von Warenhäusern
> aufrief und diesmal eine Gruppe von Leuten anführte, die Polizisten mit Steinen bewarf.
> Was Leute seinesgleichen in Westberlin treiben, ist nicht die Wahrnehmung eines legitimen
> Rechts, sondern sein permanenter Mißbrauch, ist die Unterhöhlung der Demokratie durch
> permanentes Rowdytum."[42]

Die gewalttätigen Schah-Anhänger („Jubelperser") erwähnte Conrad
jedoch erst in einem späteren Artikel.[43] Mehrfach differenzierte er
zwischen gewalttätigen Linksradikalen und der Masse der Studenten.
Er beanstandete auch die Polizei – wenn auch viel seltener als die
gewalttätigen Demonstranten.[44] So bestätigt sich hier das Ergebnis einer
Auswertung durch Winfried Schulz, wonach zwei Drittel aller
Kommentare in Zeitungen der Verlagsgruppe Axel Springer zwischen
dem 3.6.1967 und dem 10.6.1967 Kritik ausschließlich an den Anti-
Schah-Demonstranten in Berlin übten, 22 Prozent der Kommentare
„sowohl Kritik an den Demonstranten wie auch an der Polizei und den
staatlichen und akademischen Autoritäten" enthielten, und elf Prozent
der Kommentare ausschließlich „Kritik am Verhalten der Polizei, an den
staatlichen und akademischen Autoritäten" wahrnahmen. In Blättern aus
anderen Verlagen waren Kommentare, die Kritik an Demonstranten
übten, etwa so häufig wie die Kommentare, die das Verhalten der Polizei,
der staatlichen und akademischen Autoritäten beanstandeten (35 Prozent
zu 22 Prozent „sowohl als auch" zu 33 Prozent; im Gegensatz zur
„Springer-Presse" waren zehn Prozent „ohne wertende Stellungnahme").[45] Von einer geradezu manipulativen Einseitigkeit der *Welt* kann
m.E. nicht die Rede sein: Tatsächlich räumte die *Welt* den Erklärungen
zahlreicher „ASten" zum Tode Ohnesorgs mehr als eine halbe
Zeitungsseite ein.[46] Der ausführlichen sachlichen Berichterstattung über
Trauerfeiern und Schweigemärsche für Ohnesorg (10.6.1967) folgte ein
Meinungsbeitrag von Bernd Nellessen anläßlich des Kongresses
„Hochschule und Demokratie" in Hannover: „An den deutschen
Hochschulen (...) sind Minderheiten dabei, die Studentenschaft radikal
zu politisieren. Ihr Engagement gilt der großen Politik und nicht den
Fragen studentischer Selbstverwaltung oder der vielzitierten
Gemeinschaft von Lehrenden und Lernenden. (...)". Damit gab er einer
weit verbreiteten Meinung der Bevölkerung Ausdruck, wonach sich die
Studenten ihrer Karriere, eventuell den universitären Angelegenheiten,
aber nicht der „allgemeinen Politik" widmen sollten. Der „herauf-

ziehende politische Sturm (...) gegen den eigenen Staat" müsse, so Nellessen, „politisch ernst" genommen werden.[47]

Die Frage „Warum gerade Berlin?" drängte sich auf. Günther Zehm beantwortete sie mit dem Hinweis auf die Politisierung der FU, der engen Verbindung zu Amerika (Studentenprotest in Berkeley, Kalifornien) und einer hohen Zahl von Professoren, die die Studenten zum Protest ermunterte. Die Maoisten, „politische Radikalinskis", tarnten sich seinem Beitrag zufolge als „gute Demokraten". Er erinnerte die Staatsmacht an ihre Pflichten.[48]

Während die SPD-Führung einem *Welt*-Bericht zufolge auf vorsichtige Distanz zum Regierenden Bürgermeister Heinrich Albertz ging, veröffentlichte die *Welt* auf der gleichen Seite ein freundlich gehaltenes Portrait mit zahlreichen Zitaten des als „law-and-order-Mann" bekannten Brandt-Nachfolgers;[49] der Berliner Korrespondent Conrad ließ also den Vertreter der Staatsmacht ausführlich zu Wort kommen, um ihn in einer schwierigen Situation zu unterstützen. Kurze Zeit darauf wurde eine Umfrage unter deutschen Polizeipräsidenten gedruckt, aus dem der zuständige Redakteur Eberhard Nitschke das Fazit zog: „Ganz ohne Knüppel geht es nicht".[50] Insofern kamen Vertreter des Staates ausführlich zu Wort, nicht aber Demonstrationsteilnehmer oder gar Wortführer des Protestes. Das unterschied die *Welt* von den Qualitätszeitungen im politisch linken Spektrum.

Dennoch täuscht der Eindruck, die *Welt* hätte sich ausschließlich in vordergründiger Verdammung der Neuen Linken geübt. 1967 waren intellektuell anspruchsvolle, analysierende, durchaus kontroverse Beiträge vor allem im „Forum der *Welt*" zu lesen: „Ohne Zweifel entlud sich darin [in den Juni-Protesten] auch ein lang aufgestautes studentisches Unbehagen an der politisch-gesellschaftlichen Verfassung unseres Staates. Inwieweit ist es gerechtfertigt, inwieweit kann es eine Bedrohung der demokratischen Substanz des Staates werden?" (Einleitungstext)[51] Ein weiteres Forum mit Helmut Schmidt (SPD), Berthold Martin (CDU) und Thomas Dehler (FDP) am 5.7.1967 erörterte Gründe für die Proteste. Die Frage nach Gegenmaßnahmen kam nicht auf. Insofern ging die *Welt* davon ab, auf die Studentenunruhen allein mit dem Ruf nach Anwendung des Disziplinarrechts und nach Polizeieinsätzen zu reagieren. Im weiteren Verlauf des Jahres 1967 nahm sich die *Welt* nur selten des Themas „APO" an. Offensichtlich mutmaßte die Redaktion, das Phänomen sei in allmählicher Auflösung begriffen. Der Vietnamkrieg und die „Bonner Politik" erschienen wichtiger.

Die *Welt* bemühte sich, wie anfangs gezeigt, neben den gewalttätigen Methoden die linksradikale Ideologie der Studentenrevolte aufzuzeigen. Dies galt auch für die Auslandsberichterstattung: Rolf Görtz benannte anläßlich des Besuchs von Jean-Jacques Servan-Schreiber an der Madrider Universität die sozialistischen, antikapitalistischen, letztlich antieuropäischen Parolen der Studenten und beschrieb den Mißerfolg des liberalen französischen Publizisten in diesem Milieu.[52] Daraus folgt: Verständnis, wohlmeinender Diskurs und Anbiederung seien gegenüber Radikalen verfehlt.

Im März 1968 berichtete die *Welt* über Gewalt gegen Willy Brandt und Herbert Wehner am Rande des SPD-Parteitags in Nürnberg. Eine Demonstration sei angeblich von „Vertretern der illegalen KPD organisiert worden", die Teilnehmer hätten die Sozialdemokraten als „Verräter" beschimpft.[53] Damit war wiederum eine Verbindung der jungen Demonstranten mit erfahrenen Kräften der verbotenen KPD (und damit auch der SED) benannt.

Kurz nach dem Mordversuch an Dutschke 1968 mahnte der Kommentator Georg Schröder die Notwendigkeit einer öffentlich geführten, im Gegensatz zu Servan-Schreibers zurückhaltender Rede konfrontativen Aussprache mit der „rebellischen Jugend" an: „Sie sollten den Stier bei den Hörnern packen, selbstkritisch, wo Selbstkritik notwendig ist und erklären, wo Erklärungen falsche Vorstellungen zurechtzubiegen vermögen."[54] Auch hier riet die *Welt*, dem Radikalismus Einhalt zu gebieten, und die studentischen Mitläufer von den Rädelsführern zu trennen, oder allgemeiner ausgedrückt: Die Mitläufer in das staatsloyale, grundgesetztreue politische Spektrum zu integrieren.

Für den zeitweiligen Leiter des *Welt*-Ressorts Innenpolitik, Werner Titzrath, war der SDS bereits im Begriff, zu einer „Ansammlung von Sektierern" zu werden, bis das Attentat auf die SDS-Leitfigur Rudi Dutschke – auch von der *Welt* vielfach als verabscheuungswürdiges Verbrechen verurteilt – jener Vereinigung „neuen Auftrieb" gab.[55] Als nach dem Mordversuch gegen Dutschke zahlreiche Krawalle die Osterfeiertage überschatteten, berichtete die *Welt* ausführlich über Gewalt gegen den Springer-Verlag.[56] Auf der Meinungsseite vom 16.4.1968 erörterte die *Welt* politische Hintergründe und Motive. Titzrath urteilt in einem Leitartikel: Die Staatsautorität habe sich dem Stoßkeil der APO, dem SDS, einer „linksextremistisch-militant[en] Organisation von Berufsrevolutionären", gebeugt. Der SDS wolle „den Umsturz, (...) die Demontage der parlamentarischen Demokratie in Deutschland", er wolle nun die Empörung über das Attentat auf Dutschke rechtfertigen. Er könne sich auf ein „mächtiges publizistisches Establishment der Linken" stützen, und richte sich weniger gegen die „Symbolfigur" Springer als gegen das „spätkapitalistische System" an sich, zu dessen Helfern er auch die SPD rechnete.[57] Hans Schueler betrachtete die Osterunruhen als Umsetzung des SDS-„Aktionsprogramms", das im September 1967 entstanden war: Im Rahmen einer Anti-Springer-Aktion sollte die Auslieferung der entsprechenden Zeitungen verhindert werden. Erst mit den Schüssen auf Dutschke aber war die Situation gegeben, die eine „Massenbasis" auf die Straße trieb: „Die fünf [Organisatoren] kommandierten, und einige tausend marschierten." Schueler beurteilte demnach den SDS als revolutionäre Kaderpartei leninistischen Typs. Auch hier fand sich das bereits im Juni 1967 nachweisbare Argument (das eine Mehrheit der Bürger teilte), die Staatsgewalt habe sich zu sehr zurückgehalten: Es sei nicht um Versammlungs- und Demonstrationsfreiheit gegangen, sondern um „planmäßige Zusammenrottungen revolutionären Charakters unter Einsatz krimineller Mittel". Schueler appellierte an die Politiker: „Es geschah in der Bundesrepublik zum erstenmal, und es muß zum letztenmal geschehen sein, daß ein Revolutionskomitee beinahe wie eine Nebenregierung zwei Tage über die Rundfunkanstalten den Aufruf zum kollektiven Landfriedensbruch verbreiten konnte." Die Pressefreiheit sei eben nicht nur von der traditionellen Staatsautorität bedroht, sondern von totalitären Gruppen, die entschieden bekämpft werden müßten: „Der SDS hat wie alle radikalen Bewegungen seine Ideologie absolut gesetzt. Er kann von den Institutionen, denen er die Gewalt im Namen des Absoluten angesagt hat, nichts anderes erwarten als die Gegengewalt entschlossener Abwehr."[58] Um eben dies zu unterstreichen, zitierte Schueler in einem anschließenden Artikel ausführlich aus den Dokumenten der 23. SDS-Delegierten-Konferenz vom September 1967. Sein Fazit: Es handle sich um eine „Moskau-abhängige, marxistisch-leninistische Konkurrenzpartei zur illegalen KPD", die sich die „Beseitigung der verfassungsmäßigen Ordnung in der Bundesrepublik" zur Aufgabe gemacht habe.

Die *Welt* ließ es nicht bei Appellen zur Durchsetzung der streitbaren Demokratie bewenden, sondern setzte sich auch mit den Plänen zur Hochschulreform auseinander: Zu begrüßen sei eine Vergrößerung der Lehrkörpers und – „als deutliche Absage an die Sucht jungakademischer Verfechter eines Räte-Systems" – die Verneinung der Drittelparität in den akademischen Selbstverwaltungsgremien.[59] Des weiteren zeigte die *Welt* Grenzen der von der APO geforderten „Demokratisierung der Hochschule" auf: Studenten fehle nach Meinung von Prof. Klaus Pieper die Kompetenz und Erfahrung, die Leistungen von Professoren beurteilen zu können.[60] Der „junge Pädagoge" Hansgeorg Rack empfahl das Einüben von Verantwortung: Unzulänglichkeiten gehörten zur politischen Praxis, daher seien übermäßig abwertende Schlagworte, gar die Forderung nach Abschaffung der Demokratie, „unreif" und verfehlt. „Nicht Freiheit von allen Begrenzungen und Verpflichtungen, sondern Freiheit zur Übernahme von Verpflichtungen und Anerkennung von Grenzen macht echte Menschenwürde aus!"[61] Im Nachrichtenteil der gleichen Ausgabe veranschaulichte *Welt*-Korrespondent Hans-Erich Bilges den Radikalismus der APO: „Die Masse fieberte nach ‚Aktionen'", denen dann eine Aufführung von schweren Gewalttaten und aufwendigen Sicherheitsmaßnahmen folgt.[62] Unter der Schlagzeile vom 17.4.1968 („Kanzler und Koalition einig: Jetzt ist rasches Handeln nötig") hob die *Welt* die Absicht der Politiker hervor, die staatliche Autorität gegenüber „revolutionären antidemokratischen Gruppen" durchzusetzen (also die alte Forderung der *Welt* zu erfüllen), wobei auch ähnlich lautende Forderungen aus der Bevölkerung sinngemäß zitiert wurden. An Deutlichkeit ist die Mahnung zum Widerstand gegen den SDS (als Speerspitze der APO) schwer zu übertreffen: „Es muß ein einheitliches Vorgehen geben in allen Ländern und ein wirksames Vorgehen der Justiz. Ein Problem bleibt: der SDS. Wie will man dem Treiben dieser revolutionären Gruppe begegnen?"[63] *Welt*-Korrespondent Georg Schröder sah die Handlungsfähigkeit des Staates in Frage gestellt, und erinnerte an die letzten Jahre der Weimarer Republik. Im übrigen handelte es sich, so Schröder, bei den studentischen Demonstranten (denen er eine Beseitigung der parlamentarischen Demokratie unterstellte) nicht, wie Bundesjustizminister Gustav Heinemann meinte, um „die Jugend". Nicht zuletzt müßte der SDS gegenüber der Öffentlichkeit entlarvt werden. Waren aber die Reformen, die auch Schröder forderte,[64] überhaupt mit einer derartigen außerparlamentarischen Opposition realisierbar? Offensichtlich nicht. Dem Bericht des Berliner Korrespondenten Hans-Erich Bilges über eine Diskussion mit dem SFB-Intendanten Franz Barsig an der FU zufolge erschien die APO dialogunfähig und beleidigend.[65] Die *Welt* zitierte alleine am 17.4.1968 zahlreiche ablehnende Meinungen über die linksradikalen Studenten (RCDS Bonn, ausländische Pressestimmen, Unternehmer),[66] die den Schaden der Unruhen für die Allgemeinheit belegen sollten. Ausgehend davon, daß „auch von Universitäten der Bundesrepublik aus der Aufstand geschürt und gelenkt" (Einleitungstext) werde, legte die *Welt* am gleichen Tag nahe, daß eine strikte Anwendung des Hausrechts durch den Universitätsrektor die Planung revolutionärer Aktionen in Universitätsräumen eigentlich verhindern müßte – die *Welt* forderte damit indirekt die Rektoren auf, durch Ausschöpfung ihrer Rechte den radikalen Studenten Einhalt zu gebieten. Eine Befragung von Rektoren ergab jedoch eine sehr „liberale" Anwendung des Hausrechts durch die großen Universitäten.[67] Bilges schloß aus seinen Beobachtungen an der Technischen Universität Berlin sogar, „in der TU herrschen Revolutionskomitees", die illegal Räume nutzten und die Aufforderungen des Rektors zur Räumung ignorierten.[68] Gastautor P.W. Wenger konstatierte angesichts dieser Situation eine Kapitulation des Staates: Der SDS stünde offenbar über dem Gesetz, denn der „Strafparagraph gegen öffentliche Aufrufe zum Ungehorsam" werde gegen ihn nicht angewandt.[69] Während demnach die Macht der Linksextremisten an den Universitäten groß war, hätten „Aufwiegler" einer Erklärung des Deutschen Industrie-Instituts zufolge aber „bei Arbeitnehmern keinen Erfolg".[70]

Die *Welt* räumte der Berichterstattung über ein Todesopfer linksradikaler Krawalle mehrere Spalten ein: Der Pressefotograf Klaus Frings, der „die Plünderungswut in den Redaktionsräumen einer Springer-Zeitung" dokumentierte, wurde von einem Stein getroffen.[71] Nachdem die Gewalttaten abgeklungen waren, setzte sich die *Welt* ausführlicher als bisher mit der Ideologie des SDS auseinander: Sie stellte seine Aktivisten Bernd Rabehl, Hans-Jürgen Krahl sowie die Brüder Frank und Karl-Dietrich Wolff in Kurzporträts vor. Nicht etwa deren Haltung zu einzelnen Sachfragen ging daraus hervor, wohl aber ihr Werdegang.[72] Bundesinnenminister Ernst Benda erklärte gegenüber der *Welt*, der Sozialistische Deutsche Studentenbund sei zwar verfassungswidrig, aber aus taktischen Gründen erscheine es besser, er bleibe legal. In Kürze werde ein Weißbuch des Innenministeriums die Verfassungsfeindlichkeit des SDS belegen.[73]

Der ausführlichen Berichterstattung über die Osterunruhen folgte eine ideologiekritische Reihe über die politischen Hochschulgruppen. Der SHB erschien darin als ein Verband, der in den vorangegangenen Jahren auf Konfrontation zur SPD ging und die Gesellschaftsordnung der Bundesrepublik zunehmend ablehnte.[74] Hochschulgruppen wie der Liberale Studentenbund Deutschlands (LSD) und die Humanistische Studentenunion (HSU) seien nach links, in die ideologische Nähe des SDS gerückt, ohne dessen Anziehungskraft erreicht zu haben. Der LSD, der bislang das Godesberger Programm der SPD lobte und eine

Koalition mit den Sozialdemokraten wünschte, sei ein enger Verbündeter des SDS geworden: Die *Welt* zitierte den LSD-Vorsitzenden Frank von Auer (ein SPD-Mitglied!) mit den Worten an die „lieben Genossen", er werde die 1.200 LSD-Mitglieder in die Außerparlamentarische Opposition einbringen. Die HSU erschien mit ihrer Behauptung von der „Unterdrückung der Sexualität" noch mehr als „Bürgerschreck" (als solcher wird der SDS in diesem Artikel bezeichnet), der in SDS-Manier vom Parlamentarismus als „liberalistisch kaschiertes Ritual zur Verschleierung der tatsächlichen Herrschaftsverhältnisse" rede. Als Gegenposition zum SDS stellte die *Welt* auf der gleichen Seite den Zentralausschuß der österreichischen Hochschülerschaft vor: Reformen seien auch dort notwendig, hingegen seien Gewaltmaßnahmen „unmöglich". Demonstrationen für sachliche begründete Ziele, von einem eigenen Ordnungsdienst flankiert, ließen zusammen mit guten Kontakten zur Polizei und den Gewerkschaften die österreichischen Studentenvertreter als vernünftiger erscheinen. Über Werte und Einstellungen, die die *Welt* bei den deutschen Hochschulgruppen detailliert beschrieb, war allerdings in dem Beitrag über die Studenten im südöstlichen Nachbarland nichts zu lesen.[75]

Mit der gleichen Absicht ließ die *Welt* den Vorsitzenden der grundgesetztreuen, neu gegründeten Deutschen Studentenunion seine Gegenposition zum SDS umfassend erläutern: „Demonstrationen ja – Gewalt nein".[76] Ebenso der RCDS: Bislang eher zurückhaltend, versuche der RCDS seit dem Tod Ohnesorgs vor allem dank des Vorsitzenden Wulf Schönbohm mit legalen Mitteln hochschulpolitische Reformen anzustoßen; dabei lehne er Methoden und Ziele der radikalen Linken strikt ab.[77]

Günter Zehm mahnte die öffentlich-rechtlichen Medien angesichts der Besetzung des Auditorium Maximum der TU (und der „Hilflosigkeit" von Kultursenator und Rektor) an ihren Auftrag, zugunsten der Verfassungsordnung Stellung zu nehmen: „Wie lange noch (...) wollen Rundfunkräte es hinnehmen, daß Funk und Fernsehen in der einseitigsten Weise die Belange des SDS wahrnehmen?" Die Forderung des linksradikalen „Aktionskomitees der Arbeiter, Schüler und Studenten" nach Sendeminuten für die APO im Sender Freies Berlin sei überflüssig, „weil die APO faktisch schon längst Sendestunden besitzt. Die Wahrheit ist, daß die APO bereits dazu übergegangen ist, lautstark den Hinauswurf von Journalisten aus den Rundfunkanstalten zu fordern, die ihr nicht genehm sind. Sendezeiten allein genügen ihr nicht mehr, sie fordert für sich ein Monopol in den Massenmedien."[78]

4. Fazit: Der „Widerstand" der „Welt", seine Wirkung und die öffentliche Meinung

Die Welt sah die Außerparlamentarische Opposition als kleine, streng marxistisch orientierte Minderheit, und fast ausschließlich im Zusammenhang mit Linksradikalismus und Gewalt. Eine Kompetenz, die Defizite der Bildungspolitik zu beschreiben oder gar zu verkleinern, wurde ihr nicht zugestanden. Mit anderen Worten: Sie sei gegen den grundgesetzlich fixierten Rechtsstaat gerichtet und unfähig, eine konstruktive Rolle zur Lösung der durchaus vorhandenen Probleme zu leisten. *Die Welt* gab einer weitverbreiteten Meinung Ausdruck, indem sie die radikalen Studenten unmißverständlich verurteilte und deren antiamerikanische Haltung als beschämend rügte. *Die Welt* verzichtete aber weitgehend auf eine weiterführende Erörterung (abgesehen von einem Aufsatz Erwin K. Scheuchs[79]), warum in fast allen Teilen der westlichen Welt Studenten rebellierten, und ob nicht eine Mitschuld der Etablierten in Staat, Wirtschaft und Gesellschaft vorliege. Die Ursachenforschung blieb unvollständig.

Der „Widerstand" der *Welt* bestand in einer ausführlichen Information über Gesetzesverletzungen, denen der Staat (Berliner Senat, Polizei, Freie Universität) mit harter Hand begegnen müsse. Dieser Tenor läßt sich in einem Satz aus *„Bild"* zusammenfassen, den Matthias Walden zitiert: „Schlafen unsere Richter, schlafen unsere Politiker? Wie lange wollen sie noch zulassen, daß unsere jungen Leute von roten Agitatoren aufgehetzt, daß unsere Gesetze in Frage gestellt, unterwandert und mißdeutet werden?"[80]

Den Eindruck des früheren *Welt*-Redakteurs Gerhard Naeher, in der *Welt* hätten nach Zehrers Tod 1966 zunehmend „grobe Federn eines alternden Konservatismus" wie William Schlamm, Winfried Martini, Armin Mohler und Hans Georg von Studnitz geschrieben,[81] können wir für die untersuchten Zeiträume allerdings zurückweisen. Die genannten Autoren waren offensichtlich weit häufiger in der *Welt am Sonntag* präsent. Matthias Waldens Einschätzung, die Zeitungen Axel Springers seien „staatsloyal", anti-nationalistisch und „antikommunistisch", trifft hingegen nach unserer Auffassung zu.[82] Auch Springer selbst sprach von „staatsloyalen" Medien, die er verlege.[83]

Obwohl Dutschkes Satz vom „langen Marsch durch die Institutionen" bereits aus dem Jahr 1966 datierte, wagte die *Welt* nur selten einen Ausblick, auf welchen Weg (zum Nachteil von Staat und Bürgern) sich die Neue Linke begeben könnte: Lediglich am 17.4.1968 zitierte sie

Unternehmer, die an einer erfolgreichen Eingliederung der radikalen Studenten in die Wirtschaft zweifelten und von einer „schweren Hypothek" der Extremisten für den gesamten akademischen Nachwuchs sprachen.[84]

Die Wirkung der *Welt*-Artikel auf die Politik hielt sich in engen Grenzen. In Berlin bemühte sich der Regierende Bürgermeister Klaus Schütz, den Linksradikalismus aus dem Stadtbild zu verbannen, ihm also seinen Öffentlichkeitseffekt zu nehmen. Dies gelang; an der FU, von der Masse der Wählern weit weniger beachtet, änderte sich trotz zahlreicher Forderungen der *Welt* so gut wie nichts. Die 1969 konstituierte Bundesregierung Brandt/Scheel war an Wählerstimmen aus dem Umfeld der APO interessiert; bezeichnenderweise formulierte Bundeskanzler Willy Brandt in seiner ersten Regierungserklärung, „die Demokratie in der Bundesrepublik ist nicht am Ende; wir fangen damit erst richtig an". Statt „Widerstand" war für die Regierungsparteien die Integration „kritischer junger Menschen" angesagt, soweit es sich nicht um Straftäter und DKP-Mitglieder handelte.

Unsere Studie über die *Welt* mündet in die Frage nach einer Erklärung, warum sich diese Zeitung so deutlich an die Seite von Staat und Bevölkerungsmehrheit gegen die Protestbewegung stellte. Zum einen war Axel Springer seit seiner mißlungenen Initiative zur Wiedervereinigung 1958 ein sehr politischer Verleger, der die redaktionelle Linie seiner Erzeugnisse anhand eingangs wiedergegebener Grundsätze festlegte, sich darüber hinaus auch persönlich in Anweisungen und Einzelgesprächen um redaktionelle Details kümmerte. Der Verweis auf den Verleger alleine greift aber zu kurz. Die Erfahrung maßgeblicher Redakteure mit dem Kommunismus und ihre Zufriedenheit mit dem politischen System der Bundesrepublik Deutschland dürfte einen stärkeren Ausschlag gegeben haben: Der Leiter des Kulturressorts, Günter Zehm, war zuvor politischer Häftling in der „Ostzone" gewesen. Hans-Dietrich Sander kam 1957 aus Ost-Berlin nach Westdeutschland. Chefredakteur Hermann G. F. Starke war in Sachsen geboren. Parallelen zu den Lebensläufen von Klaus Motschmann, Gerhard Löwenthal und Fritz Schenk sind offenkundig.

Demgegenüber war die *Frankfurter Allgemeine Zeitung* eher westdeutsch-liberal und wirtschaftsnah. Ihre Herausgeber und manche weiteren Journalisten gehörten ebenso wie die maßgeblichen Professoren der Frankfurter Schule, denen sie ja schon wegen des Zufalls der Geographie nahe waren, zur intellektuellen Elite der eher linksliberal geprägten Handelsmetropole am Main. Es bestanden auch publizistische

Verbindungen der Frankfurter Schule zur FAZ in Form von Hintergrund-gesprächen und Veröffentlichungen.[85] Nicht zuletzt hatten die Berlin-erfahrenen Journalisten der *Welt* ein anderes Bild von den FU-Studenten in Erinnerung: Flüchtlinge aus Mitteldeutschland bildeten einen unüber-sehbar großen Teil der FU-Studentenschaft der fünfziger und frühen sechziger Jahren. West-Berliner, Westdeutsche und auch Ausländer beließen es im Schatten der Sperranlagen nicht mit wortreichen Bekenntnissen, sondern halfen fluchtwilligen Ost-Berlinern, indem sie Tunnel unter der Mauer gruben.[86] Nur wenige Jahre später zeigten sich ganz andere FU-Studenten als „Ho, Ho, Ho Chi Minh!"–Rufer mit roten Fahnen – der Gegensatz zu ihren antitotalitären, aus der DDR geflohenen Kommilitonen um 1960 konnte kaum größer sein. Die Intoleranz und Gewalttätigkeit vieler Linksradikaler dürfte dazu geführt haben, daß ein Dialog zwischen beiden Seiten 1967/68 nicht versucht wurde. Peter Boenisch spricht wohl nicht nur für *Bild*, wenn er als Angehöriger der Kriegs- und Flakhelfer-Generation resümiert: „Wir haßten nichts mehr als die Gewalt, ganz gleich, aus welcher Ecke sie kam."[87] Es ist anzunehmen, daß (keineswegs nur im April 1968) Gewalt gegen *Welt*-Journalisten verübt wurde, so daß üble persönliche Erfahrungen die politischen Einstellungen der Redakteure noch verstärkten.

Die Forderung der *Welt* nach staatlichen Maßnahmen kann ferner mit der vorherigen eher „staatsnahen" Anstellung des Chefredakteurs Starke beim öffentlich-rechtlichen Deutschlandfunk und der Position des Ressortleiters Innenpolitik, Wilfried Hertz-Eichenrode, als Referent für Öffentlichkeitsarbeit im Bundesinnenministerium, begründet werden. *Der Spiegel* charakterisierte letzteren als „Vertreter eines reaktionären Ernstfall-Konservatismus; er agierte alsbald mit Meinungsseiten und Berichterstattung, als habe das Innenministerium selbst einen Notstands-Agenten in die Zeitung geschickt."[88]

Kommen wir abschließend zum Zusammenhang von öffentlicher Meinung in der Gesamtbevölkerung und veröffentlichter Meinung in der *Welt* zurück. Hans Schueler zitierte aus einer Befragung durch das Institut Infas: Fast dreiviertel (73 Prozent) der (West-) Berliner forderten, „die Studenten stärker zu beaufsichtigen". Politische Studentendemon-strationen waren unpopulär (wie eingangs auch schon Elisabeth Noelle-Neumann ermittelte), die ohnehin geringe Zustimmung ging seit 1967 zurück. Die Bevölkerung brachte Studentendemonstration weitgehend mit Gewalt in Verbindung.[89] Wie oben aufgezeigt, war die *Welt* mit ihren Forderungen, der demokratische Rechtsstaat möge von seiner Autorität gegenüber den Rechtsbrechern Gebrauch machen, den Werten und

Einstellungen der Deutschen, vor allem den antikommunistischen Berlinern, sehr nahe. Explizit zeigt sich das bei der Beurteilung der Krawalle vom 2. Juni 1967 und den Osterunruhen. Diese Haltung der *Welt* entsprach der Absicht Axel Springers, als „Mann der Mitte" seine Zeitungen zum Sprachrohr der Bevölkerung zu machen: „Als Besitzer mehrerer Tages- und Sonntagszeitungen mit Massenauflagen zeigte sich Springer vor allem ab den sechziger Jahren davon überzeugt, für die jeweiligen Bedürfnisse und Überzeugungen der bundesdeutschen Bevölkerung eine besondere Sensibilität entwickelt zu haben. Nur so sei schließlich der überwältigende und konstante Erfolg seiner Publikationen zu erklären: Die Deutschen kauften seine Zeitungen, weil sie in ihnen ihre eigenen Ansichten abgedruckt fänden."[90] Daß die Presse Axel Springers die Bevölkerungsmeinung spiegele, meinte auch Leserbriefschreiber Erich Kohler: „Die Dutschkisten verwechseln Ursache und Wirkung, wenn sie die ablehnende Haltung der Mehrheit unserer Bevölkerung auf den Einfluß der Springer-Presse zurückführen wollen. Springer macht nicht unsere Meinung – er macht sie lediglich publik und läßt sie journalistisch formulieren. Damit hat er Erfolg – und natürlich auch Neider. (...) Im übrigen richtet sich die Ablehnung der Bevölkerung keineswegs gegen die Jungen selbst und ihren Willen zur Diskussion, sondern nur gegen die Methode. Der Dialog muß mit sachlichen Argumenten geführt werden! Auf Pflastersteine kann man nur mit Gummiknüppeln, auf Verkehrsstörungen nur mit Wasserwerfern antworten. Dies führt zu Beulen und Schnupfen – und wie man sieht, zu Todesopfern, aber sicher nicht zu den notwendigen Reformen. Die seit 1945 in harter Arbeit den Karren aus dem Dreck gezogen haben – auch für die Dutschkisten – wissen dies nur zu gut."[91]

---

[1] Diese wurden von Axel Springer bezeichnenderweise im Jahre 1967, also kurz nach den Ausschreitungen vom 2. Juni, festgelegt. Vgl. Gudrun Kruip: Das „Welt"-„Bild" des Axel Springer-Verlags. Journalismus zwischen westlichen Werten und deutschen Denktraditionen, München 1999, S. 110 f.

[2] „Prestigemedien" sind in Anlehnung an Hans Mathias Kepplinger jene Medien, die sich an drei Adressaten richten: nicht nur an ein Massenpublikum, sondern auch an Journalisten anderer Medien, sowie an Entscheidungsträger in Politik, Wirtschaft und Kultur. Sie werden demnach nicht nur zur Information, sondern auch zur Entscheidungsfindung und Meinungsbildung genutzt. So ergibt sich eine weit höhere Wirkung.

[3] N.N.: Demonstrationen. Sei es mit Gewalt, in: „Der Spiegel", 9/1968, S. 23-26; Günter Wallraff: 13 unerwünschte Reportagen, Köln 2002, S. 50-62 (bei dem Wallraff-Text handelt es sich um eine mit den Mitteln der Täuschung entstandene Reportage, die die antifaschistischen Einstellungen Wallraffs belegen sollte).

[4] Von der Grundgesamtheit (die Unterschiede zwischen Christ- und Sozialdemokraten machten nur fünf Prozentpunkte aus) wich die Haltung der FDP-Anhänger ab: 56 Prozent

der Liberalen befürworteten politisch motivierte Studentendemonstrationen, 23 Prozent sprachen sich für eine Einschränkung auf Universitäts- und Hochschulprobleme aus, 14 Prozent wollten keine Studentendemonstrationen. Vgl. Elisabeth Noelle-Neumann und Erich Peter Neumann (Hrsg.): Jahrbuch der öffentlichen Meinung 1965–67, Allensbach 1967, S. 365f.

[5] Vgl. ebd., S. 365f. Die Meinungsverteilung bei der FDP-Anhängerschaft: 47 Prozent: „gegen Studenten-Demonstrationen", 44 Prozent: für die „Demonstrationen der Studenten".

[6] Vgl. Elisabeth Noelle-Neumann: Pressekonzentration und Meinungsbildung, in: Publizistik, 13. Jg. (1968), S. 107-136, hier S. 123 f.

[7] vgl. ebd., S. 107-136, hier S. 134.

[8] Springer enteignet, in: tageszeitung, 24.9.1985, zitiert nach; Kruip, a.a.O., S. 263.

[9] N.N.: Bachmann. Unbedingt weg, in: „Der Spiegel", 17/1968, S. 64-69.

[10] Vgl. Bernd Rabehl: Rudi Dutschke. Revolutionär im geteilten Deutschland (Edition Antaios, Reihe Perspektiven, Bd.6), Dresden 2002, S. 101.

[11] Auch hier stimmten Christdemokraten (50 vs. 15 Prozent) und Sozialdemokraten (49 vs. 21 Prozent) in ihrer Haltung zugunsten der Polizei relativ stark überein. Demgegenüber bekannte sich nur jeder vierte FDP-Anhänger zu den Ordnungshütern. Im Konfliktfall gaben jene den Bürgerrechten den Vorzug, auch wenn diese zu Gesetzesverstößen mißbraucht worden waren. 46 Prozent der CDU/CSU-Anhänger, 43 Prozent der sozialdemokratisch orientierten, 50 Prozent der FDP-Wähler fanden, die Polizei sei „nicht zu hart" vorgegangen. „Zu hart" erklärten 28 Prozent der Unionsnahen, aber schon 40 Prozent der SPD-Wähler, und 47 Prozent der FDP-Anhänger. Vgl. ebd., S. 366.

[12] Vgl.: N.N.: Was denken die Berliner über die Studenten? Blitzumfrage des SPIEGEL über die Reaktion auf die Oster-Demonstrationen, in: „Der Spiegel", 17/1968, S. 28. Befragung von 1032 West-Berlinern (repräsentativer Querschnitt) durch das Ifak-Institut.

[13] CDU/CSU-Wähler: 73 Prozent, SPD-Wähler: 71 Prozent, FDP-Wähler: 74 Prozent, Jungwähler: 76 Prozent, Unentschiedene: 71 Prozent. Vgl. Institut für Demoskopie Allensbach (Hrsg.): Wählermeinung nicht geheim. Allensbach 1969, S. 55-61.

[14] Ebd., S. 131f.; 75 Prozent der christdemokratischen, 67 Prozent der sozialdemokratischen und 59 Prozent der freidemokratischen Anhängerschaft lehnten eine totale Gesellschaftsveränderung ab.

[15] So u.a. Jürgen Alberts: Massenpresse als Ideologiefabrik. Am Beispiel „Bild", Frankfurt 1972.

[16] Vgl. z.B. Michael Jürgs: Der Fall Axel Springer. München 1995, S. 252.

[17] Alberts 1972, S. 91.

[18] Institut für Demoskopie: „Die Welt". Gesamtergebnisse einer Leser-Untersuchung. Allensbach, o. J., S. 1.

[19] Elihu Katz: On Reopening the Question of Selectively in Exposure to Mass Communication. In: Robert P. Abelson/Elliot Aronson u.a. (Hrsg.): Theories of Cognitive Consistency: A Sourcebook, Chicago 1968, S. 788-796.

[20] Vgl. beispielsweise Hans Dieter Müller: „Ich werde Deutschland wiedervereinigen, ob Sie es glauben oder nicht". Geschichte und Analyse des Springer-Konzerns, 3. Fortsetzung, in: „Der Spiegel" 5/1968, S. 50-66, hier v.a. S. 61.

[21] Vgl. Claus Jacobi: 50 Jahre Axel Springer Verlag, Berlin 1996, S. 128.

[22] „Die Welt", 4./5.5.1967.

[23] Vgl. www.bdzv.de/twp/preis.html

[24] Britischer Journalist: Ich frage mich ... , in: „Die Welt", 20.4.1968, S. 6.

[25] Kruip 1999, S. 232.

[26] Vgl. Naeher 1991, S.175.

[27] Elisabeth Noelle-Neumann/Erich Peter Neumann (Hrsg.): Jahrbuch der öffentlichen Meinung, Bd. 4: 1965–67, Allensbach 1967, S. 367.

[28] (Nachrichtendienst der Welt): Proteste und Aktionen, in: „Die Welt", 13.4.1967, S. 4.

[29] Hans Zehrer: Bewegung am Rande, in: „Die Welt", 16.10.1965, S. 1f.

[30] Vgl. ebd., S. 102.

[31] Nachrichtendienst der „Welt": Studenten kleben Plakate gegen US-Politik, in: „Die Welt", 5.2.1966, S. 2.

[32] Vgl. Thomas P. Becker/Ute Schröder (Hrsg.): Die Studentenproteste der 60er Jahre. Archivführer – Chronik – Bibliographie. Köln [u.a.] 2000.

[33] Lemmer verurteilt scharf „Pöbeleien" gegen die USA, in: „Die Welt", 7.2.1966, S. 1.

[34] jn: Kommunistische „Anheizer" bei Demonstration in Berlin, in: FAZ, 9.2.1966, S. 2; Bernt Conrad: Ein empörendes Schauspiel, in: „Die Welt", 7.2.1966., S. 2.

[35] Bernt Conrad (Co.): Bonn bedauert Berliner Krawalle, in: „Die Welt", 9.2.1966, S. 1.

[36] Nachrichtendienst der „WELT": Studenten drohen mit Streiks, in: „Die Welt", 9.2.1966, S. 1.

[37] Hans Dietrich Sander: Die Traumtänzer von Berlin. Warum immer Ärger an der Freien Universität?, in: „Die Welt", 2.2.1966, S. 5.

[38] Bernt Conrad (Co.): Linke Studenten, in: „Die Welt", 13.12.1966, S. 2.

[39] „Die Welt", 10.4.1967, S. 3.

[40] August-Wilhelm Mangold: Mitglied einer Vietnam-Sekte beim Ostermarsch, in: „Die Welt", 19.4.1967, S. 7.

[41] Berliner Senat: Demonstrationen werden nicht mehr geduldet, in: „Die Welt", 5.6.1967, S. 1 und 3.

[42] Bernt Conrad: Freiheit – kein Freibrief für Rowdys, in: „Die Welt", 5.6.1967, S. 2.

[43] Ders.: Konsequenzen aus den Krawallen, in: „Die Welt", 8 6.1967, S. 2.

[44] Bernd Nellesen: Krawall, in: „Die Welt", 6.6.1967, S. 4; Berliner Redaktion: Die Reaktion an den Hochschulen auf die Berliner Krawalle, in: „Die Welt", 6.6.1967, S. 4.

[45] Winfried Schulz: Die Studentendemonstrationen beim Schah-Besuch in Berlin. Ergebnisse einer Inhaltsanalyse der Publizistischen Stichprobe. In: Publizistik, 13. Jg. (1968), S. 30-42.

[46] Vgl. „Die Welt", 6.6.1967, S. 4.

[47] Bernd Nellessen: Die Saat der Radikalen geht auf, in: „Die Welt", 10.6.1967, S. 2.

[48] Günter Zehm: Studentische Lust am politischen Rabatz, in: „Die Welt", 7.6.1967, S. 2.

[49] Bernt Conrad: SPD: Keine Identifikation mit Albertz, in: „Die Welt", 16./17.6.1967, S. 3. Bernt Conrad: „Eine Brücke über den Graben schlagen. Aber keine Konzessionen an die Radikalen." „Welt"-Gespräch mit dem Regierenden Bürgermeister, in: „Die Welt", 16./17.6.1967, S. 3.

[50] Eberhard Nitschke: „Sollen wir etwa auch mit Tomaten werfen?". In: „Die Welt", 28.6.1967, S. 5.

[51] „Die Welt", 28.6.1967, S. 9.

[52] Rolf Görtz: Nach donnerndem Applaus kam wütender Protest, in: „Die Welt", 13.3.1968, S. 3.

[53] (Korrespondent): Junge Demonstranten im Handgemenge mit Brandt und Wehner, in: „Die Welt", 18.3.1968.

[54] Georg Schröder: An der Jugend vorbei, in: „Die Welt", 13.4.1968, S. 2.

[55] Werner Titzrath: Wem beugt sich der Staat?, in: „Die Welt", 16.4.1968, S. 2.

[56] Vgl. Schwere Ausschreitungen nach dem Attentat auf Dutschke, in: „Die Welt",

13.4.1968, S. 1; v.C. (Berliner Korrespondent): Die Nacht nach dem Attentat in Berlin, in: „Die Welt", 13.4.1968, S. 3; (Nachrichtendienst der „Welt"): Proteste und Aktionen, in: „Die Welt", 13.4.1968, S. 4. (Nachrichtendienst der „Welt"): Radikale Gruppen rufen zu neuen Aktionen gegen Zeitungen auf, in: „Die Welt", 16.4.1968, S. 1.

[57] Titzrath, a.a.O.

[58] Hans Schueler: Der SDS probt den Notstand, in: „Die Welt", 16.4.1968, S. 2.

[59] Walter Görlitz: Anlauf zur Hochschulreform, in: „Die Welt", 16.4.1968, S. 2.

[60] Klaus Pieper: Mitverantwortung – das ist des Pudels Kern, in: „Die Welt", 16.4.1968, Hochschulbeilage.

[61] Hansgeorg Rack: Demokratie im Sandkastenspiel, in: „Die Welt", 16.4.1968, Hochschulbeilage.

[62] Hans-Erich Bilges: Scharf: Gewalt kann nichts Gutes bringen, in: „Die Welt", 16.4.1968, S. 3.

[63] Georg Schröder: Bonn, in: „Die Welt", 18.4.1968, S. 1.

[64] Georg Schröder: Die Standfestigkeit wird geprüft, in: „Die Welt", 17.4.1968, S. 2.

[65] Hans-Erich Bilges: Tief enttäuscht verließ Franz Barsig um Mitternacht das Auditorium, in: „Die Welt", 17.4.1968, S. 3.

[66] St. (Bonner Korrespondent): Die zahlreichen Parolen widersprachen einander, in: „Die Welt", 17.4.1968, S. 4; -ves/cd: Unternehmer besorgt über Extremisten. Angriff auf Privateigentum wird verurteilt, ebd., S.15.

[67] Der Hörsaal als Befehlsstand für Radikale?, in: „Die Welt", 17.4.1968, S. 5.

[68] in: „Die Welt", 24.4.1967, S. 6.

[69] P.W. Wenger: Steht der SDS über dem Gesetz?, in: „Die Welt", 29.4.1968, S. 6 (Abdruck aus dem „Rheinischen Merkur").

[70] (Nachrichtendienst der „Welt"): Unruhen. Aufwiegler hatten bei Arbeitnehmern keinen Erfolg, in: „Die Welt", 24.4.1968, S. 6.

[71] Bestürzung über das erste Opfer der Unruhen. Pressefotograf gestorben, in: „Die Welt", 18.4.1968, S. 1; Wilhelm F. Maschner: Der tragische Tod des Fotografen Klaus Frings, in: „Die Welt", 18.4.1968, S. 3.

[72] Bernd Nellessen: Die jungen Männer an der Spitze des SDS. Wer sind sie, woher kommen sie, was wollen sie?, in: „Die Welt", 18.4.1968, S. 5.

[73] (Korrespondent Ems): In Kürze Weißbuch über den SDS, in: „Die Welt", 4.5.1968, S. 1.

[74] Karsten Plog: „Kampf der SPD – aber in der SPD" (Teil zwei der Reihe „Die politischen Hochschulgruppen – Was denken sie und was wollen sie"), in: „Die Welt", 29.4.1968, S. 5.

[75] Paul Lersch: Satelliten, die den SDS umkreisen (Die politischen Hochschulgruppen – Was denken und was wollen sie? (IV), in: „Die Welt", 2.5.1968, S. 5. Bernt Conrad: „Gewaltanwendung ist doch Wahnsinn". Gespräch mit dem Vorsitzenden der österreichischen Hochschüler, in: „Die Welt", 2.5.1968, S. 5.

[76] Günter Krems: Demonstrationen ja – Gewalt nein, in: „Die Welt", 25.4.1968, S. 6.

[77] Karsten Plog: Revolution in kleinen Dosen (Teil drei der Reihe „Die politischen Hochschulgruppen"), in: „Die Welt", 30.4.1968, S.5.

[78] Günter Zehm: Verführung zur Gewalt, in: „Die Welt", 24.4.1968, S. 2.

[79] Erwin Kurt Scheuch: Warum die jungen Pensionäre revoltieren, in: „Die Welt", 28.6.1967, S.9.

[80] Matthias Walden: Der Meinungsstreit muß fair sein, in: „Die Welt", 25.4.1968, S. 2.

[81] Naeher 1991, S. 175.

[82] Matthias Walden: Liberal-sozialistische Koloraturen, in: „Der Monat", H. 200 (Mai 1965), S.124 ff., hier S. 126.

[83] Rede Springers auf der Beiratssitzung der Deutschen Bank am 14.11.1968, zitiert in: Kruip, a.a.O., S. 148.

[84] Vgl. -ves/cd: Unternehmer besorgt über Extremisten. Angriff auf Privateigentum wird verurteilt, in: „Die Welt", 17.4.1968, S.15.

[85] Vgl. Clemens Albrecht: Die Massenmedien und die Frankfurter Schule, in: Clemens Albrecht/Günter C. Behrmann/Michael Beck [u.a.] (Hrsg.): Die intellektuelle Gründung der Bundesrepublik, Frankfurt 1999, hier S. 220-225.

[86] Von dieser Aufopferung aus Gründen der Solidarität und Freundschaft schreibt Ellen Sesta: Der Tunnel in die Freiheit, Berlin 2000. Der Leser erhält einen präzisen Einblick in die Situation West-Berlins, v.a. in die Einstellungen der Studenten an der FU, vor der Studentenrebellion.

[87] Peter Boenisch, in: „Berliner Zeitung", 16.1.2001. (www.berlinonline.de/wissen/-berliner_zeitung/archiv/2001/01116/medien/0001/)

[88] Hans Dieter Müller: „Ich werde Deutschland wiedervereinigen, ob Sie es glauben oder nicht" – Geschichte und Analyse des Springer-Konzerns, 3. Folge, in: „Der Spiegel", Nr. 5/1968, S. 50-66, hier S. 64.

[89] Hans Schueler: Was denkt der Bürger von den Studenten?, in: „Die Welt", 3.5.1968, S. 3.

[90] Kruip, a.a.O., S. 120.

[91] in: „Die Welt", 24.4.1968, S. 2.

Ein „Widerstandsnest" im öffentlich-rechtlichen Fernsehen: das ZDF-Magazin

Gespräch mit Fritz Schenk (Frankfurt, 7.1.2003)

Die sechziger Jahre waren die Dekade, in der sich die politischen Fernsehmagazine etablierten. 1961 startete „Panorama" zunächst im NDR-Regionalfernsehen, im Jahr darauf im Ersten Programm. Weitere Magazine wie „Report" und „Monitor" folgten. Als im Fernsehrat des ZDF der Ruf nach einem Politmagazin laut wurde, fiel die Wahl auf Gerhard Löwenthal, den Brüsseler Korrespondenten des ZDF, als Redaktionsleiter und Moderator. Co-Moderator und Stellvertreter war Fritz Schenk, der nach seiner Flucht aus der DDR für Fernsehmagazine des ARD und im Gesamtdeutschen Institut gearbeitet hatte. Sendetermin war ab der ersten Sendung (8.1.1969) bis zur letzten (31.3.1988) der Mittwoch, zunächst im Wochen-, dann im Zweiwochenrhythmus. Durch diesen Wochentag – zwei Tage nach den ARD-Magazinen – war das „ZDF-Magazin" aufgefordert, entweder eigene Themen oder doch zumindest eine eigenständige, von „Panorama" und „Monitor" unterscheidbare Sichtweise zu finden sowie andere Interviewpartner und Experten heranzuziehen, wenn es denn keine Inhalte wiederholen wollte. Mit einer Kritik an den Ostverträgen und ihren Verhandlungsmodalitäten war der erste Themenschwerpunkt etwa ein Jahr nach dem Beginn der Sendereihe gefunden. Ein zweiter Schwerpunkt, der anhand der Produktionsnachweise ersichtlich ist, waren die Neuen Linken, für die sich inzwischen die Bezeichnung „68er" eingebürgert hat. Eine Gruppe linker Redakteure, die um 1970/71 gegen Löwenthal opponierte (um eine weitreichende Mitbestimmung einzuführen und ihr gemäße Themen durchzusetzen) verließ die Redaktion, so daß einem „Widerstand" gegen die 68er ab 1971 nichts mehr im Wege stand.

Das „ZDF-Magazin" ist im Zusammenhang mit dem Thema dieses Buches relevant, denn es erzielte eine Einschaltquote von 19 Prozent aller Fernsehgeräte (1969, 1971, 1972), die dann allmählich zurückging (zuletzt: zehn Prozent 1988). Das „Markenzeichen" der Sendung war ein möglichst informativer Beitrag in Verbindung mit einer meinungsbildenden Moderation. Im folgenden erörtert Stefan Winckler mit Fritz Schenk, wie, warum, mit wem und gegen wen das „ZDF-Magazin" Zeitkritik ausübte.

1. Publizistischer Widerstand

Stefan Winckler: Widerstand soll nach unserer Definition bedeuten: Hier hat ein Medium, z.B. die „Welt", nicht nur berichtet oder kritisiert, sondern hat Politiker und Rektoren zumindest indirekt aufgefordert, die 68er mit den Mitteln des Rechtsstaats zu bekämpfen. Allgemeiner gesagt: Dem Staat soll der Rücken gegen Extremisten gestärkt werden, damit nicht das ganze Gemeinwesen Bundesrepublik Deutschland einen irreparablen Schaden hinnehmen muß. Das „ZDF-Magazin" begann zwar erst im Januar 1969, doch war die radikale Neue Linke vor allem ab 1971 ein Themenschwerpunkt für viele Jahre.
Welche anderen Medien (außer „Welt" und „ZDF-Magazin") würden Sie noch als Träger eines publizistischen Widerstands gemäß dieser Definition bezeichnen? Welche einzelnen Journalisten wären diesbezüglich hervorzuheben?

Fritz Schenk: Es gab im Fernsehen noch „Report München", insbesondere unter Leitung von Rudolf Mühlfenzl, und später in Person von Heinz-Klaus Mertes. Die Themen, die die Münchner Magazinjournalisten aufgriffen, waren ähnlich denen, die wir bearbeitet hatten. Ansonsten war die Fernsehlandschaft geprägt von den Thesen der 68er, die weitergetragen wurden, als sei eine ganz besonders fortschrittliche Gruppe am Werke. In den frühen siebziger Jahren gab es als „Widerstandsträger" noch Chefredakteur Wilfried Ahrens von der Illustrierten „Quick", den sie aus eben diesem Grunde hinausgetrieben haben. Überall dort, wo hinter bestimmten Journalisten kein Verleger stand, der ihnen den Rücken stärkte ...

... ein solcher politisch engagierter Verleger war Axel Springer mit seinen Vorgaben an die „Welt" und seine anderen Zeitungen ...

... wurde das, was als „rechts" oder der „political correctness nicht entsprechend" verschrien war, herausgedrängt, und spielte dann keine Rolle mehr. Einige dieser Journalisten kamen zu uns und haben für das „ZDF-Magazin" gearbeitet. Von Berlin kam Ernst Martin in unsere Redaktion. Auch er war einer, der zu unserer Richtung stand, ein hervorragender Journalist.

Wo war er vorher angestellt?

Er war beim SFB, wo es schließlich kein Podium mehr für ihn gab. Es gab noch einige wesentliche, aber nicht überregional erscheinende

Zeitungen. Ich möchte beispielsweise das „Westfalenblatt" nennen. Das ist eine Tageszeitung mit einer Auflage von annähernd 300.000 gewesen, die allerdings fast nur in ihrem Bielefelder Verbreitungsgebiet bekannt war, aber in ähnlicher Weise gegen diese Art von neuem Totalitarismusversuch vorging: insbesondere gegen die Bestrebungen an den Schulen, nun dort ein neues ideologisches Konzept aufzudrücken. In Hessen waren derartige Pläne begünstigt durch die Hessischen Rahmenrichtlinien. In diesem Umfeld ergab es sich von selbst, daß wir mit einschlägigen Redakteuren kooperierten, aber auch von ihnen erfuhren: „Wer sind die Aktivisten in den jeweiligen Orten und Regionen, die sich um die Elternvereine gruppieren oder durch die Gründung anderer Organisationen versuchen, sich diesem neuen Trend entgegenzusetzen?"

Die Zusammenarbeit mit dem „Westfalenblatt" lief dann wohl so, daß die Bekannten und Freunde von dort sich bei Ihnen meldeten mit dem Hinweis: „Hier gibt es schlimme Dinge auf dem Feld linker oder sogar linksradikaler Schulpolitik und deren Umsetzung. Berichtet ihr mal drüber, wir können da etwas liefern." Jedes Medium entsprechend seinen Möglichkeiten.

Ja, so ist es gewesen. Und schließlich möchte ich noch einige Zeitschriften nennen, die sich ebenfalls dem Links-Trend widersetzt haben: das Deutschland-Magazin, Zeitbühne, Epoche, die Tagespost, Criticón, nicht zu vergessen den Bayernkurier. Das waren aber „Rufer in der Wüste", verglichen mit den vielen linken Massenprodukten.

Meine These: Es gab zwei wesentliche Gründe für Ihre Einstellung gegenüber den 68ern. Es war einerseits die erfolgreiche Entwicklung der freiheitlich-demokratisch verfaßten Bundesrepublik Deutschland in wirtschaftlicher, sozialer und politischer Hinsicht. Das alles wollte Löwenthal ebenso wie Sie verteidigen. Und andererseits gab es die böse Erinnerung an den „realen Sozialismus" in der Sowjetischen Besatzungszone und Ost-Berlin, die angesichts der roten Fahnen und marxistischen Sprüche wieder wach wurde, zumal die Intoleranz der 68er ja auch offenkundig war. Viele Redakteure des Magazins hatten ja selbst Erfahrungen in der SBZ und Berlin mit den Kommunisten machen müssen, ähnlich wie verschiedene Journalisten der „Welt". Kann man die Gründe so zusammenfassen?

Für uns, Löwenthal und mich, taten sich zwei Felder auf: Das eine war natürlich der Kampf gegen das Faustrecht (also daß Krawalle bestimmte Vorlesungen sprengten), daß diese Gruppen sich quasi zu Herren des Zeitgeistes aufspielten. Das war das eine.

Das zweite war, daß Löwenthal und ich lange Erfahrungen mit dem Totalitarismus und im Totalitarismus gemacht hatten. Einmal er durch seine Verfolgung als Jude im Dritten Reich. In meinem Fall war es der sozialdemokratische Hintergrund meiner Familie. Wir sind beide aufgewachsen als Ausgegrenzte – ich in einer kleinen Gemeinde, wo bekannt war, welchen politischen Hintergrund die Familie hatte, und daß sie während des Dritten Reichs im Abseits stand. Und dann setzten sich ja ganz bestimmte Erscheinungen in Berlin (da war Löwenthal, er hat das von Anfang an miterlebt) und in der Sowjetischen Besatzungszone (da war ich) fort, so daß wir uns sagten: Wo ist eigentlich der wesentliche Unterschied im Auftreten dieser beiden Regime? Sind sie nicht Schwestern oder Brüder im Geiste des Totalitarismus? Das war eigentlich das, was uns angeregt hat zum „Widerstand". Insbesondere die ideologische Verkrustung, immer nur die staatlich verkündete Meinung gelten zu lassen und ein freies Gespräch unmöglich zu machen. Das waren die beiden inneren gewachsenen Widerstände in uns, die uns von vornherein zu Gegnern einer solchen sich aufspielenden neuen Organisation machten, die glaubte, die Wahrheit alleine für sich gepachtet zu haben.

Ihre und Löwenthals Gründe entsprachen den Erfahrungen Prof. Klaus Motschmanns, der in der DDR als protestantischer Christ mit dem Berufsziel Pastor aufwuchs, und entsprechend benachteiligt war, sowie Redakteure der „Welt" wie Chefredakteur Starke (1966–68), Matthias Walden, Günter Zehm und Hans-Dietrich Sander, die in der DDR gelebt hatten und zum Teil in Haft waren oder schlimmes erdulden mußten. Ich vermute, mit der „Frankfurter Allgemeinen Zeitung" konnten Sie weniger gut kooperieren als mit der „Welt". Denn die FAZ war zwar ein konservatives Blatt, doch stärker auf den Konsens bedacht gewesen.

Das ist wahr. Sie beschränkte sich insgesamt auf das Beschreiben der Situation und hat sich in dieser Zeit stark zurückgehalten, auf die Gefährlichkeiten hinzuweisen, die dahinter stehen. Sie war sich natürlich zu schade, Podium für irgendwelche Gruppen zu sein. Man muß fairerweise sagen, sie hat natürlich auch den 68ern keine Podien geboten. Doch auch die Gegner fanden nichts dergleichen. Die FAZ stand sozusagen „über den Dingen". So hat es in dieser Zeit mit ihr in dieser Zeit wenig Kooperation gegeben. Mit einzelnen Redakteuren ...

Dr. Kurt Reumann als Universitäts- und Bildungsexperte ...

Mit Dr. Reumann und Dr. Ernst-Otto Maetzke [dem zuständigen Redakteur für Mitteldeutschland und gesamtdeutsche Fragen] haben wir Berührungspunkte gehabt. Es waren gute Bekanntschaften, aber nicht so, daß man sagen könnte: „Wir haben da ein Echo gehabt." Gut kooperiert hatten wir hingegen mit den Springer-Zeitungen insgesamt, nicht nur mit der „Welt". Die „Welt" blieb auch unter Chefredakteur Herbert Kremp (ab 1.1.1969) ihrer Linie gegen die 68er treu.

Der Grund für den mangelnden Widerstand der FAZ war – so meine These – daß ihre Redakteure stark westdeutsch geprägt waren in dieser zusätzlich noch traditionell liberalen und seinerzeit sozialdemokratisch regierten Handelsstadt Frankfurt, weitab vom eisernen Vorhang ...

Das ist ein wesentlicher Grund.

...während die Frankfurter Schule etabliert war und die FAZ ebenfalls. Man war sich der Unterschiede bewußt, ohne sie allzu stark publik zu machen. Und dann war es auch klar ersichtlich, daß sich die Bundesrepublik Deutschland mit ihrem Grundgesetz, mit ihrem wirtschaftlichen Erfolg und der sozialen Absicherung so eindeutig bewährt hat, daß Sie dieses Erfolgsmodell Bundesrepublik Deutschland auch verteidigen wollten. Außer den jeweiligen Erfahrungen war es aber auch der Staatsvertrag über das ZDF, der Ihnen den Weg wies. Denn darin steht: Die Sendungen des ZDF sollen nicht nur die Verstöße gegen die freiheitliche demokratische Grundordnung untersuchen, sondern auch positiv für die freiheitliche demokratische Grundordnung eintreten, also die Grundsätze des demokratischen und sozialen Rechtsstaates überzeugend vertreten. „Sie verpflichten das Programm vor allem zu einer kritischen Haltung gegenüber allen undemokratischen Erscheinungen", heißt es wörtlich. Mit dieser Loyalität zum Staat ist die Motivation für den „Widerstand" im Grunde benannt.

Richtig. Das ist die Grunderfahrung der Demokratie schlechthin gewesen: Daß die Demokratie nicht verhindert, daß sich Gruppen bilden, die Mehrheiten sammeln wollen, um diesen Staat zu verändern. Das ist auch in den Moderationen ausgesprochen worden: „Das geht nur auf parlamentarischem Wege. Wem die Gesetze nicht passen, der muß um Mehrheiten kämpfen, um sie dann im Parlament, nicht aber auf der Straße, ändern zu können." Das war das entscheidende. Denn wir waren groß geworden, als der Nationalsozialismus seine Macht zuerst und in erster Linie durch „die Straße" durchsetzen wollte, dann via Befehl von oben. Die Kommunisten verhielten sich nicht anders. Deshalb haben wir versucht, insbesondere den jungen Zuschauern deutlich zu machen: Das ist nicht der Weg, den eine Demokratie gehen darf. Diesbezüglich gab uns der Staatsvertrag über das Zweite Deutsche Fernsehen einen ganz starken Rückhalt. Darauf haben wir aufgebaut. Wenn es Widerstände gegen einzelne Beiträge unserer Sendungen im Fernsehrat gab, war der Hinweis auf den Staatsvertrag unser stärkstes Argument. Wir antworteten: „Wenn euch das nicht paßt, müßt auch ihr für Mehrheiten kämpfen, um den Staatsvertrag zu ändern. Aber so lange er so besteht, erfüllen wir unsere Pflicht im Sinne dieses Staatsvertrags."

Löwenthal sagte mehr als einmal: „Wir als ‚ZDF-Magazin' vertreten mehr als 50 Prozent der Bevölkerung". Er war mit seiner Haltung zu vielen Fragen, auch zum Linksradikalismus, ein Sprachrohr der schweigenden Mehrheit, während sich die meisten Journalisten weniger an seinen Kommentaren, als an den Einstellungen der ARD-Moderatoren und der linksliberalen Zeitungsjournalisten orientierten und viele wichtige Probleme ganz anders beurteilten als die Bevölkerungsmehrheit (wie eine Befragung durch das Institut für Demoskopie in Allensbach 1976 ergab).

Diese Sicherheit, daß wir eine Mehrheit der Bevölkerung vertraten, ergab sich ja allein schon daraus, daß es nicht nur den Kreis der demokratischen Opposition in der Bundesrepublik gab. Es hat in dieser Zeit, als die SPD ihre starke innere Wandlung durchmachte, Zehntausende von Austritten aus der SPD gegeben. Und eben auch diese Erscheinungen innerhalb der SPD, die sich nicht nur gegen die Ost- und Deutschlandpolitik richteten, die ja einen Bruch darstellten mit den Grund-Ansichten der Nachkriegs-SPD Kurt Schumachers, sondern die weitere Wandlung der SPD hin in Richtung der Unterstützung der linken Achtundsechziger-Ideologien, waren ja genauso einer der Hintergründe dafür, warum eben so viele Sozialdemokraten die SPD verlassen hatten. Es kam der Begriff der „schweigenden Mehrheit" auf. Das war ein weiterer Grund für uns, zu sagen: Wir vertreten nicht nur eine bestimmte Gruppe, sondern wahrscheinlich mehr als 50 Prozent aller Bürger.

Trotzdem war 1969/70 das Thema „Linksradikale" und Neomarxisten noch kein inhaltlicher Schwerpunkt. Das wurde es erst 1971. Warum nicht schon am Anfang? Wurde das Thema unterschätzt, da die Gewalttaten zurückgegangen waren, der Wahlkampf 1969 die Politik beherrschte, und der „lange Marsch durch die Institutionen" noch bevorstand, ohne daß die Konservativen damit rechneten?

Zunächst einmal gab es 1968, als der Höhepunkt der APO zu erkennen war, mit den Unruhen an den Universitäten und den Straßenschlachten, das „ZDF-Magazin" noch nicht. Und diese Gewalttaten waren abgeebbt und für kurze Zeit durch den Wahlkampf 1969 dem Thema „rechts" gewichen, weil die NPD plötzlich einen Aufwind erhielt – den wir uns so erklärten: „als Folge der Ereignisse auf der linksradikalen Seite." Denn diese Machenschaften der Linken, wie sie sich auf den Straßen gebärdeten, ziehen die Rechten hoch.

Radikale sind aufeinander fixiert, sie schaukeln sich gegenseitig hoch.

So ist es. Aus diesem Grunde war 1969/70 erst einmal diese rechte Flanke die interessantere. Dann wurde die Ostpolitik zum Themenschwerpunkt. Mit ihr hatte die 68er Linke nichts im Sinn. Aus einem ganz einfachen Grunde: Sie war so orthodox maoistisch eingestellt, daß sie auch aus Ostberlin keinen Widerhall fand bei dieser verkrusteten SED, die auf Moskowiter Linie getrimmt war. Daher griff sie zunächst einmal auch die Brandtsche Ostpolitik nicht auf. Sie wollten viel grundsätzlicher weitergehen. Für uns aber war der neue Zweig der Außenpolitik und der innerdeutschen Beziehungen, der sich mit der Regierungserklärung Brandts 1969, der Diplomatie Egon Bahrs, den Vier-Mächte-Verhandlungen über Berlin usw. herauskristallisierte, wichtig. So war zunächst das Thema „Außerparlamentarische Opposition/Neue Linke" in den Hintergrund getreten.

Könnten Sie zur Biographie von Dr. Hermann Kümhoff, über seine Arbeit und sein journalistisches Selbstverständnis etwas sagen?

Kümhoff war jemand, der sehr stark christlich gebunden war. Ich weiß nicht mehr, welches kirchliche oder kirchennahe Amt sein Vater hatte. Das Christentum war sein geistiger Ausgangspunkt. Und das kam noch hinzu: Er war ein hervorragender Germanist. Bei ihm regte sich alles gegen die verdrehenden Sprachscharmützel, die die Linken auch anstellten, und deshalb hat er sich in dieser Beziehung so engagiert. Und natürlich: Er war Jahrgang 1934, und seine Eltern hatten auch allerhand erlebt im Dritten Reich, weil sie wegen ihrer kirchlichen Orientierung so wenig wie möglich mit dem Nationalsozialismus zu tun haben wollten. So war wegen seiner Kindheitsprägung das Bestreben entstanden: „Wehret den Anfängen! Es darf erst gar nicht so weit kommen!". Und darüber hinaus muß ich sagen: Nachdem die „Rebellen" (die nicht mehr unter Löwenthal arbeiten wollten) die Redaktion verlassen hatten, war nach 1971 die Magazinredaktion homogen: Sie bestand aus Redakteuren, die die politischen Phänomene ähnlich wie Löwenthal und ich einschätzten, und mit ihren Beiträgen, ihren Recherchen in die gleiche Richtung gingen. Nun brauchten wir uns um Recherchenmaterial keine Sorgen machen. Uns ist ja so viel zugetragen worden, daß wir es in dieser Fülle gar nicht senden konnten. Wir erfuhren, daß sich an dieser und jener Universität etwas entwickelte, was wir aufgreifen sollten. So festigte sich dieser Themenschwerpunkt.

Frühere Redakteure, die im Streit mit Löwenthal aus dem Magazin geschieden waren, wie Günter Schubert, lieferten als Korrespondenten in Ostmitteleuropa später wieder Beiträge für das „ZDF-Magazin". Sie hatten eingesehen, daß es schlimme Menschenrechtsverletzungen gab, die kein Zufall, sondern System waren. Aber war er, stellvertretend für andere Redakteure wie beispielsweise Wolfram Pabel, auch der Ansicht, daß die Linksradikalen in der Bundesrepublik Deutschland enorm an Macht gewonnen hatten, etwa an den Universitäten? Hat er diese Tatsachen auch kritisieren können?

Die meisten ja, Schubert speziell, auch Pabel. Nachdem wir die Sendung schon aufgegeben haben, sich unser Redaktionsstammtisch aber immer noch traf, stellten wir zu unserer Freude fest, daß viele, viele Kollegen gerne an den Stammtisch kamen, wenn sie im Lande waren, und sich dort außerordentlich wohl fühlten. Wie im übrigen ja alle immer wieder gesagt haben: Die liberalste Atmosphäre war im „ZDF-Magazin". Da wurde es zwar manchmal laut, aber es wurde nicht nachgetragen, während „Mobbing" (wie man es heute als Modebegriff gebraucht) statt dessen in den linken Redaktionen zuhause war. Dort regten sie sich auf, was alles an Bösartigkeiten hinter ihrem Rücken stattfand. So ergab sich später zu vielen Kollegen wieder ein hervorragendes Verhältnis.

Meine zentrale These: Das „ZDF-Magazin" wandte sich als Prestige-medium mit seinen exklusiven Informationen und der deutlichen Kommentierung erstens an die Masse der Fernsehzuschauer, zweitens an andere Journalisten und drittens an Entscheidungsträger in Politik und Wirtschaft. Die Politiker sollten über Details informiert und wachgerüttelt werden, damit sie ihrem Amtseid und ihrem Auftrag nachkommen und mit ihrem rechtsstaatlichen Instrumentarium die Extremisten stoppen.

Richtig. Das ist natürlich eines der Ziele gewesen. Wir wollten den Entscheidungsträgern zeigen: Hier muß etwas passieren. Aber, das muß ich dazu sagen: Es hat sich auch für uns in vielen Fällen als große

Enttäuschung herausgestellt, daß sich zwar große, bedeutende Personen aus der Politik, der Wirtschaft, aus bestimmten wissenschaftlichen Einrichtungen, vor allem aber aus dem Beamtenapparat meldeten, sich gerne mit uns trafen, hoch anregend mit uns unterhielten, überhaupt keinen Hehl daraus machten, daß sie mit uns auf der gleichen Wellenlänge funkten. Wenn wir sie aber dann baten: „Kommt doch zu einem Gespräch in die Sendung", waren sie außerordentlich vorsichtig. Sie antworteten: „Sie dürfen diese und jene Information verwenden, aber, bitte, nennen Sie nicht unsere Namen. Wenn Sie sie nennen, werden wir sagen: Wir haben nie mit Ihnen gesprochen." Das war schon in dieser Zeit erkennbar. Einerseits verständlich für manche, wenn ich daran denke, was Axel Springer mit seiner Geradlinigkeit erleben mußte (was man seinen Häusern angetan hat, wie er gelebt hat), daß dann jemand sagte: „Wenn ich mich bei euch so zeige, werfen sie mir auch die Molotow-Cocktails ins Büro." Das war eben so. Dafür hatten wir jedenfalls nur ein außerordentlich vermindertes Verständnis.

Die Journalisten insgesamt orientierten sich aber eher an anderen Politikmagazinen wie „Monitor" und „Panorama" als am „ZDF-Magazin".

Es ist ja leicht, in diese Hörner mit hineinzublasen. Selbstverständlich – es gab ja überhaupt keinen Zweifel – gab es an verschiedenen einzelnen Argumenten der 68er gar nichts auszusetzen. In jeder Demokratie gibt es etwas, was nicht stimmt, was nicht funktioniert, was nicht „gerecht" ist – wo gibt es absolute Gerechtigkeit? Diese einzelnen Erscheinungen (die Sie in jeder Demokratie haben), die nun aufgegriffen wurden und als Vorwand dienen sollten, um das ganze System umzukrempeln – das war es, was wir den Kollegen übelnahmen: daß sie in diese Hörner mit hineinbliesen und solche komischen Einzelerscheinungen hochzogen, sich z.T. diesen Gruppen angebiedert haben. Nun kommt hinzu, daß diese Gruppen außerordentlich aktiv waren in der gesamten kulturellen Szene. Wer nun eben Wert darauf legte, auf allen möglichen Partys mit Künstlern und Leuten, die gerade sehr in Mode waren, zusammenzukommen und in den bunten Blättern erwähnt und abgebildet zu werden, kurz: wer da eingeladen werden wollte, mußte mit ihnen ein gutes Verhältnis haben. Das hatten wir nicht. Im übrigen auch ein Grund, weshalb sich so viele parlamentarische Hinterbänkler daran angehängt haben: Dort bekamen sie ihre Presse. Wenn sie überhaupt bekannt werden wollten, mußten sie da hineinkommen. Eine Sache, an der Löwenthal und ich überhaupt kein Interesse hatten. Wir sind, glaube ich, in knapp 20 Jahren „ZDF-

Magazin" (1969–1988) nur zwei oder drei Mal auf dem Presseball gewesen. Wir hätten immer wieder hingehen können, aber es hat uns einfach nicht interessiert. Vor allem Löwenthal, der diesbezüglich noch viel empfindlicher war als ich, hatte gesagt: „Ich gehe da nicht hin. Wenn ich diese und jene Person sehe, schmeckt mir mein Bier nicht mehr." Das waren Tatsachen, die mit Löwenthals und meiner Prägung in der Jugend zu tun hatten. Ich hatte viel über meinen Vater geklagt: Ich durfte nur heimlich ins Kino gehen während des Dritten Reiches. Mein Vater hatte nicht einen einzigen Tonfilm gesehen (er selbst war wegen der Arbeit in einem kriegswichtigen Betrieb unabkömmlich). Er machte seine Arbeit, ging nach Hause und ließ sich nicht in der Öffentlichkeit sehen. Mein Vater hat furchtbar darunter gelitten, daß diese Filmkomödien gedreht wurden. Und wie hat er die Frauen verachtet, die sie anschauten, während ihre Männer draußen an der Front im Dreck lagen! In diesem Umfeld bin ich groß geworden, und aus diesem Grunde hat mich auch danach das Schickimickitum nie interessiert. Statt dessen haben wir, Löwenthal und ich, das politische Gespräch im kleinen Kreis und unter vier Augen gesucht und gemocht.

Gab es Erfolge des „ZDF-Magazins" gegen die 68er? Was konnte der publizistische Widerstand des Magazins bewirken?

Entscheidend war, daß wir auf die Inhalte (Rahmenrichtlinien und ähnliche neue Schuldirektiven in anderen Bundesländern) aufmerksam gemacht hatten und die Eltern wachgerüttelt hatten, dem allgemeinen Trend zu widersprechen und über die Elternvereine dort etwas zu unternehmen. Und das zweite, natürlich: Indem wir auf die Inhalte hinwiesen, kam ja auch heraus: Wer sind die Personen, die hinter jenem Kurs stehen? Kultusminister Ludwig von Friedeburg in Hessen, und andere in Nordrhein-Westfalen. Indem wir den Kurs aufdeckten, regten wir in den entsprechenden Parteien auch den Widerstand an: „Das kann doch so nicht weitergehen". Wir haben also „wachgerüttelt" gegen den Trend. Dem folgte der zweite Schritt: Es haben sich politische Gruppen gebildet, die sich nicht mehr alles gefallen ließen. Wenn ich die Situation heute nehme, PISA-Studie als Stichwort, und überhaupt alles, was wir zum Zustand des Bildungswesens sagen müssen (insbesondere mit Blick auf die großen Defizite im naturwissenschaftlichen Bereich) so kann ich nur resümieren: Leider haben wir recht behalten mit unserem Hinweis: „Wenn es so ist, daß ihr die Schule als bequemes Durchlavieren gestaltet, dann wird euch am Ende der Nachwuchs fehlen, den ein hoch-industrialisiertes Land wie Deutschland braucht." Und genau dazu ist es gekommen. Ohne uns auf die Schulter klopfen zu wollen mit einem stolzen „Da haben wir recht behalten!" – es ist doch ebenso wie mit unseren Widerständen und Einwänden gegen die Brandt/Bahrsche Ostpolitik. Denn die Grundidee von Bahr, den Sozialismus durch Hilfe und „Aufpäppeln" besser zu machen, bis er sich wirtschaftlich und speziell im Warenaustausch mit dem Westen ernsthaft messen kann, teilten wir nicht. Wir entgegneten: „Das System dort wird es nicht schaffen, auch wenn wir noch so viel hineinpumpen."

Gab es auch direkte Reaktionen einer Landesregierung? Beispielsweise vom Kabinett Filbinger in Stuttgart, nachdem das „ZDF-Magazin" zeigte, wie das Sozialistische Patientenkollektiv die Universität Heidelberg in große Schwierigkeiten brachte? Oder, was Berlin betrifft, nachdem Beiträge über die Freie Universität ausgestrahlt wurden?

Es gab Reaktionen. Der damalige Innenminister von Baden-Württemberg Karl Schiess, ein gestandener Mann, auch Kultusminister Karl Hahn, haben sich schon eingesetzt. Schiess hat die Polizei nach Heidelberg geschickt, allerdings, nachdem die Universität für eine ganze Weile geradezu lahmgelegt war. Und Hochachtung vor dem damaligen Rektor, der nicht einen Zentimeter gewichen ist und das Recht an der Universität wieder durchgesetzt hat. Daran zeigte sich: Wenn das Land und die Leitung der Universität stehen, kriegen Sie nach einem Zeitraum X auch wieder Ordnung rein. Das hat sich also wieder beruhigt, wie auch nach längerer Zeit die Lage an der Freien Universität Berlin. Obwohl da eben, sowohl vom Land Berlin wie auch von den jeweiligen rasch wechselnden Universitätsleitungen, bei weitem nicht so konsequent vorgegangen worden ist.

Es weiß kaum einer mehr, daß das ZDF-Magazin nicht einseitig war, sondern auch Kritik an der radikalen Rechten übte, etwa an der NPD im Jahre 1969.

Richtig.

Daraus wird der anti-extremistische Charakter des Magazins ersichtlich, der sich auch auf die Außenpolitik übertragen läßt, denn es gab auch Beiträge über Menschenrechtsverletzungen durch das Regime der Obristen in Griechenland und andere rechte Regime, die Löwenthal unmißverständlich kritisierte.

Nicht nur über Griechenland. Wir haben ganz bestimmte undemokratische Sachverhalte in den ausgehenden Diktaturen in Spanien und

Portugal angegriffen. Als es dann in Chile kippte (wir haben uns sehr lange damit befaßt) haben wir uns sowohl mit dem Allende-Regime, das versuchte, eine sozialistisch-kommunistische Diktatur aufzubauen, auseinandergesetzt, wie auch nach dem Putsch – wir waren ja keine Förderer von Pinochet und seinen Methoden – mit dessen Anspruch und Wirklichkeit. Argentinien ist ein ähnlicher Fall gewesen. Das heißt: Totalitäre Erscheinungen, wo immer sie auf der Welt auftraten, wurden angegriffen, und Hintergründe aufgedeckt.

Ich kann mir vorstellen, daß es lobende, aufmunternde und sehr faktenreiche Zuschauerbriefe gab, z.B. über linke Lehrer und Rahmenrichtlinien. Etwa so: „An dieser und jener Gesamtschule herrschen Zustände, die durch das ZDF-Magazin einer breiten Öffentlichkeit bekannt gemacht werden sollten, zumal Ihre Sendung vergleichbare Mißstände aufgedeckt hatte."

Zum einen gab es Hinweise auf konkrete Zustände. Und dann erhielten wir unerhört viele Hinweise, wie sich bereits zur damaligen Zeit nach dem Motto „Marsch durch die Institutionen" diese Seilschaften gegenseitig halfen und ganz bestimmte Positionen eroberten. Das war ein weiterer Punkt. Da kamen die Zuschriften zu Tausenden.

Löwenthal war erheblich durch Terroristen bedroht – die „Sicherheitsstufe I" sagte alles aus. Aber gab es auch politisch motivierte Drohungen oder Delikte gegen Kümhoff, Peters, Martin und Sie?

Nein, das haben wir nicht erlebt. Aus zweierlei Gründen: Zum einen nahm Löwenthal in seinen Moderationen kein Blatt vor den Mund. Er zog damit die Pfeile auf sich. Zum zweiten war er der Redaktionsleiter. Wo immer es an einem Beitrag Kritik gab, ließ er nicht den Redakteur vor, sondern betonte, daß der Beitrag unter seiner Verantwortung erstellt war, und ging selbst in den Fernsehrat, auch wenn er dafür „geprügelt" wurde. Ein Punkt, über den jemand, der in der zweiten Reihe stand wie ich, manchmal gar nicht so zufrieden war. Ich habe mich oft genug selbst stark genug gefühlt, die Beiträge, die ich zu verantworten hatte (weil ich moderierte und er im Urlaub war) auch vor dem Fernsehrat zu vertreten. Das ließ er nicht zu. Auch wenn er im Urlaub war. Es war seine Sendung. Wenn es Mängel gab, haben wir das intern in der Redaktion geregelt.

2. Politischer Widerstand

Vermutlich hatten die „traditionalistischen" SPD-Mitglieder aus dem Arbeiter- und Angestelltenmilieu erhebliche Einwände gegen die neuen, ideologisch geprägten Jungakademiker, die nach 1967/68 in die SPD eintraten. Können Sie aus Ihren Erfahrungen im Wahlkreis Waiblingen und in der Region Stuttgart etwas davon wiedergeben?

Das war schon nicht mehr in Waiblingen, sondern eher in Bonn. Ich bin 1968 von Waiblingen nach Bonn gezogen, als die Krawalle im Südwesten noch nicht so stark waren. Ich hatte dort die Kontakte in das Erich-Ollenhauer-Haus und zu den Leuten im SPD-Vorstand. Dort saßen die Leute auch vom Ostbüro, die ehemaligen Mitarbeiter von Ollenhauer und Erler – sehr gute alte Freunde, denen dieser neue Kurs „gegen den Strich" ging: insbesondere was es mit der Stamokap-Ideologie auf sich hatte. Wir hatten ja jahrelang gegen diesen Unsinn Schriften und Flugblätter verfaßt, diese mit Ballons in die DDR transportiert oder in West-Berlin Reisenden mitgegeben und so weiter. Nun sollten wir uns von all dem distanzieren? Das ging ja nicht gut. Es bildete sich daher in Berlin der Kurt-Schumacher-Kreis, die Fritz-Erler-Gesellschaft in Frankfurt, in Braunschweig um den damaligen Oberstadtdirektor Weber die Arbeitsgruppe der europäisch gesinnten Sozialdemokraten. Es regten sich sehr starke Widerstände. Diese wurden zunächst nicht zur Kenntnis genommen, weil die Gruppe um Willy Brandt und Egon Bahr, ferner Gaus, Bölling und andere, „die linken Traumtänzer" haben wir sie genannt, über den Dingen standen, uns als Deppen ansahen und unsere Argumente zunächst nicht ernst nahmen. Allerdings haben unsere Einwände ihren Widerhall in der SPD gefunden, und Brandt unterschrieb den Radikalenerlaß. Der SPD-Vorstand schickte mich, wegen meiner Kenntnisse des DDR-Sozialismus, als Redner ins Ruhrgebiet zu Bezirkskonferenzen, um den Radikalenerlaß zu verteidigen. Das hielt aber nicht lange an, denn es kam nach der für Brandt gewonnenen Bundestagswahl November 1972 zu einem radikalen Bruch: Die SPD ging mit ihrer offiziellen Politik auf den Kurs, uns „Stänkerer" aus der Partei hinauszukeln. Es sollte gegen mich in Frankfurt ein Ausschlußverfahren in Gang gesetzt werden. Nicht nur gegen mich, viele Freunde sind aus der SPD ausgetreten. Begründung: Ich hätte an den Vorstand geschrieben, daß ich mir nicht zumuten möchte, mich Prozeduren zu unterwerfen, wegen derer ich Hab und Gut, eben alles habe stehen und liegen lassen, als ich aus der DDR geflohen bin. „Noch einmal mache ich so etwas aus freien Stücken nicht." Diese genannten

Zirkel – Erler-Gesellschaft, Reuter-Gesellschaft, Schumacher-Kreis und so weiter – haben wir dann ja wenig später zusammengefaßt in der Kurt-Schumacher-Stiftung und immerhin Unterstützung gefunden. Die SPD hatte es selbst zugegeben: 70.000 Mitglieder sind ausgetreten. Das war eine starke Gruppe. Schwerpunkt: Die Grundabsichten der neuen Ost- und Deutschlandpolitik Brandts – Entspannung, Normalisierung, Friedenssicherung – waren nicht Wirklichkeit geworden.

Die Kurt-Schumacher-Stiftung hat aber auch die Empörung der altgedienten Sozialdemokraten über die neomarxistischen Neuen Linken ausgedrückt, die sich als anmaßend und intolerant erwiesen hatten. Sie haben innerhalb der Partei resigniert, aber außerhalb der Partei Widerstand geleistet.

Richtig. Also erstens das. Vor allem im „ZDF-Magazin" haben wir, mehr noch als die Parteitage der SPD, auf der wir als Reporter auch immer waren, die Kongresse der Jusos beachtet und ihre aberwitzigen Vorstellungen auseinandergenommen: die Stamokap-Theorie, die Vorschläge von Johanno Strasser ...

... und des Juso-Vorsitzenden von 1978–80, Gerhard Schröder, heute Bundeskanzler ...

... über das neue Lohn- und Einkommenssystem. Der Mindestlohn sollte bei 700 Mark zum damaligen Zeitpunkt liegen, der höchste bei 3500 Mark.

Das war Frau Wieczorek-Zeul aus Hessen ...

Dafür sollte die Arbeitswoche langfristig auf 30 Stunden begrenzt werden, und zweimal im Jahr sollten sechs Wochen Urlaub gewährt werden. Wir haben immer darauf hingewiesen, daß es sich bei diesen Wirtschaftskonzepten – damit war ja gerade ich in der Ostzonen-Planwirtschaft großgeworden – um Milchmädchenrechnungen handelte. Ein Beispiel für derartige Reden: „Es werden im Jahr vier Millionen Überstunden gemacht, und die teilen wir durch 35 Wochenstunden. Es gibt 120.000 neue Stellen über Nacht, wenn wir die Überstunden verbieten." Auf diesen Unsinn hinzuweisen, war ein weiteres Anliegen, das uns sehr, sehr stark beschäftigt hat. Dazu muß ich auch sagen: Widerhall gab es dazu ebenfalls nur von der „Welt" und von einigen Fachzeitschriften, die das aufgegriffen haben, aber natürlich keine Breitenwirkung hatten. In der FAZ waren bestenfalls ein paar noble

Glossen zu lesen, die sich über diese Tendenzen lustig machten. Das mangelnde Echo der FAZ ist verbunden mit der Grundanlage dieses Blattes: Es kann passieren, was will – diese Zeitung kann alles werden, nur kein Kampfblatt. Sie darf auch gar nicht in die Nähe davon rücken, oder damit verwechselt werden.

Im Wirtschaftsteil mag es Unterstützung für Bundeswirtschaftsminister Lambsdorff gegeben haben, aber das Politikressort leistete keine ernsthafte Unterstützung für Franz Josef Strauß.

So ist es, ja.

Der „Bund Freies Deutschland" war eine überparteiliche Sammlungs-bewegung, der auch bekannte ehemalige Sozialdemokraten v.a. in Berlin angehörten, die die SPD-Politik der Jahre 1969ff. nicht mittragen wollten. Dies gilt sicher auch für die Haltung zu den Neomarxisten, oder allgemein: zu den Neuen Linken.

Wie viele Mitglieder hatte diese Vereinigung zu ihren besten Zeiten, und was konnte sie bewirken? Die Beteiligung an der Abgeordneten-hauswahl, von Ihnen und Löwenthal abgelehnt, und das Ergebnis von 3,9 Prozent ist mir bekannt. Eine knappe Beschreibung hat diese Verei-nigung aber, denke ich, im Zusammenhang mit den Gegnern der 68er verdient.

Nun sind ein paar Jährchen vergangen, man kann darüber einiges reden. Der Bund freies Deutschland war eine Einrichtung, die die rechten Sozialdemokraten, wie beispielsweise auch der frühere Berliner DGB-Vorsitzende Ernst Scharnowski oder Margarete Buber-Neumann, gebildet hatten. Einmal um ein Auditorium zu behalten, wie es das Kuratorium Unteilbares Deutschland gewesen war, an dem die Bundesregierung nun kein Interesse mehr hatte. Wir wollten die Deutschland-Themen in den Vordergrund rücken und dort halten, um die Präambel des Grundgesetzes nicht in Vergessenheit geraten zu lassen.

Und Sie hatten dort das innenpolitische Anliegen, die Neomarxisten nicht allzu stark und einflußreich werden zu lassen.

Genau dasselbe.

Sie wollten zusammen mit Experten vor dem warnen, was Sie für die völlig falsche Richtung hielten.

Ja. Dann aber gab es 1972, noch ein bißchen stärker nach den Landtags-
wahlen von 1974 und 1975, die Überzeugung, daß sich in der Drei-
parteienkonstellation (in der die Bundesrepublik Deutschland damals
lebte, und angesichts der Tatsache, daß die FDP wahrscheinlich
langfristig an die SPD gebunden sein würde, und es nach unserem
Wahlrecht außerordentlich schwierig sein würde, absolute Mehrheiten
zu bekommen) langfristig kaum eine Chance für die Union ergäbe,
wieder Regierungspartei zu werden. Daraus geboren war der Gedanke,
wie dieses Dreiparteiensystem aufzubrechen und eine vierte Säule
hineinzusetzen war. Dafür machte sich der Bund Freies Deutschland
stark, da gab es die Aktionsgemeinschaft Vierte Partei und andere
Gruppen, die das ähnlich sahen. Dies war eine Zeit, in der wir sehr stark
mit Franz Josef Strauß kooperierten. Er kam zum Bund Freies Deutschland, hat in der Eissporthalle in Berlin eine große Rede gehalten. Es gab
hervorragende Ansätze, daß sich daraus eine „Vierte Partei" hätte
entwickeln können. Dazu gehörte aber, daß die CSU stärker Farbe
bekannte, als sie es damals wollte. Ebendies wurde durch den Beschluß
der CSU-Landesgruppe in Kreuth verhindert – was ein starker Rück-
schlag war. Damit war diese Überlegung für lange Zeit begraben, weil
vor allem auch – da sind wir bei unserer politisch außerordentlich starken
Wirtschaft in Deutschland – einschlägige und politisch wichtige
Wirtschaftskreise nicht willens waren, eine solche Gruppierung
finanziell zu fördern. Das taten nur ganz wenige.

*Ich kann mir auch vorstellen, daß Strauß und Filbinger am meisten
empfänglich waren für Ihre Hinweise und Warnungen vor Linksradikalen in Universitäten, Schulen und Kultur, während die CDU-
Funktionäre in ihrer Gesamtheit weniger für einen politischen Widerstand zu gewinnen waren.*

Je weiter wir nach Westen kamen, desto zurückhaltender war die CDU.
Dies verstärkte sich noch, nachdem Helmut Kohl Parteivorsitzender und
dann Fraktionschef wurde, und als typischer Pfälzer seine einschlägigen
Mitarbeiter mitbrachte, denn in diesen katholischen Gebieten –
Rheinland, westliches Westfalen, Baden-Württemberg – war alles in
allem „die Welt noch in Ordnung", so daß die heraufziehende Gefahr
nicht in der gleichen Weise gesehen wurde wie von Löwenthal und mir.
Aber in Berlin, in Norddeutschland, in Hamburg, in Frankfurt waren die
Schwerpunkte, hier manifestierte sich die Auseinandersetzung am
stärksten. Aber insgesamt war die Unterstützung durch die CDU nicht
allzu groß.

Herr Schenk, ich bedanke mich ganz herzlich für dieses Gespräch.

Anhang

Die betreffenden Beiträge im „ZDF-Magazin", ihre Autoren und Sende-
termine (Untersuchungszeitraum: 8.1.1969 bis 31.12.1979)

1. Interview mit Bundeskanzler Kiesinger (Löwenthal, 5.2.1969)
2. Experiment an der FU (Sager, 19.2.69)
3. Studentenstreik in Heidelberg (Schubert, 9.7.69)
4. Tummelplatz für Terroristen (Terjung, 4.3.1970)
5. Psychologiestudenten auf Abwegen (Schneider, 15.4.70)
6. Was wurde daraus – Bombenleger in Berlin (Kümhoff, 29.4.70)
7. Freiheit an der Freien Universität bedroht (Kümhoff, 15.7.70)
8. Berlin: Klassenkampf mit Kindern (Kümhoff, 30.9.70)
9. Rote Zellen wuchern (Kümhoff, 21.10.70)
10. „Freiheit für die Wissenschaft" mit Kongreßbericht (Löwenthal/
    Kümhoff, 18.11.70)
11. „Jungsozialisten und Kommunisten" (Rudolph/Schilling, 2.12.70)
12. FU als Stimme der Revolution (Kümhoff, 10.2.70)
13. Kritik am Linkskartell (Löwenthal, 17.2.71)
14. SPD: Krach nach Linksaußen (Schättle, 24.2.71)
15. Mediziner wollen FU verlassen (Kümhoff, 24.2.71)
16. Studentenverband förderungswürdig? (Kümhoff, 17.3.71)
17. Klassenkampf im Klassenzimmer (Peters, 12.5.71)
18. Rücktrittswelle an der FU (Kümhoff, 26.5.71)
19. Jungdemokraten weiter auf Linkskurs (Rudolph, 26.5.71)
20. Niedersachsen: Hochschulen in Gefahr? (Kümhoff, 13.10.71)
21. Linksruck in der SPD? (Schubert, 24.11.71)
22. Spartakus schürt Klassenkampf (Kümhoff, 22.12.71)
23. Deutsche Universitäten unter kommunistischem Druck – Uni
    Frankfurt (Kümhoff, 26.1.72)
24. Deutsche Universitäten unter kommunistischem Druck – Uni
    Heidelberg (Bormann, 26.1.72)
25. Deutsche Universitäten unter kommunistischem Druck – Uni
    Hamburg (Schütze, 26.1.72)
26. Der Fall Brückner (Kaltefleiter, 26.1.72)
27. Radikale lähmen Freie Universität (Kümhoff, 2.2.72)
28. Universitäten als Kampfstätten – FU Berlin (Kümhoff, 16.2.72)
29. Universitäten als Kampfstätten – Uni Bonn (Kamphausen, 16.2.72)
30. Jusos weiter auf Linkskurs (Peters, 1.3.72)
31. Polizeischutz für Uni-Prüfung (Bechthold, 1.3.72)
32. Berlin: Untergrund an Oberschulen (Peters, 29.3.72)
33. Rote Buchläden (Bormann, Peters, 14.6.72)

34. Radikale im Staatsdienst (Kamphausen, 14.6.72)
35. Tübingen: Demokraten contra Antidemokraten (Bechthold/Pabel, 21.6.72)
36. Marburg: Richard Löwenthal (Kümhoff, Bechthold, 5.7.72)
37. Bundeswehr-Gegner im Vormarsch (Kamphausen, 26.7.72)
38. Klassenkampf mit Steuergroschen (Peters, 23.8.72)
39. Was wollen die Jusos wirklich? (Löwenthal, 4.10.72)
40. Wird Geschichtsunterricht überflüssig? (Peters, 18.10.72)
41. Uni Heidelberg lahmgelegt (Bormann, 22.10.72)
42. Zwei Jahre Bund Freiheit der Wissenschaft (Kümhoff, 22.11.72)
43. Jusos melden Forderungen an (Schenk, 29.11.72)
44. Weiter Unruhe an der Uni Heidelberg (Interview und Filmbericht; Bormann, 29.11.72)
45. Uni Heidelberg heute geschlossen (zwei Filmberichte von Bormann und Kümhoff plus Interview mit dem zuständigen Kultusminister Hahn von P. Fischer; 6.12.72)
46. Uni Heidelberg vor der Entscheidung (Schütze/Bechthold, 13.12.72)
47. Neuer Rektor für Uni Heidelberg (Kümhoff/Bechthold, 20.12.72)
48. Vietnamproteste einseitig (Filmbeitrag und Streitgespräch J. Reiß – H. Brandt, 10.1.73)
49. Krach um TU Braunschweig (Kümhoff, 7.2.73)
50. Uni Heidelberg: Störer vor Gericht (Bechthold, 14.2.73)
51. Schäden durch Kinderläden (Peters, 28.2.73)
52. SPD-Jugend kontra Parteilinie (Merz, 14.3.73)
53. Wer bezahlt Studentenstreiks? (Kümhoff, 21.3.73)
54. München: Lehrergewerkschaft unterwandert? (Merz, 28.3.73)
55. Schulskandal in Hessen (Peters, 28.3.73)
56. Dietzenbacher Schulkrise hält an (Peters, 4.4.73)
57. Krawalle um Thieu-Besuch (Philipp/Löwenthal; 11.4.73)
58. Kirche – Kanzel – Kommunisten (Kaltefleiter, 18.4.73)
59. Steuergroschen für studentische Volksfront? (Kümhoff, 2.5.73)
60. Christian Semler – Sprachrohr der Chaoten (Philipp, 16.5.73)
61. Schweigende Mehrheit wird wach (Bechthold, 16.5.73)
62. Stuttgart: Hochschulreform umstritten (Kustermann, 23.5.73)
63. Streit um Bremer Uni-Modell (Peters, 30.5.73)
64. Schüler gegen Linksdrall (27.6.73, Peters)
65. Kommunisten als Lehrer (Bechthold, 1.8.73)
66. Jungsozialisten zu wilden Streiks (Kümhoff, 29.8.73)
67. Politisierte Kunst an Hessens Schulen (Nemec, 29.8.73)
68. Streitpunkt Radikalenbeschluß – Interviews mit Koschnick und Stoltenberg (Hopen/Löwenthal, 19.9.73)
69. Wirtschaftskunde in Schulen (Merz, 14.11.73)

70. Studenten gegen linken Terror (Kümhoff, 12.12.73)
71. Polizei schützt Engels vor Marxisten (Kümhoff, 9.1.74)
72. Streit um politischen Unterricht (Peters, 6.2.73)
73. Frankfurt: Lehren aus Unikonflikt (Kümhoff, 6.2.74)
74. Frankfurt: SPD-Krach um Krawalle (Merz, 6.3.74)
75. Lehrer gegen Linksdrall (Peters, 3.4.74)
76. Hessen-Süd: SPD rückt weiter nach links (Peters, 17.4.74)
77. Berliner Lehrergewerkschaft (Peters, 1.5.74)
78. Evangelische Studentengemeinden (Bechthold, 21.8.74)
79. Krach um Radikale (Jünemann, 18.9.74)
80. Meinungsumfrage: Generationen rücken zusammen (2.10.74)
81. Neues Recht für die FU (Kümhoff, 13.11.74)
82. Sympathisanten des Terrors in Berlin (Martin, 19.3.75)
83. Der SPIEGEL als Forum der Baader-Meinhof-Bande (Mönckmeier, 19.3.75)
84. Schulbuchstreit in Nordrhein-Westfalen (Peters, 16.4.75)
85. Freiburg: Linker Terror an der Uni (Kümhoff, 9.7.75)
86. Mißbrauch des Demonstrationsrechts (Martin, 20.8.75)
87. Hamburg: Streit um Studentengemeinde (Bechthold, 17.9.75)
88. Ideologiestreit in der SPD (Merz, 1.10.75)
89. Schüler-Union gewinnt an Boden (Peters, 26.11.75)
90. Terror gegen FU-Professoren – Interview Prof. Klemperer (Martin, 10.12.75)
91. SPD in der Krise – Juso-Bundeskongreß, Fritz-Erler-Gesellschaft (Kümhoff, Peters, 31.3.76)
92. Volksfront für Radikale im Staatsdienst (Martin, 9.6.76)
93. Terror an Uni München (Kümhoff, 7.7.76)
94. Kommunisten spalten Lehrergewerkschaft (Peters, 13.10.76)
95. Zustand Universität Heidelberg (Kümhoff, 27.10.76)
96. Volksfront an Universitäten (Kümhoff, 5.1.77)
97. Jungdemokraten weiter links (Merz, 16.2.77)
98. Jusos für Bündnisse mit Kommunisten (Merz, 30.3.77)
99. Zur Sympathisanten-Szene – Interview Prof. Rohrmoser (Bechthold, 13.4.77)
100. Terrorismus: Die Mitschuld der Sympathisanten (Löwenthal/ Martin, 27.4.77)
101. Krawall an Uni Würzburg (Kümhoff, 11.5.77)
102. Berlin: Linksradikale gegen BVG (Martin, 3.8.77)
103. Skandal um Buback-Schmähschrift (Martin, 17.8.77)
104. Stuttgart: Reform der Studentenverfassung (Martin, 12.10.77)
105. Linke Studenten wollen Streik (Kümhoff, 23.11.77)
106. Judos und Jusos verschärfen Linkskurs (Martin, 15.2.78)

107. Judos und Jusos verschärfen Linkskurs (Merz, 15.2.78)
108. SPD behindert Volksbegehren – Volksbegehren gegen Koop-Schule in NRW (Peters, 15.2.78)
109. Linker Studententerror gegen CDU-Politiker (Kümhoff, 1.3.78)
110. Universität: Demokraten gegen Radikale (Kümhoff, 29.3.78)
111. Verfassungsfeinde und öffentlicher Dienst (Martin, 10.5.78)
112. Streit um Extremisten im Staatsdienst (Martin, 5.7.78)
113. Verfassungsklage hessischer Eltern (Peters, 13.9.78)
114. Kommunisten als Lehrer (Martin, 11.10.78)
115. Sozialdemokraten fordern Verfassungstreue – Interview Prof. Weichmann und Prof. Kriele (Martin, 17.1.79)
116. Jungsozialisten mit neuer Doppelstrategie (Martin, 11.4.79)
117. Krawalle gegen Strauß (Martin, 26.9.79)
118. Konservative Studenten sammeln sich (Kümhoff, 21.11.79)

Der Hessische Elternverein und die Ablehnung kultusministerieller Richtlinien

Von Hartmuth Becker

> *„Ideologie ist offenbar nur die Meinung*
> *der andern." (Nipperdey/ Lübbe)*

1. Vorgeschichte

Mit der Frankfurter Schule fing alles an. Seit ihrer Rückkehr aus dem amerikanischen Exil hatte diese im Fahrwasser der Amerikaner versucht, den Weg zu einer umfassenden Umerziehung (am.-engl. „reeducation") zu bereiten, wobei man auf die eigenen reformpädagogischen Ansätze aus den zwanziger Jahren zurückgriff.[1] Zunächst jedoch blieb dieses, auf der Konferenz von Potsdam beschlossene Programm ohne Erfolg, nicht zuletzt deshalb, weil die Unterstützung durch die Amerikaner genau in dem Moment wegfiel, als sich diese von Besatzern zu Verbündeten des neuen westdeutschen Staates entwickelt hatten und das gute transatlantische Verhältnis entstand, das bis zum heutigen Tag als Eckpfeiler deutscher Außenpolitik gelten kann. Vergessen wurden die Pläne aber nicht. Als die Zeit reif und die Einflußmöglichkeiten vorhanden waren, wurden sie wieder hervorgeholt. Es steht zweifelsfrei fest, daß die Frankfurter Schule, genauer gesagt, das Institut für Sozialforschung (IfS), die gesellschaftliche Entwicklung der letzten Jahrzehnte, gleich wie diese zu bewerten ist, maßgeblich intellektuell vorbereitet hat. Von größter Bedeutung ist gewesen, daß der Generationenwechsel in den sechziger Jahren rasch voranschritt und die neu orientierte Generation in Schule und Hochschule bestimmend werden konnte. Dadurch wurde sie zum Machtfaktor – und folgerichtig erlebten die sogenannten kritischen Fächer wie Politikwissenschaft und Soziologie eine vordem nahezu unmöglich gewesene Hochkonjunktur.[2] Zu einem wichtigen Teil ihrer Wirkungsgeschichte gehört der Einfluß, den die Frankfurter Schule auf die hessische Kultur- und Bildungspolitik gewinnen konnte. Die enge Verbindung zwischen dem IfS und den hessischen Regierungskreisen wird aus vielem deutlich und kann etwa anhand der Karriere des hessischen Kultusministers von Friedeburg nachgewiesen werden, der umgekehrt die Denkfabrik des IfS durch eine geschickte Hausmachtpolitik erhielt.[3] Die Kompetenzen wurden von Anbeginn klar verteilt: Theorie und Unverbindlichkeit hier, Praxis und Verantwortlichkeit dort. So konzediert Adorno: „Ich kann mir selbstverständlich nicht anmaßen, den Plan einer solchen Erziehung auch nur im Umriß zu entwerfen."[4] Damit war sicher: Sollte die praktische Umsetzung (vorläufig) scheitern, würde das IfS als Ideengeber weiterexistieren. Es trifft aber zu, daß im Geiste des IfS die neue hessische Bildungspolitik betrieben wurde. Die Gesellschaft sollte durch eine entsprechend positionierte Regierungspolitik verändert werden. An den Schulen und Hochschulen machte man den Anfang. So kam es, daß der Hessische Elternverein, kurz: hEV, der sich gegen die Auswirkungen der neuen Erziehungsvorstellungen in Hessen heftig zur Wehr setzte, im weiteren Sinne zur Wirkungsgeschichte des IfS gehört. Der exemplarische Charakter des Hessischen Elternvereins als „Widerstandsgruppe" im verwendeten Begriffszusammenhang, seine historische Bedeutung und seine herausgehobene Stellung noch vor allen anderen deutschen Elternvereinen wird aus alledem deutlich. Der *Widerstand gegen 68* setzte durch den Hessischen Elternverein genau in dem Moment ein, als der Marsch durch die Institutionen das hessische Kultusministerium erreichte und mit einer Zeitverzögerung von etwa drei Jahren die erste Generation der Junglehrer auf die Schüler einwirkte.[5]

2. Administrative Maßnahmen

Neben vielen Maßnahmen, wie der Ersetzung der althergebrachten Bildungspläne durch sogenannte Rahmenrichtlinien, erschien es den Neuerern vordringlich, die Überführung des Fachs Geschichte in das Fach Gesellschaftslehre zu betreiben. Ihre Absicht war, Geschichte zur Hilfswissenschaft für die Zwecke der Sozialwissenschaften umzufunktionieren.[6] Nicht der Geschichtsunterricht selbst wurde instrumentalisiert – das verbot eine inhaltliche Rechtsnorm in Art. 56 Abs. 5 der Hessischen Verfassung –, sondern seine schlichte Abschaffung als selbständiges Fach sollte, so schien es, das historische Urteilsvermögen breiter Schichten ausschalten. Besonders in den Rahmenrichtlinien Gesellschaftslehre (RRG) fand sich dann jenes Gedankengut, das zwar als verfassungskonform ausgegeben wurde, doch, wie es in der ersten Fassung noch offen zu Tage trat, zweifelhafte Deutungen des Grundgesetzes enthielt, mit denen letztendlich die vorhandenen Ordnungsstrukturen des demokratischen Verfassungsstaates als *formaldemokratisch* denunziert werden konnten. Zwar muß eine Orientierung der RRG – ähnlich wie die der Rahmenrichtlinien

Deutsch (RRD) – an sozialistischen Ordnungsvorstellungen als durchaus „vertretbar" bezeichnet werden, weil niemand anderes als eine demokratisch legitimierte Landesregierung über die Landespolitik zu entscheiden hat und sie dieselbe im Rahmen der verfassungsrechtlichen Schranken nach ihrem Belieben gestalten darf, jedoch waren die einzelnen Bestimmungen so wenig konsentierend, daß eine gesellschaftliche Auseinandersetzung darüber kaum ausbleiben konnte. Vermutlich war diese gewollt. Weil die Rahmenrichtlinien den Konflikt zum Ausgangspunkt ihrer Programmatik erhoben, konnte man sie als ein Instrument im Klassenkampf ansehen.[7] Zudem nahm die Landesregierung jene auf die „reeducation" zurückgehende, schon damals ungeliebte Planung zur Einführung eines eingliedrigen Schultyps wieder auf, von dem sie sich viel versprach. Den Anfang machte die Implementierung von integrierten Gesamtschulen mit Förderstufe im Landkreis Offenbach und den Altkreisen Wetzlar und Hanau/Land. In Frankfurt wurde die Ernst-Reuter-Schule als erste integrierte Gesamtschule eingerichtet. Hessen wollte bei der Einführung des Gesamtschultyps bundesweit Vorreiter sein. Gab es diese in den Jahren 1972/73 woanders kaum oder noch nicht, hatte man in Hessen bereits eine große Zahl integrierter und additiver Gesamtschulen eingerichtet. Es war eigentlich ein Kuriosum: Weitgehend auf seine Eignung hin ungeprüft wurde in Hessen flächendeckend ein neuer Schultyp eingeführt. So stellten sich die Ausgangsbedingungen dar, die zum hessischen Schulkampf führten.

3. Politisierung

Die Konfrontation mit den praktischen Resultaten der Schulreform politisierte die Eltern. Aus dem unmittelbaren Bezug zu den schulpolitischen Problemen resultierte eine starke Motivation. Wie so oft waren es wenige, die viel bewirkten. Folgenschwer war der Tag, an dem der zwölfjährige Sohn von Kisseler aus der Schule nach Hause kam und gegenüber seinen Eltern die Meinung seiner Lehrerin vertrat, Westdeutschland sei eine imperialistische Macht. Sicherlich handelte es sich dabei nur um den sprichwörtlichen Tropfen, der das Faß zum Überlaufen brachte. Doch bot es Kisseler, der aus Nordrhein-Westfalen kommend aus beruflichen Gründen nach Hessen zugezogen war, einen Anlaß, um etwas zu unternehmen. Glaubwürdig mußte er sein, denn wenn ein vielfacher Familienvater sich in der Öffentlichkeit derartig exponierte, sollte das keine leichtfertigen Gründe haben. Aber auch hier war aller (organisatorische) Anfang schwer. Am 14. September 1972

kam es im kleinen Kreise zur Gründung des Hessischen Elternvereins
(e.V. am 5. April 1973). Dem ersten Vorstand gehörten neben dem
promovierten Rechtsanwalt Kisseler die Hausfrauen Ebel, Starck und
von Dallwitz an.[8] Im Nachhinein betrachtet konnten die Vereinsgründer
mit ihrem Anliegen wohl nicht allein bleiben, da die schulpolitisch
verursachten Vorfälle nicht der Systematik entbehrten. Neben den
Ereignissen in Bad Homburg traten bald die Vorgänge in Dietzenbach
und mit einer kleineren zeitlichen Verzögerung der Versuch zur
Einführung des Schulentwicklungsplans III in Frankfurt/M. auf, der für
Unruhe sorgte. Weitere Vorfälle folgten. Dazu kam das Urteil des
Bundesverfassungsgerichts vom 6. Dezember 1972, welches es den
Eltern der Stadt- und Landkreise ermöglichte, in denen Förderstufen
eingerichtet waren, mit ihren schulpflichtigen Kindern in Kreise
auszuweichen, die ein gegliedertes Schulsystem boten.

4. Institutioneller Gründungsanlaß

Zunächst ging der Widerspruch gegen die ministeriellen Verordnungen
von der verfaßten Elternschaft aus. Es zeigte sich aber bald, daß durch
diese allein eine langfristige Wahrung der Anliegen nicht gut möglich
war. Während die Elternbeiräte immer nur solange im Amt bleiben
konnten, wie ihre eigenen Kinder in der Schule waren, schien es durch
die sich abzeichnende langfristige Konfrontation mit der Ministerial-
bürokratie sinnvoller, einen gemeinnützigen Verein zu gründen, welcher
die Elterninteressen organisierte. Somit lag es im Interesse der
verfassungsmäßig legitimierten hessischen Elternschaft, daß der
Hessische Elternverein ein Organ der Öffentlichkeitsarbeit wurde, bei
dem Kommunikation und Information zusammenliefen. Der Hessische
Elternverein wurde infolgedessen zur allgemeinen Informationsbörse
für eine große Zahl hessischer Eltern. Umgekehrt lag es im Interesse
des neu gegründeten Vereins, daß die verfaßte Elternschaft seine
Zielsetzungen mittrug, weil nur diese die Zuständigkeit besaß, kraft
Gesetz angehört zu werden. Auch war es dem Ministerium nicht
möglich, ohne Anhörung der verfaßten Elternschaft entsprechende
Erlasse in Kraft zu setzen. Das erwies sich häufig genug als bedeutsam.
Auf diese Gestaltungsmöglichkeit hätte der Verein nur schwer verzichten
können. Manch einer im Hessischen Elternverein machte also die
„Ochsentour" vom Klassenelternbeirat über den Schulelternbeirat, den
Kreis- oder Stadtelternbeirat bis in das wichtigste Gremium, den
Landeselternbeirat, mit. Es dauerte einige Jahre, doch dann waren im
Landeselternbeirat nur noch Personen vertreten, die entweder im

Hessischen Elternverein aktiv waren oder ihm wenigstens nahestanden.[9] Durch das nun aus organisatorischen Gründen notwendig enge Verhältnis zwischen der verfaßten Elternschaft und dem Hessischen Elternverein, das also im beiderseitigen Interesse lag und sich ab etwa Mitte der siebziger Jahre in einer engen personellen Verflechtung zeigte, wird deutlich, warum es dem hessischen Kultusministerium in der verfaßten Elternschaft nie gelungen ist, eine Zustimmung für seine Bildungspolitik zu finden. Alle vorgelegten Fassungen der Rahmenrichtlinien, deren neun an der Zahl, wurden mit der notwendigen Zweidrittelmehrheit des Landeselternbeirates abgelehnt, so daß der Kultusminister jeweils gezwungen war, einen Kabinettsbeschluß herbeizuführen, um die Rahmenrichtlinien in Kraft zu setzen.[10] Für die Regierung war dieses Vorgehen nicht unproblematisch, weil dadurch öffentlich wurde, daß sie sich über die Meinung der verfaßten Elternschaft hinwegsetzte.

5. Das Gründungsmanifest

Der erste Elternbrief (1/72) war mit einem Aufruf des neugegründeten Vereins an alle Schuleltern verbunden. Er stellte das Programm des Hessischen Elternvereins vor. Als primäre Ziele wurden – verbunden mit einer Absage an jegliche politische Indoktrinierung im Schulunterricht – die Freiheit der Schulwahl und der Erhalt bewährter Schulformen genannt. Es heißt dort:

„Der Verein hat den Zweck, die Beteiligung der Elternschaft an bildungspolitischen Entscheidungen zu fördern durch Information und Beratung der nicht prozeßfähigen Schul- und Kreiselternbeiräte und der Eltern. Insbesondere soll für durch Beruf gebundene Eltern und Elternvertreter die Urteilsbildung erleichtert werden durch einen Erfahrungsaustausch der einzelnen hessischen Schulbezirke zu bildungspolitischen Fragen sowie durch die Publizierung wissenschaftlicher Untersuchungen und bildungspolitischer Meinungen.

Die Zielsetzung wird insbesondere durch folgende Grundsätze gekennzeichnet:

a) Die **Freiheit** der Schulwahl muß durch ein vielfältiges Bildungsangebot mit verschiedenen Schulformen und -arten gewährleistet werden. Hierzu gehört das gleichberechtigte Nebeneinander und die gleichwertige Finanzierung aller Schularten.

b) **Schulreformen** sind im Hinblick auf die Erweiterung des Bildungsinhaltes erforderlich. Neben erprobten Schulformen sollen andere Schulformen dann in das allgemeine Bildungsangebot übernommen werden, **wenn** durch Schulversuche der **Bildungserfolg wissenschaftlich nachgewiesen** worden ist. Schulversuche sollen nur dort ausgeführt werden, wo gleichzeitig bewährte Schulformen weiter und nebeneinander bestehen können.

c) **Die Toleranz** als Grundsatz allen Unterrichtens muß bedingungslos eingehalten und die staatliche Schulpflicht nicht zur politischen Indoktrinierung mißbraucht werden. Hierbei kommt dem Elternrecht über Mitbestimmung im Unterricht und über Lehrinhalte entscheidende Bedeutung zu."[11]

An diesen Leitlinien richtete sich das Handeln des Vereins aus. Es waren also pragmatische Forderungen, die sich, so mußten es viele Eltern empfinden, wohltuend von den ideologischen und reißbrettartigen Entwürfen des hessischen Kultusministeriums abhoben. Der Verein setzte im Gegensatz zu den schulpolitischen Imperativen, die aus dem Ministerium kamen, mit denen in Verkennung der tatsächlichen Lage der gesellschaftliche Konsens aufgekündigt wurde, gerade auf machbare Lösungen. Die Formulierung erreichbarer Ziele erwies sich als gesellschaftlich konsensfähig und wurde, bei aller Bedeutung eines effizienten Mitteleinsatzes auf der Organisationsebene, der hinzukommen mußte, ein Schlüssel des Erfolgs.

6. Organisation

Auf der Ebene der inneren Organisation lassen sich in der Anfangsphase zwei Zielsetzungen unterscheiden, diejenigen des ersten Vorsitzenden und Mitbegründers Kisseler bzw. seines langjährigen ersten Stellvertreters Hadasch aus Dietzenbach. Während es Kisseler – auch aus den Erfahrungen seiner eigenen beruflichen Praxis heraus – darauf ankam, einen schlagkräftigen Verband aufzubauen, war es Hadasch ein Anliegen, die Gründung von Bezirksverbänden voranzutreiben. So wurde in anfänglich 14, nach einem Jahr in 20 und schließlich in 26 Bezirksverbänden – also flächendeckend – eine aktive Basisarbeit betrieben.[12]

Da der Hessische Elternverein unmittelbar auf die neuen bildungspolitischen Herausforderungen antwortete und durch die Herstellung von Öffentlichkeit, die Teilnahme an den Hessenforen und seine publizistische Tätigkeit, zu der insbesondere die Herausgabe des Elternbriefs zählte, entschieden handelte, ging es recht schnell voran. Über das Reservoir an tatsächlich Betroffenen ließ sich in kurzer Zeit ein hoher Organisationsgrad erreichen. Im ersten Jahr konnten 1.000 Mitglieder gewonnen werden. Im Jahre 1974 zählte der hEV dann bereits über 8.000 Mitglieder. Damit hatte er die kritische Größe überwunden und vermochte es, als *die* Organisation der hessischen Eltern zu gelten und eine breite Akzeptanz in der Bevölkerung zu gewinnen. Etwa zu diesem Zeitpunkt ließen auch die Angriffe auf den

Hessischen Elternverein nach, er habe eine zu geringe Mitgliederzahl und könne daher nicht im Namen der hessischen Eltern sprechen.[13] Nicht verschwiegen werden soll, daß der anhaltende große Zuspruch seitens der Bevölkerung mit den von der Regierung mit Eifer vorgetragenen, weitgehend unverändert vertretenen bildungspolitischen Vorstellungen zusammenhing, welche die Problemstellung über die Jahre erneuerten. Der Hessische Elternverein profitierte insofern – und gerade in der Anfangsphase – von dem Vorhandensein klarer Orientierungspunkte. Insbesondere der Kultusminister von Friedeburg avancierte zum Gegenpol. Mit seiner Ablösung im Jahre 1974 ging er, der große Gegenspieler des Hessischen Elternvereins, als „Identifikationsfigur" verloren.

7. Publikationen

Der Elternbrief war der offizielle Rundbrief des Vereins, der die interne und externe Öffentlichkeit erreichte. Neben dem Elternbrief, der unregelmäßig, doch wenigstens alle zwei bis drei Monate herauskam, traten die aktuell erscheinenden *Schulpolitischen Schnellinformationen*. Als kurzlebig erwies sich das Projekt einer Hessischen Elternzeitung bzw. – im Verbund mit dem Deutschen Elternverein – der *Deutschen Elternzeitung*, die beide zu aufwendig waren und bald eingestellt wurden.

Zu den Veröffentlichungen des Hessischen Elternvereins zählen im einzelnen:

I. Elternbrief und hessische Elternzeitung
   1. Elternbrief,
   2. Hessische Elternzeitung.
II. hessische Elternverein-Schriftenreihen
   1. Bildung und Erziehung in der Diskussion,
   2. Gutachten,
   3. Sonderdrucke,
   4. Deutscher Elternverein.
III. hessische Elternverein-Flugblätter
   1. Einführende Flugblätter,
   2. Zum Beispiel: Wir lasen für Sie,
   3. Schulbücher in Hessen,
   4. Materialdienst – Schon gehört?
   5. Sonderdrucke aus Presseveröffentlichungen,

6. hessische Elternverein-Sonderdrucke,
7. Schulpolitische Schnellinformation,
8. Allgemeine Darstellung des hessischen Elternvereins und
   seiner Ziele.

Nicht dokumentiert wurden die Wettenberger Wochenendseminare, auf
denen der Verein über die neuesten Erlasse und Lehrpläne berichtete
und Schulungen durchführte.

8. Schulbuchkontrolle

Der Kampf des Hessischen Elternvereins richtete sich nicht nur gegen
die äußeren Schulreformen, also gegen die Veränderung der Schul-
strukturen, sondern auch in einer zweiten Phase gegen die vom Kultusministerium initiierten inneren Schulreformen, zu denen die Durchsetzung der Rahmenrichtlinien und der neuen Lernziele gehörte. An
die Stelle von traditionellen Bildungs- und Erziehungszielen trat die
neue Programmatik, zu der die Ausbildung von Emanzipationsvor-
stellungen, Kritik-, Distanzierungs- und Negationsfähigkeiten bei den
Schülern zählte. In dem Zusammenhang kam der Auswahl und
Gestaltung von Schulbüchern eine bedeutsame Rolle zu.[14] Die Auswahl
von Schulbüchern stellte eines der wichtigsten Beeinflussungs-
instrumente dar, das der Administration gegeben war, so wurde es
jedenfalls von seiten des Hessischen Elternvereins gesehen.[15]

Der Hessische Elternverein brachte diverse Gutachten zu Schulbüchern
heraus. Dazu wurde ein eigener Arbeitskreis gegründet. Diese
„Schulbuchkontrolle" konnte sich aufgrund der begrenzten Kapazitäten
nur auf wenige, als besonders anstößig empfundene Bücher konzen-
trieren. In der Beschränkung auf das Wesentliche war der Verein aber
durchaus erfolgreich und konnte Streichungen, Kürzungen und Ände-
rungen bewirken. Dabei mußte der Hessische Elternverein bei der Kontrolle von Religionsbüchern die Erfahrung machen, daß er nicht auf die
Unterstützung der Evangelischen Kirche bauen konnte.[16]

9. Das Gutachten zu den hessischen Rahmenrichtlinien
   Gesellschaftslehre

Das im Jahre 1973 veröffentlichte Gutachten der beiden Professoren und
SPD-Mitglieder Nipperdey und Lübbe dürfte die mit Abstand be-

deutendste Publikation gewesen sein, die der Hessische Elternverein (Heft 1 der Schriftenreihe) jemals herausgegeben hat. Das Gutachten, das sich mit der *ersten* Fassung der RRG auseinandersetzt, ist in sieben Kapitel gegliedert und behandelt neben dem Problem der Didaktik die Felder Geschichte, Sozialisation, Wirtschaft, Öffentliche Aufgaben, innergesellschaftliche Konflikte und Grundtendenzen. Das Gutachten ist vernichtend. Nipperdey und Lübbe weisen bei aller eingestandenen Notwendigkeit zu Reformen u.a. auf Widersprüchlichkeiten in der Ideologiekritik hin, sprechen die in den RRG praktizierte Auflösung geschichtlicher Wahrheit an, decken entsprechende Manipulationen und fragwürdige Grundbegriffe der RRG auf, liefern Hinweise auf die politpädagogischen Eingriffe in die Eltern-Kind-Beziehung, beklagen die mangelnde Kenntnisvermittlung und die in den RRG zu findende neomarxistische Kritik an der bestehenden Wirtschaftsordnung, bemängeln die immanente Kritik an der Demokratie, die gar in den RRG als zentraler Lerninhalt ausgegeben wird.

Im Ergebnis befürchten Nipperdey und Lübbe eine „Mischung aus Hochstapelei und Überforderung",[17] die zur Halbbildung führen muß. Dabei läßt sich nicht sagen, daß Lübbes und Nipperdeys Ablehnung in ihrem Gutachten den gleichen Grad der Einseitigkeit erreicht, wie sie die Verfasser der RRG ausweist und die diverse Autoren aufgrund ihrer Gegnerschaft manchmal entwickeln. Wenn sie schreiben, „Sozialisation wird unter dem Aspekt von Konflikt und Herrschaftsinteresse behandelt; mit diesen partiell berechtigten Kategorien aber wird simplifizierend eine stets eindeutige Totalerklärung der Welt suggeriert,"[18] heben sie in einer differenzierten Art und Weise einen ganz wesentlichen Aspekt jeglichen politischen Handelns hervor, ohne dessen Verabsolutierung und einseitige Instrumentalisierung durch die Verfasser der RRG mitzumachen. Da Nipperdeys und Lübbes Kritik an der applizierten Konflikttheorie ausschließlich *pädagogisch* motiviert ist, bleibt sie auf der sicheren Seite. An diesem einen Beispiel läßt sich der Unterschied zwischen den beiden Gutachtern und den Verfassern der RRG gut festmachen. Da das Schema „Reaktionäre hier, Reformer dort" bei Lübbe – der sich als Staatssekretär in Nordrhein-Westfalen bereits Mitte der sechziger Jahre einen Ruf als Bildungsreformer erworben hatte – und Nipperdey nicht funktioniert, bezeichnet wohl die Interpretation „Reformer hier, Radikale dort" das Verhältnis in zutreffender Weise. In dem Zusammenhang steht auch ihre Selbstcharakteristik als Demokraten und Sozialdemokraten.

„Die unterzeichneten Verfasser dieses Gutachtens sind Sozialdemokraten. Sie sind nicht so unpolitisch zu wähnen, daß Schulreform den politischen Auseinandersetzungen enthoben wäre. Aber sie wissen, daß es jahrzehntelang ein schulpolitisch legitimer Grundsatz der Sozialdemokratie war, daß die Schule für alle Bürger unseres Staates da ist, daß die Schule nicht Sache einer Partei, einer Interessengruppe, einer Ideologie sein kann, ohne die Grundsätze einer nicht-totalitären Demokratie, einer pluralistisch toleranten Demokratie zu verfälschen. ... Die Verfasser meinen, daß es auch und gerade heute zu den Zielen sozialdemokratischer Schulpolitik gehört, das sozialdemokratisch mitgetragene und mitgeprägte Grundgesetz zu verteidigen, und das heißt, die Solidarität aller Demokraten gegenüber den Feinden und Gegnern des Grundgesetzes zu realisieren."[19]

Eigentlich hätten Nipperdey und Lübbe davon sprechen sollen, daß dies zu den Zielen sozialdemokratischer Schulpolitik gehören *sollte*, denn im Kultusministerium war man ja darauf aus, die Prinzipien des Grundgesetzes wohlfahrtsstaatlich umzudeuten und den nach 1949 zweifelsfrei vorhandenen gesellschaftlichen Konsens aufzukündigen, vermutlich weil man sich stark genug wähnte, die Veränderungen auch durchzusetzen. Wer nahm im Kultusministerium anfänglich den Hessischen Elternverein ernst? Jedenfalls mußte das Gutachten – und dessen Diktion – von der hessischen Sozialdemokratie als Kampfansage verstanden werden. Da das Kultusministerium den einmal eingeschlagenen schulpolitischen Kurs nicht einfach aufgeben wollte, bewirkte das Gutachten im Ergebnis, daß sich das hessische Kultusministerium gezwungen sah, eine zweite und weitere Fassungen der RRG herauszugeben, um die umstrittenen Inhalte zu verdunkeln. Wenngleich das Ministerium mit dem später erfolgten Zurückziehen der ersten Fassung indirekt zugestand, daß die drastische Kritik berechtigt war, wurde es für den Hessischen Elternverein zukünftig schwieriger, entsprechende Mängel aufzudecken, weil diese eben nicht mehr in der bisherigen Deutlichkeit vorgetragen wurden.

10. Herstellung von Öffentlichkeit

Zur ersten öffentlichen Veranstaltung am 26. Januar 1973 lud der Hessische Elternverein zum Thema: „Der Schulentwicklungsplan III der Stadt Frankfurt/Main" ein. Eine gewichtige Aufgabenstellung, denn jener Plan bedeutete nichts anderes als die Einführung der integrierten Gesamtschule als verbindliche Regelschule. Dazu versammelten sich 500 Eltern. Der geladene Schuldezernent Rhein sagte zwei Tage zuvor ab, ohne einen Vertreter zu schicken.[20] Die Veranstaltung fand dennoch statt. Festgehalten werden muß, daß man bei der unbefriedigenden Analyse nicht stehenblieb. Oberstudiendirektor Bernt hatte zusammen mit dem Lehrerkollegium und dem Elternbeirat der Liebig-Schule 1972/73 eine alternative Konzeption entworfen, deren Umsetzung er gegenüber dem Stadtschulamt eingefordert hatte (Schreiben vom 20. Dezember 1972) und auf dieser Veranstaltung vorstellte. Daraus sei folgende kurze Passage wiedergegeben.

„Die Erfahrungen der vergangenen Jahre haben gezeigt, daß die wichtigste Aufgabe die Einrichtung einer leistungsfähigen und im Hinblick auf unterschiedliche Angebote für die verschiedenen Schüler attraktive berufsbezogene Schule der Mittelstufe (Sekundarstufe I) ist. ... Diese berufsbezogene Form der Mittelstufe wird nur in einem größerem System durch Zusammenfassung der bisher einzelnen Hauptschulen in einem Gebäude, das mit den entsprechenden Werkstätten und Sammlungen ausgestattet sein muß, möglich."[21]

Wäre Bernts Konzeption einer eigenständigen und praxisbezogenen Hauptschule verfolgt worden, hätte die Regierung das Konzept der integrierten Gesamtschule mit ihren A-, B- und C-Kursen aufgeben müssen. Zwar war nicht wirklich zu erwarten, daß dem entsprochen wurde, doch konnte mit diesem alternierenden Reformvorschlag verdeutlicht werden, daß die Gegner des Regierungsentwurfs nicht am althergebrachten System festhielten, wie es aus Regierungskreisen verlautete, sondern selbst weiterführende Konzeptionen vorlegten. Ein Paukenschlag, mit dem die Regierung nicht gerechnet hatte und der, aufgrund des großen Zuspruchs von seiten der verunsicherten Elternschaft, gehört wurde. Das zahlreiche Erscheinen der Eltern in Tausenderstärke setzte sich dann bei der ersten Jahrestagung am 26. Januar 1974 fort,[22] die ganz im Zeichen der schulpolitischen Auseinandersetzung stand. Im Gespräch war damals die zweite Fassung der RRG, die vermeintlich eine Revision der ersten Fassung darstellte, doch nur deren offensichtlichste Fehler vermied und unverändert eine Erziehung zum Politischen wollte. Glänzten hier die Befürworter der Schulreform – bis auf Frau Engel als schulpolitische Sprecherin der FDP-Fraktion – durch Abwesenheit, konnten die unterschiedlichen, polarisierten Positionen bei einer Podiumsdiskussion „Ziel hessischer Lehrerausbildung: der politische Lehrer?" am 4. September 1974 hervortreten, zu welcher der Hessische Elternverein geladen hatte. Professor Becker vermochte es, bereits das Fragezeichen im Veranstaltungstitel als skandalös zu empfinden, weil ein politischer Lehrer in einer Demokratie eine Selbstverständlichkeit sei, wohingegen es den Initiatoren der Veranstaltung vermutlich um einen Hinweis auf die Gefahren einer politischen Indoktrination in der schulischen Erziehung gegangen sein dürfte.[23] Die Positionen waren festgefahren. Bezeichnenderweise hatte es kein Vertreter des Kultusministeriums oder der die damalige Bildungspolitik tragenden Parlamentsfraktionen gewagt, die Veranstaltung zu besuchen. Als es für die staatliche Politik an der Zeit gewesen wäre, auf die sich artikulierenden gesellschaftlichen

Forderungen einzugehen, versuchte sie, dieselben vielmehr zu ignorieren. Die Annahme, daß bestimmte administrative Maßnahmen eine größere Berechtigung hätten als die Proteste der Eltern, mußte in einer repräsentativen Demokratie an der Wahlurne entschieden werden. Wie zahlreiche Fälle dokumentieren, handelte es sich bei der angesprochenen schulischen Indoktrination um keine Einbildung hysterischer Eltern. Besonders instruktive Fälle fanden sich an der Frankfurter Liebig-Schule – Erziehung zum Klassenkampf (!)[24] – und an der Ernst-Reuter-Schule in Dietzenbach. Im Falle von Dietzenbach wurden Verfehlungen zweier Lehrer erst dann durch eine Suspendierung unterbunden, nachdem diese einer breiten Öffentlichkeit bekannt worden waren und nicht mehr abgewiegelt werden konnten. Es hatte sich eine Gruppe von zwanzig Lehrern („Gruppe 20") gebildet, die auf Aufklärung der Umstände drängte.[25] Die Vorgänge an der Ernst-Reuter-Schule waren von derartiger Bedeutung, daß sie Gegenstand einer Parlamentsdebatte wurden, in welcher sich instruktiv darstellte, wie die Regierung den Fall zu betrachten beabsichtigte. Anstelle einer klaren Distanzierung von den dubiosen Lehrmethoden, die zu erwarten gewesen wären, sah sich ein Redner der SPD-Fraktion in der Debatte bemüßigt, darauf hinzuweisen, daß sich gegen die 20er Gruppe eine 15er Gruppe in der Lehrerschaft gebildet hatte und man daher die Zustände differenziert zu betrachten hätte.[26] Derartige Vorgänge trugen zweifelsohne dazu bei, daß der Hessische Elternverein weiteren Zulauf erhielt. Den größten Zuspruch in seiner Geschichte erlebte der Verein, als sich in der Wiesbadener Rhein-Main-Halle am 20. September 1974 nahezu 6.000 Eltern einfanden. Da spielte offensichtlich die besondere Situation kurz vor der Hessenwahl eine Rolle, die eine Richtungswahl wurde.

11. Die Hessenforen

Typisch für die Art der Auseinandersetzung zwischen Gegnern und Befürwortern der Schulpolitik war das im Deutschen Fernsehen übertragene, und dadurch weit überregional bekanntgewordene, geradezu legendäre *Hessenforum II: RRG für die Sekundarstufe I* vom 19. Juni 1973 in Frankfurt/Main, bei welchem der Hessische Elternverein einer breiten Öffentlichkeit bekannt wurde und das mit dem Abgang Prof. Kogons vom Podium eskalierte.[27] Die Hessenforen, insbesondere das erwähnte *Hessenforum II* zu den Rahmenrichtlinien Gesellschaftslehre und das *Hessenforum III* zu den Rahmenrichtlinien Deutsch für die Sekundarstufe I am 21. März 1974 in Wiesbaden, waren

von den Reformern als Beeinflussungsinstrument gedacht, wie schon
die Unausgewogenheit in der Zusammenstellung der Podiumsteilnehmer
zeigte; sie wurden jedoch vom Hessischen Elternverein wenigstens auf
dem *Hessenforum II* während der Publikumsdiskussion zur Darstellung
der eigenen Positionen genutzt. Als Kisseler zu fortgeschrittener Stunde
den Kultusminister ansprach: „Als zweites möchte ich Sie fragen, ob
Sie die Auffassung der FDP-Fraktion teilen, daß die erste Fassung der
Rahmenrichtlinien in den öffentlichen Aufgaben mit den verfassungsmäßigen Grundsätzen nicht in Übereinstimmung zu bringen ist. Das ist
für mich auch insofern sehr interessant, weil Sie ja sagen, daß diese
Fassung weiter erprobt wird. Wir hatten schon etwas Sorge, daß wir
unsere Verfassungsbeschwerde in der Begründung wesentlich verändern
müßten, aber, da Sie jetzt die erste Fassung weiter praktizieren lassen,
ist das für uns eine Arbeitserleichterung,"[28] war der Versuch, ihre Politik
zu vermitteln, für von Friedeburg und seine Mitstreiter bereits
gescheitert. Peinlich war vor allem, daß der Überrumpelungsversuch mit
der zweiten Fassung der RRG aufgedeckt wurde, welche die Reformer
überraschend und für niemanden auf dem Podium und im Saal
nachvollziehbar als Verbesserung der umstrittenen ersten Fassung
präsentiert hatten, obwohl in Wirklichkeit die erste Fassung weiter galt.
Solche Pannen wollten die Befürworter der Regierungspolitik bei der
nächsten Veranstaltung dieser Art vermeiden. Auf dem *Hessenforum
III* am 21. März 1974 in Wiesbaden waren deshalb zahlreiche jugend-
liche Anhänger, genauer gesagt, organisierte Jungsozialisten, erschienen,
„die, zum Teil mit Trillerpfeifen, den Ton angaben."[29] Zudem wurde
durch eine geschickte Obstruktion bei den Wortmeldungen der
Hessische Elternverein in der Diskussion weitgehend neutralisiert. Aus
Sicht des Hessischen Elternvereins war diese Inszenierung nicht
erfreulich. Es änderte aber nichts daran, daß er auf den Hessenforen den
Durchbruch schaffte, vielleicht auch deshalb, weil die Regie zu
offensichtlich war. Nach den Hessenforen wurden der Hessische
Elternverein und seine Aktivitäten Ziel mancher Kampagne.

12. Kampagnen

In jeder Weise aufschlußreich war das Vorgehen der Elternverein-Gegner
im hessischen Schulkampf. In der Frühphase grassierten die persönlichen Diffamierungen, gegen die sich der Hessische Elternverein, wenn
sie öffentlich bekannt wurden, gewehrt hat. Entschieden ging der
Hessische Elternverein etwa gegen eine Behauptung des damaligen
GEW-Vorsitzenden Frister aus der Anfangszeit des Vereins vor, der auf

einer Tagung gesagt hatte:

„... und es sind jene Millionäre am Werk, die sich in diesem Lande Elternvereine halten." Als dann jene Behauptung in einem Taschenbuch weiter verbreitet werden sollte, erwirkte der Hessische Elternverein eine einstweilige Verfügung, die am 28. August 1973 erging.[30] Wenig später verfielen die Gegner des Hessischen Elternvereins in der Öffentlichkeit auf eine Etikettierung des Vereins als „konservativ" respektive „reaktionär". Unabhängig davon, daß in einer derart großen Bewegung auch Konservative zu finden sein mußten, war diese Etikettierung nichts anderes als der Versuch, einem Gegner eine starke ideologische Motivation unterzuschieben, die man in Wirklichkeit selbst besaß. Zudem trug sie selbstreferentiellen Charakter, weil sie mit Reform- und Fortschrittsfeindlichkeit gleichgesetzt wurde. So konnte jede Kritik an den unvermeidlichen Rückschlägen in der Bildungspolitik abgetan werden. Bezeichnend war Abendroths klassenkämpferische Einschätzung, der den Hessischen Elternverein einmal als mittelständische, antidemokratische Kaderorganisation[31] charakterisiert hatte. Die „Kritik" an der vermeintlichen Kaderstruktur bezog sich wohl darauf, daß der Hessische Elternverein ein Delegiertensystem eingeführt hatte. Das Vorgehen gegen den hEV war also sehr flexibel angelegt. Warf man dem Verein anfangs vor, nicht im Namen der hessischen Eltern sprechen zu können, wurde dem Hessischen Elternverein dann nachgesagt, daß er undemokratisch organisiert sei. Der massivste aller Vorwürfe aber war, daß der Hessische Elternverein von der CDU gesteuert würde. Auf diesen Vorwurf wird später noch ausführlich einzugehen sein.

13. Die Prozeßgeschichte

Aussagekräftig ist die Prozeßgeschichte des Hessischen Elternvereins,[32] weil sie die Schlagkraft des Vereins zeigt. Die meisten Prozesse wurden von Rechtsanwalt Wenderoth geführt. Darüber hinaus hat der Hessische Elternverein betroffenen Eltern, die in Prozesse verwickelt wurden, ideelle und materielle Hilfe zukommen lassen. In einigen Fällen wurden die Prozeßkosten Dritter getragen. Aus den vielen gerichtlichen Auseinandersetzungen, in welche der Hessische Elternverein einbezogen wurde, seien aus der Frühphase der Prozeßgeschichte folgende richtungsweisende richterliche Entscheidungen herausgehoben:

- Am 6. Dezember 1972 erfolgte das Urteil des Bundesverfassungsgerichtes über die Einführung der Förderstufe in Hessen – das sogenannte Förderstufenurteil – (1 BvR 230/70). Das Elternrecht auf freie Schulwahl, wie es sich in Art. 6 Abs. 2 GG findet, wurde als gleichgeordnet anerkannt. Das Urteil machte deutlich, daß Eltern den Schulweg ihrer Kinder selbst bestimmen dürfen. Zwar sei die Einführung einer Förderstufe verfassungskonform, doch dürfte das Recht der Eltern nicht beeinträchtigt werden, ihre Kinder auf eine Schule ihrer Wahl zu schicken. Es war also gerade der zwangsweise Besuch der Förderstufe, wie ihn das hessische Schulpflichtgesetz vorsah, welcher vom Bundesverfassungsgericht bemängelt wurde.

- Am 14. November 1973 urteilte der Hessische Verwaltungsgerichtshof (VI TG 49/ 73), daß sich integrierte Gesamtschulen deutlich von Gymnasien unterschieden. Daher könnten Eltern nicht angehalten werden, ihre Kinder auf eine integrierte Gesamtschule zu geben, wenn im althergebrachten Gymnasium noch entsprechende Vakanzen vorhanden seien.

- Die Einführung einer additiven Gesamtschule in Dieburg wurde vom Verwaltungsgericht in Dieburg im Eil- und Hauptverfahren (Entscheidung vom 11. Juni 1974) als rechtmäßig angesehen und die Beschwerde dagegen mit Beschluß vom 26. Juli 1974 (VI TG 39/74) zurückgewiesen.

- Der Hessische Verwaltungsgerichtshof erklärte in seinem Urteil vom 16. Juni 1975 (VI OE 45/74), daß der Schulträger verpflichtet sei, ein Gymnasium weiterzuführen, wenn ein öffentliches Bedürfnis vorhanden sei, selbst wenn eine integrierte Gesamtschule daneben existierte („Groß-Gerauer Urteil").

- Der Hessische Verwaltungsgerichtshof hat am 10. Januar 1977 (VI OE 128/ 76) im Zusammenhang mit dem Recht auf freie Schulwahl den Begriff des „auswärtigen Schülers" festgelegt. Als auswärtiger Schüler gilt nur, wer außerhalb eines Stadt- oder Landkreises seinen Wohnsitz hat. Es ist daher nicht möglich, innerhalb eines Kreises einem dort wohnenden Schüler den Besuch des Gymnasiums zu verweigern und ihn auf die entsprechende integrierte Gesamtschule zu verweisen.

Die Legende der Prozesse ist umfangreich. Relativ oft erfolgreich war der Hessische Elternverein bei Verwaltungsgerichtsverfahren. Als erheblich schwieriger zu führen erwiesen sich hingegen Prozesse in Fragen der Schulorganisation. Bei der Umwandlung von gegliederten Schulen in integrierte Gesamtschulen hat der Hessische Elternverein manche Prozeßniederlage hinnehmen müssen. Aber auch die Förderstufe blieb ein gerichtliches Dauerthema. Der Staatsgerichtshof ging von der durchaus plausiblen Auffassung aus, daß dem Elternrecht auf dem Gebiet der Schulorganisation Grenzen zu ziehen seien. Dennoch konnten auch hier einige Einzelerfolge erzielt werden. So wurde in Groß-Gerau (s.o.) das Gymnasium nicht durch eine integrierte Gesamtschule abgelöst, in Dreieich-Sprendlingen konnte das Ricarda-Huch-Gymnasium erhalten werden und in Herbstein (Vogelsbergkreis) blieb die dortige Hauptschule bestehen. Dem Hessischen Elternverein gelang auf dem Gebiet der Schulorganisation ein bedeutender Prozeßerfolg, als der Hessische Staatsgerichtshof im Dezember 1981 das Gesetz zur Reform der gymnasialen Oberstufe in wesentlichen Punkten für verfassungswidrig erklärte. Diesem Urteil verdankt die gymnasiale Oberstufe etwa die Wiedereinführung des Geschichtsunterrichtes und die Abschaffung der Abwahlmöglichkeit für das Fach Deutsch. Den Erhalt des Fächerkanons sieht Kisseler rückblickend als einen der größten Erfolge an, welchen der Verein unter seinem Vorsitz erzielen konnte.[33]

14. Der sozialdemokratische Arbeitskreis im Hessischen Elternverein und die Stellung des Vereins zur CDU

Eine Stärke des Hessischen Elternvereins lag in seiner Überparteilichkeit begründet, was eine Parteimitgliedschaft der Vereinsmitglieder keinesfalls ausschloß. In dem Zusammenhang ist vor allem auf den sozialdemokratischen Arbeitskreis im Hessischen Elternverein hinzuweisen. Er hatte sich gegründet, weil Mitglieder des Hessischen Elternvereins, die gleichzeitig SPD-Mitglieder waren, von ihrer Partei gemaßregelt zu werden drohten.[34] Es kam insofern aus Selbstschutzgründen darauf an, einen gewissen Organisationsgrad zu erreichen. Der sozialdemokratische Arbeitskreis im hEV machte jedenfalls transparent, daß seine Mitglieder bereit waren, die Wahrnehmung der Vereinsanliegen über eine etwaige Parteilichkeit zu stellen. Anders als die Konkurrenz vom Elternbund Hessen (EBH), 1979 gegründet, der immer regierungs- und gewerkschaftsnah blieb, war der Hessische Elternverein nicht parteipolitisch orientiert. Da tat es keinen Abbruch, daß er im politischen Streit – etwa vom *Spiegel* – im Wahljahr 1974 als eine von der CDU gesteuerte Organisation diffamiert wurde.[35] Dabei waren im Jahr 1974 laut der Zeitschrift Bunte rund 40 Prozent der Mitglieder des Hessischen Elternvereins parteilos, während 25 Prozent der SPD, 15 Prozent der FDP und nur 20 Prozent der CDU angehörten[36] – Zahlen, die möglicherweise aus dem Umfeld der sogenannten Börner-Umfrage stammen, welche zeigten, daß über zwei Drittel der Befragten den Verein als überparteilich sahen.[37] Von einer Tarnorganisation hätte man eine andere Mitgliederzusammensetzung erwarten dürfen. Es war also Propaganda, die nicht einmal von den eigenen Parteigenossen geglaubt wurde. Als es später darum ging, zahlreiche Fehlentwicklungen in den einzelnen Kreisen zurückzunehmen, kam es nicht selten vor, daß kommunale SPD-

Fraktionen geschlossen im Sinne des Hessischen Elternvereins stimmten. Zu einem Umdenken an der Parteispitze kam es hingegen nicht. Hessen war in jeder Beziehung eine Ausnahme. Waren die schweren Verluste der SPD bei der hessischen Landtagswahl im Jahre 1974 Anlaß genug, um in der nordrhein-westfälischen SPD, die ähnliche Bildungsprojekte präferierte, gegenzusteuern, so wurde in Hessen unbeirrt Kurs gehalten. Zwar mußte von Friedeburg auf Betreiben des Koalitionspartners FDP nach der Hessenwahl 1974 sein Amt niederlegen, doch wurde die Bildungspolitik in seinem Sinne fortgesetzt. Im Nachhinein betrachtet, scheint es wegen der unbeugsamen Haltung in Regierungskreisen unvermeidlich gewesen zu sein, daß der Hessische Elternverein durch seinen Kampf den Aufstieg der hessischen CDU, die sich aufgrund der schulpolitischen Zuspitzung profilieren konnte, ganz maßgeblich beförderte. Hitzige Parlamentsdebatten zu schulpolitischen Fragen standen auf der Tagesordnung. Unvergessen ist etwa die 60. Sitzung der siebten Wahlperiode, in der die Fraktion der CDU die Zurückziehung der Rahmenrichtlinien beantragte. Dabei brachte die CDU nur ein geringes Interesse am Hessischen Elternverein auf. Also gerade deshalb, weil sich der Hessische Elternverein nicht von der hessischen CDU steuern ließ, fehlte der entsprechende Rückhalt, den sich der Verein im Interesse der Durchsetzung seiner Ziele durchaus gewünscht hätte.[38] Dennoch war für die SPD der Gegner ausgemacht, und so konnte es wohl nicht ausbleiben, daß sich die Fronten zwischen der SPD und dem Hessischen Elternverein nach der für die SPD beinahe katastrophal verlaufenen Landtagswahl 1974 endgültig verhärteten. Öffentliche Auftritte gegen die Parteilinie, wie der von Haseloff in der Sendung vom 7. April 1974 in HR 2 zum Vergleich der ersten und zweiten Fassung der RRG, blieben jetzt nicht mehr ohne Konsequenzen. Das schon zuvor von Behrendt, dem Vorsitzenden des SPD-Ortsvereins Nordweststadt, Frankfurt/Main angestrengte Parteiordnungsverfahren gegen Wenderoth, in dem geklärt werden sollte, „ob eine führende Funktion im Hessischen Elternverein mit einer Mitgliedschaft in dieser Partei vereinbar sei",[39] wurde daher im Konfrontationssinne entschieden. Ob Wenderoth, der zu diesem Zeitpunkt seit 23 Jahren SPD-Mitglied war, wirklich nach § 35 Abs. 1 des Organisationsstatutes seiner Partei ein Fehlverhalten angelastet werden konnte, weil nach Ansicht seines Ortsverbandes (so die offizielle Version) der Hessische Elternverein als Tarnorganisation der CDU anzusehen war, oder ob man einfach kurz vor der Landtagswahl ein mögliches Renegatentum innerhalb der eigenen Partei durch Statuierung eines Exempels unterbinden wollte, und ob man sich im Falle Wenderoths tatsächlich die Option zwischen

Rüge und Ausschluß – oder Freispruch mit Rehabilitierung? – offenhalten wollte, soll dahingestellt bleiben, jedenfalls kam die SPD-Schiedskommission nach der Landtagswahl zu dem entsprechenden Ergebnis einer Unvereinbarkeit der Mitgliedschaften. Das war ein einmaliger Vorgang, weil damit das Unterlassen einer parteipolitischen Instrumentalisierung von Vereinsaktivitäten bestraft wurde. Wenderoth, der den Hessischen Elternverein bei zahlreichen Prozessen gerichtlich vertrat, wurde am 23. Oktober 1975 – kurz nachdem Haseloff die Partei verlassen hatte (beide im Vorstand des hEVs) – aus der SPD ausgeschlossen.[40] Mit Wenderoth, dem früheren Syndikus der Eisenbahnergewerkschaft und Haseloff, einem Abendroth-Schüler, wurden zwei „Vorzeige-Sozialdemokraten" aus der Partei entfernt. Daß Wenderoth sich dann der CDU anschloß, später gar in den Landtag gewählt wurde, und Haseloff die Lehrervereinigung in der CDU gründete, soll nicht unerwähnt bleiben, weil beides vordergründig das von der SPD behauptete Renegatentum belegt, hintergründig aber zeigt, daß die Auseinandersetzung mit 68, bevor sie die CDU erreichte und dort anfänglich zu einer gewissen Politisierung führte, gerade in der SPD in existentieller Schärfe ausgetragen wurde. Diese Einschätzung wurde von berufener Seite geteilt. Von Friedeburg erklärte, daß die Bildungsreform am neuen Mittelstand in der SPD gescheitert sei, der als Zeichen des sozialen Aufstiegs seine Kinder habe in der ersten Generation auf das Gymnasium geben können.[41]

15. Exkurs: Der Fall Bernt

Mehr als eine Fußnote zum Schulkampf ist der Fall von Bernt (SPD-Mitglied bis 1972), der anders als Haseloff und Wenderoth dem Hessischen Elternverein nicht beigetreten war. Der Direktor der Frankfurter Liebig-Schule hatte den hEV immer wieder unterstützt und dabei zahlreiche, beachtete Reden gegen die Reform gehalten. So geriet er – übrigens auch, weil er weiterhin den Geschichtsunterricht an seiner Schule zuließ und damit die RRG unterlief – ins Kreuzfeuer der Kritik. Nicht zuletzt wurde an der Liebig-Schule ein eigens entworfenes Modell einer reformierten Oberstufe praktiziert, was von der hessischen regierungsamtlichen Bildungspolitik als Affront verstanden werden mußte. Bernt hatte diesbezüglich in einem offenen Brief an den Ministerpräsidenten Osswald, abgedruckt am 26. September 1974 in der *Frankfurter Allgemeinen Zeitung*, die hessische Bildungspolitik kritisiert und Reformvorschläge für mehr Chancengleichheit unterbreitet. Auch hier führte die Schulpolitik und die damit verbundenen innerparteilichen Richtungsstreitigkeiten zum Bruch mit seiner Partei, für die er noch seinerzeit am Bad Godesberger Programm mitgewirkt hatte.[42]

16. Resümee

Der Hessische Elternverein darf als gelungenes Beispiel dafür gelten, wie sich Widerstand gegen einen übermächtigen Gegner, besonders was den Medienzugang und die politischen Gestaltungsmöglichkeiten betrifft, im vorpolitischen Raum organisieren und institutionell fassen läßt. Es entbehrt nicht der Ironie, daß der Hessische Elternverein gezeigt hat, wie man einen Gegner mit den eigenen Waffen schlägt (Stichwort: neue soziale Bewegungen), die sich gegen jede staatliche Bevormundung richten lassen. Das hessische Kultusministerium hatte offensichtlich nicht damit gerechnet, daß es einer heterogenen Gruppe wie der Elternschaft möglich sein könnte, seine Bildungspolitik zu konterkarieren. Der Verein wies nach, daß mit begrenzten finanziellen Mitteln eine erfolgreiche Arbeit geleistet werden kann, wenn ein großes persönliches Engagement hinzukommt. Der Erfolg dieser Bürgerinitiative lag ganz maßgeblich darin begründet, daß man sich den praktischen Problemen stellte und die entsprechende Sachkompetenz aufbaute. Wichtig war aber auch, daß es niemanden im Hessischen Elternverein gab, der „Karriere" machen wollte.[43] Folglich kamen die sonst oft üblichen Eitelkeiten und Profilierungen nicht vor, die einer erfolgreichen Zusammenarbeit im Weg stehen.

Wenn man auf dem Standpunkt steht, daß die maßgeblich vom IfS beeinflußte Bildungspolitik der hessischen Landesregierung gefährlich und unsinnig war, dann wird man nicht umhinkönnen, die Aussage zu treffen, daß der Hessische Elternverein durch seine Aktivitäten das Schlimmste verhindert hat. Er konnte insbesondere die Zwangsförderstufe und die Umsetzung der Rahmenrichtlinien vereiteln. Aber auch im kleinen, in der Basisarbeit, wurde vieles bewirkt. Die Auswirkungen seiner Arbeit lassen sich noch heute feststellen. Waren, mit Ausnahme des Schulfreiheitsgesetzes, die Reformen nach 1987 aus verschiedenen Gründen noch zögerlich angelegt, läßt sich konstatieren, daß seit dem Regierungswechsel im Jahre 1999 die vom Hessischen Elternverein entwickelten „Gegenideen" eine breite Verwirklichung erfahren haben. Es kam nach einem langwierigen Kampf zu dem schulpolitischen Paradigmenwechsel, den der Verein angestrebt hatte.

[1] Dieser Tatbestand ist allgemein bekannt. Vgl. etwa Carl-Heinz Evers: Einführung, S. 12, in: Hans-G. Rolff, u. a. (Hrsg.): Strategisches Lernen in der Gesamtschule, Hamburg 1974, S. 9-20.

[2] Vgl. Günter C. Behrmann: Die Erziehung kritischer Kritiker als neues Staatsziel, S. 480, in: Clemens Albrecht u.a. (Hrsg.): Die intellektuelle Gründung der Bundesrepublik Deutschland. Eine Wirkungsgeschichte der Frankfurter Schule, Frankfurt/Main; New York 2000, Studienausgabe, S. 448-496.

[3] Vgl. Kurt Reumann: Der Fachbereich des hessischen Kultusministers, in: Frankfurter Allgemeine Zeitung, 8. Dezember 1972, S. 8.

[4] Theodor W. Adorno: Erziehung nach Auschwitz, S. 95, in: ders., Erziehung zur Mündigkeit, Frankfurt a. M. 1970, S. 92-109. Der politische Unterricht solle Garant dafür sein, daß sich Auschwitz nicht wiederhole (vgl. ebd., S. 109).

[5] Aus thematischen Gründen bezieht sich die Darstellung der Geschichte des Hessischen Elternvereins auf die ersten Jahre der Ära von Dr. Marcel Kisseler (Vorsitzender von 1972–1984).

[6] Vgl. Hermann Lübbe: Unsere stille Kulturrevolution, Zürich 1976, S. 13 f.

[7] Vgl. Karl Korn: Ist Auseinandersetzung gemeint?, in: Frankfurter Allgemeine Zeitung, 25. Juli 1973, S. 1.

[8] Vgl. Ulla Lang: Entwicklung und Tätigkeit des hEV. Einige Stationen in Kurzfassung, S. 23, in: hEV (Hrsg.): 1972–1987. 15 Jahre Hessischer Elternverein, Bad Homburg 1987, S. 23-31. In diesem Beitrag findet sich eine übersichtliche Chronologie des Vereinsgeschehens.

[9] Gespräch mit Wilhelm Lutz am 4. April 2002 in Eschborn.

[10] Gespräch mit Gigi Romeiser am 9. Februar 2002 in Hanau.

[11] hEV (Hrsg.): Aufruf an alle Schuleltern, in: Elternbrief, 1/72.

[12] Gespräch mit Marcel Kisseler am 23. November 2002 in Bad Homburg v. d. Höhe.

[13] Vgl. Marcel Kisseler: Hat sich der Kampf gelohnt?, S. 7, in: hEV (Hrsg.): 1972–1987. 15 Jahre Hessischer Elternverein, Bad Homburg 1987, S. 5-9.

[14] Vgl. Rudolf Willeke: Familie und Staat - Gesellschaft im Spiegel genehmigter Schulbücher, in: Deutscher Elternverein e. V. (Hrsg.): Schulbücher, Dokumentation des Schulbuchtages des Deutschen Elternvereins in Bonn, S. 36.

[15] Gespräch mit Wilhelm Lutz am 4. April 2002 in Eschborn.

[16] Gespräch mit Marcel Kisseler am 23. November 2002 in Bad Homburg v. d. Höhe.

[17] Thomas Nipperdey/Hermann Lübbe: Gutachten zu den Hessischen Rahmenrichtlinien Gesellschaftslehre, Heft 1 der Schriftenreihe des Hessischen Elternvereins e. V., Bad Homburg v. d. H., S. 38.

[18] Ebd., S. 42.

[19] Ebd., S. 40 f.

[20] Vgl. Ulla Lang: Entwicklung und Tätigkeit des hEV. Einige Stationen in Kurzfassung, S. 23, in: hEV (Hrsg.): 1972–1987. 15 Jahre Hessischer Elternverein, Bad Homburg 1987, S. 23-31.

[21] Emil Bernt: S. 18 f., in: Verhandlungen um eine Alternative. Die Liebigschule in Frankfurt/Main und der Schulentwicklungsplan III, Anlage 5.

[22] Vgl. hEV (Hrsg.): Rückblick, in: Elternbrief, 2/3/74.

[23] Vgl. Kurt Reumann: Was ist ein politischer Lehrer?, in: FAZ, 6. September 1974, S. 43.

[24] Vgl. Kurt Reumann: Vom richtigen Gebrauch der „lieblichen" Guillotine, in: Frankfurter Allgemeine Zeitung, 30. Juni 1973, S. 9.

[25] Vgl. hEV (Hrsg.): Elternbrief, 5/6/73, S. 10.

[26] Vgl. Hessischer Landtag: 7. Wahlperiode, Stenographische Berichte, Band 3, 58.-78. Sitzung, Wiesbaden 1973, Drucksache 7/3027, hier: 59. Sitzung vom 28. März 1973, S. 3240. In der Debatte am folgenden Tag deutete Görlach als Redner der SPD-Fraktion die Vorgänge in seinem Sinne um. Diese bezeichnende Stelle soll hier nicht vorenthalten werden. Görlach (SPD): „Ich bin ganz offen gegenüber dem, was aus der Untersuchung des Falles Dietzenbach herauskommen wird. Ich sage Ihnen auch ganz offen, daß ich als Sozialdemokrat und ... als Linker, als Jungsozialist im Landtag und was auch immer, sehr wachsam bin gerade gegenüber dem, was sich alles als links bezeichnen will und was sich dort als links bezeichnen läßt. Wenn das stimmt, was dort geschehen ist, dann ist das wahrscheinlich nicht aus theoretisch reflektierten, inneren Überzeugungen heraus geschehen, sondern zu einem Großteil nur aus dem emotionalen Bereich heraus erfolgt. Schauen Sie sich die Herkunft dieser Leute an: Nicht selten erfolgt das, was sie handelnd tun, aus der Frustration ihres bürgerlichen Hauses heraus, aus dem sie kommen. Wer diese Rahmenrichtlinien ernstnimmt – sowohl die für Deutsch als auch die für Gesellschaftslehre – , muß deutlich machen, daß diese jungen Lehrer – ich sage das wieder mit aller Vorsicht, weil wir niemanden verurteilen, bevor alles geprüft worden ist – das nicht beherzigt haben, was in den Richtlinien steht. Denn wenn die Begriffe wie ,prüfen‘, ,kritische Analysen‘, ,erst dann handeln‘ in der Tat ernst genommen werden, dürfte es zu so etwas wie Dietzenbach gar nicht kommen. Ein guter Grund für mich zu behaupten, daß diese Rahmenrichtlinien dort nicht beherzigt worden sind, wenn das, was dort geschehen ist, auch tatsächlich stimmt." (Hessischer Landtag: 7. Wahlperiode, Stenographische Berichte, Band 3, 58.-78. Sitzung, Wiesbaden 1973, Drucksache 7/3027, hier: 60. Sitzung vom 29. März 1973, S. 3288 f.).

[27] Vgl. Eugen Kogon (Hrsg.): Rahmenrichtlinien Gesellschaftslehre. Konflikt und Konsens in der Gesellschaft der Gegensätze. Protokolle der Veranstaltung in der Reihe Hessenforum, Frankfurt a. M. 1974 (bes. S. 62 und 93).

[28] Zitiert nach ebd., S. 109.

[29] Eugen Kogon: Vorwort, S. 6, in: ders. (Hrsg.): Rahmenrichtlinien Deutsch. Protokoll der Veranstaltung in der Reihe Hessenforum, Frankfurt a. M. 1974, S. 5-7. Siehe ebd., S. 84.

[30] Vgl. hEV (Hrsg.): Elternbrief, 5/6/73, S. 3.

[31] Vgl. Wolfgang Abendroth: Der Kampf um die hessischen Rahmenrichtlinien, in: Demokratie und Recht, Heft 2/1974, S. 192.

[32] Eine Übersicht über die ersten Prozesse ,Eltern vor Gericht – eine Bilanz‘ gibt der Elternbrief 9/10/75, Teil II wurde dokumentiert in: Elternbrief 7/8/78, Teil III findet sich in: Elternbrief II/ 80. Weitere Hinweise finden sich im Elternbrief 1/2/77.

[33] Vgl. Marcel Kisseler: Hat sich der Kampf gelohnt?, S. 7, in: hEV (Hrsg.): 1972–1987. 15 Jahre Hessischer Elternverein, Bad Homburg 1987, S. 5-9.

[34] Vgl. Ulla Lang: Entwicklung und Tätigkeit des hEV. Einige Stationen in Kurzfassung, S. 24, in: hEV (Hrsg.): 1972–1987. 15 Jahre Hessischer Elternverein, Bad Homburg 1987, S. 23-31.

[35] Vgl. N. N.: Feigenblätter mißbraucht, S. 50, in: Der Spiegel, Nr. 39/1974, 28. Jg., 23. September 1974, S. 49-52.

[36] Vgl. Hans Jakob Kurz: Rote Lehrer: Eltern kämpfen gegen linke Methoden, Lehrerausbildung in Hessen fest in der Hand von Systemveränderern, in: Bunte, Nr. 41 vom 3. Oktober 1974, S. 128-130.

[37] Vgl. Marcel Kisseler: Hat sich der Kampf gelohnt?, S. 6, in: hEV (Hrsg.): 1972–1987. 15 Jahre Hessischer Elternverein, Bad Homburg 1987, S. 5-9.

[38] Gespräch mit Marcel Kisseler am 23. November 2002 in Bad Homburg v. d. Höhe.

[39] N. N.: „Grober Verstoß gegen die Grundsätze der SPD". Das Parteiordnungsverfahren gegen ein Mitglied des Hessischen Elternvereins, in: Frankfurter Allgemeine Zeitung vom 21. August 1974, S. 26.

[40] Vgl. G. R.: Gerhard Wenderoth endgültig aus der SPD ausgeschlossen, in: Elternbrief, 1/2/76, S. 11.

[41] Spiegel-Gespräch vom 14. Juli 1980 mit Professor Ludwig von Friedeburg, Schule ist Kampfthema unserer Gesellschaft, S. 58-67, hier auf S. 61.

[42] Gespräch mit Emil Bernt vom 21. Mai 2002 in Frankfurt/Main.

[43] Gespräch mit Gigi Romeiser am 4. April 2002 in Eschborn.

Die Autoren und Gesprächspartner

Hartmuth Becker, geb. 1966 in Wetzlar, studierte Volkswirtschaftslehre mit Abschluß Diplom-Volkswirt sowie Politikwissenschaft und Philosophie mit Abschluß Magister Artium (M.A.) in Gießen. Promotion an der Universität Potsdam (Dr. rer. pol.). Berufliche Tätigkeit als Volkswirt im Verkehrswesen. Buchveröffentlichungen: Die Parlamentarismuskritik bei Carl Schmitt und Jürgen Habermas (Berlin 1994 und 2003) sowie: Die Kategorie öffentlicher Güter als Grundlage von Staatstheorie und Staatswissenschaft (Berlin 2002).

Felix Dirsch, geb. 1967 in Erding. Nach abgeschlossenen Studien sowohl der Theologie wie auch der Politischen Wissenschaften Studium der Philosophie. Publikationen zum Thema Konservatismus und Katholizismus. Mitarbeit am Lexikon des Konservatismus (Graz 1996). Tätigkeit im Hochschul- und Schulbereich sowie in der Erwachsenenbildung. Veröffentlichung: Die Rechte der Menschheit in den Kodifikationen der Aufklärung (München 1997).

Till Kinzel, geb. 1968 in Berlin, studierte Geschichte und Englisch. 2001 Promotion in Amerikanistik (Literaturwissenschaft). 2002 zweites Staatsexamen für das Lehramt an Gymnasien. Veröffentlichungen u.a.: Platonische Kulturkritik in Amerika. Studien zu Allan Blooms *The Closing of the American Mind* (Berlin 2002). Zahlreiche Aufsätze in Sammelbänden und Fachzeitschriften.

Hermann Lübbe, geb. 1926 in Aurich, studierte Theologie, Philosophie und mehrere sozialwissenschaftliche Disziplinen. Promotion zum Dr. phil. in Freiburg 1951. O. Prof. für Philosophie an der Ruhr-Universität in Bochum 1963–69, anschließend o. Prof. für Sozialphilosophie in Bielefeld 1969ff., daneben Staatssekretär für Hochschulangelegenheiten im Kultusministerium (1966–70) und beim Ministerpräsidenten von NRW (1969/70). Mitbegründer des Bundes Freiheit der Wissenschaft 1970. Ab 1971 o. Prof. für Philosophie und polit. Theorie Universität Zürich. Über 1500 Aufsätze, über 30 Buchveröffentlichungen, u.a.: Hochschulreform und Gegenaufklärung (1972), Fortschritt als Orientierungsproblem. Aufklärung in der Gegenwart (1975), Unsere stille Kulturrevolution (1976), Endstation Terror. Rückblick auf lange

Märsche (1978), Politischer Moralismus. Der Triumph der Gesinnung über die Urteilskraft (1987), Fortschrittsreaktionen. Über konservative und destruktive Modernität (1987), „Ich entschuldige mich". Das neue politische Bußritual (2001).

Gerald H. Mann, geb. 1968 in München, jeweils mit Diplom abgeschlossene Studien der Volkswirtschaftslehre und Politikwissenschaft in München sowie Fernstudium der Theologie beim Kirchlichen Fernunterricht (KFU) der Kirchenprovinz Sachsen (Magdeburg). Unternehmensanalyst einer Großbank, Geschäftsführer und Berater im Verlagswesen, derzeit als freier Referent tätig. Veröffentlichungen u.a.: Falkland/Malvinas: Der umstrittene Archipel im Südatlantik (Egelsbach 1995), Die Transformation des Bankensystems in Ostdeutschland (München 1996).

Klaus Motschmann, geb. 1934 in Berlin, studierte Evangelische Theologie, Neuere Geschichte und Politologie. 1971–1997 Prof. für Politische Wissenschaft an der Berliner Hochschule der Künste. 1971–1982 Schriftleitung der Zeitschrift „Konservativ heute". 1986–2001 Schriftleitung der Zeitschrift „Erneuerung und Abwehr" der Evangelischen Notgemeinschaft in Deutschland. Zahlreiche Veröffentlichungen, darunter: Abschied vom Abendland. Die Moderne in der Krise (Graz 1997).

Fritz Schenk, geb. 1930 in Eisleben. Gelernter Schriftsetzer. Sekretär von Bruno Leuschner, dem Vorsitzenden der Staatlichen Plankommission der DDR. 1957 Flucht in die Bundesrepublik, anschließend freier Publizist und Fernsehautor. 1960–72 SPD. 1969–71 Regierungsdirektor und Abteilungsleiter am Gesamtdeutschen Institut in Bonn. 1971–1987 Co-Moderator und stv. Leiter des ZDF-Magazins, 1988–93 Chef vom Dienst in der Chefredaktion des Zweiten Deutschen Fernsehens. Mehrere Buchveröffentlichungen, u.a.: Magie der Planwirtschaft (1960), Im Vorzimmer der Diktatur (1962), Mein doppeltes Vaterland (1982).

Andreas Späth, geb. 1971 in Augsburg, studierte nach seiner Dienstzeit bei der Bundeswehr und den Vereinten Nationen Religionspädagogik mit Abschluß Diplom (FH) sowie einige Semester Theologie und Politikwissenschaft. Seitdem Religions- und Gemeindepädagoge in München, sowie Erlebnispädagoge und Persönlichkeitstrainer

(D.I.S.G.). Verfasser von Zeitschriftenbeiträgen zu kirchengeschicht-
lichen, politischen und pädagogischen Themen. Buchveröffentlichung:
„Luther und die Juden" (2001). Träger des UN-Ordens „In the duty of
peace" und Preisträger des Vereins zur Förderung des christlich-
jüdischen Gesprächs in der Ev.-Luth. Kirche in Bayern.

Stefan Winckler, geb. 1967 in Schöllkrippen/Unterfranken, studierte
Publizistik, Politikwissenschaft sowie Mittlere und Neuere Geschichte
in Mainz mit Abschluß Magister Artium (M.A.). Seitdem selbständiger
Publizist und Autor. Buchveröffentlichungen: Ein kritischer Journalist
aus Berlin: Gerhard Löwenthal (1997), Der Verfassungsschutz. Auf der
Suche nach dem verlorenen Feind (Hrsg. mit Hans-Helmuth Knütter,
2000), Zukunftsmodell Soziale Marktwirtschaft (Hrsg. mit Arnd Klein-
Zirbes, 2002), Handbuch des Linksextremismus (Hrsg. mit H.-H.
Knütter, 2002), In Verantwortung für die Berliner Republik (Hrsg. mit
Albrecht Jebens, 2002). Zeitschriftenbeiträge u.a. in: „Der Selbständige"
und „Criticón".

Ulrich E. Zellenberg, geb. 1964 in Graz. Studium der Rechts-
wissenschaften an den Universitäten Graz und Wien, Promotion zum
Dr. jur. 1992. Assistent am Institut für Staats- und Verwaltungsrecht der
Universität Wien, Gerichtspraxis, wissenschaftlicher Mitarbeiter am
Verwaltungsgerichtshof, seit Okt. 1998 in der Wirtschaftskammer
Österreich. Veröffentlichungen zu ideengeschichtlichen und staats-
rechtlichen Themen. Mit Robert Rill Herausgeber des Sammelbandes:
Konservatismus in Österreich (1999).